教育政策社會學

教育政策與當代社會思潮之對話

翁福元/著

五南圖書出版公司 印行

※ 作 者 簡 介 ※

翁 福 元
國立暨南國際大學教育政策與行政學系副教授

【學　　歷】
英國雪菲爾大學社會學系哲學博士
國立台灣師範大學教育學碩士
國立台灣師範大學社會教育學士

【經　　歷】
台中縣立潭子國中教師
省立台東師範學院初等教育系助教
國立台北師範學院初等教育系助教
國立暨南國際大學比較教育研究所客座副教授
國立嘉義大學家庭教育研究所兼任副教授
國立暨南國際大學家庭教育研究中心主任

【現　　任】
國立暨南國際大學教育政策與行政學系副教授
國立暨南國際大學教育政策論壇執行編輯
國立編譯館普通高級中學公民與社會教科書審查委員（05/2005～）
國立彰化師範大學教育學研究所兼任副教授
國立彰化師範大學教育學報編輯委員

【專 長 領 域】

教育改革

教育政策

教育社會學

教育政治學

教育政策社會學

教育改革社會學

【榮 譽 事 蹟】

教育部七十九年公費碩士後留歐（教育改革學門－教育社會學）

國科會研究獎助（1998, 1999, 2000– 甲種, 2005）

東亞四小龍教育改革與變遷國際座談會獲邀論文發表（香港）(2002)

東亞四小龍教育改革與變遷國際座談會－校長論壇獲邀發表演講

（香港）(2002)

香港城市大學碩士學位論文口試委員(2005)

亞太地區名人錄（Asia/Pacific Who's Who 2006）

亞非地區名人錄（Afro/Asia Who's Who 2006）

國立暨南國際大學學術著作獎（2005，2006）

【著　　作】

師資培育制度的新課題（合著）（師大書苑）（1996）

社會變遷中的教育機會均等（合著）（揚智）（1998）

終身全民教育的展望（合著）（揚智）（1998）

教學魔法書（顧問）（潘如玲、徐雅楓等箸）（商智文化）（1998）

教育研究與政策之國際比較（合著）（揚智）（1999）

龍之躍：中港台社會發展比較（合著）（香港：人文科學出版社）(2000)

家庭教育叢書（主編）（教育部社會教育司、國立暨南國際大學）（2000）

林清江先生教育思想與實踐（合著）（麗文文化）(2000)

家庭教育學（合著）（師大書苑）（2000）

中小學校長專業成長制度規劃（合著）（高雄復文）（2001）

高等教育市場化：台、港、中趨勢之比較（合著）（高等教育）（2002）

各國教師組織與專業權發展（合著）（高等教育）（2003）

課程改革：反省與前瞻（合著）（高等教育）（2003）

南投－我的新故鄉－外籍配偶讀本（編輯指導）（2006）

Centralization and Decentralization: Educational Reforms and
Changing Governmance in Chinese Societies (co-author)
(Comparative Education Research Centre, The University of Hong
Kong; Kluwer Academic Publishers (2003)

Globalization and Higher Education in East Asia (co-author)
(Marshall Cavendish/Academic) (2005)

另有二十多篇中英文論文發表於國內外重要期刊與研討會

自　序

　　教育政策社會學是一門新興的近乎獨立的學術領域，同時也是晚近教育學研究/教育政策研究/教育社會學領域，新近興起的一個非常熱門的分枝領域。就相關的現象與趨勢觀之，其發展有益趨穩定成熟之勢：不論是在國外或是國內，都有愈來愈多的研究或著作，是以此為主題進行的，不少教育領域重要的學術期刊，像：台灣教育社會學研究，教育研究集刊，British Journal of Sociology of Education, Juornal of Educational Policy (UK), British Educational Research Journal, British Journal of Educational Studies, Educational Evaluation and Policy Analysis, Oxford Review of Education, Educational Researcher (USA), Journal of International Studies in Sociology of Education (UK), Cambridge Journal of Education,刊載和教育政策社會學相關的文章或是研究報告，有愈來愈多的趨勢；除此之外，相關之國際組織，如 APEC, European Union, OECD, UNESCO, World Bank 也都對一般國際上、其會員國，以及世界各國之教育政策的制定與發展，及其與各國政治、經濟、與社會脈絡的關係，都相當重視，並出版相關刊物、研究報告、或專題報告，以為倡導。執是之故，教育政策社會學應是，一門值得開拓和重視的新興的學術領域。尤其是最近，不論國內外，都可以看到的一個普遍的現象：教育改革的議題討論得沸沸揚揚的，教育改革方案的推動更是無日無之，教育改革的運動進行得如火如荼。深究之，這些都和社會結構的變遷，有相當密切的關係，其背後更有特定之意識型態與學理依據作為支撐，或者更具體的說：這些教育改革方案或運動，除了權力和利益的競逐之外，更在於實踐，某種特定之意識型態與實驗某種社會思潮或理論。

　　教育政策社會學的發展看似年輕，事實上，它的起源，可以追溯到一九四〇年代後期，K. Mannheim 在英國倫敦大學教育學院 (Institute of Education, University of London) ，擔任教職時的為文討論教育政策與社

會力量 (social forces) 的關係。之後，再由英美學者，如 J. Ahier, M. Apple, S. J. Ball, Richard Bowe, John Clarke, Allan Cochrane, R. Dale, Marry Dickson, M. Flude, H. Giroux, Gail Lewis, Meg Maguire, Eugene McLaughlin, I. McNay, J. Ozga, Sally Power, J. Whitty 及 M. F. D. Young 等人的，賡續開拓與投入，乃有今日之成績。就相關文獻資料的分析整理，作者認為「教育政策社會學」的發展主要可以劃分成三個階段：（一）教育政策社會學的萌蘗階段：1940 年代—1960 年代；（二）教育政策社會學的萌芽階段：1970 年—1990 年；與（三）教育政策社會學的建構階段：1991 年迄今。最近香港和中國，也有一批學者，積極投入此一領域的建設工作，前者如莫家豪、李曉康及曾榮光等，後者如袁振國、勞凱聲及劉復興等。除了作者之外，目前台灣學者，投入教育政策社會學研究的主要有（依姓氏筆劃順序排列）：王瑞賢、王慧蘭、王麗雲、卯靜儒、沈姍姍、李錦旭、吳毓真、周佩儀、周淑卿、姜添輝、莊明貞、陳伯璋、張明輝、張建成、黃純敏、歐用生、戴曉霞及譚光鼎等；其他還有更多的學者投入此一領域的研究，在此不一一臚列。

　　一門學科領域的啓源和發展，除了人和組織的因素之外，學理依據和學科之思想淵源或傳統的探究及溯源，也是相當重要的任務與工作。教育政策社會學的學科起源，是相當複雜和多元的，而且其中發展的時間、概念與範疇，也頗有重疊之處，主要包括了：政治（科）學、公共政策、社會政策、教育政策、教育政治學、教育社會學與社會學（思潮/理論）。A. Giddens (1989, pp. 23-24) 在 *Sociology* 一書提到，社會學的實務/實踐（practical）上的意義包括：瞭解社會情境、區分文化差異、評量政策效用、增進自我的知識（self-knowledge）；就「評量政策效用」一項而言，一般政策經常會面臨，失敗的結果或是導致沒有預期的結果，社會學這方面的功能，主要就在於評估政策概念、意向、目標與目的達成的情形，這也是一般政策研究的重點之所在。另外，從教育政策研究和教育政策社會學的發展來看，二者在時間範疇和思想淵源上有其重疊之處，也就是，如果就一般相關的公共政策的著作所認定的，公共

政策的獨立發展，是起於一九五〇年代的話，則此時，教育政策的研究，應該也同時開始，同時教育政策社會學的研究也開始萌蘖。或許是受到美國教育社會學發展的影響，自二次世界大戰之後，社會學和教育許多的其他學科領域，似乎有趨向結合之勢，尤其自一九七〇年代開始，這種趨勢似乎益加明顯，此一趨勢也出現在國內。這也對教育政策社會學的發展，提供了沃土和舞台。

　　做爲社會制度之一的教育制度，其主要功能，乃在於解決社會與教育的問題、配合國家建設之所需、提供社會發展需要的人才與勞動力人口、滿足一般社會大眾的需求、或是指導社會發展的趨勢與方向，尤其，自批判理論或是批判教育學興起之後，對於教育（制度）扮演之功能與角色的反省、檢討、與批判的聲音，更是交相迭乘而起，過去教育所扮演的，維持社會穩定的功能似乎已經不夠，教育應該更進一步，解放學習者之自我，培養具有批判能力的公民，並且據以改造社會。故而，教育政策就扮演著相當吃重的角色和重要的地位。因爲教育目的和目標的達成，雖有賴於教育行政的執行，然而教育行政卻有賴於，教育政策作爲其指導方針或是執行策略，因而，教育政策扮演著承上啓下的角色和地位；承上者，乃在於秉持著政府整體施政方向，及教育目的和目標，訂定可行之策略與方向；所謂啓下者，乃在於作爲教育行政指導之方針與策略，以避免執行上之偏差與錯誤。

　　不論就理論上分析或是就事實上觀之，教育改革、教育政策與教育行政三者的關係，是相當密切的：因爲社會產生變遷、人民需求改變、國家建設與社會發展之所需，時有更迭，社會思潮和理論，亦經常推陳出新，以及教育制度本身之求新求變，教育制度乃須有所變革，教育改革於焉產生，教育政策亦須重新制定與進行調整，以爲因應。據此，教育政策之制定與發展，受到相關社會結構因素、社會思潮與社會理論，和政治力量與因素的影響，亦勢所難免，其關係之密切與複雜，也不難想像。此數者關係之釐清與分析，以及脈絡之建構，爲本書之主旨；然

而，爲了知識系統之單純與連貫，和概念與理論主軸的明確，所以有關
教育政策與政治學/教育政策政治學（Politics of Education Policy）的部
分，在本書就暫時不予以討論；另外，有關社會變遷與教育政策之關係，
以及相關社會思潮與理論在教育政策上的應用或是影響，則於本書第三
篇各章之末，討論之、析論之，以爲驗證。加上社會的分工益趨複雜精
細，教育政策者對於國家、社會、家庭、與個人之影響又相當深遠，非
如經濟政策、環境政策、衛生保健政策等政策之影響雖也重大，但不若
教育政策影響之深遠與廣大。有云：「教育乃百年樹人之業」、「苛政猛
於虎」、「錯誤的政策比貪汙更可怕」及「錯誤的政策之危害尤甚於暴
政」，如此觀之，制定教育政策時，怎可不戒愼小心，一如「如履薄冰、
如臨深淵」呢！如有一論述此一主題之專書，做爲相關人員與莘莘學
子，深造和進修之用，當有助於其觀念之釐清、理想之堅持、與方向之
明確，如此，則決策人員在制定相關教育政策時，錯誤應可避免和減少；
國家和社會，亦可減少成本的付出與資源的浪費，一般社會大眾，也可
以不必再因爲錯誤的教育政策而受到傷害與損失。此爲本書重要功能之
一。本書內容主要分爲四篇一十四章：第一章介紹本書之主旨與撰寫途
徑及過程；第一篇爲概念篇，主要在討論與教育政策社會學發展有關的
政策科學、教育政策學的學科起源、內涵、與研究範圍，教育政策與社
會學及教育社會學的關係，其中一併討論了社會學家與教育社會學家，
在教育政策發展與研究過程中的任務和角色，以及彼此之間的關係；還
有教育政策社會學的學科範疇與架構；第二篇爲方法篇，重點在討論教
育政策社會學的研究途徑、教育研究與教育政策的關係、教育政策研究
可能遭遇的挑戰與問題；第三篇爲對話篇，主要在討論，當前主要的社
會學思潮與教育政策制定或發展的關係；第四篇爲結論篇，其重心在討
論，教育政策社會學將來發展的可能性與展望。

　　本書的完成，首先要感謝，我在英國雪菲爾大學社會學系
（Department of Sociological Studies, University of Sheffield）攻讀博士學
位時的兩位指導教授—Professor Alan Walker 和 Professor Maurice

Roche；他們兩位除了慷慨的贈送我，他們在社會政策與社會學理論的著作外，也把他們庋藏的有關，教育社會學與教育政策的書全數的借給我，還有每個禮拜的論文討論和報告的繳交，都使我在學術和語文方面進步不少，尤其在論文討論時，對我的鼓勵與支持，以及耐心的傾聽我那半生不熟的英文、不厭其煩的，和我溝通討論有關的概念與學理，更是我在學術上敢於探索和嘗試的泉源。Professor Alan Walker 伉儷和 Professor Maurice Roche 不僅在學術上對我無私無藏的指導，在生活上，對我和我的家人，也相當的關心，尤其是每年的 Christmas Party 和每次的家庭聚會，更是令我和我的家人溫馨難忘。另外，雪菲爾大學教育學院（School of Education）的兩位教授—Professor Len Barton（現任教於 IoE, University of London）和 Professor Wilfred Carr 在學術上對我的指導、提攜和生活上的關心，也是我不敢或忘的，另外，兩位教授在 seminar 時迥異的風格，也是令人印象深刻的：Len Barton 教授的咄咄逼人和 Wilfred Carr 教授的溫馨和煦，直可比擬中國傳統之「二程子」了。在雪菲爾的歲月，除了社會學系系上的老師與秘書的指導和關心外，同門的情誼，台灣同學會的撫慰思鄉之情，在在使我感念至今，未曾稍減。

此外，還有一位我必須特別感謝和特別提及的，是 Professor Alan Walker 介紹給我的英文老師和小女萃鄉的乾奶奶 Mrs. Audrey Sainsbury—雪菲爾大學社會學系榮譽教授 Eric Sainsbury 的夫人，每個星期四早上，指導我半天的英文課程，從我到雪菲爾的第二年開始，持續到我拿到學位，離開當地才結束，是免費的，和經常載我和我的家人，到雪菲爾郊外踏青，除了讓我和家人對雪菲爾，有更深入的認識和喜愛之外，也慰藉了我和艾芬，在雪菲爾孤寂無助的心靈，提昇了我的英文程度和自我的信心，和諧了我的家庭生活。做為一位負笈英倫的異鄉遊子，我在雪菲爾的歲月，雖然充滿了辛苦和挑戰，卻更是充實、飽滿、幸運與幸福的，那真是我人生最艱苦，也是最愉悅，以及最值得回味的一段歲月。

　　前香港城市大學（City University of Hong Kong）社會科學院副院長、現任英國布里斯托大學東亞研究中心主任（Centre for EastAsia Studies, University of Bristol, UK）莫家豪教授（Professor Ka-Ho Mok），以及同門師兄香港浸會大學（Hong Kong Baptist University）社會工作學系主任趙維生（Sammy, Wai-Sang Chiu）教授、黃昌榮（Victor, Cheong-Wing Wong）教授伉儷、香港中文大學（Chinese University of Hong Kong）研究生院院長魏雁濱（Ngan-Pun Ngai）教授伉儷和社會工作系王卓祺（Chack-Kie Wong）教授，多年來，對我在教育政策社會學方面的指導與討論、鼓勵與鞭策、支持與建議，以及經常的邀請我到香港參與相關的研討會、演講和短期的講學，都是我能更加有信心，以及更有毅力，從事教育政策社會學此一學術領域之探索與發展的，不可或缺的動力。

　　另外，引領我進入社會學領域和啓蒙我對社會學興趣的，國立台灣師範大學社教系的林清江和宋明順教授，是我一直有勇氣在社會學領域探索的支柱。從師大社教系到現在，都一直關心我和照顧我的，宋明順教授和王秋絨教授，其恩情是我永生不敢或忘的。多年來對我的關心、提攜和照顧，都不曾間斷的楊國賜教授和師母、楊深坑教授和師母，以及陳奎憙教授和師母，不僅在學術上給我相當多的指導，在人生處事上給我相當多的啓發，更提供我學術上的舞台。而在國立台灣師範大學教育學研究所，從碩士班到博士班的賈馥茗教授，以及黃光雄與黃政傑兩位指導教授，在學術研究、為人處世與待人接物上的提攜與指導，也都不曾間斷。歐陽教、陳伯璋、歐用生、張建成與譚光鼎幾位教授，多年來也都一直指導我和提攜我。碩士班同窗好友、國立台灣師範大學教育系溫明麗教授在學術之路，也都一直鼓勵和支持我；國立花蓮教育大學蘇進財教授二十幾年來，給予我精神上和心靈上的支持與鼓勵；大葉大學師資培育中心黃德祥教授，與國立台中教育大學學務長魏麗敏教授，對於我和我的家庭，在各方面的提攜、協助與照顧，給我智慧上不少啓發；國立大里高級中學黃義虎校長與林坤燦祕書，多年來的支持、協助

與照顧和亦師亦友的感情；以及總在我最需要幫助的時候，都能適時伸出援手的，國立台灣師範大學教育系洪仁進教授，叫我怎能不時刻銘記在心呢！這些都是我要感激和永銘五內的。

國立暨南國際大學人文學院張院長鈿富教授、教育政策與行政學系楊前主任振昇教授、現任葉主任連祺教授與其他同事，多年來的砥礪和鞭策，讓我在各方面更加的成熟和精進，都是我要感謝的。系上馮丰儀教授的不時提醒與激勵，著實是我必須要感激的。另外，也要感謝選修我所開授的「教育政策社會學研究」（碩士班）、「教育政策社會學專題研究」及「教育政策與當代社會思潮」（博士班）三個科目的，國立暨南國際大學教育政策與行政學系的碩士班與博士班的研究生，由於有他們在課堂上的討論與論辯，不僅釐清我在教育政策社會學的一些觀念，更大大的幫助我，在教育政策社會學之學科架構的建構與理論的發展。國立台灣師範大學教育系博士班研究生，南投縣草屯國中吳毓真老師，與國立暨南國際大學教育政策與行政學系博士班研究生林松柏先生，多年來在學術上對我的協助和支持，是我永遠感激和不敢忘懷的，由於有他們的在學術上的合作、論辯、支持與諍友般的建議，對我在許多方面之觀念的釐清，與知識系統的建構都有很大的幫助。南投縣北山國中蕭進賢校長多年來對我的支持、照顧、和帶給我和家人的歡笑及成長，是我和我家人生活中的「東方朔先生」，也是我在此要特別感激的。南投縣富山國小嚴振農校長伉儷、敦和國小吳國松主任、台中縣教育局藍淑美督學多年來的加油打氣；台中市立雙十國中莊煥綱校長、張美麗主任與連秀玉主任對我和我的家庭的協助和支持，都是我時刻銘記在心，永遠感念的。更有三位國立暨南國際大學教育政策與行政系的學生，協助相關資料的蒐集與整理，雖然他們或已自系上畢業到他校深造，或仍在系上就讀，我都必須在此特別感謝他們：洪淑芬、鍾明倫、林宏憶；尤其是鍾明倫同學，不厭其煩的和無怨無悔的，為我在國家圖書館與國立台灣師範大學總圖書館，蒐集撰寫本書所需的資料與文獻，更是我要感

激的，如果沒有明倫的鼎力協助，我這一本書，不知道還要延遲多久才能草就付梓！由於他們的不斷「催促」和鼎力協助蒐集相關的文獻資料，我才能夠順利的完成本書，沒有他們的催促、支持、鼓勵、和幫忙，我真不知道這本書要拖到什麼時候才能面世。最後，我更要感謝我的三位學生—吳國松主任與馮景卿賢伉儷和溫富榮主任，多年來，我們一直維持著亦師亦友的關係，他們對我和我家庭的協助、支持和付出，非言語所能形容，更是我撰寫此書動力的主要來源之一；尤其在本書出版的最關鍵時刻，熬夜多日為我完成編輯工作，此情此義，永生難忘。另外，國立暨南國際大學教育政策與行政學系碩士班一年級王仕銘、王儒慧、史強福、李召淵、洪淑芬、陳文源、張碧文、張瑞洋及孫秋雄同學等，與二年級黃彥超、簡瑜妙及藍淑美同學等，在學期末，功課與工作兩忙之際，仍勉力協助校對，濃情厚誼，實不敢或忘。

內人艾芬和小女萃鄉，多年來的陪著我東奔西突，從無間斷的支持我、鼓勵我，在我最困厄和最緊急的時候片刻不離的照顧我，尤其是我兩次因為過勞，而住進台大醫院與中山醫院，艾芬與萃鄉所受的煎熬與所表現的堅強，其中的辛苦是難以言喻的。本書撰寫期間，玉兔西墜之際，每每見及艾芬與萃鄉甜美的睡容，就讓我更有動力堅持下去；偶或遭遇瓶頸，沉思良久，艾芬總是在一旁，像鼓勵學生一樣的鼓勵我和激勵我，讓我有勇氣繼續走下去。回想從大學認識迄今，艾芬一直都是我精神上和心靈最大的支柱，沒有她的支持和付出，我沒有勇氣也沒有能力在學術之路，一往直前。本書的完成，艾芬和萃鄉是最大的動力和支撐力，沒有他們的歡笑聲和無怨無悔的付出與犧牲，本書的出版，恐怕還要遙遙無期了。如今，本書草就之際，心中對艾芬與萃鄉有無限的感激與感動，也總算不負艾芬之期盼了。還有幾十年來，岳父和岳母為我們的付出和照顧，不僅是我多年來能自在悠遊學術的最大支柱，更是我最要感激的。多年來，鄰居國立中興大學盧昭輝教授與國立台中女子高級中學林慧芬老師賢伉儷，對我們家庭的協助與照顧，尤其是當我於二○○五年初，休克住院半個月之時，他們如兄姐照顧弟妹一般的照顧

我和我的家人，讓我遠在他鄉異地，能享受如手足般之親情，更是我永遠感激和沒齒難忘的。本書付梓之日，夜闌人靜之時，遙望天際，回想先嚴與先慈多年的茹苦含辛，養育我、培育我、教導我，才有今天的我；而我由於長年在外求學和從事教職，雖常懷孝養之心，卻未能善盡人子之道，不禁有「風不止，親不待」之痛。

最後我要感謝五南圖書出版公司楊榮川先生慨允本書的出版，以及王總編輯秀珍和陳副總編輯念祖，為本書之出版的用心和辛苦奔波。教育政策社會學，雖已漸有蓬勃發展之勢，但尚未臻相當之成熟，系統之作或尚未見，本書乃作者多年來思考、研究、論辯、撰述、授課之心得與創作，據以發展而成。今茲撰述集成書出版，與同好共享，然個人才疏學淺，思慮恐有不周之處，謬誤疏漏之處，又恐勢所難免，祈願教育界之方家先進，不吝賜教指正，以為後學改進之據。

翁 福 元 謹誌

國立暨南國際大學

教育政策與行政學系

二〇〇七年元月

目　錄

"Policy studies are presumptuous."
                              ~ Dror, 1983, p. 3. ~

The case for a professorship to work in term of the sociological approach may be related to the uneasy awareness, now so widespread and yet so ill-defined, that great changes in the social order and the inter-play of social forces are already in progress and that educational theory and educational policy that take no account of these will be not only blind but positively harmful.
~Sir Fred Clarke, Institute of Education, March 1943~

Today. Just as in the days of Mannheim, too much education policy and a great deal of contemporary educational research has lost sight of Clarke's important insight that education policy needs to be informed by a sensitivity to the nature of the wide society.
~Geoff Whitty, 1991, p. 154~

第 1 章

緒論：本書章節內容概述

Education policy cannot be seen in isolation from other social and economic policies.

～OECD, 2006, p. 6.～

摘　要

　　本章主要在介紹本書的章節內容和體例架構，其內容主要分為四節：第一節在介紹本書研究的研究動機與目的；第二節在討論本研究所採用的研究方法與介紹本研究之研究步驟；第三節則在討論本研究的研究範圍與限制；第四節，這一節在介紹本書的章節架構。本研究的研究動機主要有三：（1）教育政策社會學的相關著作日漸增多，其發展已有漸起之趨勢，因而引起研究者之興趣；（2）研究者的學術訓練背景與學術專長，與教育政策社會學有某種程度的相關；與（3）研究者在大學碩士班和博士班裡，講授與教育政策社會學相關的科目。本研究的研究目的在於：（1）蒐集彙整有關，教育政策研究或是教育政策社會學發展之相關基礎學科的著作，例如：公共政策與政策科學，以做為建構教育政策社會學的理論基礎；（2）研析歸納當前主要之社會學思潮，以做為發展教育政策社會學之理論工具；（3）蒐集並研析有關教育政策與教育政策社會學的相關著作與出版品，以為建構教育政策社會學之學科架構的參考依據；以及（4）發展教育政策社會學之學科性質與學術地位。至於研究方法，本研究採用了：文獻分析、文件分析、理論分析和歷史分析等四種。前二者主要用以蒐集和本研究（本書）相關的文獻或文件資料，理論分析則用以探究，教育政策社會學之學科架構與知識系統；歷史分析則在於，歸納整理教育政策社會學發展的探源及系統脈絡。研究步驟則分為：（1）確定研究主題；（2）蒐集並研讀相關文獻；（3）形成分析架構；及（4）撰寫研究報告等四個主要步驟。主要的研究範圍，含括下列的八個項目：（1）政策科學的起源與發展；（2）公共政策的起源、發展與範疇；（3）教育政策的概念、定義、領域範疇與發展；（4）教育研究與教育政策關係的政治社會學分析；（5）社會學及教育社會學與教育政策；（6）教育政策社會學研究途徑與相關議題；（7）教育政策社會學發展的歷史探源；及（8）當代主要社會思潮與教育政策。至於研究限制方面，就主觀層面而言，主要有：（1）研究者之學術興趣與學

術訓練背景；（2）研究者之研究取向與研究態度；及（3）研究者之學
科意識型態。在客觀的層面，包括了：（1）文獻材料因素的限制；（2）
研究方法方面的限制；（3）研究主題方面的限制；（4）時間方面的限制；
與（5）財力方面的限制。本書主要包括四篇十四章：第一章爲本研究
之研究動機、研究方法，以及研究過程與研究限制的介紹，爲獨立的一
章。第一篇爲概念篇，包括第二章到第六章，主要在探討，教育政策社
會學之所以可能成立的，相關學科背景、理論基礎與相關情境脈絡。第
二篇爲方法篇，僅包括第七章，這一章主要在討論，教育政策社會學的
研究途徑、教育研究與教育政策的關係，以及教育政策社會學研究的相
關議題。第三篇爲對話篇，從第八章到第十三章，共計六章。第四篇的
內容只有一章，也就是最後一章－第十四章，其內容主要在歸納，本研
究之成果與結論，同時也對於教育政策社會學的發展，進行反省與檢
討，並討論其將來發展的可能性。

楔 子

　　本書是關於教育政策社會學的研究，主要在蒐集、整理與分析和教育政策起源及研究，有關的文獻資料，從當前主要的社會學思潮，進行理論性和批判性的討論與分析，其中並以相關國家或地區之教育政策、教育改革政策、或教育改革方案為例，從事理論與實務之批判性對話，進而發展或建立，教育政策社會學之學科領域架構與範圍、學術性格與系統。本章主要在介紹，本研究之研究源起、過程與設計，以及相關限制，主要分為四節：第一節研究動機與目的；第二節研究方法與步驟；第三節研究範圍與限制；與第四節本書結構。希望透過本章的介紹，讀者能夠大略掌握，本書之主要範圍與架構，以及本書之主要精神與內容，同時也能夠進一步，掌握教育政策社會學之主要概念與旨趣。也希望讀者在閱讀過本書之後，能夠產生探究教育政策社會學的興趣，關注教育政策社會學此一學科領域的發展，或是更進一步，投身教育政策社會學的研究，以及運用它來探討或是批判，當前之相關教育政策，以提升教育政策之品質和實施成效。

第一節
研究動機與目的

在台灣，隨著社會政治的改革開放與民主化，在解嚴之前，宛如禁地一般的教育，現在受到更多的關注與檢視；不管是教育活動、教育內容、教育目標、教育宗旨，或是課程的修訂及改革，都受到相當的重視和檢驗，或是過去，一般社會大眾及學者專家鮮少觸及，有如「黑箱」（Black Box）或「秘密花園」（Secret Garden）一般的教育政策，也都不再是禁忌，而能夠公開的討論、檢視與批評，此其目的無非是，希望透過對相關教育政策的檢驗或批判，以達到教育政策制定科學化與民主化的理想，提升教育政策的品質，減少不當之意識型態的影響、作祟、或是政治力量的過度干預，以增進其效率和效能。其最終目的或理想，乃在於藉此，以提升人民之素質、增進國家之競爭力，促進社會之穩定和諧發展。尤其，自一九九〇年代初期以來，受到全球性教育改革運動與國內政治經濟環境的改變，台灣全國性教育改革如火如荼進行之際，不論是教育改革方案本身、方案的制定與實施或評鑑，都受到相當的矚目。教育改革方案的擬定與執行，事實上，就是教育政策的一環，因此，有關教育（改革）政策的制定過程與實施成效，已然受到相當程度的重視，也引起學界相當的關注與研究興趣。「教育為社會制度之一種，教育的發展與活動，無法離開社會而獨立進行；政策有其理論依據，缺乏理論依據[1]的政策是盲目和危險的；教育政策的制定，不僅受到大社會環境的影響，同時也需要掌握社會變遷的趨勢、脈動與一般社會大眾的需求」。這正是構成本研究之所以相信，教育政策社會學成立之可能與必要的主要信念，以及本研究之主要軸心。「凡研究者必有其所本，凡實

---

[1] 制定教育政策的理論依據可謂甚多，例如：心理學、史學、哲學和政治學等相關學科領域的理論，都可以作為制定教育政策時的理論參考依據。本研究所指的教育政策之理論基礎，則主要偏重在社會學方面的相關理論或思潮。

踐者必有其旨趣」，此一「所本」和「旨趣」，事實上，前者就是一般所稱的「研究動機」，後者則是所謂的「研究目的」。欲期研究之能夠順利進行，不失其方向與旨趣，並有具體之成果與貢獻，則研究動機與目的之具體明確，就更為需要了。茲根據前面所述，接著介紹，本研究之研究動機與目的。

一、研究動機

最近幾十年來，由於相關理論的快速發展、研究方法與工具的推陳出新、以及學科本身和學科之間的分化與統整，使得社會科學的發，展顯得相當多元和複雜，教育此一學科也不免受其影響，而有蓬勃發展之勢。雖然這使得，在從事研究主題的擬定時，有更多的選擇與機會，但是同時也使得，需要費更多的心思和更嚴謹的態度去考慮、選擇和確定，此即所謂「戒慎恐懼」、「如履薄冰、如臨深淵」是也。否則，恐難免荀子「歧路多亡羊」之憂了。本研究主要之源起或動機有三：（1）當前在國內外有關教育政策之著作，不論是數量或是品質，都已達到引人注意的境界了，或許可以用已趨近「量多質精」的情況形容之，但是，尚缺乏教育政策社會學的專著；（2）基於研究者過去學術訓練的背景，將之做進一步的開展與深化；及（3）歸納整理研究者幾年來，講授的科目與課程內容與心得。

（一）教育政策相關著作已多，但教育政策社會學之專書尚不多見

就第一個研究動機而言，如果就目前有關教育政策的著作，加以分類的話，大致上，可以分成七類，這樣的分類或許不夠周延，但是，至少達到互斥的要求了。首先，是教科書類，這一類的著作，大多以作為大學相關系所的一般教科用書為主，內容和材料都頗為豐富，而且在相關知識的介紹方面，也相當的具有系統性，可是大多數偏重基礎概念的介紹，或是學科入門的基礎，對於相關議題的討論或探究，由於受到著

作本身性質的限制，比較不會太深入；事實上，也不需要太深入，例如：
張芳全（1999；2004）、孫光（1998），和 Birkland (2001)等人的著作。

　　其次，是主題、專題或專案研究報告的出版，這一類的著作，相當
大的比例，是以單一主題或是專題為主，是作者在某一主題或是某一專
題上的探索及研究的成果與心得，將之成書出版，其對於相關主題的探
究，相當深入，對相關學科之知識系統的發展與建構，扮演著相當重要
之基礎性與探索性的角色，例如：張鈿富（1995；1999）和顏國樑（1997）
等人的著作屬之，Birkland (2001, ix)曾提到「大多數公共政策的教科書
都傾向，以主題為中心的討論方式（topic-centered discussion）呈現，比
較不強調（de-emphasize）公共政策的理論」，這是一個蠻有趣的現象，
將來也許可以進一步了解，形成此一現象的影響因素。

　　第三類，則是翻譯的書籍。這一類的書籍在國內仍然不多見，國外
的情形，因為本書作者並未進行，更為廣泛和深入的文獻探討和蒐集，
所以本書作者，並不敢遽下斷言，但是就一般的情形判斷的話，以中國
和日本學術界翻譯速度之快，其相關的翻譯應該是有的，也有可能明顯
的多於國內的情形。

　　第四類，是教育政策社會學的探索性的著作。目前這一類著作，以
國外出版的較多，國內則比較少見，相關的著作有：S. J. Ball (1990), G.
Whitty (2002), S. Taylor, F. Rizvi, B. Lingard & M. Henry (1997)。這一類著
作主要在從事，教育政策社會學基本學理依據的探索與論述，對於教育
政策社會學的發展是一種紮根的工作。

　　第五類是學位論文[2]。有關學位論文方面，由於目前不論國內外，教
育政策之相關系所數量的發展皆相當快速，因此，這方面著作的產量不

---

[2] 通常學位論文被定位為未出版的「作品或著作」（the work），所以在進行教育
政策相關著作的分類時，有關教育政策的學位論文，是否可以獨立成一類是可
以再斟酌的，但是，學位論文在知識方面有其系統性和新創性，對一門學科領
域學術性格的塑造和發展，自有其相當的貢獻和地位，所以在本書中，仍然將
它獨立成一類，以進行介紹和討論。

僅頗為迅速，其累積的速度也十分驚人，但是仍然以碩士學位論文居多。

第六類是手冊（Handbook）或百科全書（Encyclopedia）。這一類的出版品的內容相當廣泛，從教育政策的概念、歷史發展、個案介紹、研究方法或方法論，到主要範疇等都包括在內，相關的出版品有：G. J. Cizek (1999) 所編輯之 Handbook of Educational Policy；就作者所知，國內目前尚未有這方面的專門書籍出版。

最後一類是論文集，這一類出版品的作者，可能是一位，也有可能是兩位以上，多的話可能有十幾位，這一類的出版品，主要是作者就其過去發表的有關的論文，將之輯結成書出版，雖然是散見論文的輯結成書，但是作者也盡量做系統性的整理，亦即也具有其知識系統或主軸脈絡，也有的是，多位作者個別負責部分章節，分頭撰寫，最後彙集成書，加以出版，這一類的著作，在進行撰寫之前，都已經把整本書的章節脈絡，規劃就緒，所以這一類的出版品，相對而言，更具有系統性與結構性。孫志麟（2004）、黃乃熒（2006）等人的著作屬於前一類，戴曉霞、莫家豪和謝安邦(2002)、莊明貞（2003）、A. R. Odden (1991), M. Strain , B. Dennison , J. Ouston & Hall（1998）等人的出版品屬於後一類。

就上述所舉七類，有關教育政策的相關著作中，比較多的是和教育政策，直接相關或是間接相關的領域及議題，例如：教育政策的執行、教育政策的分析、教育政策的學理依據、教育組織、教師與教育/學校領導和教育政策社會學比較直接有相關的事實上是比較少見的。

然而，教育政策社會學，此一學科領域在國外已經相當受到重視，也有相當多的著作發表，國內也已稍見端倪了。如前所述，目前不論國內外，有關教育政策社會學相關的著作或論述，有漸趨增多的現象，國外有關探索性的著作更已大增，例如：S. J. Ball and R. Dale 等人的著作在國內，則仍較少見。在教育領域，就研究者的學術訓練背景、學術專長和教授學科而言，也比較偏重在社會學方面。

（二）研究者學術訓練背景與專長之進一步開展與深化

就學術訓練背景而言，研究者自大學部起，一直到博士班，經常到國立台灣大學社會學系，旁聽有關社會學的課程和參加討論會（seminar），以及陸陸續續的接觸與研讀，和社會學有關的學術活動和著作。例如：比較早接觸的社會學、社會思想史、社會學理論、社會階層化、文化社會學、知識社會學、馬克思主義、新馬克思主義與西方馬克思主義；最近接觸的，則有後現代、後殖民、後福特、新右派、全球化和市場化等。到英國雪菲爾大學（University of Sheffield）社會學系（Department of Sociological Studies）攻讀博士學位時，專業的領域在社會學理論與社會政策[3]。此為本研究的第二個研究動機。

（三）研究者幾年來講授科目及課程之內容與心得的歸納整理

研究者目前在國立暨南國際大學教育政策與行政學系開授的學科，除了教育社會學、教育改革、教育改革社會學，以及教育行政哲學之外，也分別在碩士班和博士班開授「教育政策社會學研究」、「教育政策社會學專題研究」與「教育政策與當代社會思潮專題研究」等學科。這是促動研究者，進行本研究的第三個研究動機。

基於以上的三個主要的動機，研究者於是決定從事《教育政策社會學—教育政策與當代社會思潮的對話》的研究。

---

[3] 在英國的學術傳統或習慣中，不論是社會政策相關的學系或是相關的著作，都會包括或是將教育政策納入討論，但是在教育相關學系或是著作中，則一般不會去碰觸，社會政策的範圍及議題。前者和台灣的情形不一樣，後者則和台灣的現象是一樣的。

二、研究目的

　　承繼以上所述之研究動機，本研究之研究目的主要在於，「教育政策社會學」之學科領域架構與內涵之建構、研究途徑、學科知識系統與理論之發展，以及學術性格之建構，亦即獨立之教育政策社會學的建立。具體言之，本研究之研究目的主要在於：（1）蒐集彙整有關教育政策研究或是教育政策社會學發展相關基礎學科，例如：公共政策與政策科學的著作，以作為建構教育政策社會學的理論基礎；（2）研析歸納當前主要之社會學思潮或理論，以作為發展教育政策社會學之理論工具；（3）蒐集研析有關教育政策與教育政策社會學的相關著作與出版品，以為建構教育政策社會學之學科架構的參考依據；以及（4）發展教育政策社會學之學科性質與學術地位。

　　以上所述，為本研究之研究動機與目的，由其中可以發現，本研究主要包括有三個研究動機與四個研究目的。不論是從研究動機或是從研究目的來看，本研究主要在於，教育政策社會學之學科領域相關要素的建構與發展，最終達到獨立教育政策社會學的成立，為達此目的，本研究所採用的研究方法或途徑，主要包括：文獻分析、文件分析、理論分析與歷史研究等四個。以下，茲就此四個方法或途徑分別介紹與討論之。

第二節

研究方法與步驟

　　這一節的內容主要是，集中在本研究所採用的，研究方法與研究步驟的介紹與討論。研究方法部分，在於文獻分析（literature review/analysis）、文件分析（documentary analysis）、理論分析（theoretical analysis）和歷史研究（historical study）等四種研究方法或研究途徑的介紹；研究步驟則在於介紹，本研究之主要的研究過程與步驟，其除了在於和讀者分享本研究之研究過程和心路歷程之外，更在於提供讀者或同好，檢視本研究之主要工具。

一、研究方法

　　應用在本研究的研究方法或途徑，除了文獻分析與文件分析之外，還包括有，理論分析與歷史研究法。茲將此四種研究方法或途徑的基本概念，以及在本研究中所扮演的角色與功能，介紹討論如下。

（一）文獻分析法

　　文獻探討或文獻分析，乃是一個研究必須從事的，最基本的，也是最重要的工作與任務之一，透過文獻調查，研究者將可以獲悉，將執行的研究的可行性如何，相關支持的資料有多少，以及有無支持該研究的相關理論。如果前面這些的答案都是肯定的，則研究人員所要進行的研究主題或是計劃，將會比較具體可行；如果前面問題的答案是否定的，則很明顯的，所將進行的研究，困難度將會相對的增加不少，甚至於，只能將該研究歸為探索性的研究。雖然，探索性研究的價值，可能比一般性的研究還高，但是一般而言，初步從事學術研究者，從事探索性研究時，將會面臨更多的挑戰與困難。

　　再者，就質性或質化研究（qualitative research）而言，文獻分析扮演著更重要的角色和地位，它構成了質性研究相當重要的支撐架構；缺少了文獻探討的質性研究，就像一個人沒有了骨架和精神，一個家族沒有了族譜一般。當然這是相對而言的，量化研究（quantative research）事實上，也是需要進行文獻探討這一步驟的。因爲質性研究相當倚賴描述，所以在文獻探討時所用的分段標題，會比量化研究來得少；另外，在進行文獻分析時，一般研究者經常會犯的錯誤是，並沒有對所蒐集而來的相關文獻，進行統整和歸納，只是機械式的，把單獨的文獻或是個別的研究進行介紹，也沒有對文獻的重要性進行討論（Wiersma, 1995, p. 414）。歸納而言，文獻探討在一個研究，所扮演的角色和功能主要有（Wiersma, 1995, p. 55）：把研究問題放在一個適切的情境脈絡之中，以及讓研究的進行，更爲順利和有效能。由於知識之生產暴增，文獻探討在研究中，就益發顯得重要，從研究探討過程中，研究者可以獲悉其他研究者，如何去處理類似的問題，以及如何就手邊正進行的研究問題，去蒐集資料，就此而言，文獻探討是一個，要求仔細的和深入閱讀之系統性的歷程，在這樣的歷程中，研究者要思考的問題有三（Wiersma, 1995, p. 56）：（1）從哪裡可以找到文獻？（2）文獻找到之後又將如何處理？（3）文獻包括哪些的內容？在這三個問題裡，包括著文獻探討的九個主要步驟（Wiersma, 1995, pp. 55-57）：（1）確定與研究問題相關的關鍵字詞；（2）確認資料來源系統；（3）確認潛在的相關研究或調查報告；（4）鎖定將進行文獻探討的相關報告；（5）刪除不相關的研究或調查報告；（6）依出版年分或相關性，以及重要性將相關的報告分類；（7）對相關的報告進行摘要整理；（8）撰寫文獻探討；與（9）整理參考文獻。在本研究中，文獻分析法主要用以蒐集和下列主題相關之官方資料除外的資料、文件與出版品：（1）教育政策研究之理論基礎或學科淵源，例如：公共政策、政策科學或社會（福利）政策；（2）與教育政策相關之概念或定義；（3）與教育政策研究相關之主題或議題；（4）與教育政策社會學之相關理論基礎或學科淵源，例如：教育社會學、政策社會學

與教育改革社會學；（5）間接與教育政策社會學相關之議題或主題；及
（6）直接與教育政策社會學相關之議題或主題。

（二）文件分析法

　　一般的研究報告或學位論文，經常會把文獻分析（探討）法與文件
分析法放在一起討論，有些研究方法的著作，甚至於認爲，文件分析法
應該或事實上，包含於文獻分析法之內；其實兩種方法的運用技巧和使
用的要求，差異並不大，差異比較大的是蒐集材料的對象；前者資料蒐
集的範圍比較廣，後者資料蒐集的範圍，則侷限於官方的文件或是物
件，此處「官方」所指的，除了前面提到的官方的文件或物件之外，還
包括了，政治人物或是相關人員的信件、日記等相關的「一手資料」
（primary data），文獻分析法所蒐集的資料，則多數屬於「二手資料」
（secondary data）。在本研究中，文件分析法主要用來蒐集，世界主要
國家（例如：英國、美國、加拿大、日本、中國、臺灣、新加坡、紐西
蘭與澳洲）、地區（例如：香港）政府，以及主要國際組織（例如：UN,
UNESCO, OECD, World Bank, APEC）所出版的與教育政策有關的出版
品，其主要包括：白皮書、報告書、說帖、計畫書、建議書、藍圖和手
冊等。

（三）理論分析法

　　理論分析法，乃在於就與研究主題或研究對象，有關的理論進行整
理分析，據以評述（critique）研究的對象、主題、文本或議題，或是與
之進行論述（argument）與對話（discourse），進而澄清概念、事實或是
現象，也可以進而發展，新的知識系統或理論架構。理論分析法，在本
研究中，主要是用來將當前，主要的社會學理論（sociological theories）
或是社會思潮（social thoughts），與目前主要國家或地區政府，所制定
或實施之教育政策或是教育改革政策，進行對話、論述與評述。希冀進
一步建構教育政策社會學的理論雛型。

（四）歷史研究法

　　和其他的研究方法比較起來，歷史研究法的發展和應用，可能都是最爲長久的。歷史研究法主要是，對於過去的文獻—歷史性的資料，進行蒐集、摘要與解釋的歷程，同時也是一種，以過去文獻爲基礎，所進行的描述、分析與解釋的系統性的歷程；雖然量化研究也需要，應用到歷史研究法，但是它通常被視爲，是一種質性的研究方法（Wiersma, 1995, p. 231）。歷史研究法的價值在於（Wiersma, 1995, p. 232）：（1）歷史是智慧的儲藏室；（2）對於當代的紛亂與浮濫，過去是人類的防禦堡壘；（3）過去的知識，是瞭解與判斷當前事件和參與時下論辯的必備要素；及（4）歷史告訴世人，什麼是可能的和什麼是不可能的，歷史的知識可以增進世人，尤其是那些負有決策任務者的抉擇能力。歷史研究法主要包括四個步驟（Wiersma, 1995, p. 235, 240）：（1）確認研究的問題（problems）—形成假設與問題（hypotheses and questions）；（2）蒐集與評鑑文獻資料—內在與外在的評鑑，前者旨在建立文獻之意義，後者則在於，建立文獻的效度，以建立文獻資料之可用度和價值，繼續形成或修正假設；（3）整合所蒐集的文獻；與（4）進行文獻的分析與解釋，並且形成結論—假設的支持或拒斥。

　　歷史研究法在本研究，主要是用來對政策科學的發展、教育政策的研究與教育政策社會學之淵源與倡導，進行歷史性的分析與歸納整理，以建構教育政策社會學研究與發展的時間軸。其所蒐集資料的類別與範圍，大致上和前面幾個研究方法，所蒐集的沒有太大的差別，比較大的差別在於，應用歷史研究法從事相關資料的蒐集時，更重視時間因素的作用與影響。

　　以上所述，爲本研究所採行的主要研究方法之概念、運用技能、相關要求與限制，以及在本研究所扮演的角色和功能的介紹與討論。接著將就本研究進行的歷程與步驟，做一兼具完整性與系統性的介紹。

二、研究步驟

這一部分主要在於，詳細介紹本研究之研究過程與步驟。本研究的性質為敘述研究（descriptive research）中的文獻分析（literature review）、文件分析（documentary analysis）、理論分析及歷史性分析。詳細言之，即是就有關教育政策社會學的中英文的研究文獻、論著及政府出版品，從事系統化的分析與綜合的整理。至於本研究之研究過程，具體言之，主要包括以下幾個步驟：（1）確定研究主題；（2）蒐集並研讀相關文獻；（3）形成分析架構；（4）進行分析與整理；及（5）撰寫研究報告。以下謹分別敘述之。

（一）確定研究主題

最近幾年來，教育研究的發展可謂一日千里，進展神速；有關教育政策的研究，其發展之快速，亦不遑多讓。在諸多教育與教育政策相關領域中，究竟應選擇哪一個主題，作為研究的對象，著實費煞思量。最後，作者乃選擇「教育政策社會學」（Sociology of Education Policy），作為本研究之主題，其主要的原因乃在於：（1）考慮到作者所服務的教育政策與行政學系之課程規劃與將來的發展取向，就前者而言，有關教育政策領域而言，有開展新的學科的必要；就後者來說，其課程需要有特色或是獨特性，教育政策社會學正可以符合這兩個需求；（2）就國際教育政策領域，之研究發展與趨勢分析，教育政策社會學此一學科領域，在國外，有 Stephen J. Ball, R. Dale, M. Apple, A. Torres 等學者的注意及開拓；在國內，則有陳伯璋、張建成、王瑞賢、王慧蘭、姜添輝、王麗雲、卯靜儒的努力與投入，因此，教育政策社會學的研究或是建構，似有匯為主流之趨勢，作者亦有意在此一領域，盡一己綿薄之力；（3）作者的學術訓練背景除了教育改革、教育社會學與教育政策等學科之外，教育政策社會學也是其中的一部分。

雖然教育政策社會學這個主題的困難度和挑戰性，都會比一般教育政策的主題高一點，但是研究者認為，如果能對此進行較為深入和系統性的探索的話，不僅對教育政策這個學科領域的發展，可以略盡一己之力，也可以開拓教育政策相關學系的一個新的學科；再者，這更是研究者對自己的挑戰和自我實現的努力。因此，研究者就選定「教育政策社會學：教育政策與當代社會思潮之對話」作為本研究的主題。

（二）蒐集並研讀相關文獻

由於本研究主題屬於新近發展的領域範圍，所涉及的相關領域，也較為廣泛和龐雜，所以在文獻資料蒐集，有其相當的挑戰和難度；儘管如此，研究者仍然盡量的去蒐集和研究主題相關的資料文獻。研究者蒐集文獻的管道與途徑主要包括有：（1）利用國立台灣師範大學、國立彰化師範大學、國立暨南國際大學等圖書館，以及國家圖書館的圖書和期刊進行相關文獻的搜尋；（2）利用國立暨南國際大學的電子資料庫與電子期刊進行資料的蒐集；（3）透過網際網路進行主要國家與地區政府，以及主要國際性組織之文件與出版品的搜尋；（4）藉著到國外參加學術研討會的機會，蒐集或購買與研究主題有關的出版品；及（5）到出版社或書局搜尋購買與研究主題相關的出版品。

接著將蒐集來的文獻資料加以分類建檔，主要分為：（1）政策科學與公共政策類；（2）社會政策類；（3）教育政策定義與概念類；（4）教育政策研究類；（5）教育社會學類；（6）教育改革類；（7）教育政策社會學類；（8）官方文件類；（9）國際組織出版品類；（10）社會學理論及思潮類；（11）政治學類；與（12）其他類。而後，就這些文獻/文件資料進行研讀，以明晰分析之概念架構。

（三）形成分析架構

　　經過初步的文獻閱讀之後，研究者乃發展出，本研究之分析架構雛型。此一分析架構雛型，在經過與研究生和學校同仁，以及相關同好的切磋討論之後，經過幾度的修改，乃形成現今之分析架構。此一分析形成本研究之篇章目錄如次：

第一章　　　緒論：本書章節內容概述
第一篇　概念篇
第二章　　　政策科學的起源、發展與相關議題
第三章　　　教育政策研究的脈絡與圖像：教育政策社會學的濫觴
第四章　　　教育政策社會學的起源與發展：歷史脈絡的分析
第五章　　　教育政策社會學的學科範疇與架構
第六章　　　教育政策、社會學與教育社會學
第二篇　方法篇
第七章　　　教育研究與教育政策關係之分析：政治社會學的觀點
第三篇　對話篇
第八章　　　教育政策與意識型態
第九章　　　教育政策與新右派
第十章　　　教育政策與後殖民主義
第十一章　　教育政策與後福特主義
第十二章　　教育政策與全球化、市場化及去中央化
第十三章　　教育政策與批判教育學
第四篇　結論篇
第十四章　　教育政策社會學的未來展望

（四）進行分析與整理

本研究的主要任務，在針對所蒐集的文獻/文件，進行分析、整理、歸納與評述，俾便釐清教育政策社會學，之所以可能的學理與實務的基礎，分析教育政策與當代社會學理論和思潮之間的關係，以利對於教育政策社會學之學科架構、內涵與知識系統，獲致綜觀性的建構、理解與掌握。因此，在上述的分析架構之下，進行分析與整理的過程中，研究方法與分析技巧的妥善運用與發揮，就顯得十分的重要與必要。在進行分析與整理的過程，本研究除了妥善運用歷史分析、理論分析和概念分析等途徑之外，也採用系統分析的方法。

歷史的分析，旨在對於有關教育政策社會學的一些歷史資料，除了政策科學與公共政策，以及教育政策研究發展的相關歷史文獻之外，特別是直接談到「政策社會學」（policy sociology）、「政策的社會學分析」（sociological analysis of policy; policy analysis from sociological perspective; sociological analysis for policy）、「教育政策社會學」（sociology of education policy），以及「教育政策的社會學分析」（sociological analysis of education policy; education policy analysis from sociological perspective; sociological analysis for education policy）的文獻，都是本研究，在進行文獻資料分析與整理的過程時，特別注意的；因為這些文獻，不僅可以呈現教育政策社會學之濫觴與發展之可能，更可以根據它們整理出，教育政策社會學發展的時間序列與脈絡。概念的分析，旨在整理與範定，教育政策社會學的相關名詞和領域的概念與範圍，分析其要素，以確切把握教育政策社會學之意義。理論分析，則在就當前主要的社會學思潮，分析其和教育政策相因相成與相互作用的部分，以奠立教育政策社會學之學科領域基礎。系統分析，則在把教育政策社會學，視為一有機體（organic）和開放的系統，分析整理影響教育政策社會學發展的因素，並且就當前主要社會學思潮和理論與教育政策，相因相成及相互作用的部分，進行深入的分析與歸納，以建構其知

識系統。

（五）撰寫研究報告

　　　本研究不論是在確定研究主題前後，文獻/文件之蒐集研讀，或是形成分析架構，以至進行分析整理時，每一個階段皆是：一面構思一面整理，一面整理一面撰寫，一面撰寫一面自我挑戰與批判。整個研究過程，可以說是不斷的重覆著「正→反→合」的模式，以及複演著「自我肯定↔自我否定」的過程。「構思與整理、整理與撰寫、撰寫與批判、批判與構思」，不斷交互進行著，隨時修改調整，最後才正式撰寫成為本書。撰寫本書時，對於文字之駕馭與運用，修辭與潤飾，更是一再推敲，務求文字精簡流暢、組織綿密無間、結構完整嚴謹、分析深入合理、以及討論充分周延，以達成本研究的目的。

第三節

研究範圍與限制

　　多年來，做為一位教育政策的教學者與研究者，作者對於有關「教育政策社會學」的問題/議題，一直抱持著相當關心的態度，於教學和研究的同時，經常就現行之教育政策，進行社會學觀點的觀察與討論，思考與反省，亦有形諸文章者。另外，也經常與教育界或學術界之先進、前輩、同仁及友人，就這方面的主題，進行討論與心得分享。幾年來的參與，研究者發現，「教育政策社會學」是一個頗為複雜和深奧的學科領域，其所涉及的知識領域範圍，除了政策科學、教育政策學、社會學之外，更旁及政治學、哲學和倫理學等學科知識。另外，它也是一門兼重理論與應用的學科。因此，有必要就本研究之研究範圍與研究限制，

加以介紹和討論，以明確本研究之主旨及重心，俾有益於本研究之進行。以下就本研究之研究範圍與研究限制，進行介紹和討論。

一、研究範圍

研究者認為「教育政策社會學」此一領域的知識，跨越了多個學科領域，需要以科際整合（inter-disciplinary）的方式，才能周延的釐清，其研究範圍和知識系統。另外，此一領域也兼具理論與應用的性質，因此，從事此一領域研究時，務須經常保持「理論與實務」的對話/論辯，否則，如果只重理論不重實務，恐怕難免「隔靴搔癢」之譏；如果只重實務不重理論，則有恐有「茫然偏失」之虞。唯因受到研究者學術訓練背景和發展取向的影響，以及其他如時間、經費及資料來源等因素或條件的限制，本研究乃將研究的範圍，限定在當代主要社會學思潮與教育政策的關係的分析，其中雖然也有相當篇幅的實務的分析與討論，然而，就整個研究的份量來看，還是理論的討論分析，占比較多的篇幅，相對的，政策實務討論和評述就顯得比較少。具體而言，本研究的範圍包括：（1）政策科學的起源與發展；（2）公共政策的起源、發展與範疇；（3）教育政策的概念、定義、領域範疇與發展；（4）教育研究與教育政策關係的社會學分析；（5）教育社會學與教育政策；（6）教育政策社會學研究途徑；（7）教育政策社會學發展的歷史探源；及（8）當代主要社會思潮與教育政策。

另外，從事教育政策研究或是教育政策社會學研究，或多或少都會觸及的，教育決策價值、政策分析、政治學、國家理論等相關主題、理論、領域和學科，在本研究將不會納入討論。因為如果把這些相關的材料也納入的話，不僅會使得本研究的結構，顯得相當的鬆散，不夠嚴謹，也會使得本研究，呈現多主軸發展的現象，這將導致本研究在結論上會有困難。還有，社會結構與教育政策之關係的分析，在本研究中討論的也不多，這是教育政策社會學，可以開拓與發展的另一部分。為了使本

研究顯得嚴謹精要，有關「社會結構與教育政策之關係」這一層面，本研究就不涉及了。如果說，研究範圍有「理想的研究範圍」和「務實的研究範圍」之分的話，則本研究所臚列的研究範圍當屬於後者；如果把本研究所排除的那些和教育政策相關的材料考慮進去的話，則是屬於前者了。

二、研究限制

如果允許有主觀的認定或是武斷的主張的話，則研究者願意說：所有的研究，都有其研究限制存在，而且是打從一開始定題目，研究限制就已經存在，而且也開始對研究產生影響力了。一般而言，研究限制可以分為主觀和客觀兩個層面：前者主要是關涉於，研究者自身的因素或條件，例如：學術興趣、學術訓練背景、學術發展取向、學術態度與立場、學科意識/取向及意識型態等；後者主要是關於時間、財力、文獻材料、研究主題性質及採用的研究方法等，比較和研究者沒有直接相關。

有關於本研究之研究限制，就主觀層面而言，主要有：（1）研究者之學術興趣與學術訓練背景，因為在這幾個因素，研究者都比較偏向從社會學角度來分析教育（政策）相關的議題，所以，研究者賡續前人的努力與成果，希望在本研究中，能將教育政策與社會學思潮/理論作進一步的結合，而未納入其他的主題；（2）研究者之取向與態度，因此研究者將本研究之分析取向範疇，定在教育（改革）政策與社會學思潮的結構性與批判性對話，嘗試以此建構教育政策社會學的學科範式與系統；及（3）研究者之意識型態，對於學科領域的範疇與範式的定型，有著相當大的作用。因此，不同的學者對於同一學科範疇、範式與性質的界定，可能會不太一致，這可能導致「囿於一偏之見」的危險；此一危險沒能完全避免，只能盡量減輕，所以，研究者在決定本研究之研究架構時，或是在從事相關材料的分類時，都盡量求其互斥與周延，並多方參考有關的著作。

在客觀的層面，包括了：（1）文獻材料因素的限制：教育政策社會學，雖然自一九四〇年代，K. Mannheim 就已為文論及，但是真正受到重視，以及有比較多的專家學者投入此一領域的開拓，還是最近二十年的事，尤其在國內，更是最近十年內的事，所以在相關文獻資料，就顯得比較不足，這使得本研究，在某些主題和某些層面的分析和討論，相對而言，就顯得不是那麼的深入和周延；（2）研究方法方面的限制：本研究主要採用文獻分析法、文件分析法、歷史分析法和理論分析法，這些方法都比較偏向質性的研究，本研究並沒有採用問卷調查等量化的研究方法，所以，在分析和討論方面，會比較多研究者自己的立場和價值偏向，雖然研究者會盡量求其客觀，但是主觀的價值偏好，恐怕難以避免，只能求其盡量減少；（3）研究主題方面的限制：就本研究之研究主題的性質來看，其屬於質性研究應是相當明顯的，因此比較適合採用質性的研究方法，如果為了所謂的「客觀」，而勉強採用量化的研究方法，恐怕不免影響研究品質，亦不免「圓柄方枘」之窘境；（4）時間方面的限制：就研究者的角色和身分而言，研究者現在雖然比較可以自由運用和控制自己的時間，可是在教學、研究和社會服務之餘，真正能運用在此一研究主題的時間真的不如預期的多，儘管，研究者一直努力把較多的時間用在此一研究主題之上，但是，總是覺得不夠多，如果有更多的或是有充裕的時間，則本研究的分析和討論就可以觸及更多的範圍和領域。另外，研究者也可以到更多的國家或地區，蒐集更多的文獻資料；（5）財力方面的限制：雖然研究者現在的收入足以糊口，但是如果要更理想的，盡量到其他國家或地區，蒐集相關的文獻/文件資料，以及購買相關書籍的話，事實上，對研究者也是一個相當重的負擔，所以有些研究材料的蒐集，就透過圖書館和網際網路，以及電子資料庫和同仁與學生的幫忙，這會有研究材料不是十分周全的壓力和疑慮。

第四節
本書結構

本研究（書）同時屬於質性研究和理論建構的範疇，主要在藉著對當前主要社會學思潮、主要國家或地區現行之教育政策/教育改革方案關係的探討，嘗試經由對教育政策社會學的學科架構、範疇、研究途徑，以及知識系統的鋪陳，以奠定教育政策社會學的發展基礎，建構教育政策社會學的學科範式與系統。

本書主要包括四篇十四章：第一章爲本研究之研究動機、研究方法、以及研究過程與研究限制的介紹。第一篇爲概念篇，包括第二章到第六章，主要在探討教育政策社會學之所以可能成立的相關學科背景、理論基礎與社會情境脈絡，內容包括：政策科學的源起與發展、公共政策的發展與領域、教育政策研究的起源與發展；教育政策社會學的濫觴、歷史脈絡的整理與分析、學科範疇與架構，以及教育政策與教育研究。第二篇爲方法篇，本書以第七章對教育政策社會學的研究途徑、教育研究的應用，以及從政治社會學的觀點，教育研究與教育政策關係的議題進行討論。第三篇爲教育政策與當代社會思潮，從第八章到第十三章，共計六章，討論的主題，包括：意識型態、新右派、後殖民主義、後福特主義、全球化、市場化、去中央化及批判教育學等，當前主要的社會學思潮與教育政策的關係。第四篇爲結論篇，只包括最後一章第十四章，其內容主要在歸納本研究之成果與結論，同時也對於教育政策社會學的發展進行反省與檢討。

以上所述爲本研究/書之主要結構與內容大要，透過此一介紹，讀者同好和方家先進，當可對本研究/書的主要概念、論述主軸、知識系統、理論脈絡，以及整體內容，獲有一梗概之意象，也可進一步掌握本研究/書之主要精神與用心了。

第一篇　概念篇

　　作為教育學、政策科學、教育社會學和社會科學，新興領域之一的教育政策社會學（Sociology of Education Policy），自一九四〇年代後期，Karl Mannheim 於英國倫敦大學政治與經濟學院（簡稱政經學院）（The School of Economics and Political Science; LSE）和教育學院（Institute of Education；IoE），倡議教育政策社會學以來，有愈來愈多的專家學者，不僅注意到此一議題或是領域的發展，而且投身於其研究。

　　和教育領域的其他學科比較，教育政策社會學的發展，雖然年輕許多，但是卻也顯得繁複許多—從政策科學或是公共政策的研究，到教育政策的研究；從教育政策的探究，到教育政策社會學的建構與發展，此為教育政策社會學發展脈絡之梗概，看似簡單，但是，其中所涉及的學科知識和領域範疇，所含括的概念脈絡和理論系統，所採借或是應用的研究途徑、方法與方法論，又不知凡幾，舉其犖犖大者，概有（公共）政策科學、教育學、社會學、教育政策學、教育社會學、社會科學研究法。而其中政策科學、公共政策、教育政策與教育政策社會學，學科發展時間的重疊，及學科知識內容的交相借用與影響，更是難以具體劃分。

　　凡學科之發展必有所本，必有其本源，教育政策社會學亦不例外，自有其源頭。本篇之任務，乃在於從事探源的工作；也就是整理教育政策社會學發展的本源與脈絡—政策科學（公共政策）研究、教育政策研究與教育政策社會學的源起與發展、以及教育政策社會學的學科領域與架構。此等基礎工作的完成，始能進一步從事教育政策社會學之研究途徑、研究方法與研究方法論的討論。研究途徑的關注，在於獲悉從事教育政策社會學探究之時，有多少技巧或技能可用，以俾利於相關探索性研究的進行和資料的蒐集；研究方法的討論，在於歸納整理從事教育政

策社會學相關主題或議題的研究時，採取那一種方法，比較能夠順利完成研究和達到研究目的；研究方法論的討論，則旨在釐清進行教育政策社會學相關主題或議題的研究時，應該採用何種研究方法或途徑的價值與倫理及道德與觀念的議題。探討過研究途逕、方法與方法論的議題之後，尤其是最基礎的研究途徑，才能再更進一步，從事教育政策社會學之理論架構的建設與發展，甚至於是教育政策和當代社會學思潮之關係的分析與論述，這些種種都將在第二篇和第三篇中進行。

如果把第一章也放進本篇的話，則本篇共包括六章：第一章主要在介紹本研究的旨趣、動機、範圍、方法、步驟、過程、限制與架構，以之鋪陳本書之梗概；第二章主要在歸納整理，（公共）政策科學研究的起源、發展與相關議題，據以探索教育政策社會學，之所以可能開展的溯源的工作；第三章則在嘗試描繪教育政策研究的圖像，並且進一步，以此為教育政策社會學圖像的基礎，以作為教育政策社會學的濫觴；第四章主要在整理，教育政策社會學的起源與發展，亦即其歷史脈絡的整理與分析；第五章則在於就有關的文獻資料或文件，尋繹出教育政策社會學的學科範疇與架構；第六章也就是本篇的最後一章，主要在從社會學的觀點，討論教育政策與教育研究的關係，這裡一方面主要是在討論，到底社會結構因素對教育研究在教育政策上的應用程度有何影響；另一方面，則在討論教育政策對教育研究方向與主題，究竟有怎麼樣的影響；簡而言之，本章之旨趣乃在討論與分析「理論與應用」和「研究與實務」的問題，因為「理論離不開應用」，而「研究也離不開實務」。

第 2 章

政策科學的起源、發展與相關議題

學術的發展是特定歷史條件下的產物，是特定的社會發展背景和發展要求的反映，一個時期社會發展的要求、整體學術發展的水平、思維方式的轉變，決定著學科發展的走向和重心轉移。政策科學的發展過程是嚴謹且充滿困難的過程，當代科學無法因應緊急政策制定的需要，政策科學因而脫穎而出。

~袁振國，2002，頁181；Y. Dror, 1971（張世賢、陳恆鈞譯，1998，頁1）~

摘　要

　　政策科學的研究，主要奠基於政治學的研究，政治學的研究，有很長遠的歷史，但是，公共政策的研究，卻是二十世紀的產物（Birkland, 2001, pp. 3-4）。如果就比較嚴格的規準來看，政策科學的發展或是公共政策的研究，距今也不過五六十年的光景，但是就今日的情形來看，政策科學的發展是相當快速的。從一九五○到六○年代，H. D. Lasswell（1950）的《權力和社會：政治研究的框架》，以及 H. D. Lasswel 與 D. Lerner 合著（1951）的《政策科學：範圍與方法的新近發展》（*The Policy Science: Recent Development in Scope and Method*）的兩本著作，宣示了政策科學研究的開始：前者首次提出了「政策科學」的概念，而後者的出版，更象徵著政策科學發展的里程碑。一九六○到七○年代初期，有「政策研究三部曲」的 Y. Dror 三本重要的著作現世，在這三本著作裡，Dror 對現代政策科學的性質、理論、方法和內容，做了新的範定，使政策科學的"範式"趨於完善，同時繼承和發展了拉斯韋爾的政策科學理論，從而形成了「拉斯韋爾—德洛爾的政策科學傳統」。

　　再從一九七○年代初期到了一九七○年代中期的政策分析運動階段，此一時期政策研究的主要發展趨勢有二（劉復興，2003，頁 8）：其一，政策分析運動的興起；其二，政策研究的方向，由宏大的系統的政策科學體系，轉向到更能適應社會發展需要和具有應用性的政策分析。此一階段的代表性學者為 C. E. Lindblom，他因首先提出「政策分析」的概念，而被認為是「政策科學發展中政策分析傳統的創始人」（劉復興，2003，頁 8）；之後，進入了政策發展的第四階段—政策科學和政策分析獨立學科地位，真正確立階段，大約是在一九七○年代中期以後，到一九九○年代初期之間，這個階段對於政策科學的發展，相當有影響力和貢獻的主要代表人物是 Stuart S. Nagel。他對於政策科學的貢獻，主要在於，他的出版了一系列相當有影響力的政策科學的書籍：《政策研究和社會科學》（*Policy Studies and the Social Sciences*）（1975）、《政

策評鑑》（*Policy Evaluation: Making Optimum Decisions*）（1982）、《當代公共政策分析》（*Contemporary Public Policy Analysis*）（1984），尤其是他糾集了四十七位學者，共同編纂出版了《政策研究百科全書》（*Encyclopedia of Policy Studies*）（1983），確定了政策科學的獨立地位。這一個階段對政策科學的發展，有影響力的因素是「專門的研究機構，大學裡的有關課程、政策研究的書籍、論文、雜誌與政府聯繫的組織，也如雨後春筍般地湧現出來，形成了政策科學的繁榮時期」（袁振國，2001，頁3）。

政策科學發的最近的一個階段，是第五階段—政策執行與分析的階段，從一九九〇年代開始迄今。一九八〇年代中期，到一九九〇年代後期，許多學者因各種各樣的理由，退出或是放棄政策執行（policy implementation）的研究，但是公共政策執行仍然是，決策人員在實務上最感興趣的部分，此乃在政策歷程中，政策執行是其中最困難的部分；事實上，不少的政策分析者發現：政策評鑑和政策執行的研究，是政策分析之最具應用性的部分；另外，在一九九〇年代，許多重要的理論上的貢獻，都被公共政策學者所忽略。因此，J. P. Lester (1998, pp. 1-3) 嘗試在一九九〇年代，政策執行研究之「衰退的革命」（devolution revolution）中，協助政策執行者實現其責任。並且在政策循環（policy cycle）中，重新建立起政策執行研究的重要性。

楔 子

　　政策科學研究[1]是二十世紀五○或六○年代前後，新崛起的一門學科（discipline）或是一個領域（field or area）[2]，此一領域的發展不只是，教育此一學科領域特有的現象，同時也反映了社會科學，從理論走向應用之發展的新趨勢，其所包括的範圍相當的廣泛；除了政治、經濟和軍事之外，還包括體育、衛生、教育、及社會福利等（袁振國，2002，頁183），這樣的學科領域就是一般通稱的「公共政策」（public policy）。公共政策的研究，主要在探討和一般社會大眾有關的政策的制定、執行與檢討等相關的問題，希望公部門能夠訂定更理性、更合理、更能夠符合國家社會發展需要，以及民眾需求的政策。教育政策正是屬於公共政

---

[1] 在本書所提到的政策科學研究（study of policy science），主要是指公共政策的研究。爲了行文的方便和文意的連貫與通順，在本書把「公共政策研究」（Research of Public Policy）、「政策科學研究」（Study of Policy Science）與「政策研究」（policy study）三者交互使用。在一般公共政策的書籍，通常也是將此三者交互使用的。

[2] 對於政策科學研究開始的年代，有不同的說法；有的作者主張從一九五○年代開始，有的作者主張從一九六○年代開始，有的作者主張從一九七○年代開始，有的作者則主張從一九八○年代開始。像劉復興（2003，頁1）就主張公共政策研究是起源於一九五○年代，聯合國教科文組織出版的《國際社會科學雜誌》（中文版）第四卷第二期「政策研究」專刊的〈社論〉就提到「…政府政策研究…是近25年來發展起來的。它從60年代創建之時起，便一直生意盎然」（《中國社會科學》雜誌社/聯合國教科文組織，1987，頁3）。袁振國（2001，頁1）在其主編的《教育政策學》就提到「20世紀70年代以後…一門以政策制定過程本身爲研究對象的學科—政策科學發展起來。」但是，同樣是袁振國（2002，頁183）主編的《教育新理念》中就提到：「20世紀80年代以來，一門綜合性學科—公共政策學異常迅速的發展起來…」甚至有的學者（T. A. Birkland, 2001, p. 4）認爲，政策科學或是公共政策的研究，可以追溯到一九二二年 Charles Merriam 在尋找理論與政治實務的連結，以了解政府真正的行動（actual activities）的時候，也就是在當時，Charles Merriam 的嘗試代表著公共政策研究的開展。爲求體例的統一和內容的連貫，對於（教育）政策科學或是（教育）政策研究的開始，本書將採用最前面的說法，亦即「政策科學」或「公共政策」的研究是從一九五○年代開始。

策的一環，教育政策的研究，同樣具有前述的特色。本章內容主要在討論政策科學的起源與發展、性質與特色、範圍與內涵，以及對教育政策研究發展的影響；最後，再討論從教育政策研究到發展教育政策社會學的可能。因此，本章第一節，首先歸納整理政策科學研究產生的淵源、背景與發展歷程；第二節，則旨在討論政策科學研究的性質與特色；第三節，則在於歸納整理政策科學研究的內涵與範疇；第四節則討論政策科學研究對教育政策研究發展的影響；最後一節則將重點置於，從教育政策研究跨越到教育政策社會學成立的可能與必然。

第一節
政策科學的起源與發展：教育政策社會學之底蘊

　　政策科學或是公共政策的研究，究竟起源於何時，眾說紛紜。一般的文獻是認為，此一領域或學科開始於一九五〇年代，Harold Lasswell 的倡議「明確之政策科學的發展」，但是 Daniel McCoo 則認為（見 Birkland, 2001, p. 4）：「公共政策的研究不會無端的從一九五〇和六〇年代蹦出來，它應該可以追溯到一九二二年，當 Charles Merriam 尋找理論與政治學實務的連結，以了解政府的真正行動時，就已開啟了公共政策的研究」。但是無可諱言的，許多政策科學的基礎性的著作，要直到最近二十年左右才受到重視，以及深入的理解（Birkland, 2001, p. 4）。對於政治科學與公共政策的關係，林水波、張世賢（1991，頁 6-7）有這樣的描述：

> 政治學的研究定向或研究領域的演變…主要可分成三個階段：傳
> 統主義時期、行為主義時期、後行為主義時期或現代【時期】…
> 傳統的政治學，主要在於描述形成公共政策的制度…並未探討種

種制度的安排與公共政策之間，所可能有的關聯與連鎖…政治學
上的行為主義…雖詳盡地描述公共政策制定的過程，但其並不直
接地處理各種過程及行為與公共政策之間所有的任何關聯…進入
後現代的政治學，著重於如何發現問題，提供解決問題的方法之
研究，及公共政策的制定與過程之分析…在這個研究領域裡，【主
要】的題材有：描述公共政策的內容；評估環境因素，對於公共
政策的內容之影響；分析各種制度性的安排與政治過程，對於公
共政策的影響；調查各項公共政策，對於政治系統所產生的後果；
依據預期的和非預期的後果，評估公共政策所產生的影響。

公共政策研究是最近幾十年來，相當熱門的一個研究領域；其主要
是一般社會大眾愈來愈關心公共事務和自己的權益，參與公共事務與公
共政策制定的機會和意願都較以往高，此一現象國內外皆然。就國內的
情形來看，如此不僅導致政府研考部門，頗為重視此一領域之相關概念
與議題的推展，也出版了一些相關的期刊、書籍或研究報告以為推廣[3]，
這樣做的目的，在於希望，不論是政府官員或是一般社會大眾，在從事
公共事務或是公共政策制定的時候，更能夠清楚自己的角色與職掌、義
務與責任，以提升公共政策的品質。除此之外，國內外也有不少大學設
立公共政策或行政相關的系所，以及基金會成立政策研究或相關的中心
（見附錄一），足見公共政策研究在國內外受到重視的程度。事實上，
在國外，政策研究的發展，早已經有相當時日，而且比國內的發展，更

---

[3] 行政院研究發展考核委員會（簡稱行政院研考會）出版有此一相關主題的書
籍，例如：《強化政策執行能力之理論建構》（1997），與發行《國家政策季刊》，
此一季刊由行政院研考會於二〇〇二年九月創刊發行，其編輯原則為「強化政
策研究，倡議政策議題」，主要功能則在於「結合理論與實務，提供政府政策
推介與辯論的場域，發揮政策智庫的功能」，至二〇〇五年十二月共發行四卷
四期。為因應知識型態及知識傳播方式的改變，該刊計畫於二〇〇六年停刊，
改為「政策網路智庫」型態發行。本註腳之內容主要參考行政院研考會網站資
料撰寫而成。

加的成熟與蓬勃，其促成因素為何，正是本節所要討論和分析的。本節
的重點在於歸納與整理政策科學的起源與發展。

一、政策科學的起源

「政治學的研究有一長遠的歷史，但是公共政策的研究，卻是二十
世紀的產物」（Birkland, 2001, p. 4）。在二十世紀五○年代初期的美國，
政策科學脫離傳統的政治學，獨立成一門新興的學科領域。從此，揭開
了政策科學研究的序幕。到了六、七○年代，政策科學在歐、美、日等
國家和地區，都有長足的發展，而且在學術研究、行政決策和社會生活
等方面，都有廣泛的應用和影響。

> 政策科學最初產生於 20 世紀 50 年代初期的美國。"本世紀 50 年
> 代，美國政治學界發生了一個革命性的變化，即政策科學在傳統
> 政治學中開始脫出，並逐漸生長成一門新的學科。"做為一個綜合
> 性的、跨學科的新的學術研究領域，政策科學的產生和發展被認
> 為是西方社會科學歷史發展過程中的一次"科學革命"和西方政治
> 學的一次"最重大的突破"。20 世紀 60—70 年代，政策科學在歐美、
> 蘇聯及日本等國家和地區獲得了快速和長足的發展，在經濟、科
> 技、教育領域和社會生活中得到廣泛應用。在許多國家以至於形
> 成了"不分析不做決策"的政策活動傾向（劉復興，2003，頁 1）。

丘昌泰（1995，頁 1）也指出：自一九五一年，Lasswell 和 Lerner
創「政策科學」一詞，指出政策取向研究的重要性，強調社會科學家應
從政策過程與政策內容，兩個面向探討美國社會問題，而開啟政策科學
運動的序幕；之後，經過學者的努力與奮鬥，政策科學終於開花結果，
而公共政策乃成為一門獨立的學科。丘昌泰（1995，頁 1）更進一步指
出：「政策科學運動之所以推動公共政策成為獨立的學科，必須歸功於
拉斯威爾對於政策科學發展潛力的洞察，如果沒有拉斯威爾敏銳的觀

察，政策科學運動能否出現豐碩的成果頗有疑問」。

二、政策科學的發展

雖然，政策科學發展的歷史並不是很久。但是，其發展的進程，卻是相當的快速和多樣化，從一九五○年代迄今，政策科學的發展，作者參酌相關的文獻資料，將其大致分爲五個階段（吳定，2002；劉復興，2003，頁8；Lester ,1998）：

第一階段 政策科學概念和獨立學科研究領域的提出階段：
一九五○年代到一九六○年代中期

二次世界大戰之後，社會問題日益複雜，面對此一現象，H. D. Lasswell 首先對科學的功能提出質疑，此一問題一出，即獲得熱烈的迴響，幾經論辯，決策者與社會科學家最後相信，社會科學的知識應可用來解決社會之中的政策問題，因而開啓了政策科學研究之鑰（林水波、張世賢，1991，頁6；翁興利，1996，頁2）。

這個階段發展的重點，在於政策科學基本範疇和方法的描述，以奠定政策科學發展的基礎，此一時期對於政策科學發展，具有關鍵性作用的著作有：拉斯威爾（H. D. Lasswell, 1950）的《權力和社會：政治研究的框架》、拉斯威爾與勒納（Daniel Lerner）合著（1951）的《政策科學：範圍與方法的新進發展》（*The Policy Science: Recent Development in Scope and Method*）。在《權力和社會：政治研究的框架》這一本書，拉斯威爾首次提出了「政策科學」的概念，而《政策科學：範圍與方法的新進發展》一書的出版，是政策科學發展的里程碑。因爲從此之後，美國許多大學開始將公共政策、政策分析、或政策科學的相關科目，列入大學或研究所的課程。這個階段 Lasswell 對政策科學研究的主張－強調量化分析與科學方法，是任何政策科學的重要的要素－反映了一九五○年代，社會科學之行爲主義的性質，雖然他不是一位統計學家，也

清楚量化研究並非政策研究的唯一之途；另外，Lasswel 實徵取向、嚴謹方法論、以及彈性的政策研究風格，則成爲二十世紀後期，政策研究的基礎（Birkland, 2001, p. 14）。在這個階段，David Easton 主要的貢獻，是將行爲主義的「刺激—反應」模式轉換成系統的「投入」與「產出」的完型分析（見圖 2.1.1.），雖然，在這個時候，他並不太注意政策的規劃與執行，但是他提出來的「政治系統理論」（political system theory），使得在政治現象的觀察基礎上，有了較爲廣闊的概念架構；另外，他的將政治系統的樞紐功能，界定爲權威性決策的制定與執行，同時特別強調政治系統的「輸入－轉化－輸出」的過程，也引起公共政策學者的重視與運用（林鍾沂，1991，頁 4；曹俊漢，1986，頁 8）。

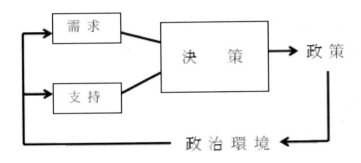

圖 2.1.1. David Easton 政治系統之「輸入—產出」分析模式
資料來源：http://www.hawaii.edu/intlrel/pols315/Text/Theory/easton.htm

第二階段　建立完善的政策科學體系和形成政策科學的基本範式階段：一九六〇年代末期到一九七〇年代初期

這個階段，主要的代表人物是德洛爾（Y. Dror），他在一九六八年到一九七一年之間，出版了政策科學發展中所稱的「政策科學三部曲」的三本重要著作：《政策制定的再檢視》（*Policy Making Re-examined*, 1968)、《政策科學設計》（*Design for Policy Sciences*, 1971)、《政策科

學進展》(*Ventures in Policy Sciences*, 1971)。在這些著作中，他對現代
政策科學的性質、理論、方法和內容，做了新的範定，使政策科學的"範
式"趨於完善，同時繼承和發展了，拉斯韋爾的政策科學理論，從而形
成了「拉斯韋爾─德洛爾的政策科學傳統」。

　　Y. Dror (1971; 張世賢、陳恆鈞譯，1998) 在《政策科學設計》一
書中，關於政策科學的研究途徑、政策科學的面向，以及政策科學的進
展，有深入的剖析與討論。另外，在這個時期，還有一些和政策研究有
關的重要的著作出版，例如：Raymond Bauer 於一九六八年出版的《政
策形成研究》(*The Study of Policy Formation*) 一書，就將政策定義為
「在組織的生活中，與範圍廣泛和長期觀點的決策相關連的方案設
定」，同樣也是在一九六八年出版，Charles Lindblom 在其所著的《政
策制定過程》(*The Policy-Making Process*) 一書中，將政策視之為，
為了因應外在刺激或挑戰所採取的一連串決策制定過程的結果(見林鍾
沂，1991，頁 8)。

第三階段　政策分析運動興起階段：
一九七〇年代初期到一九七〇年代中期

　　此一時期政策研究的主要發展趨勢有二 (劉復興，2003，頁 8)：
其一，政策分析運動的興起；其二，政策研究的方向由宏大的系統的政
策科學體系轉向到，更能適應社會發展需要和更具應用性的政策分析。
此一階段的代表性學者為 C. E. Lindblom，他因首先提出「政策分析[4]」
的概念，帶給政策研究一個新的動力，而被認為是「政策科學發展中政
策分析傳統的創始人」，所以這個時期也就被稱為「政策分析運動時
期」，它的特徵是「注重具體的政策的研究，著重研究具體公共政策制

---

[4] 政策分析 (Policy Analysis) 或稱為「政策的研究」(Studies for Policy) 是「對
因素、策略方法等的研究，是對怎樣才能制定出一項好政策的研究，側重於應
用研究」，這是相對於「政策的研究」(Studies of Policy) 而言的，政策的研究
是「對一項政策是怎樣制定出來的研究，側重於理論探討」(劉復興，2003，
頁 3)。

定的方法、技術和模式」（翁興利，1996，頁6；劉復興，2003，頁2，8）。

第四階段　政策科學和政策分析獨立學科地位真正確立階段：
　　　　　一九七○年代中期以後到一九九○年代初期

　　到了二十世紀七○年代中期以後，對於政策科學的發展有相當影響力和貢獻的一位人物是那格爾[5]（Stuart S. Nagel）。Nagel是美國伊利諾大學（University of Illinois）的政治學（Political Studies）教授，它對於政策科學的貢獻，主要在於他的出版了一系列相當有影響力的政策科學的書籍：《政策研究和社會科學》（*Policy Studies and the Social Sciences*）（1975）、《政策評鑑》（*Policy Evaluation: Making Optimum Decisions*）（1982）、《當代公共政策分析》（*Contemporary Public Policy Analysis*）（1984），尤其是他糾集了四十七位學者，共同編纂出版了《政策研究百科全書》（*Encyclopedia of Policy Studies*）（1983），確定了政策科學的獨立地位（袁振國，2001，頁3；劉復興，2003，頁8）。這一個階段對政策科學的發展有影響力的因素是「專門的研究機構，大學裡的有關課程，政策研究的書籍、論文、雜誌，與政府聯繫的組織，也如雨後春筍般地湧現出來，形成了政策科學的繁榮時期。」（袁振國，2001，頁3）。

---

[5]　Stuart S. Nagel 有關政策科學或是政策研究的主要著作有：**Policy Studies in America and Elsewhere** (Lexington, Mass.: Lexington-Heath, 1975), **The Policy-Studies Handbook** (Lexington, Mass.: Lexington-Heath, 1975), **Policy Studies and the Social Sciences** (Lexington, Mass.: Lexington-Heath, 1975), **Improving Policy Analysis** (Beverly Hills, Calif: Sage, 1980), **Policy Evaluation: Making Optimum Decisions** (New York: Praeger, 1982), **Encyclopedia of Public Studies** (New York: Marcel Dekker, 1983), **Contemporary Public Policy Analysis** (University , Ala. : University of Alabama Press, 1984.), **Public Policy: Goals, Means, and Methods** (New York: St. Martin's, 1984), **Law, Policy, and Optimizing Analyses** (Westport, Conn.: Greenwood Press, 1986), **Research in Law and Policy Studies: A Research Annual** (Greenwich, Conn.: JAI Press, 1986)，**Policy Studies: Integration and Evaluation** (Westport, Conn.: Greenwood Press, 1988)。

丘昌泰(1995，頁 38-46)則稱此一階段為「政策科學運動的蛻變時期」，
這個時期的主要特色為：（一）政策科學社群的自我檢討－政策研究範
圍的拓展，如政策評估、科際整合知識的應用、政策執行研究、政策終
止策略的研究；（二）實務社群的發展－重大政治與社會事件的影響，
如反貧窮戰爭（The War on Poverty）、越戰、水門醜聞、能源危機；（三）
政策研究取向的改變－融入政策制定過程進行研究、以多元角度蒐集相
關的政策資訊、科學的政策分析家與追逐權力的政客的關係是合作的、
政策分析家必須融入於政策制定過程，而與政策制定者成為智識上的夥
件。

第五階段 政策執行與政策分析階段：一九九〇年代初期迄今

一九八〇年代中期到一九九〇年代後期，許多學者因各種各樣的理
由退出或是放棄政策執行（policy implementation）的研究，但是公共政
策執行，仍然是決策人員在實務上最感興趣的部分，此乃在政策歷程
中，政策執行是其中最困難的部分；事實上，不少的政策分析者發現：
政策評鑑和政策執行的研究，是政策分析之最具應用性的部分。政策分
析有很大的部分是認知的活動，它是智識對於公共問題之規範性的應
用，其重點在於公共政策的產出，亦即公共政策在問題界定、目的達成
與工具—公共政策內容[6]—使用的情形或成效的衡酌；事實上，政策分
析是一個理性的過程，在此一過程中，包括各種類型的理性：（1）與基
本價值和倫理原則有關之規範理性的政策分析；（2）與司法及法令規定
一致的法理理性的政策分析；（3）內在、水平與垂直之一致性的邏輯理
性的政策分析；及（4）與衝擊、效用、成本與行政有關之經驗理性的
政策分析 (Pal, 1997, pp. 12-28)。

---

[6] 政策內容主要包括（Pal, 1997, p. 11）：（1）問題界定—問題的確認、問題的
定義、問題的呈現、問題的因果關係；（2）政策目的—中間目的與最終目的、
特定目的與一般目的、政策目的與真實目的；與（3）政策工具—理論性之內
容廣泛的政策手冊、從執行面區分政策工具、法令、理性、或實務上之限制。

　　另外，在一九九○年代，許多重要的理論上的貢獻，都被公共政策學者所忽略。因此，J. P. Lester (1998, pp. 1-3) 嘗試在一九九○年代，政策執行研究之「衰退的革命」（devolution revolution）中，協助政策執行者實現其責任。並且在政策循環（policy cycle）中，重新建立起政策執行研究的重要性。J. P. Lester (1998, pp. 3-4) 指出，在新的千禧年政策執行研究之所以重要的幾個理由：（1）一九八○和一九九○年代，相當多的聯邦政府的政策在此一期間執行，其中很多是在此之前的二十年間立法制定的，例如：一九七○年修訂的「空氣潔淨法」（Clean Air Act Amendments 1970 ），一九七六年的「資源保護與再生法」（Resource Conservation and Recovery Act 1976）；（2）此一時期，政府之間的關係比起過往任何時期都顯得更有意義；（3）各州著手改善其相關部門執行聯邦方案之能力；（4）過去十五年有關知識運用的文獻，有長足的進步；及（5）過去曾經受到忽略，但是對政策執行之理論與實務相當有幫助的政策執行之洞視，在一九九○年代重新受到重視。

第二節
政策研究的基本概念、內涵與性質

　　政策的概念相當的繁複多樣及抽象複雜，不是那麼的具體，所以不太容易掌握，但是有謂「工欲善其事必先利其器」，同理，欲從事教育政策研究者，首先須能切實掌握政策之概念或定義。本節旨在就政策研究[7]的基本概念、主要內涵與性質進行討論與歸納整理，以描繪出（公

---

[7] 一般政策研究或是公共政策的專著，例如：Birkland (2001) 的 *An Introduction to the Policy Process*，Dye (2002)的 *Understanding Public Policy* 都將政策科學 (Policy Science)、政策研究 (Policy Studies)、政策研究科學 (Science of Policy Studies) 及公共政策 (Public Policy) 三者交互使用，所以在本書，亦將這三個名詞交互使用，亦即討論政策科學或政策研究時，如果沒有另外說明或是解釋

共）政策研究的基本圖像與架構，做為闡釋教育政策研究，以及討論教育政策社會學領域之發展的基礎。

一、政策與政策研究的概念

何謂「政策」（policy）？何謂「政策研究」（policy study）？這兩個問題看似簡單，其答案的正確理解與掌握，卻是討論「教育政策研究」的相關議題之前，以及建構「教育政策社會學」之前，首先必須具備的先備要素（prerequirement）之一，因此本節首先對「政策」與「政策研究」的相關概念，進行討論和釐清。

（一）政策的概念與定義

「政策」一詞是一般人耳熟能詳的，但是如果要一般人清楚而且具體的說出「何謂政策？」，也就是「政策的定義」，恐怕就不是那麼容易了。這主要是因為，我們對於政策的接觸太頻繁，我們幾乎無時無刻都在接觸政策與從事和政策有關的活動，而對政策「習以為常」，因此，反而不容易為政策下個定義。另外，因為政策觸及的和應用的層面，相當的廣泛（Colebatch, 1998, pp. 2-3, 101, 111），不同的人從不同的角度和層面對政策下定義，例如：顧明遠、武修敬、及袁小眉等（1994，頁1337）在《中國教育大系：現代教育理論叢編（下）》將政策定義為：「政策是國家、政黨為了實現一定歷史時期的路線和任務，根據當前的情況和歷史的條件制定的具體行為準則。政策是以利益為基礎的」。從這一個定義可以看出，政策是具有時間性的，雖然論者經常強調，政策要具有連貫性和持續性，但是由於時間因素或是歷史條件的不同，經常需要跟著調整和變動，這其中當然，還受到其他因素的影響，像國家和政黨（組織和機構因素），以及路線和任務（意識型態和國家、社會發展的

時，就是指公共政策科學或是公共政策研究。換言之，即是將三者視為雖然在範疇上有差異，但是卻蘊含相同的主要概念與意義的名詞使用。

需要及人民的需求)。M. Kogan（1975, p. 55）就將政策定義爲「價值的操作性的陳述—時效性計畫的陳述，價值的權威性分配，方案的發表。」Colebatch（1998, pp. 111-114）在《政策》（*Policy*）一書中，將政策界定爲:（1）政策是一個歷程，同時也是一種人爲的加工品（artefact）和（2）政策是問題取向和逐漸形成的，不是明確界定和絕對的。E. G. Cuba（1984）更列舉了有關政策的八個定義（轉引自袁振國，2001，頁 247-248）:

1、政策是關於目的或目標的斷言；

2、政策是行政管理機構所做出的積累起來的長期有效的決議，管理
　機構可以它權限內的事務進行調節、控制、促進、服務，另一方
　面，也對決議發生影響；

3、政策是自主行爲的嚮導；

4、政策是一種解決問題或改良問題的策略；

5、政策是一種被核准的行爲，它被核准的正規途徑是當局通過決
　議，非正規途徑是逐漸形成的慣例；

6、政策是一種行爲規範，在實際行動過程中表現出持續的和有規律
　的特徵；

7、政策是政策系統的產品:所有行動累積的結果，決議，在官僚政
　治中成千上萬人的活動，從政策進入議事日程到該政策生效整個
　週期的 每個環節，都在產生著、形成著政策；

8、政策是被當事人體驗到的政策制定和政策實施系統的結果。

　　Birkland (2001) 在其所著 *An Introduction to the Policy Process* 一書中不僅整理了一些學者有關政策的定義（見表 2.2.1.），自己也對政策下了五個定義（Birkland, 2001, pp. 20-21）:（1）政策是以"公衆的"名義制定的；（2）一般而言，政策是政府所提出或訂定的；（3）政策是透過公部門和私部門的行動者解釋和執行的；（4）政策是政府意欲的作爲；及（5）政策是政府所選擇不作爲的。從以上的介紹可以發現，（公共）政

策定義之多以「多如牛毛」加以形容，似乎並不爲過，而且每一個政策的定義，因定義者的專業背景，以及所採取的立場、角度和意識型態的差異，所下的定義也都不一樣（見表 2.2.2.），因此，使得政策的定義變得紛繁複雜，也使得我們對政策定義的掌握，變得不是那麼容易了。事實上，要爲政策下一個精確的定義，是不可能的（Birkland, 2001, p. 20）。可是「重要的不在於如何去爲政策界定一個單一的和清楚的定義；重要的在於區分清楚政策使用的方法，以及此等不同用法的性質」（Colebatch, 1998, p. 3）。其實，爲公共政策下定義，主要是要掌握其性質。還有，Birkland (2001, p. 20) 也指出，對於公共政策下定義主要是要掌握其性質和範圍。

表 2.2.1.公共政策的定義

作者	定義	取向/特徵[※]
Clarke E. Cochran, et al.	• 公共政策此一名詞經常和政府的行動，以及決定政府行動的意向有關。 • 公共政策是在政府裡決定誰獲得什麼的衝突之後的結果。	• 行動取向 • 利益分配取向 • 衝突取向
Charles L. Cochran and Eloise F. Malone	• 公共政策是由為執行方案以達社會目的的政治性決策所構成。	• 目的取向 • 衝突取向 • 意識型態取向
Thomas Dye	• 政府選擇作為與不作為的一切。	• 行動取向
B. Guy Peters	• 簡言之，公共政策是政府行動的總和，不論這些行動是直接或是透過代理機構，對公民的生活發生影響。	• 行動取向
A. Schneider and H. Ingram	• 政策是經由文本、實務、符號，以及界定和傳遞包括財貨與法律規定、收入、地位，以及其他正面或負面的價值屬性的價值論述而展現。	• 概念取向 • 價值取向

取向/特徵[※]：是作者自己的分類。
資料來源：Birkland, 2001, **An Introduction to the Policy Process**, pp. 20-21.

表 2.2.2. 政策定義與取向之匯整—依時間序列

作者（年分）	政策定義	取向/特徵[※]
M. Kogan（1975）	• 政策為價值的操作性的陳述—時效性計畫的陳述，價值的權威性分配，方案的發表。	• 傳統取向 • 價值取向
E. G. Cuba（1984）	• 政策是關於目的或目標的斷言； • 政策是行政管理機構所做出的積累起來的長期有效的決議，管理機構可以它權限內的事務進行調節、控制、促進、服務，另一方面，也對決議發生影響； • 政策是自主行為的嚮導； • 政策是一種解決問題或改良問題的策略； • 政策是一種被核准的行為，它被核准的正規途徑是當局通過決議，非正規途徑是逐漸形成的慣例； • 政策是一種行為規範，在實際行動過程中表現出持續的和有規律的特徵； • 政策是政策系統的產品：所有行動累積的結果、決議，在官僚政治中成千上萬人的活動，從政策進入議事日程，到該政策生效整個週期的每個環節，都在產生著、形成著政策； • 政策是被當事人體驗到的政策制定和政策實施系統的結果。	• 傳統取向 • 績效取向 • 規範取向 • 問題解決取向 • 價值取向
B. W. Hogwood and L. A. Cunn (1984)	• 政策是行動領域的標籤； • 政策是可欲事務或一般目的的一般陳述； • 政策是特定的計畫； • 政策是政府之決定； • 政策是正式的權威化； • 政策是一種方案； • 政策是產出； • 政策是理論或模式； • 政策是歷程。	• 傳統取向 • 行動取向 • 績效取向 • 規範取向 • 問題解決取向 • 價值取向

表 2.2.2.（續）

作者（年分）	政策定義	取向/特徵[※]
G. Harman (1984)	• 因著要處理已經確認的問題或關心的事務，而產生之明顯的或隱含的各殊化的具目的性的行動，導向意圖的或可欲的目的之達成； • 因為要對衝突的問題或議題有所反應，而產生的位置或立場，其直接導向特定的目標。	• 傳統取向 • 目的取向 • 問題解決取向
顧明遠、武修敬及袁小眉等（1994，頁1337）	• 政策是國家、政黨為了實現一定歷史時期的路線和任務，根據當前的情況和歷史的條件制定的具體行為準則； • 政策是以利益為基礎的。	• 衝突取向 • 目的取向 • 問題解決取向
K. H. Colebatch (1998, pp. 111-114)	• 政策是一個歷程，同時也是一種人為的加工品（artefact）； • 政策是問題取向和逐漸形成的，不是明確界定和絕對的。	• 歷程取向 • 問題解決取向
T. A. Birkland (2001, pp. 20-21)	• 政策是以"公眾的"名義制定的； • 一般而言，政策是政府所提出或訂定的； • 政策是透過公部門和私部門的行動者解釋和執行的； • 政策是政府意欲的作為； • 政策是政府所選擇不作為的。	• 傳統取向 • 行動取向 • 目的取向

取向/特徵[※]：是作者自己的分類。
資料來源：Taylor, S., Rizvi, F., Lingard, B. and Henry, M. (1997, pp. 23-24), **Educational policy and the Politics of Change**, London: Routledge.
Birkland（2001）, **An Introduction to the Policy Process**, pp. 20-21, London: M. E. Sharpe.

　　從表 2.2.1.與表 2.2.2.的內容，將會發現政策的定義的確是相當紛繁的，但是其中還是有些共同的特徵，整體上來看，一般政策的定義大多包含在以下幾個取向：傳統取向、概念取向、目的取向、歷程取向、行動取向、績效取向、規範取向、問題解決取向、價值取向、衝突取向、利益分配取向，以及意識型態取向。這些取向也是一般政策科學所探討

的與政策有關的主要議題，以及政策所包括的要素。歸納以上對於政策
之定義的介紹與討論，可以得知，政策是一個相當複雜的概念，包括的
層面相當的廣泛，影響的層面也是相當的多元。因此，也可以知道為什
麼不容易對政策下具體的定義，以及為什麼對於政策的定義是「一人一
義，十人十義」了。還有對於政策的定義，往往也因下定義者，所偏重
的重點和所依據的對照基準不同，而有不同的定義。如果一定要對「政
策」下定義的話，或許可以將政策定義為「政策是政府相關部門或是公
部門為了達成任務、目標，或是解決問題，根據相關法令規定，和部門
或機構本身之權責，所制定的方針、策略或指導，以為行政之依據」。

（二）政策研究的概念

雖然，Dror(1983)在 ' Basic Concepts in Policy Studies ' 一文中，
對「政策研究」的相關概念，有頗為詳細和深入的討論。Dror(1983, p. 3)
指出：

> 政策研究是有宏大目標和企圖的。政策研究的目的在於為所有人
> 類最具野心的行動，提供科學層面的說明，亦即根據一般社會大
> 眾的欲求，企圖透過意識到的集體的選擇和行動，以影響未來。

上面的引文指出，政策研究最基本的性質和任務：前者指政策研究
是無所不包的，而且也是沒有預設立場的，但是卻也具科學性質的；後
者指的是政策研究之任務，乃在於提供客觀的事實證據，以改變現狀，
進而影響未來。但是，在政策科學研究，仍有三個名詞經常混淆在一起，
令學習者頗為困惑，這三個名詞是「政策科學」、「政策分析」與「政策
研究」。政策科學與政策分析的區別，在於（J. F. Renolds, 1975, pp. 2-3；
轉引自丘昌泰，1995，頁 6）：（1）研究者對實務者－政策科學家，是
獨立的研究者，政策分析家則是專業的實務者；（2）自由選擇對專業選
擇－政策科學家，可以自由選擇任何一種價值加以研究，政策分析家必

須根據職責或道德標準選擇；（3）政治的辯證對法律的檢視－政策科學家的規範架構，是透過政治過程的辯證程序加以檢視，政策分析家則以法律權威檢視其規範架構；及（4）範圍廣泛對範圍具體－政策科學家關切廣泛的政策問題，政策分析家關切具體的政策議題。政策研究則是（A. Majchrzak, 1984, p. 12；轉引自丘昌泰，1995，頁6）：（1）以基本社會問題為探究對象；（2）研究結果具實用性；與（3）應用結果直接有助於社會問題的解決與緩和。

二、政策科學研究的內涵與性質

（一）政策科學研究的內涵

　　政策科學的主要目的在於透過政策的研究，改進政策體系（policy system），增進人們參與政策制定，提升人們掌握政策的能力，以發揮政策的最大效用（孫光，1998，頁11）。由於不同的學者所持的觀點和立場不同，所以他們所主張的，或是強調的政策科學研究的內涵與範疇也不盡相同。孫光（1998，頁12-13）在其所著《現代政策科學》一書中指出，政策科學研究的主要方向有六：（1）關於政策本質、特點和功能作用的研究：旨在分析政策的基本概念、政策作為社會現象的根本性質，不同性質的政策之間的關係，政策的各種功能，以及在社會各個領域中的作用；（2）關於政策制定的研究：這方面的研究主要包括政策制定的兩個層面，其一為政策方案的研究和規劃過程，其二為政策問題的提出、利益整合和政策決定的過程；（3）關於政策執行的研究：此一方向的研究，包括對政策執行過程的研究、政策執行者的研究和政策對象的研究；（4）關於政策分析的研究：此一層面的研究具備兩種角色，首先是對政策本身的研究，其次是對政策研究的後設研究，或可稱之為後設政策研究或後設政策分析（meta-policy study；meta-policy analysis）；（5）關於政策系統改進的研究：政策系統的改進和社會情境脈絡與歷史條件的關係相當密切，這正是政策研究的最主要的和最終的目的之

一，這一個面向的研究著重在探究政策如何適應人民需求與社會發展的新需要，使政策系統能依民主化和科學化的要求獲得改進；及（6）關於各種部門政策的研究：此一層面的研究主要是在研究政策的一般性質、特點和發展過程的基礎上，進一步對政治、經濟、科技、文化等各類政策的特殊性深入研究，使政策科學能更具體的為政策實踐服務。這六個政策科學研究的主要方向，對於政策系統的改進有其重性，彼此之間也有其邏輯性的相互關係（見圖 2.2.1.）。

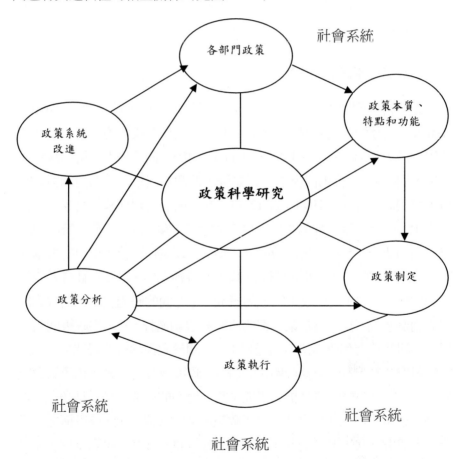

圖 2.2.1. 政策科學研究六個主要方向的關係

資料來源：作者自繪

（二）政策科學研究的性質

　　在本章的第一節部分，或多或少都提到政策科學的性質，本節將在第一節的基礎上，再根據其他有關的文獻資料，對於政策科學的性質作進一步的歸納與整理，以更為具體的勾勒出此學科領域的特質，作為後面討論教育政策，以及教育政策社會學之可能的理據（rationale）之一。從前面的整理與討論發現，政策科學是一門相當複雜的學科，不僅是因為它所涉及的層面相當的廣泛，而且是還有多的社會科學的學科領域投入了政策科學的研究。執是之故，為了能有效掌握和了解政策科學的林林總總，更有必要對政策研究的性質，作更為深入的理解與掌握。

　　政策科學的性質為何？不少的公共政策的學者都有相當的介紹和討論。這些討論的內容各有所偏、也各有所重，但是大底不離以下的幾個層面：影響或決定政策性質的因素、政策的功能、政策的實踐性、政策所需解決的問題。孫光(1998，頁 20-24)就將政策科學的特質歸納為三個層面：（1）政治性和學科的統一性；（2）實踐性；及（3）綜合性。Dye (2002, p. 3) 提到「政治科學也是公共政策的研究」，我們是否可以反過來說：「公共政策研究也是政治科學的一部分，或是具有政治科學的性質」呢！丘昌泰（1995，頁 11-18）在分析過相關文獻之後，整理出政策科學具有下列三個特質：（1）多元學科的研究途徑－政策所涉及的範圍相當廣泛與複雜，幾乎所有的科學知識，都和政策分析有關，因而，政策科學必須整合多元學科的知識；（2）問題取向與系絡特性－政策科學所關切的是，當代社會中人類必須面對的基本的民生問題，政策的內容需要經過科學方法或是科學態度的分析，政策的制定過程，則重視民主的程序與原則，故而，政策科學在研究取材方面是問題導向的，在政策內容的分析與政策制定的過程，則重視其系統性與脈絡化的研究；及（3）外顯規範觀點－政策科學家相當重視價值在政策制定過程中所扮演的角色，因而政策科學是一種規範性的與經驗性的學科。

第三節
政策科學研究的範疇與相關議題

　　前面兩節對於政策科學研究的起源與發展背景、主要概念與意涵，做了扼要的介紹與討論，這一節主要在針對政策科學研究的範疇與相關議題進行介紹和討論，以作爲此後討論和分析教育政策研究和教育政策社會學發展的基礎。前面提到過「政策」的定義相當多元與紛繁，政策科學研究所涉及的層面相當廣泛；事實上，在社會科學中，也有相當多的學科領域從事公共政策的研究（見表 2.3.1.）。

表 2.3.1.研究公共政策的學科

學科	主要研究範疇	和公共政策的關係	重要的期刊※
政治科學	有關政治關係的研究；亦即社會尋找政治權力和其利益分配的歷程。	透過政治歷程，政策乃得以制定和推行。	*American Political Science Review, American Journal of Political Sciences, Journal of Politics, Policy, Political Research Quarterly, Public Opinion Quarterly*
社會學	"社會學是關於社會生活，和社會變遷與人類行爲結果的研究。社會學家探究團體、組織和社會的結構，以及人們如何在此等結構之下互動"（資料來源：美國社會協會─American Sociological Association，http://www.asanet.org/public/what.html	因爲由人們所組成的群體會形成各種需求，所以社區和人民是決策中很重要的一部分。	*American Sociological Review, Contemporary Sociology, American Journal of Sociology*

表 2.3.1.（續）

學科	主要研究範疇	和公共政策的關係	重要的期刊※
經濟學	研究社群中資源分配的問題。經濟學家研究市場和交換的問題。福利經濟學家，則試圖了解如何將社區福利最大化的問題。	有很多的經濟因素對公共政策有影響，例如經濟成長，生產，就業等等。經濟學的工具經常是用來改善政策的品質，或用來解釋政策成功或失敗的原因。	*American Economic Review, Econometrica, Journal of Applied Economics, Journal of Political Economy*
公共行政	研究政府和非營利組織的管理，包括透過民主的歷程，以達既定目標的資訊、金錢和人事的管理。	公共方案的管理是政策歷程的統整的部分。公共行政的學者研究方案實施的動機和目標，以及協助改善公共服務提供之創新研究。	*Public Administration Review, Journal of Public Administration Research and Teaching*
公共政策	有關於政府選擇作為與不作為的研究，包括政策歷程、政策實施與影響、及評鑑的研究。	是關於公共政策歷程之高度科際整合的研究。政策學者發展有關於政策歷程運作、發展分析政策制定與實施的工具和方法的理論。	*Journal of Policy Analysis and Management, Journal of Public Policy, Policy Studies Review, Policy Studies Journal, Journal of Policy History*

※爲了讓讀者能清楚掌握各學科的重要期刊，所以在此表中，作者不對重要期刊的名稱進行翻譯。另外，此表中列舉的重要期刊是以美國爲主，並不包括其他國家的。

資料來源：Birkland(2001), **An Introduction to the Policy Process: Theories, concepts, and methods of public policy making**, pp. 8-9, London: M. E. Sharpe.

一、政策科學研究的範疇

政策的研究之所以受到關心，主要的因素有（孫光，1998，頁1；Birkland, 2001, p. 20）：（1）政策是政黨和國家為實現一定目標，而制定的指導方針和行動準則；（2）政策是管理社會的重要手段和措施；（3）政策的作用不斷擴大，其影響也日益突出；（4）政策的實踐越來越豐富；（5）公共政策較私部門的決策對人們和利益的影響更大；及（6）人們對政策的認識愈來愈深入。

政策科學之所以產生是因為政策所涉及的層面愈來愈廣泛，也愈來愈複雜；政策所涉及的對象也愈來愈廣；人們對政策的制定過程、政策的執行成效也愈來愈關心。Dye (2002, xi)的說法應該可以解釋政策科學如此受到關注的原因。他（2002, xi）指出：「就像其他的科學領域一樣，政策科學已然發展出許多，用以幫助描述與解釋政治生活的概念和模式[8]」，接著他又指出「公共政策是理性規劃、積累主義(incrementalism)、群體之間的競爭、菁英之偏好、公眾選擇、政治歷程、及機構影響力的連結」。這其中涉及到一個政策科學發展的最基本的問題—為什麼需要政策科學？如果從另外的角度來問的話，其根本的問題就是：為什麼政策科學的發展是可能的。Y. Dror（張世賢、陳恆鈞譯，1998，頁1-4）所提出的答案很簡單，也很具有震撼力和批判性：因為當代科學—包括自然科學和社會科學—無法因應緊急政策制定的需要，所以需要政策科學；Y. Dror 進一步指出：雖然有很多科學家在政策研究的概念和原則方面，提供了很多協助，但是在面對政策實務就出現相當多的缺點：（1）將問題予以狹窄化的傾向，以配合個人所學的特殊化觀念；（2）不僅是

---

[8] Dye (2002, xi)指出政策科學所發展出來的政策分析模式有八個：機構模式 (Institutional Model)、歷程模式 (Process Model) 、理性模式 (Rational Model)、積累模式 (Incremental Model)、群體模式(Group Model)、菁英模式(Elite Model)、公眾選擇模式 (Public Choice Model)、博弈理論模式 (Game Theory Model)。

以狹窄而"有限的視野"來看問題，而且用來分析問題的理論，總是根據特定的科學，而忽略擴大效度的重要性；（3）科學家為了提出問題解決方案，常會有兩極化的傾向：不是囿於狹隘觀點，提出限於特定學科的政策問題解決方法，就是充滿自信的、超出能力以外，不知所云；另外還有方法論的問題：（1）可信賴的事實知識、絕對的公理假設、暫時性的理論、概念的分類、可疑的命題、及實質目標等隱藏的價值判斷，常會被混雜；（2）忽略政策取向研究的重要特質和要求，例如缺乏時間、權勢均衡點的探討、社會創造力的需求、社會實驗的需求；（3）忽略了政治和政策制定的主要特質，以及實質政策議題和政策制定特質間的關係，忽略政策制定自身系統的改善，以作為解決社會問題的主要方法；（4）忽視資源的限制，因而未能在「成本－效益」風險架構中評估備選方案；及（5）對政策議題的顯著性，缺乏評估的標準，因而造成對議題風格的強烈感受、不相稱主義和煽動主義。

　　雖然，政策科學的研究還只是一門「很年輕」的學科，但是它的發展卻是相當的快速，它的成就也是相當的驚人(Dye, 2002, xi)。至於其研究範疇為何，尤其是政策科學的研究和政策實踐之間存在著十分緊密的關係，不同的研究者從不同的觀點和立場出發，不僅發展了不同的政策研究理論，也對政策研究的範疇，提出不同的主張，例如：孫光（1998，頁 11-13）在其所著《現代政策科學》一書中就提到一般政策科學研究的主要範疇有六。Dye (2002, xii) 指稱政策科學研究的領域包括：犯罪司法、健康與福利、教育、經濟政策、歲賦、國際貿易與移民、環境保護、公民權利、國家與地方的支出與服務、及國防。另外，從表 2.3.1.，我們大致可以將公共政策研究的範圍整理歸納為：（1）政策的制定和實施；（2）政策的對象；（3）影響政策的因素；（4）政策方案；（5）政策歷程；及（6）政策評鑑。

　　整理歸納前面的介紹和討論，可以將政策研究的範圍，分成兩大類：其一為基本的和概念性的研究，亦即研究政策的本質、特點和作用，

以及政策的制定、執行和評鑑；其二為主題式的研究，亦即以和社會制度與社會問題有關的特定的政策作為研究的對象，如 Dye (2002, xii)在 *Understanding Public Policy* 一書所提到的政策科學研究的領域。對於政策之基本的和概念性的研究，孫光（1998，頁1）有如下的具體描述：

> 政策科學做為一門新興學科，在與許多相關學科廣泛聯繫的基礎上，專門研究政策的本質、特點和作用，研究政策過程的基本環節和發展規律，研究政策制定、執行和評估的方法手段，為人們進一步認識和把握政策，不斷改進政策體系，更好地發揮政策的作用，提供有用的指導和幫助。

二、政策科學研究的相關議題

政策科學的發展，如果從一九五〇年代算起，迄今也有將近半個世紀之久，其中有些問題上有爭論，抑或尚未解決；其中有方法論的問題，也有研究倫理的問題；其中有研究主題或學科範疇的問題，也有研究結果應用的問題。Y. Dror (1971, 張世賢、陳恆鈞譯，1998， 頁 118) 在《政策科學的設計》一書曾經提到過：政策科學的發展存在著兩個問題是他無法解決的，儘管如此，他還是要提出來，第一個問題是建構政策科學方案所涉及的道德問題，第二個問題是期望政策科學適當的程度為何；第一個問題可以說是方法論的問題，包括了主要的道德問題與次要的道德議題，第二個問題是價值的問題。但是如果就 Y. Dror (1971, 張世賢、陳恆鈞譯，1998， 頁 118-119)的討論加以歸納的話，則政策科學研究的議題至少包括：

（一）道德問題

包括主要道德問題與次要道德問題。前者的問題在於政策科學的目的在於改善政策的制定，但是政策的目標並不是政策科學家所能決定或左右的，而是掌控在決策者手中，因此，政策科學極可能被誤用；後者的問題在於政策科學和民主間相容性的問題，以及政策科學專業倫理準則必要性的問題。

（二）價值問題

政策科學的基本取向和方法是價值中立的，但是在極權政體之下，全體政策科學的原則，往往可能因獨裁者的個人價值取向而有所調整；在民主國家，當政策推薦與其他專業同行的主張不相容時，同樣也會面臨政策科學原則的堅持或調整的問題。

（三）內容問題

政策科學的內容會受到政策科學家及其文化的潛在價值的影響，也就是說政策科學研究的具體發現和詳細內容的呈現，如果不能在一個自由民主的國度和氛圍進行的話，其真實性和客觀性是可以懷疑的。

雖然，政策科學的發展至少已有半個世紀之久，但是，其發展仍然有一連串問題須待解決，丘昌泰（1995，頁1-2）認為截至目前為止，政策科學的發展仍有一些問題值得注意，並且思考如何處理，這些問題至少包括：政策科學的發展並未成為一股整合的及結合的力量、政策科學未發展出清楚的與具體的學科面貌；今後努力的方向在於「釐清政策科學運動的面貌，梳理政策科學理論的發展。」

第四節
政策科學研究對教育政策研究的影響

　　教育政策研究屬於政策科學應用之一環，然而究竟政策科學的發展對教育政策研究的發展有什麼樣或是有些什麼的影響，是本節主要討論的內容。政策科學研究對教育政策研究的發展有相當程度的影響，當袁振國（2001，頁4）討論完政策研究在一九七〇年代後期的發展之後，接著說：「教育政策學作為政策科學家族中的重要一員，也取得了長足的發展，教育政策已成為幾乎所有國家級教育研究所的重要研究領域」。王麗雲（2006，頁16）在《教育研究應用：教育研究、政策與實務的銜接》一書，對於政策科學與教育政策研究的關係，有這樣的描述：

> 　　教育研究是社會科學研究中的一環，教育政策也是公共政策中的一部分，所以本書的探討，就很難不觸及社會科學研究與公共政策【政策科學】的領域…教育研究與教育政策固然是獨特的學術研究領域，但並不代表這個領域不能夠由社會科學研究或公共政策研究中汲取經驗…參考…社會科學與公共政策研究的相關文獻…可以幫助我們更綜合且更全面性的思考教育研究和教育政策之間的相關。

　　從以上的敘述可以發現，政策科學研究對教育政策研究的主要影響之一是：政策科學（公共政策）研究的研究可以作為教育政策研究之參考，政策研究的相關文獻可以提供教育政策研究更寬廣、更全面的思考和視野。因為教育政策涉及的因素相當的複雜，影響的層面相當的廣泛，不論是教育政策的制定或是研究都需要有寬廣的全面的思考和視野，否則囿於一偏的決策和研究不僅無助於問題之解決，更有害於目標之達成。近年來，台灣諸多教育改革政策，之所以造成紛紛擾擾的現象和成效不彰之結果，這或許是一個檢驗的規準。

第五節

本章小結

　　作為教育政策社會學背景學科之一的政策科學的產生背景、起源和發展，以及內涵與性質、研究領域與範圍、相關的議題，構成本章的主要內容。本章首先，進行探源的工作，對於政策科學的發展，從事溯源的工作，從一般所主張的政策科學起於一九五〇年代的主張，往前推到一九二二年的濫觴，當然，政策科學起於何時，並不是那麼重要，這麼做只是對於學科發展的一個歷史脈絡的建構與整理。重要的是，學科領域重要概念的掌握與理解，偏偏政策科學中，「政策」一詞的概念相當的豐富與多元、抽象與複雜，在本章裡，也對政策的定義與內涵做了一番整理的工夫，並且分析了不同政策定義的取向，以作為掌握政策概念的基礎。有關政策科學所探討的範圍和議題，在本章中也做了相當的整理和討論。本章最後則討論有關政策科學發展的相關議題，以及它對教育政策研究發展的影響。

第 3 章

教育政策研究的脈絡與圖像：
教育政策社會學的濫觴

Policy is clearly a matter of the 'authoritative allocation of values';
policies are the operational statements of values, 'statements of
prescriptive intent'…But values do not float free of their social context.
We need to ask whose values are validated in policy, and whose are not.
Thus, 'The authoritative allocation of values draws our attention to the
centrality of power and control in the concept of policy…'Logically, then,
policies cannot be divoiced from interests, from conflict, from domination
or from justice.

~Stephen J. Ball, 1990, p. 3. ~

To a considerable extent the shape of the study of education policy is
determined by where it is studied. Before the 1970s and '80s, when
sociologists of education began to show an interest in policy, it found a
space within social policy and social administration, government and
politics…, and as an important strand in the history of education.
Education policy was also the concern of those who worked in
educational administration as a field of study.

~Jenny Ozga, 1987, p. 138. ~

60 　教育政策社會學

摘　要

　　教育政策的研究近年來不論在國外或是台灣都有蓬勃發展的趨勢，使得教育政策的研究更加專業化和更具理論特色，雖然其中還是存在著一些問題，例如「對於教育政策分析的中介價值沒有得到全面的及普及性的認識」和「對教育政策過於側重現象型態的靜態描述，缺乏對教育政策本體型態探討和對政策過程的動態研究」（劉復興，2003，頁9），就一個學科領域的發展來看，這樣的發展已經是相當令人滿意了。有關教育政策研究的問題，除了前面提到的兩個問題，如果深入分析的話，事實上，還存在著一些更為根本的問題，例如：教育政策概念的混淆不清，由於教育政策的缺乏普同性，致使教育政策的研究，顯得缺乏系統性，和理論性不是那麼明顯；缺乏教育政策研究方法與研究方法論的討論與建構，由於缺乏研究方法與研究方法論的論述，導致具有獨特性質與身分的教育政策研究，並未發展出獨特的研究方法和研究方法論，以及獨立的學術地位。作為一個獨立的或是努力成為獨立的學術領域的教育政策研究，或是作為教育政策社會學學術淵源之一的教育政策研究，其相關的概念和議題，都有必要加以進一步的討論和釐清。

　　本章的主要任務和功能就在於，釐清一些教育政策和教育政策研究所存在和面對的基本問題或議題。為了達成此一任務和功能，本章的內容，除了最後一節關於教育政策研究的反省與展望之外，主要分成四節：第一節為教育政策研究發展的背景、影響因素與歷程，主要是針對教育政策的定義與概念、教育政策的本質，以及影響教育政策研究發展的因素，從事較為深入的討論，像影響教育政策研究的因素，本節就從（1）教育政策的失敗；（2）學術研究發展因素；（3）社會結構因素；（4）國際/區域/地區之相關機構和組織，對一般與各國教育政策的重視；和（5）基金會與相關學術機構的支持與贊助教育政策相關研究等五個層面，加以討論。第二節為教育政策研究的性質與特色，在這一節裡，主要是從教育政策與國家的關係，教育政策與社會變遷的關係，來分析教

育政策的性質與特色。第三節爲教育政策研究的內涵與範疇，有關教育
政策研究的內涵，則從教育政策之績效性、政策制定的科學化與政策制
定的民主化等三個向度進行探討。第四節爲是關於教育政策與教育研究
關係的討論，主要是從政治社會學的觀點入手，進行二者關係的討論，
其中不僅討論了教育研究之關鍵性議題，也討論了在教育政策領域中，
教育研究之應用的一些資源的爭奪、政治干預與權力分配的問題。

楔　子

本章內容，主要在整理與分析近三十年（1970-2000）來教育政策
研究的發展，以及教育政策研究範疇、內容和相關的議題，以作爲導入
討論教育政策社會學發展之可能，以及學科領域架構內容的基礎。本章
分爲五節：第一節在介紹教育政策研究發展的背景、影響因素與歷程；
第二節的重點在於討論教育政策研究的性質與特色；第三節則在於整理
歸納教育政策研究的內涵與範疇；第四節則從政治社會學的觀點討論教
育政策與教育研究的關係與互動；第五節爲本章之結論。

第一節
教育政策研究發展的背景、影響因素與歷程

教育政策的研究源自公共政策與社會政策，其研究方法主要也是承
襲自這兩個學科。自一九七〇年代起，教育政策開始努力使自己成爲一
個獨立的學科，亦即嘗試擺脫前述兩個學科的影響，發展出屬於它自己
的研究方法與範疇、創見自己的理論與哲思，進而爲自己定位。一門新
發展的學科領域要能夠獨立，爲自己在學術上的定位，是重要而且迫切
的。最近幾十年來，教育政策研究的發展與進步，正是此一迫切性與重
要性的具體展現。

最近幾十年的教育政策研究的發展，顯得多元和活潑，但同時也顯
得有些凌亂和紛歧；所以多元和活潑，是因爲當前教育政策的研究，是
多範疇的發展和多主軸的前進；所以紛歧和凌亂，是因爲當前教育政策
的研究不論在方法論上或是在理論上，都缺乏主軸和一致性。因此，當
前教育政策研究的首要任務之一，就是在理論上、方法論上和研究方法
上，建構出一個主軸和一致性，以及一個完整的學科領域架構。一個融
合多種研究方法和途徑的學門的創見和出現━教育政策社會學

（Sociology of Education Policy）—將成為教育政策研究的新典範，同時對於教育政策學（Policy of Education）的成立與發展，亦有某種程度上的貢獻。

一、教育政策研究發展的背景

促成一門學科領域的發展的因素，一般來說，主要有社會結構的因素和學術的發展。社會結構因素包括：政治、經濟、文化、傳統及戰爭等社會的現象和變遷，以及社會思潮的演變。學術發展的因素包括：學科本身的演化和不同學科的融合。教育政策研究的發展可以說是二者兼而有之。另外，也有學者，例如：袁振國（2001）主張重要國際機構或組織對教育政策此一學科領域的發展也有相當程度的影響。討論教育政策研究發展的背景之前，有必要先討論教育政策的定義與概念。當我們接觸或修習「教育政策」時，都會問一個問題：教育政策是什麼？這個問題看似簡單，事實上並不容易回答，因為就像公共政策一樣，教育政策的內涵相當的抽象、討論的議題頗為多元、包括的範圍相當的廣泛、制定的過程相當的複雜、其文本更是富含意識型態。至於什麼是教育政策呢？以下的內容將對教育政策的定義與概念進行討論。

（一）教育政策的定義與概念

教育政策可以從各種政府的文件中發現，這些政府的文件包括（Psacharopoulos, 1990, p. 2）：（1）政治聲明（statements）或宣言（manifestos）；（2）各種委員會的報告書；（3）國家的教育計畫，通常包含在國家的發展計畫中；（4）中央主管教育部門頒布的法令、命令或函件；與（5）國際機構或組織的報告書。

「教育政策」是一個相當複雜和抽象的概念，不僅一般人不容易掌握，縱使是修習教育政策相關學科領域的大學生或是研究生，要他們具體且正確的敘述出教育政策的定義，恐怕結果是會令人失望的。「教育

政策屬於公共政策的一環，相關政策制訂與執行，也如同其他公共領域一般複雜」（洪福財，2000，頁 217）爲此，本書作者接續前面關於公共政策的討論，在此討論教育政策的定義與概念。如此不僅便於本書往後章節的討論與論述，也可裨益於對教育政策有興趣或是修習教育政策相關科目的莘莘學子，進一步正確的掌握教育政策的定義與概念。

　　吳清基（1997，吳序；見顏國樑，1997）則將教育政策定義爲：「教育政策是教育行政機關針對目前社會需求及未來發展趨勢，擬定方針與方案，經由立法或行政命令之合法化程序，以作爲教育機關執行的準則。」P. Trowler（2003, p. 95）指出教育政策經常被認爲是一事件：是某種態度的陳述，這些陳述經常書寫於政策文件之上。據此，Trowler（2003, p. 95）將教育政策定義爲：「關於教育議題之原則與行動的特定化，其將被依循或應被依循，而且用以達成所欲之目的。」

　　從事一個學科的學習與探究，掌握其關鍵的基本概念，不僅是必要的而且也是相當重要的；因爲能夠如此的話，則要對該學科進一步的探討，將不成問題；同時對於屬於該學科的研究領域和主題也比較能掌握，更重要的是，唯有如此才能夠真正的成爲該學科之人和不悖離該學科的精神和理想。或許這就是謝維和（2002，頁 3）所說的「學科意識」—學科意識是從事研究和分析工作的人應該具有的一種職業意識，其重要性包括：（1）是區分一個人是否對一個學科進行過比較系統的學習、思考和實踐的依據；（2）對於一個學科具有怎樣的學科意識，必然形成不同的分析方式和特點，甚至於得到不同的看法和結論；與（3）學科意識在一定意義上反映了人們對於這門學科的認識水平的差異。因此，從事教育政策或是教育政策社會學的探究時，該學科之學科意識的養成是相當重要的；而關鍵和基礎概念的掌握與理解，應該是養成該學科之學科意識的根本的和重要的入門吧。以下茲就教育政策的概念與相關議題進行介紹與討論。

　　對於教育政策的定義或是概念，根據有關文獻（例如：張建成，2002，頁 15-39；2006，頁 83-86）的介紹與討論可以將之歸納爲三類：傳統的、現代的和批判的教育政策的概念與定義。傳統的教育政策的定義主要特徵有：（1）有濃厚的一九三〇年代泰勒的科學管理模式影子；（2）相當明顯的意識型態中心主義；以及（3）明確的國家建設與社會發展的任務取向。現代的教育政策定義的主要特徵爲：（1）強調系統性與規範性；（2）明顯的國家/政府主導與控制的取向；與（3）問題解決取向。批判的教育政策定義的特徵則有：（1）解放取向的；（2）重視多元與彈性的；及（3）學生中心的。

　　不同的政治體制，不同的政治意識型態之下，對於教育政策的界定，有很大的差異，顧明遠、武修敬、及袁小眉等（1994，頁 1337）在《中國教育大系：現代教育理論叢編（下）》對於教育政策有這樣的描述：

> 教育政策是由黨中央和中央政府所授權的部門或地方政府制訂的，不經過立法程序，對教育機構個人教育行爲都具有指導性，它體現著一種意向，迴旋餘地較大，在具體貫徹中常常可以因人、因事、因條件而異，就是說，教育政策具有較多的靈活性和彈性。

　　有關教育政策的概念，根據以上的引文可以發現，事實上，受到意識型態、政治體制、立論依據和對照的對象的不同，而會有相當的差異存在。像上面引文是出自中國的學者，在中國是「以黨領政，以黨治國」，所以會出現一般民主國家很難看到的「黨中央和中央政府」同時出現在教育的相關學術著作裡。還有這一段的文字是在和「教育法」做比較，所以會有「不經過立法程序」和「具有較多的靈活性和彈性」的描述。

（二）教育政策的本質/性質

根據第二章的討論，教育政策屬於公共政策的一部分，它是一種權力分配、價值判準及選擇與資源分配的歷程及結果（劉復興，2005，頁63）。至於教育政策的性質爲何，事實上也是各家說法不同，莫衷一是，黃昆輝（1988，頁835）就認爲教育政策的性質主要在於空間性和實踐性的動態與立體狀態，他指出：教育政策有其空間性和時間性，前者旨在達成國家與社會之教育任務，後者則在於完成某一時期之教育使命。瞿立鶴（1992，頁128-133）認爲教育政策具有六項的性質：（1）政治性—教育政策的制定，以政治意識爲導向，旨在實現政治理想；（2）經濟性—教育政策的制定，以經濟效益爲導向，旨在促進國家經濟之成長；（3）文化性—教育政策之制定，以文化價值爲導向，旨在發揚文化；（4）適應性—教育政策之制定，以權變爲導向，旨在適應變動不居之社會環境；（5）延續性—教育政策之制定，以汲取前人之經驗爲導向，旨在承襲舊制，在安定中穩定的發展；及（6）統合性—教育政策之制定，以整合功能爲導向，旨在謀求國家整體建設。張建成（2006，頁87-92）則對教育政策的性質，在歸納相關文獻之後，整理出教育政策的性質有五：（1）歷史性；（2）變遷性；（3）結構性；（4）正當性；與（5）目的性。茲分別扼要將其重要內容介紹如次。

1、歷史性

教育政策之歷史性，代表教育政策是有延續性的，其延續性不只是在教育政策本身，還有歷史的延續性，以及社會結構的延續性。就像張鈿富（1996，頁314）所說的：「教育政策要從歷史的發展中汲取經驗，要有未來的視野」；另外教育政策之歷史性的更深一層的意涵是：任何社會在任何一個時期的教育政策，都有其獨特的歷史文化淵源。

2、變遷性

　　教育政策之變遷性，代表教育政策雖然需要有延續性，但是它也需要因應社會變遷，而有所調整，亦即教育政策，除了要維持既有社會體系之外，也要開創新的社會局勢。另外教育政策之變遷性，除了因應社會結構變遷而被動的調整之外，也因爲要實踐教育政策之理想或目標，以發揮引領社會變遷的功能，其本身也要從事主動的調整。此一變遷的特性，正說明了教育政策是動態的，不是靜態的。

3、結構性

　　教育政策之結構性，代表教育政策的制定必須考量結構性的因素，其主要包括：社會的價值及知識體系、就業市場的人力需求、經濟資源的基礎與政治經濟系統的支持等。教育政策制定過程，亦必須具有結構性，即是法定的程序、科學的方法、民主的歷程和公開的過程。

4、正當性

　　教育政策之正當性，表示教育政策的形成必須符合民主參與的原則，過去教育政策的制定，通常只掌握在少數人手裏，因此其正當性頗受懷疑。教育政策的制定，不應該只是掌握在少數人的手裡，所以應該擴大參與、博採諏諮，公聽會、輿情調查與意見座談等都是增加教育政策正當性的可行途徑。

5、目的性

　　教育政策之目的性，表示教育政策是有目的、有規則、有系統的行動路線，它不是隨機的行爲，也不是枝節零散的決定，而是有次序，有組織的導向一個目標。教育政策的形成，是針對當時社會情境之某個或某些重要議題所做的回應，絕非憑空而來的。

　　以上所述爲對於教育政策之本質/性質之扼要的整理與介紹,從其中可以得知,教育政策的性質是相當多元且複雜的,不同的學者有不同的著重點,因此對於教育政策性質的強調重點也不同,但是不論其差異有多大,其論述的範疇總是離不開社會結構與情境脈絡,此當可知,教育政策與社會結構的關係是「焦不離孟,孟不離焦」的。接著將討論影響教育政策研究發展的主要因素,其中還是和社會結構有相當密切的關係。

二、影響教育政策研究發展的因素

　　影響一個學科領域建立和發展的因素甚多,大可以大到世界趨勢和國際潮流,小可以小到個人的經驗和學術訓練背景。但是,如果從鉅觀和微觀的角度來看的話,一般通常可以分爲社會結構因素和學科本身因素。袁振國(2001,頁4)分析二十世紀七〇年代以後,影響政策科學蓬勃發展的兩個主要的因素爲:(1)國家職能的變化—社會原因;與(2)政治學研究重點出現明顯的轉化—學術自身的原因。至於影響教育政策研究發展的因素,就相關的資料整理,主要可分爲五個方面(袁振國,2001,頁6;Psacharopoulos, 1990):(1)教育政策的失敗;(2)學術研究發展因素;(3)社會結構因素;(4)國際/區域/地區之相關機構和組織,對一般與各國教育政策的重視;和(5)基金會與相關學術機構的支持與贊助教育政策相關研究。在本段落,作者將統整相關文獻資料和研究,對上述影響教育政策研究發展的五個因素,進行較爲深入和詳細的討論。

(一)教育政策的失敗

　　「改革是永遠不會成功的,因爲成功了,你就不會稱之爲改革;改革也永遠不會失敗,因爲失敗了,你會繼續改革。」,「教育改革是很少成功的」同樣的「教育政策的執行也很少成功或是令人滿意的」。或許

前教育部長黃榮村校長，當有人向他問問題，爲什麼在他任內推動的教育改革政策與方案都失敗了，他可以樂觀的說：「教育改革並沒有失敗，只是還沒有成功」。對於教育政策的執行，本書作者不知道可不可以套用黃前部長的話，這樣說：「教育政策的實施從來沒有失敗過，只是都還沒成功」，這樣子說也許樂觀，但也可能是不敢負責任，缺乏擔當，也有可能部長在展現他的幽默和機制。但是「政策的結果總是與期待有一大段的距離」（Psacharopoulos, 1990），這代表什麼呢?這代表著─教育政策的失敗。

　　教育政策爲什麼會失敗呢?究其原因，教育政策失敗的主要原因，不外乎「執行不力或根本沒有執行」；絕大多數的教育政策之所以沒有執行的原由，是因爲政策的目標或內容陳述不清楚、推動或執行政策所需的財務方面沒有精細的規劃、政策的內容，以在實徵上未經證實的工具和結果的理論關係爲基礎（Psacharopoulos, 1990）。此外，在教育政策演進或發展的過程/歷程中，影響的因素相當多，例如：影響教育政策目標決定的因素，就至少包括了學生、教師、學校、政府機構與社會大眾的需求；在教育政策制定的過程，影響其品質的因素，至少有相關資訊的多寡、政治的干擾、組織的結構與氣氛、以及決策者的素質等；最後，討論教育政策成效或滿意度時，不同的機構單位與人員，都會有不同的意見，所持的規準也不一致，因此，通常很少人會說：「教育政策是成功的」。張芳全（1998，頁10）就指出：

　　一項教育政策在執行完結後，能夠百分之百達到預期的政策的目
　　標是不可能的。一者可能是在教育產業中，教育的訊息千變萬化；
　　再者，影響教育產業的因素很多，除了教育經費及政治情境外，
　　最爲困難的是教育目標不易立竿見影。此外，影響教育成效的因
　　素也很多，學生和教師的滿意度亦無法掌控。

　　另外，理論上或理想上，教育政策應該是帶領社會發展的走向，引導社會往良善的境界發展；事實上，許多的教育改革政策所從事的往往是「補破網」的工作，亦即其主要的任務或功能，是在於補救或是處理因社會變遷所產生的種種的問題和難題，以及挑戰和困境。然而，由於科技工藝的快速發展，社會變遷的快速迅猛，和所導致之問題的複雜多元，導致相關的教育改革方案與政策，經常無法克竟其功。此時，如何改善這些問題，如何訂定具體的、彈性的與更可行的政策，就成了關注的焦點，也成了教育政策研究的重點之一。

（二）學術研究/學科領域發展對教育政策研究的影響

　　學術研究發展對教育政策研究的影響，主要是公共政策、政治學、教育學，甚至於整個社會科學研究重點的轉向[1]導致教育政策研究的發展（袁振國，2000，頁 6）。袁振國（2001，頁 4-5）在其主編的《教育政策學》中提到「政策科學所以在 20 世紀 70 年代以後蓬勃發展起來，既有社會原因，也有學術自身的原因」。在《教育政策學》中，袁振國認為，影響政策科學蓬勃發展的社會因素，主要是國家職能的變化，在此，國家職能的變化主要是，自一九三〇年代，美國經濟大蕭條之後，西方國家動搖了「干預愈少的政府是愈好的政府」；此一信念，使得國家的角色和功能，較之以往大大的擴增，不僅在經濟上扮演著重要的角色，對社會各層面的生活也都有相當程度的影響和干預；而政府在決策上的重要性大增，主要是因為：（1）國家決策的範圍空前擴大；（2）國家決策的社會意義和歷史意義空前突出；及（3）國家決策的難度空前增加。

---

[1] 20 世紀 50 年代以後的政治科學以及整個社會科學，都逐漸改變了以往重理論輕實際、重基礎輕應用的傳統，走向了實用化、應用化…教育學也跟著相應的轉變。教育理論應用化的主要途徑就是對教育政策制定，對教育規劃、預測的貢獻。

　　在學術方面的影響因素，主要是因為在上個世紀的五〇年代，政治學—政策科學的母學科—的研究重點從靜態的研究轉向動態的研究，從形式研究轉向過程研究[2]；這樣的轉向，有以下的意義（袁振國，2001，頁 6-7）：（1）政治學研究重點的轉變，特別表現在重視對政策過程的研究上；（2）在教育學上的影響是教育學理論的應用化，這使得不少知名的學者和國際組織投入教育政策、教育規劃與教育預測的研究。同時使得「教育政策學不僅是一門新興的學科，而且是一門有生命力的學科，會成為未來教育研究的核心學科。」（袁振國，2001，頁 6-7）。這樣的學術研究的轉向，導致了教育政策的相關系所在著名的大學裡面快速的增加，相關的學術刊物也一一的出現。對於此一現象，袁振國（2002，頁 183）有這樣的描述：

　　…幾乎所有著名大學新增了與教育政策研究有關的學院、系或研究方向，有的乾脆將原先的教育學院、教育系改名為教育政策研究學院、教育政策研究系或類似的名稱；新增的以某一方面教育政策研究為刊名的雜誌，有關教育政策研究的專著更如雨後春筍與日俱增。

　　關於教育政策近三十年來的發展，袁振國（2001，頁 4）在《教育政策學》一書對教育政策學或是教育政策研究自一九七〇以後的發展狀況，有如下深入且詳細的描述：

　　…美國的俄勒岡【奧瑞岡】州則成為教育政策研究中心；教育政策學也成為許多著名大學的研究課程或專業，比如斯坦福【史丹佛】大學的教育學科群中有"教育政策研究"群，倫敦大學教育學

---

[2] 對於二十世紀中葉之後，社會科學（包含政治科學）的研究轉向，袁振國（2000，頁 6）有如右的敘述：「20 世紀 50 年代以後的政治科學，以及整個社會科學都逐漸改變了以往重理論輕實際、重基礎輕應用的傳統，走向了實用化、應用化。這一趨勢與從形式向功能研究轉向的趨勢正好相輔相成」。

院有政策研究系，香港大學和香港中文大學教育學院都有"教育政策與國家發展"的博士研究方向；教育政策研究的專門雜誌也紛紛出刊，如《教育政策》（英國），《教育政策月刊》（美國），《教育政策學刊》（美國），這方面的專著更是汗牛充棟，不勝枚舉。特別值得一提的是，1984 年瑞典著名教育學家胡森（Torsten Husén）邀集了世界幾十名著名教育理論家和教育決策部門的高級官員，聚會於斯德哥爾摩大學，舉行了一次別具一格的國際研討會—教育研究是怎樣影響教育政策的研討會。會後，出版了一本以十幾個國家為案例的論文集。這次會議對推動教育政策研究，促進決策部門與研究部門的合作，產生了很大的影響。

台灣目前教育政策研究的發展和上述引文所描述的現象頗為近似，自從國立暨南國際大學於一九九七年成立教育政策與行政研究所（後來於二〇〇二年因為成立大學部，改稱為教育政策與行政學系），到現在，全台灣和教育政策有關的系所已經有十二所之多[3]。而以「教育政策」為名稱的刊物有《教育政策論壇》（*Educational Policy Forum*）一種，以「行政」為刊物名稱的，則有《學校行政》與《教育行政與評

---

[3] 目前，台灣的大學中設有教育政策與行政相關系所的包括：（1）台灣師範大學（教育政策與行政研究所）、（2）台北教育大學（教育政策與管理研究所）、（3）台北市立教育大學（教育行政與評鑑研究所）、（4）政治大學（教育行政與政策研究所）、（5）花蓮教育大學（行政與領導研究所）、（6）暨南國際大學（教育政策與行政學系）、（7）嘉義大學（教育行政與政策發展研究所）、（8）台南大學（教育經營與管理研究所）、（9）高雄師範大學（人力與知識管理研究所）、（10）屏東教育大學（教育行政研究所）、（11）輔仁大學（教育領導與發展研究所）與（12）淡江大學（教育政策與領導研究所）。另外，兩個相關的系所是大葉大學的教育專業發展研究所和玄奘大學的教育人力資源與發展學系。

鑑學刊》兩種。這似乎不僅爲台灣教育政策研究帶來發展的契機，同時也帶動當前台灣社會研究教育政策的風潮。但是就不知道這一股一窩蜂的風潮可以持續多久，是不是可以使教育政策的研究成爲教育領域之「關心的焦點和發展的重心」（袁振國，2002，頁182），以目前台灣這種「速食麵」的社會型態和「一窩蜂」的社會風氣，這些教育政策與行政相關系所，究竟能有多久的榮景，著實令人憂心，恐怕過沒多久的時間，又要像颱風過境那樣子改名了！

　　以上是從政策科學的學科發展，來討論教育政策研究轉變的取向和可能，以及教育政策社會學發展之濫觴，接著從教育學的發展，來討論教育政策研究的發展，以及它對教育政策社會學發展之可能的影響。就教育學的發展而言，一直要到上個世紀的七〇年代，才深刻體會到社會歷史的發展，對人類自我超越和改變的意義，要到八〇年代，教育學才蓬勃的和其他學科接觸，進而發展出其他的分支學科。

　　…在教育領域中，一個事件如何發展，何者在未來的發展中獲得優先權，哪種因素或關係獲得重視，哪些問題得到優先解決，都要直接受到參與這一事件的各方主體的價值選擇的影響。這種價值選擇既有政治的價值取向，也有經濟的價值取向；既有社會的價值取向，也有個人的價值取向；既有科學的價值取向，也有人文的價值取向。因此，不同的人從不同的學科視角出發，用不同的語言來分析教育現象背後的價值問題，來講述對教育問題的不同理解。20世紀80年代以來，從教育學與其他一些學科的邊緣交接之處，正在發展出一系列新的交叉領域和學科，如教育經濟學、教育社會學、教育政治學、教育法學、教育人類學、教育文化學、教育生態學，等等（勞凱聲，2003，序4；見劉復興，2003）。

　　從這裡，我們看到教育政策研究蓬勃發展的榮景，也看到了教育政策社會學發展的契機，這也代表著政府更重視教育政策的相關議題，以及更多學界中人投注更多的心力，關注到政府政策的制定、執行與評鑑。

（三）社會結構因素對教育政策研究發展的影響

　　教育制度是社會制度的一部分，教育活動必須在社會的情境脈絡中發生才有意義，亦即教育活動和社會是息息相關，緊密關聯的。林清江（1972，頁180）曾指出社會變遷和教育的基本關係有三：（1）在意識型態方面，教育常為社會變遷的動因；（2）在經濟方面，教育常為社會變遷的條件；及（3）在技術方面，教育常為社會變遷的結果。林清江（1972，頁107-176）也曾對教育結構和教育的關係從經濟、政治、社會階級、社會流動與文化等層面作更進一步的分析；在此僅就經濟、政治與文化等層面進一步說明社會結構與教育的關係（見表3.1.3.）。

表 3.1.1. 社會結構與教育的關係

主題	社會結構層面與教育的關係		具　體　現　象
社會結構與教育的關係	經濟與教育的關係	經濟→教育	• 經濟結構影響教育制度。 • 教育是形成經濟制度的一種力量。 • 不同的經濟發展階段，教育調適的途徑也不相同。
		教育→經濟	• 國家生產量極受勞動力素質的影響，教育為增加勞動力生產量的主要源泉。 • 教育增加人民的自動自發能力及發明創造能力，改進人民的消費型態，並增進經濟及社會流動。
	政治與教育的關係	政治→教育	• 國家功能與教育： •全體主義的國家理論：視教育為政治的絕對工具，教育目的、政策、事業等，皆以國家的絕對權力及需要為依歸。 •多元主義的國家理論：教育權責慢慢歸屬於國家的功能，教育改革的從事與教育計畫的實施，需要國家的支持力量，否則效果會較差。 •福利國家理論：教育制度的改善及教育事業的推展，成為達成社會安全理想的一種途徑；教育目標涵融福利國家的基本精神，重視基本人權保障、完美生活的確認和全民福利的增進；教育制度與福利行政體系得以密切配合，發揮高度的社會機能。 • 政治權力與教育 •君主政體或獨裁政體：教育的最主要目的是滋長特別的意識型態，使教育成為鞏固政權的工具 •少數人統治的政體：教育機會僅為少數人而提供，具有高度的選擇及競爭性質。 •民主政體：教育是培養人民參與政治能力的最有效途徑。
		教育→民主政治	•教育是形成及維護民主政治的必要條件。

表 3.1.1.　（續）

主題	社會結構層面 與教育的關係		具　體　現　象
社會結構與教育的關係	文化與教育的關係	文化→教育	• 文化具有非正式的教育作用 • 教育依賴於文化
		教育→文化	• 傳遞文化 • 培養與文化相關的個性和創造能力

資料來源：林清江（1972），**教育社會學**，頁 107-172，台北：國立編譯館。

　　以上是對於社會變遷與教育關係的討論，至於教育政策與社會結構的關係如何，或是影響教育政策制定之社會結構因素為何，也有必要在此一併討論。肖剛、黃巧榮（2000，頁 80-104）在〈影響教育政策製定的因素分析〉一文，對二者的關係有相當深入的討論和分析，在該文中，將影響教育政策制定的因素分成三個層面—宏觀（鉅觀）因素、中觀（中距）因素及微觀因素。鉅觀因素主要包括社會政治、經濟及文化的影響，中距因素主要是關於影響教育政策制定的組織因素的分析，微觀因素主要在分析政策制定者之認知、情感和能力等三方面，對教育政策制定的影響。以下就分從鉅觀、中觀與微觀三個向度扼要整理肖剛、黃巧榮（2000，頁 80-104）在〈影響教育政策制定的因素分析〉一文中，所討論的教育政策與社會結構因素的關係之主要內容。

1、影響教育政策制定之鉅觀因素分析

　　影響教育政策制定的鉅觀因素，包括：社會政治、經濟及文化等因素，這些因素對於教育政策制定的影響，幾乎是時時刻刻存在的，甚至於，許多時候教育政策的制定，主要是為了解決這些社會結構因素所遭遇的問題和面對的挑戰。

（1）政治因素對教育政策制定的影響

社會政治對教育政策制定的影響，首先是，政治影響教育政策目標確定，不同時代、不同國家，在制定教育政策時，都必須確定明確和具體的政策目標，在教育政策目標的確定，統治階級的利益是不可忽視的關鍵因素。其次，政治影響教育政策制定的方式，一個國家的治政體制直接決定著教育政策制定的方式，政治權力組織較為合理的國家，其教育政策制定的過程也較為科學，反之則不然。第三，政治影響教育政策制定的品質和效率，不同的政治體制建構出不同的溝通機制，官僚體制的政治系統會導致溝通系統的阻斷，溝通機制的缺乏或溝通管道的不順暢，導致訊息無法順利的傳達到政策制定的相關人員之處，因而影響到教育政策制定的品質和效率。最後，政治影響教育政策方案的選擇，教育政策的制定或是教育政策方案的選擇都不是一個自然的過程，它是一個價值選擇、資源分配、利益爭奪和權力鬥爭的結果，這些都受到政治力量的影響，政治規定了不同社會階級和族群的教育機會和資源，從事教育政策制定時，這是一個決定性的影響因素。

（2）經濟因素對教育政策制定的影響

一國的經濟狀況在該國教育政策的制定扮演著舉足輕重的角色，或許可以進一步說一國的經濟狀況決定其教育政策的基本架構、規模、程度和方向，甚至於決定了某一個政策的必要性、可能性、持續性、存在性和實施效果。經濟因素對於教育政策制定的影響，首先，經濟狀況是教育政策制定的出發點，正確的或合理的教育政策，必須符合社會經濟發展的實際狀況，否則所制定出來的教育政策，不是不切實際，就是窒礙難行。其次，經濟實力直接影響教育政策實施的效率，一項政策不論多麼的完美，如果沒有足夠的經濟實力作後盾，也只不過是一紙空文，所謂「徒法不足以自行」，因此，只有根據客觀的經濟狀況，才能制定出合理的適切的教育政策。

（3）社會輿論是影響教育政策制定的中介因素

社會輿論反映了人民和群眾的願望和要求，而成為對政府的一種壓力，和促成政府關心大眾需求，而將之納入政策考量的一種動力，因此影響著教育政策問題的認定；另外，由於社會輿論具有廣泛性與普遍性，因此它可以作為教育政策制定過程中，方案選擇的參考意見或建議。但是，在參酌社會輿論以從事教育政策制定的時候，要避免民粹的作用。

（4）國際環境影響教育政策問題的認定

國際環境和局勢的變化對一國教育政策的制定，也發揮相當程度的影響，國際的科技發展，教育改革潮流都對一個國家教育政策的制定，起著相當程度的作用。

以上是從鉅觀的角度討論社會結構因素教育政策制定的影響當然教育的傳統、理念與現狀也都會對教育政策的制定產生相當程度的影響，但是它是教育自身的因素，因此沒有把它列入社會結構因素討論。接著，從中觀的角度討論機構與組織因素對教育政策制定的影響。

2、影響教育政策制定之中觀因素分析

有關影響教育政策制定之中觀因素的分析，這一部分主要在討論組織或機構因素對教育政策制定的影響，這裡所指的組織或機構包括政黨、壓力團體、專業組織以及具有法定決策權的組織機構，但是在這裡並不就單一的組織機構類型進行討論，而是就組織機構相關的人員結構、管理結構、人際關係、組織文化進行討論。

（1）合理的和科學的決策組織管理是制定合理的教育政策的保證

此處所指的組織管理，包括人員結構和管理結構兩個層面。組織人員結構管理，包括知識結構、年齡結構、性格結構、性別結構等四個要素，這些都會影響到教育政策的制定。在組織管理結構的管理方面，包括組織程序、管理幅度和層級、組織機構的設置與組織結構等四方面。組織結構與教育政策的制定有相當密切的關係，它直接影響決策權力的分配、決策人員的構成、以及決策活動本身。

（2）智囊團是教育政策制定的有效輔助

智囊團是現今各國政府，制定公共政策的重要輔助工具之一，像美國的布魯金斯研究所（The Brookings Institute）、胡佛研究所[4]（The Hoover Institution）、蘭德研究所[5]（Rand Corporation），英國的皇家國際問題研究所（The Royal Institute of International Affairs, Chatham House, London, UK）、國際戰略問題研究所（The International Institute for

---

[4] 胡佛研究所是美國史丹福大學所設之胡佛戰爭、革命與和平研究所(The Hoover Institution on War,Revolution and Peace) 的簡稱，是保守派智庫,素有"右翼思潮的智庫"之稱，該所在對共產主義及社會主義國家的研究方面獨樹一幟,此外還側重於研究世界上文明衝突對政治經濟發展的影響。

[5] 藍德研究所在下列各領域的重要議題進行獨立的研究：科學與技術、研究方法論、國家安全、公共政策、正義公平、衛生保健、教育政策、毒品政策、及人口發展。

Strategic Studies, IISS, UK）等都是世界聞名的智囊團（或稱智庫；Think Tank）。任何的決策者，由於其生活範圍的侷限性，當他在從事政策決定時，所思考的層面和線索是有限的，因此如果能有更多的組織內或是組織外的人，爲決策者提供相關的資訊與建言，則其所制定的政策，當更具科學性與合理性。尤其是教育政策所涉及的對象、範圍和問題的複雜性，使得處理這些事務的教育政策，往往也成爲多種理論、途徑、方法與手段的綜合體。爲了制定高品質的教育政策，結合不同領域的專家學者一起討論，讓他們參與教育政策的制定是必要的。

（3）決策組織內的人際關係影響組織內的決策環境

決策組織內的人際關係，對於教育政策的影響，同時具有積極的和消極的影響，其對於教育政策制定的影響，主要發生在三個方面：(a)影響決策組織的團結，進而影響到工作效率；(b)影響決策人員的心理健康；與(c)制約組織的影響力。

（4）組織文化是影響教育政策制定的有利因素

對於組織文化在管理中作用的重視，是八〇年代企業管理和組織理論的另一個重要的發展。對於組織文化的概念之掌握，可以說是眾說紛紜，分類亦頗有差異，有的將之分爲外顯文化、制度文化和精神文化；有的則分爲制度文化與精神文化；更有的認爲組織文化只能是一種精神文化。組織文化對於教育政策制定的影響，主要表現在下列三個層面：(a)組織文化的導向作用，影響教育政策的制定過程；(b)組織文化的凝聚作用，影響教育政策制定的效率；與(c)組織文化的激勵作用，影響決策人員的工作熱情。

以上所介紹的是，關於影響教育政策制定的中觀因素—組織結構的因素。其中包括合理的組織結構之政策制定過程、智庫/智囊團對教育政策制定的影響，以及組織人際關係和組織文化，對教育政策制定的影

響。接著將介紹影響教育政策制定的微觀因素。影響教育政策制定的微觀因素，主要是人的因素，尤其是對教育政策的制定，有決定性影響力之決策者的因素。

3、影響教育政策制定的微觀因素

不論是社會結構因素也好，或是組織機構因素也好，他們雖然對於教育政策的制定都有相當程度的影響，但是因為教育政策是一種價值取捨的過程，是一種判斷的過程，更是一種衝突妥協的過程。其中最主要的決定因素是人，尤其是政治領導人物或是政黨領導人，更是具有決定性的影響力，因此，探討影響教育政策制定的微觀因素有其必要。影響教育政策制定的微觀因素，主要可以從三方面討論：（1）政策制定實際上是決策者的一個認知的過程；（2）教育政策制定過程不可避免的會受到政策制定者感情因素的影響；與（3）政策制定者的能力是影響政策品質的重要關鍵。

（1）政策制定實際上是決策者的一個認知的過程

政策的制定就某種層面而言，是訊息獲知及轉化的過程，那些訊息可用，那些訊息不可用，事實上，是決策者的一個認知過程，認知又和決策者的知識、態度和能力有關，因此，決策者在以下兩個方面的表現，會影響決策的品質：

i、知識是制定任何政策的基礎

知識經濟時代所講求的是知識化、科學化、系統化和明確化的決策過程，因此過去直覺式、感覺式、模糊化的決策模式，於今是不可行的。智識經濟時代，對於決策人員的要求是—廣博的文化科學知識、教育科學知識與決策科學知識。

ii、政策制定者的認知方式差異導致政策決定方式的不同

　　認知心理學對於個人認知方式的分類主要包括：場域獨立或場域依賴、反省性認知或衝動性認知、聚合性或擴散性認知。不同的認知方式，會影響一個人的風格與態度。作爲決策人員，認知方式如果是場域依賴論者，則比較容易受到外在之社會政治、經濟、及文化因素的影響，在訊息重組、問題分析、獨立決策方面的能力較弱，缺乏主見，較不容易做決策；如果決策人員傾向於場域獨立的話，則在政策制定時，就會比較少受到外界因素的影響，對於所得訊息的分析與綜合，比較能駕輕就熟，比較能獨立對教育問題做出決策，但是如果太過極端的話，可能就會變成武斷或獨裁的情形。具反省性認知方式者，經常會過度小心謹慎的處理，所面臨的政策問題，因此他們在完成政策制定時所需的時間較長，但是相對的，政策的失誤也比較少，可行性較高，配套措施也比較完備；具衝動性認知者，能夠較快的把握政策問題的方向，做出決策，因此他們在制定政策時，所花的時間較短，但是政策的品質比較不精緻，政策較不完備，執行時比較容易失真，政策的配套措施也比較不完備。聚合性認知傾向之決策者，比較善於從眾多的訊息中，歸納出制定政策所需的關鍵訊息，但是解決問題的思路較爲窄化，通常比較適合例行性政策的制定；傾向擴散性思考之決策者，比較能有創新性的政策出現，解決問題的思路比較寬廣，在制定改革性等重大政策及在政策的發展中，往往扮演著重要的角色及發揮決定性的作用。

　　因此，不論是何種認知方式，其在決定政策時都各有其優缺點，各自的優缺點都不能表現得太過，因爲那對政策的制定過程與政策的品質會產生負面的影響，所以都需要某種方式的制衡和協助，如此，方能期待制定出合於科學性、民主性、公正性的教育政策，也才能期待有良好品質的教育政策產生。

（2）教育政策制定過程不可避免的會受到政策制定者感情因素的影響

理論上而言，政策的制定過程是一種理性的過程，但是揆諸事實，許多政策的制定，往往是非理性影響下的產物，也就是說，在政策的制定過程，感情因素有著關鍵性的影響作用，這感情的作用對象也相當廣泛，包括對人、對事和對物。但是，感情在決策過程中所產生的影響，並非都是負面的，當然，也不完全是正面的。一般而言，它在政策制定過程的影響，主要在以下三個方面：（a）感情的方向性影響對政策問題的認定；（b）感情的動力性影響政策制定者的決策效率；與（c）感情的感染性影響其他決策人員。

（3）政策制定者的能力是影響政策品質的重要關鍵

個人的能力受到先天的遺傳與後天的學習所影響，不論是獨裁式、集權式、或是民主式的決策模式，決策者的能力都是相當重要的；決策者的個人能力，往往是決定政策品質的關鍵所在。影響教育政策制定的決策者個人能力，主要有以下四個層面：（a）組織能力—包括對人、事、物、資源與經費的合理安排，以及對組織之人員分工、人際關係處理、經費運用、訊息的處理等工作，是提高決策效率的關鍵能力；（b）決策能力—即方案擇優的能力，或是果斷的能力，決策時所能夠蒐集到的資訊是有限的、是不完整的，決策者能否根據這些有限的、及不完整的資訊，做出合理的與高品質的決策，是相當重要的，一個重大政策的決定，縱使在客觀條件都相當成熟和完備的情況下，還是需要果斷的決策能力，否則這樣的政策還是無法實施的；（c）反思能力—政策的制定是一個不斷反省及改善的過程，決策者不僅在制定政策的過程時要不斷的反思，對於現存的或是過去的相關政策也要進行反思，所謂「前事不忘，後事之師」，這樣的反思能力，其實也是一種評鑑的方式；（d）預測能力—包括對客觀條件變化的預測，以及政策在各種客觀條件下，可能效果的預測。

　　以上對影響政策制定的社會結構（鉅觀）、組織結構（中觀）與個人（微觀）因素做了一個簡單的整理與介紹。事實上，影響決策的因素是相當多的，以上所舉只是其中之犖犖大者，如果加以深究的話，應該還可以發現其他影響教育政策制定的各個層級的因素。這些因素對於教育政策研究的發展，也都有某種程度的影響，尤其是社會結構因素。

　　社會結構因素對教育政策研究發展的影響，主要是由於價值規範與信仰的改變、制度的演變、人口結構的改變，以及科技進步導致社會急遽變化，產生了比以往更多和更嚴重的社會問題，威脅到社會的穩定和諧與發展，甚至有造成社會解組之可能，但是政府卻無法單靠社會福利和社會政策的力量，來解決因快速社會變遷所引發的，種種社會問題與教育問題，因此，乃思藉由教育政策的力量，尋找出解決種種社會問題的策略與途徑。事實上，很清楚的：

> 一個教育政策的公布或一個學校改革方案的推動，並不單純只是
> 為了其自身的因素或目的就公布或推動，而是有其特定目的的。
> 這些特定目的包括：教育學上的、政治上的、經濟上的，或是經
> 由─非個人的實體（entity）─決策者判斷之後，認為是好的目標
> （Psacharopoulos, 1990, p. 1）。

　　另外，不論從功能論（functionalism）或是從衝突論（conflict theory）的角度來看，做為社會結構之一部分的教育制度，不管是為了滿足社會的需求、維持社會的穩定和合諧，或是做為統治階級對被統治階級進行宰制或剝削的工具，簡言之，教育制度為了發揮功能，為了發展，在在都需要良好的政策作為指導的方針。否則，恐怕就會被快速的社會變遷所淹沒，或是為宰制階級所唾棄。

（四）國際/區域/地區之相關機構和組織對教育政策研究發展的影響

國際機構和組織對教育政策研究發展的影響，主要在於像聯合國教育、科學及文化組織（簡稱教科文組織；United Nations Education, Science, and Culture Organisation; UNESCO）、經濟合作暨發展組織（Organisation for Economic Co-operation and Development；OECD）（成立於 1961 年其前身爲 Organisation for European Economic Co-operation ；OEEC）、歐盟（European Union; EU）和世界銀行（World Bank; WB）、國際教育局（International Bureau fo Education; IBE）對教育政策的關心，這些國際上的主要組織和機構也出版了不少和教育政策有關的出版品[6]。

1、聯合國教育、科學及文化組織與教育政策研究

就聯合國教科文組織（United Nations Educational, Scientific, and Cultural Organization; UNESCO）來看，該組織自一九四五年成立伊始，就相當重視一般教育與教育政策相關議題的研究。根據 UNESCO 的資

---

[6] 像聯合國教科文組織從 1949 年起就以英文、法文、西班牙文、阿拉伯文、中文和俄文等六種語言發行了《國際社會科學期刊》**"The International Social Science Journal (ISSJ)"**。但是在 1949 到 1958 之間，此一刊物的刊名是《國際社會科學通訊》**"The International Social Science Bulletin (ISSB)"** 該刊雖然是定位爲扮演不同領域之社會科學家的橋樑的角色，但是卻對政策相關的議題和跨領域的研究途徑特別感興趣。從 1949 年迄今該刊已經發行到 185 期。此一刊物在 1950 年就刊載了 P. W. Martin 所寫的和教育有關的文章—**'Education in a technological society'**（Vol. 2, No.3, pp. 395-401），在 1951 年也刊載了兩篇分別爲 W. Keilhau 和 N. Kaldor 所寫的和政策有關的文章—**'Basic remarks on the relations between international policy, inflation and external balances'** （Vol.3, No.1, pp. 41-46）和 **'Employment policies and the problem of international balance'** （Vol. 3, No.1, pp. 46-53）。另外，聯合國教科文組織也刊行《展望》**"Prospects: quarterly review of education"** 雜誌，討論和介紹教育的相關訊息和議題。此外，教科文組織也相當關注其會員國之教育政策與教育計畫的發展與評鑑。詳細資料可參考聯合國教科文組織網站 http://portal.unesco.org/shs/en/ev.php-URL_ID=1996&URL_DO=DO_TOPIC&URL_SECTION=-465.html。另外，OECD 每年都就其會員國中選取部份成員進行教育政策評論，而且發行專刊。

料顯示[7]，該組織自一九四六年成立就相當關注世界各地的教育發展，到一九九七年的時候，所推動的教育計畫方案，跨地區的有九十七項，全球性的有一〇六項，拉丁美洲和加勒比海區（Latin America and the Caribbean）則高達七百八十項，累積的預算高達美金一億六千三百七十萬元之多，阿拉伯國家則有六百三十六項，累積的預算達美金一億九千五百七十四萬元之多，非洲地區有一千二百八十四項，累積預算達美金四億九千一百八十四萬元之多，其詳細數據請見表 3.1.2.。

表 3.1.2. 聯合國教科文組織的教育計畫方案 1946-1997

區域別	教育計畫方案數目	累積預算（美元）
非洲	1284	491,483,553
阿拉伯國家	636	195,741,256
亞太地區	1103	307,442,373
歐洲及北美地區	140	18,866,288
拉定美洲及加勒比海地區	780	163,704,220
全球性	106	34,713,536
跨區域性	97	34,649,989
合計	4146	1,246,600,315

資料來源：http://www.unesco.org/education/information/50y/proj_50/gen_idx.htm.

---

[7] http://www.unesco.org/education/information/50y/proj_50/interreg/interreg.htm;
http://www.unesco.org/education/information/50y/proj_50/global/global.htm;
http://www.unesco.org/education/information/50y/proj_50/amer_lat/lat_idx.htm;
http://www.unesco.org/education/information/50y/proj_50/arab_sta/ara_idx.htm;
http://www.unesco.org/education/information/50y/proj_50/africa/afr_idx.htm;
http://www.unesco.org/education/information/50y/proj_50/gen_idx.htm.

　　另外，UNESCO 也成立七個教育研究及教育政策相關的國際性的教育機構與兩個中心（UNESCO, n.d., pp. 4-19）：

（1）國際教育局

　　國際教育局（International Bureau of Education; IBE）成立於一九二五年，爲一非政府組織，主要任務爲促進比較教育研究與透過教育，以促進國際各國之間的彼此了解，一九二九年，改組爲各國政府之間的教育組織，於一九六九年，併入聯合國教科文組織的教育部門，主要任務在於作爲發展教育內容與方法的國際中心，建構課程變遷與發展之專業分享的網絡。該局現設於瑞士日內瓦。

（2）國際教育計劃研究所

　　國際教育計劃研究所（International Institute for Educational Planning）爲聯合國教科文組織於一九六三年設立，旨在回應教育政策與計畫的新的需求，其任務在於協助國家處理教育擴張需求的問題，尤其是開發中國家，以及協助各國政府推動聯合國教科文組織之「全民教育方案」（Education for All; EFA），增進各國政府在快速變遷的世界之設計、規劃與經營教育制度的能力，該所除了執行一系列的訓練方案之外，也進行各種研究，同時也舉行「政策論壇」（policy forum）以掌握當前教育之核心議題。該所分設於法國巴黎和阿根廷的布宜諾斯艾利斯。

（3）聯合國教科文組織教育研究所

　　聯合國教科文組織教育研究所（UNESCO Institute for Education; UIE），一九五二年成立於漢堡，當時正是戰後，德國進行教育制度改革之刻，其主要任務，在一九六〇年代，是要擴大東西德，包括教育在內的合作，一九七〇年代迄今的任務在於，協助解決發展中國家的學習需求與終身學習的問題。UIE 早期爲德國的一個基金會組織，現在已經

完全成爲聯合國教科文組織的一個國際性的研究機構，目前的主要任務在於支持世界各地，尤其是那些處在不利環境或生活在邊際生命之人民的成人及終身學習、識字與非正規教育的發展。該所現設於德國漢堡。

（4）國際教育資訊科技研究所

國際教育資訊科技研究所（Institute for Information Technologies in Education; IITE）於一九九七年成立，其目的在於增強各國政府在教育上應用資訊與通信科技（ICTs），以及在教育上應用資訊與通信科技以蒐集、分析、傳播與交換資信。該所掃供課程及方案設計，以及人事訓練的諮詢服務與技術協助，同時也從事教育上有關資訊與通信科技能力的相關研究與訓練，以及相關政策的形成和分析的研究。該所現設於俄羅斯聯邦之莫斯科。

（5）拉丁美洲及加勒比海地區國際高等教育研究所

拉丁美洲及加勒比海地區國際高等教育研究所（International Institute for Higher Education in Latin America and the Caribbean; IESALC）之前身爲成立於一九七八年的拉丁美洲與加勒比海高等教育區域中心（Regional Centre for Higher Education in Latin America and the Caribbean; CRESALC ），CRESALC 於一九九七年改組爲 IESALC。IESALC 的任務在於提升與重建拉丁美洲與加勒比海地區的高等教育，以達到高等教育所需的品質、能力，以及滿足該地區現在與將來的相關需求，以支持該地區之和平文化及穩定的人類發展。其所從事的活動包括：拉丁美洲與加勒比海地區高等教育潮流之報告、機構改革與課程革新、評鑑與認可制度的建立、資訊與通信科技的應用、國際合作的促進與資訊與文件的出版。該所現設於委內瑞拉（Venezuela）之卡拉卡斯（Caracas）。

（6）非洲能力發展國際研究所

非洲能力發展國際研究所（International Institute for Capacity-Building in Africa; IICBA）成立於一九九九年，其任務在於藉由應用當前關於教育管理、課程發展、教師訓練、方案傳輸模式與新科技，來增進非洲地區教育機構，滿足該地區教育需求的能力。該研究所亦建立一貫串全非洲之課程方案網絡及機構，以分享知識、資源、設備與經驗。該所現設於伊索匹亞（Ethiopia）的阿迪斯阿巴巴（Addis Ababa）。

（7）歐洲高等教育中心

歐洲高等教育中心（European Centre for Higher Education; CEPES）於一九七二年由聯合國教科文組織設立。該所之任務在於促進歐洲—尤其是中歐與東歐國家、北美與以色列之間之高等教育的合作、發展與對話。中心旨在監督和維持高等教育機構之多樣性、支持高等教育之健全的實務與良好的品質，以及促進學術自由、機構自主、學術轉換與交流、以及績效責任等有關的政策和發展。該中心成為歐洲地區之高等教育合作的中心，而且也和歐洲各國政府及非政府組織發展與建立良好的關係，包括歐洲議會（Council of Europe）、OECD、歐洲大學協會（European University Association; EUA）、歐洲委員會（European Commission）及歐洲學生聯盟（National Unions of Students in Europe）。該中心之主要活動包括：發展及改革高等教育、促進政策發展與研究、蒐集、出版與傳播高等教育相關信息與專業化網絡之服務秘書。該中心現設於羅馬尼亞之布恰瑞斯（Bucharest）。

（8）聯合國教科文組織國際技藝與職業教育及訓練中心

在一九九九年成立，於二○○二年正式運作的「國際技藝與職業教育及訓練中心」（The UNESCO International Centre for Technical and

Vocational Education and Training；UNESCO-UNEVOC）主要任務在於提供各國政府與各區域，尤其是低度開發與發展中國家，在改善技藝與職業教育及訓練（TVET）時，所需的專家與技術的協助；贊助在變遷之工作環境下，努力促進全民教育的政策與實務；提供與全民有關之受僱人員之終身教育，以減少功能性文盲、增進良好公民；辦理教育與職場調和之論辯。該中心現設於德國之波昂（Bonn）。

（9）聯合國教科文組織統計研究所

聯合國教科文組織統計研究所[8]（UNESCO Institute for Statics; UIS）成立於一九九九年，主要在提供有關當今世界之教育需求的全球性與國際性的統計資料。聯合國教科文組織統計研究所，不僅是教科文組織的統計機構，也是聯合國有關於教育、科學、技藝、文化與通信的全球性統計機構，其目的在於提供適時的、獨立的與比較性的資料，給予在快速變遷的社會、政治與經濟環境下，監督全球進步與政策制定之所需。該所現設於加拿大之蒙特立爾（Montreal）。

以上整理相關文件資料，扼要的介紹了聯合國教科文組織所成立的九個教育政策相關的研究所與中心，這些機構不僅提供聯合國與聯合國教科文組織所需的資訊，對於全球的教育政策研究、制定與發展，也扮演著舉足輕重的角色與功能。尤其其特別著重教育政策與社會變遷的關係，這對於教育政策社會學的建立與發展是有相當程度的助益的。有關聯合國教科文組織在教育方面的參與與投入，除了參考其官方網站之外，亦可參考 *Fifty Years for Education* 一書 (Unesco, 1997)。另外，有關聯合國教科文組織從一九四六到一九九七，主要的教育建樹請參考附錄二。

---

[8] 聯合國教科文組織有些官方的文件並不將此一統計研究所列入教育相關研究所。

2、世界銀行與教育政策研究

就世界銀行的出版品來看，在該組織出版的 PRE[9] Working Papers Catalog 系列刊物中可以發現，其中有不少是屬於教育領域的（見表 3.1.2.）。另外，世界銀行也曾於 1991 年在其出版的 *World Bank Lending for Education Research, 1982-89* 一書中對其過去贊助或支持的教育研究方案執行情形進行檢討（見表 3.1.3.、表 3.1.4、.表 3.1.5. 及表 3.1.6.）。

表 3.1.3. 世界銀行 PRE Working Papers 有關教育的出版品之統計大要

Working Papers（序號）	Education and Employment（篇數）	Education（篇數）
No. 1-400	31	─＊
No. 667-722	8	
No. 723-761	3	
No. 2680-2753	─＊	8
No. 2883-2933		3
No. 3399-3468		7
No. 3469-3539		7

─＊：因為分類的名稱的不同或改變，所以在那一部分就沒有統計數字。

資料來源：

World Bank (1990), **PRE Working Papers Catalog of Numbers 1 to 400**, Abstracts, Washington, D. C. : The World Bank.

World Bank (1991a), **PRE Working Paper Series Numbers 667 to 722**, Abstracts, Washington, D. C. : The World Bank.

World Bank (1991b), **PRE Working Paper Series Number 723 to 76**1, Abstracts, Washington, D. C. : The World Bank.

World Bank (2001), **Policy Research Working Paper Series Numbers 2680-2753**, Abstracts, Washington, D. C. : The World Bank.

World Bank (2002), **Policy Research Working Paper Series Number 2883-2933**, Abstracts, Washington, D. C. : The World Bank.

World Bank (2004), **Policy Research Working Paper Series Number 3399-3468**, Abstracts, Washington, D. C. : The World Bank.

World Bank (2005), **Policy Research Working Paper Series Number 3469-3539**, Abstracts, Washington, D. C. : The World Bank.

---

[9] PRE 是 Policy, Research, and External Affairs 的縮寫。

表 3.1.4. 世界銀行規劃、完成及可達致的研究，1972-1989

研究時程	研究執行時間	
	1972-1982	1982-1989
全部計畫案	272（100%）	436（100%）
1972-1989 執行完畢件數	132（49%）	184（42%）
1972-1982 執行完畢件數	73（27%）[1]	—
1982-1989 執行完畢件數	59（22%）[2]	184（42%）
1972-1989 可達致的研究計畫件數	85（31%）	84（19%）
1972-1982 可達致的研究計畫件數	55（20%）	—
1982-1989 可達致的研究計畫件數	30（11%）	84（19%）

[1] 括弧中所列百分比是以當地在該時期所規劃的計畫案委基準。
[2] 在完成的 59 件計畫案中，其中的二十一件僅分別屬於馬拉威 IV（Malawi IV）和泰國 V（ThailandV）的兩個方案。

資料來源：Lockheed, M. E. and Rodd, A. G. (1991), **World Bank Lending for Education Research**, **1982-89**, p.5, Paris: World Bank.

表 3.1.5. 1972-1982 及 1982-1989 各區域完成的計畫案件數與百分比

研究方案	非洲	亞洲	阿拉伯國家聯盟	歐亞及北非地區國家
1972-1982 提出的計畫案				
1972-1982 完成的計畫案	29（32%）	21（33%）	12（21%）	11（19%）
1982-1989 完成的計畫案	17（19%）	20（31%）	12（21%）	10（17%）
合計	46（52%）	41（64%）	24（42%）	21（36%）
1982-1989 提出的計畫案				
1982-1989 完成的計畫案	50（42%）	38（31%）	53（53%）	43（44%）

資料來源：Lockheed, M. E. and Rodd, A. G. (1991), **World Bank Lending for Education Research**, **1982-89**, p.6, Paris: World Bank.

表 3.1.6. 世界銀行研究計畫之區域分配 1972-1982 及 1982-1989

	非洲	亞洲	阿拉伯國家聯盟	歐亞及北非地區國家	合計
1972-1982	91 （34%）	64 （24%）	58 （21%）	59 （21%）	272 （100%）
1982-1989	119 （27%）	120 （28%）	99 （23%）	98 （22%）	436 （100%）

資料來源：Lockheed, M. E. and Rodd, A. G. (1991), **World Bank Lending for Education Research**, 1982-89, p.6, Paris: World Bank.

　　除了以上的介紹之外，世界銀行，尤其是其教育與社會政策部門（Education and Social Policy Department），也相當關注發展中國家教育政策的研究，從一九八八到一九九五的八年之間，就出版了（World Bank, 1995, xii; Education and Social Policy Department-The World Bank, 1994；Economic Development Institute of The World Bank, 1994））：*Education in Sub-Saharan Africa* (1988), *Primary Education* (1990), *World Developemnt Reports—Poverty* (1990), *The Challenge of Developmnt* (1991), *Investing in Health* (1993), *Vocational and Technical Education and Training* (1994), *The Cost of Secondary Education Expansion* (1994), *The Dynamics of Education Policymaking: Case Studies of Burkina Faso, Jordan, Peru, and Thailand* (1994), *Workers in an Integrating World* (1995)，至少九冊和教育政策相關的出版品，這使得世界銀行在教育政策的研究上，扮演著某種程度的關鍵性角色，也在各種國際組織中，對教育的影響居於領導地位。

3、經濟合作暨發展組織與教育政策研究

經濟合作暨發展組織成立於一九六一年，其前身爲成立於一九四八年的「歐洲經濟合作組織」[10]（Organisation for European Econimic Co-operation; OEEC），其主要任務在促進其會員國與世界經濟的穩定發展；爲了達成任務，經濟合作暨發展組織扮演了下列的角色：（1）藉著部門的監督，幫助各會員國政府確保在關鍵經濟領域的反應，與（2）藉著對議題與可行政策的確認，幫助決策人員採取適當的策略取向（OECD, 2006, p.1）。OECD 有關教育的出版品中，除了一般性的教育議題之外，也包括像成人教育、経身教育、中等教育、高等教育、教育指標等教育領域，另外，也出版「教育政策分析」（Education Policy Analysis）和「各國教育政策評論」（National Education Policy Review）專書，以及《高等教育管理與政策》（Higher Education Management and Policy ）、《 經 濟 合 作 暨 發 展 組 織 觀 察 家 》（ The OECD Observer ） 等 和 教 育 政 策 有 關 的 期 刊（http://www.oecdbookshop.org/oecd/periodicals.asp?CID=&LANG=EN&DS=Periodicals&sort=）。此外，還出版和教育政策與教育研究相關的出版品，例如：《教育概覽》（Education at a Glance）、 OECD（2004），*Handbook for Internationally Comparative Education Statistics: Concepts, Standards, Definitions and Classifications*,UIS, OECD and Eurostat (2002), *UOE Data Collection – 2002 Data Collection on Education Systems: Definitions, Explanations and Instructions*。另外，由 OECD 所推動與執行的「國際學生評量方案」[11]（Programme for

---

[10] 歐洲經濟合作組織的成立，主要是爲了執行第二次世界大戰之後在馬歇爾計劃下，美國與加拿大提供給歐洲重建之援助的工作與任務（OECD, 2006, p.1）。

[11] 有關 OECD 國際學生評量方案可參考其官方網站：www.pisa.oecd.org。OECD 有關 PISA 的主要出版品有：OECD (2001), **PISA Knowledge and Skills for Life – First Results from PISA 2000**, Paris: OECD. OECD (2004), **PISA**

International Student Assessment; PISA）對各國教育政策有相當程度影響。

以上所舉，是關心教育政策發展和投入教育政策研究之國際組織中之犖犖大者，其他關心或是投入教育政策研究的國際組織還相當多，像歐盟（European Union; EU）、國際教育局[12]（International Bureau of Education; IBE ）、亞太地區經濟合作組織（Asia-Pacific Economic Cooperation；APEC）等都是，只是受限於篇幅，茲不再加以介紹。

（五）基金會與相關學術機構的支持與贊助

有關基金會與相關學術機構的支持與贊助，是影響教育政策研究發展的主要因素之一；雖然這些基金會和相關學術機構在政策歷程中，扮演著相當重要的角色，可是他們在社會上的能見度並不高，像美國就有不少的上述之機構贊助或是自己進行教育政策的研究，可是除了少數像 Carnegie Corporation、Ford Foundation、Rockfeller Foundation、 Brooking Institution、Heritage Foundation、及 Hudson Institute 等基金會與政策研

Learning for Tomorrow's World: First Results from PISA 2003, Paris: OECD. OECD (2006), **Are Students Ready for a Technology-Rich World? What PISA Studies Tell Us**, Paris: OECD. OECD (2003), **PISA Literacy Skills for the World of Tomorrow – Further Results from PISA 2000**, Paris: OECD. OECD (2005), **PISA Problem Solving for Tomorrow's World First Measures of Cross-Curricular Competencies from PISA 2003**, Paris: OECD.

[12]國際教育局（IBE）是聯合國教科文組織轄下的一個國際性的組織，其主要任務在於做為教科文組織在教育內容、方法與研究之專業中心。它建立專業網絡和世界各地的專家學者分享課程發展的經驗，並且介紹當代課程設計與執行的途徑，還有改善實務技能與提升內涵豐富的對話。在 IBE 的任務中有一項和教育政策研究或發展有關的就是「政策對話」（Policy Dialogue），它是在一九九九年的聯合國大會中成立的。此一「政策對話」主要目的在於「提升教育領域之實驗、革新，傳播相關資訊和最佳實務成就，以及行動原則之對話」。就 IBE 而言「政策對話」主要是由兩個層面所組成：（1）教育政策之對話；（2）政策對話是任何當代政策設計與執行的核心要素。事實上，IBE 從一九三四年起就開始組織教育領域之最古老的和最有成就的教育論壇（http://www.ibe.unesco.org/policy/policydialouge.htm）。

究組織比較常聽聞之外，其他是作者所不熟悉的，而 CPRE 的大學雖然知名度都相當高，可是如果不特別注意的話，也不知道這些大學是研究教育政策比較知名度高的大學（見表 3.1.7.）。

表 3.1.7.美國支持教育政策研究與革新的基金會、政策研究組織與政策研究集團（Consortium for Policy Research in Education；CPRE）之大學成員

基金會	政策研究組織	CPRE 之大學成員
Annie Casey Foundation	American Enterprise Institute	Harvard University
Carnegie Corporation	Brooking Institution	Stanford University
Danforth Foundation	Committee for Economic Development	University of Michigan
Dewitt Wallace-Reader's Digest Fund	Economic Policy Institute	University of Pennsylvania
Ford Foundation	Heritage Foundation	University of Wisconsin-Madison
Kellogg Foundation	Hudson Institute	
Lilly Endowment	Rand Corporation	
MacArthur Foundation		—*
Pew Charitable Trusts	—*	
Rockfeller Foundation		
Spencer Foundation		

—＊：代表沒有資料。

資料來源：Fowler, F. C. (2000), **Policy Studies for Educational Leaders**, pp. 170-171, Columbus, Ohio: Merrill.

這些國際組織對教育政策的關心和出版與教育政策有關的出版品，不僅對全世界教育的發展有所影響，同時也影響個別國家教育政策的制定，以及教育政策研究的發展。袁振國（2001，頁 6）對於世界銀行對教育政策研究發展的影響有如此的描述：「…世界銀行在世界教育發展中的作用已愈來愈突出，而世界銀行關於教育的研究報告差不多全都是有關教育政策的報告…」。事實上，雖然不像聯合國有專門負責教育、文化、及科學的「教科文組織」，但是世界銀行對教育的關注和貢獻程度，可能不亞於教科文組織[13]。因此，使得教育政策的研究，乃能於一

---

[13] 在世界銀行的網站有這樣一個口號 **"We are the world's largest external**

九七〇年代之後蓬勃發展。影響教育政策研究的發展，除了上述因素之外，還有以下三個因素（袁振國，2000，頁 5-6）：（1）學術研究的基礎，這方面要注意或加強的，包括實證性的綜合理論和應用理論研究、以及理論架構的建立；（2）技術上的支撐，保證政策研究是可研究的對象；及（3）公開的、健全的數據系統。

第二節
教育政策研究的性質與特色

Levinson 和 Sutton（2001, p. 6）指出：從 1960 年代起，教育理論的改變與其他社會現象（social sphere）之政策分析途徑的改變，影響了教育政策分析的發展；在北美地區、英國與西歐其他地區，發展的政策分析的技藝伴隨著發展性機構的（development agencies）國際援助，成為全球性的科學。「教育」做為社會制度的一環，由於國際競爭的激烈化，全球化的影響，導致不僅一般國家政府都相當重視教育的發展，國際上的主要組織和機構也都相當重視個別國家、區域性和世界性的教育發展，像世界銀行不僅提供個別國家的教育貸款，以協助該等國家解決教育發展的問題和障礙，進而促進該國的教育發展，而且也提供世界性的教育發展計畫，希望藉由世界性的教育計畫的推動，能夠掃除文盲、提升世界公民的素質、促進人類社會的發展和世界的和平。聯合國教科文組織，也積極的為其會員國提供教育的援助，以及推動世界性的

---

funder of education"， 世界銀行於 1944 年成立，但是從 1963 年開始資助教育項目以來，迄今，已經提供了 310 多億美元的信貸，目前在 83 個國家資助 158 個項目世界銀行並且與借款國政府、聯合國機構、非政府組織、以及其他相關機和組織合作，希望幫助發展中國家實現普及教育的目標。詳細內容請參考世界銀行網站 http://www.worldbank.org/tenthings/one.html。

掃盲運動和教育發展計畫，希望藉著提高世界人民的素質，改善人民的生活，促進世界的發展和人類的和平。

事實上，許多國家都視教育為提升國民素質和促進國家競爭力的重要手段之一。因此，一般政府也都相信：教育品質的好壞，決定國民的素質高低；國民素質的高低，影響國家競爭力的強弱。然而，教育方案及活動內容的推動與教育目標及理想的實踐，決定了教育品質的好壞；教育方案及活動內容的推動與教育目標及理想的實踐，有賴於教育行政的執行；教育行政的執行，則有賴於優質的教育政策，做為指導方針與引導的指標。歸結言之，教育政策的良窳，是決定國民素質和國家競爭力的關鍵因素。這也就是為什麼，近年來世界各國政府重視教育政策研究的原因。前面所述的這些現象和因素，使得教育政策的研究從過去的受到懷疑，以及邊緣地位，成為「生機勃勃，明顯受人尊重的研究領域。」（袁振國，2001，頁 34）以下這一段引文更可以說明，教育政策研究受到重視的原因和狀況（袁振國，2001，頁35）：

> …隨著教育在科學技術研究、社會生產、社會生活乃至國家政治中的作用與地位日益重要，人們開始意識到教育政策研究能夠為政策和實踐作出重大貢獻。在瑞士，研究與政策的聯繫始於 20 世紀 40 年代後期；20 世紀 60 年代，美國與北愛爾蘭為使公共基金用於教育政策研究和發展，創建了公共組織機構，教育政策研究在許多國家逐漸展開。

聯合國教科文組織在有關「教育政策與計畫」（Educational Policies and Plans）的網站[14]中，對於教育的發展與扮演的角色，以及教育政策的任務，有這樣的一段文字描述：

---

[14] 聯合國教科文組織有關教育政策與計畫（Educational Policies and Plans）的網址：
http://portal.unesco.org/education/en/ev.php-URL_ID=8369&URL_DO=DO_TOPIC&URL_SECTION=201.html。

教育的發展和角色是當前學界和政府論辯的核心；例如：人類發展的維持、貧窮的消除、人類普遍價值的提升，以及新的資訊和溝通技術的挑戰。【教育】政策和決策者有責任發展清楚的遠景和相關的實施策略，以承擔起達成他們所賦予任務的挑戰，尤其在一個全民教育的情境脈絡（the context of the Education for All）中。

　　從上面一段聯合國教科文組織對於教育發展、教育政策、決策人員和情境脈絡關係的敘述中可以發現，教育政策應該不只是單純的學術研究，應該還有比學術研究更多的角色、任務、或功能存在。教育政策研究應該不會，也不是價值中立（neutral）的，或是不受價值影響（value-free）的研究；教育政策研究應該是價值取向（value-oriented）的和富含價值的（value-loading）。這應該是教育政策研究最基本的，也是最重要的性質吧。以下將對教育政策研究的性質和特色做進一步的討論和分析。

　　根據研究目的的不同，教育研究可以分成兩類（Nisbet, 1988, p. 139）：一類是基礎性研究，另一類是關於政策之研究；關於政策之研究者稱為「政策取向研究」（policy-oriented research）的教育政策研究。教育政策的研究許多時候，都被當作「是教育科學為教育實踐服務的中介，作為政府教育決策科學化的一個重要環節」，教育政策學「不僅是一門新興的學科，而且是一門有生命力的學科，會成為未來教育研究的核心學科」（劉復興，2003，頁9，11）。這是對於教育政策研究之性質與特色，是最具體及最簡潔有力的陳述。

第三節
教育政策研究的內涵與範疇

　　一門學科的建立與發展，須要有其自身的概念系統、理論架構、研究方法、研究方法論、知識系統、研究對象與研究規範。這些構成了一個學科獨特的內涵與範疇。就教育政策研究而言，因為發展還不是很成熟，所以其研究內涵與範疇，也還不是十分明確或固定。雖然，「政策研究並沒有一個適合於各門學科的統一框架，但有一些共同關心的問題或共同追求的目標」（袁振國，2002，頁 186）。有關教育政策研究的內涵與範疇界定，除了參考和它有直接關係的資料之外，「政策科學」（或是公共政策）的研究內涵與範疇，也是可以參考的範圍。

一、教育政策研究的內涵

　　討論教育政策研究的內涵與性質，對於為什麼要研究教育政策先進行一番討論是有必要的。這樣的一個步驟，似乎是探索每一個學科領域都是需要的，這應該就是所謂「學科意識的建立」[15]。當然，不論是從

---

[15] 謝維和（2002，頁 3-8）在其所著《教育社會學》一書提到：「…在學習和掌握基本的分析方法，以及進行實際的分析過程時，從整體上初步了解和認識教育社會學的學科意識是非常必要的。對教育活動進行社會學的分析應該具有一種教育社會學的學科意識。…教育社會學的學科意識也是從事教育社會學分析和研究工作的人應該具有的一種職業意識，是他們對教育活動進行社會學分析的基礎。」接著謝維和（2002，頁 3-8）又指出具有學科意識的重要，而這樣的學科意識的重要性，事實上可以說就是學科意識的功能：「這種學科意識是非常重要的。首先，是否具有這樣一種學科意識，在一定意義上是區分對這一學科進行過比較系統的學習、思考和自覺實踐的人，與僅僅能夠運用教育社會學的某些理論與方法分析、解釋教育現象的人的重要標準。…其次，具有一種怎樣的教育社會學學科意識，必然形成不同的分析方式和特點，甚至於得到不同的看法和結論。因此，教育社會學的學科意識在一定意義上反映了人們對於這門學科的認識水平的差異。」

事政策研究或是教育政策的研究，其首要目的都是在於改善（教育）政策的制定。

> 政策研究的任務是改善政策制定，此乃藉由對具體問體的直接貢獻，藉由對長期政策問題的貢獻以及藉由政策科學的建立…但是政策研究組織中，及試驗是改善政策制定的貢獻，這是它們的任務也是它們存在的理由（張世賢、陳恆鈞譯，1998，頁71）。

對於為什麼要研究教育政策，張芳全（1999，頁6）曾列舉有關的八個因素：（1）尋求教育改革及其發展方向；（2）調整教育體制，以適應社會發展；（3）有效執行教育政策；（4）滿足受教主體之教育需求；（5）讓教育資源充分運用，避免教育資源浪費；（6）實現國家教育目標；（7）學習他國教育政策制定及執行經驗；及（8）建構教育政策理論、方法與技術。

根據上述八個因素，張芳全（1999，頁 9-15）繼續討論教育政策內涵的問題：（1）教育政策研究最重要的，是讓教育行政機關所研擬的教育政策有效執行；（2）教育政策研究的重點，在於如何讓有限教育資源、教育政策效果發揮到極限；（3）教育政策研究的重要性之一，是如何讓教育政策最有效達到教育目標；（4）教育政策研究最關心的是─如何學習他國的教育政策？以及如何從他國的教育政策中修正或調整？及（5）教育政策研究主要在關心教育政策研究的學科性質，以及發展成為一門獨立學科所需具備的在研究對象、研究方法、研究工具、研究之理論依據，所需具備的條件和要素。袁振國（2002，頁 186-90）從政策研究的角度，提出教育政策研究的三項主要內涵：政策的績效性、政策制定的科學化與政策制定的民主化。以下茲分別討論之：

（1）教育政策的績效性

教育政策的績效性議題，主要在探究教育政策之效率（efficiency）與效能（effectiveness）的問題，亦即教育政策，如何以最小的投入，獲得最大的收益，這是「成本—效益」（cost-benefit）的問題，也是「兩害相權取其輕，兩利相權取其重」的問題，這同時也是如何選擇較佳方案（a better choice, not the best choice）的問題，競值途徑[16]（competing values approach；CVA）的概念架構，可以是此一議題的很好的說明。這樣的議題涉及到教育政策研究的另一個內涵—教育政策制定的科學化的問題。教育政策要達到好的績效，除了選擇一個較好的政策之外，以科學的精神、態度和歷程制定一個合乎科學性質的教育政策，應該是一個決策者更根本和更重要的任務。

（2）教育政策制定的科學化

教育政策制定科學化的問題，最主要的是教育政策制定合理性的問題，亦即教育政策的制定，需要是有制度的、程序的、技術的等多方面的保障；換言之，制定教育政策時，需要考慮不同文化背景、國情差異和社會結構，建構出合理的決策制度和決策程序（袁振國，2002，頁187）。從失敗的政策分析中可以發現，政策之所以失敗，其主要原因不外：全盤移植國外的政策，未考慮到自己國家和社會的特色與特殊需求，決策過程的不合理或是非理性，目標不明確。

---

[16]競值途徑（Competing Values Approach, 簡稱 CVA）的意涵：競值理論即是競值途徑的理論，主要的概念架構為：組織運作是多面向的，存在其中的許多價值會有所衝突和矛盾，在時空變化下，組織如要調適並生存，必須在不同的價值間調整，以產生主流價值，競值途徑即在解釋組織如何運作和調適各種矛盾的理論。採兼容並蓄的思考模式為根基，結合組織理論中理性目標、開放系統、人群關係與內部過程等四種理論模式，以並排競列的方式處理所有價值觀。

（3）政策制定的民主化

「政策是政府與公民之間的一種關係，政府通過這種關係，誘導公民按照某種方式行動。否則，公民是不會行動的」，亦即政府是政策的主體，公民是政策的客體（馬庫•基維聶米，1987，頁99）。「政策是一種權力（利）分配或再分配的歷程；政策也是一種資源分配或再分配的過程」（袁振國，2002，頁187）。政策的制定與實施會對某些人造成「剝奪」的現象，對某些人造成「賦權」的現象，這就是為什麼，有些人支持某些政策，有些人反對某些政策；為什麼有些教育改革方案會受到支持，有些教育改革方案會受到反對的原因。教育政策的制定與實施，主要在解決教育問題進學生與教育之健全發展，進而滿足社會國家發展之所需，以促進社會和諧穩定的發展與進步。故而，從事教育政策制定時，民主化是一個相當重要的議題。教育政策研究和關心政策制定過程民主化的問題，乃在於希望「政策的內容、過程和結果能接近績效、科學和民主的目標」（袁振國，2002，頁187）。

從以上有關為什麼要研究教育政策的理由，以及有關於教育政策研究內涵的相關文獻的討論，大致可以歸納出，教育政策研究主要的內涵包括：教育政策學科性質、教育政策移植與借用、教育政策的功能、教育政策的制定與執行、教育政策與社會的關係和教育政策分析與評鑑等議題的探究。

二、教育政策研究的範疇

關於教育政策研究的範疇為何，如果從政策科學中範疇的紛雜來看，教育政策研究的範疇，事實上也是相當分歧的。如果要對教育政策研究的範疇有個比較清楚或是具體的圖像，似乎可以先從教育政策的性質和教育政策的類型的掌握著手。亦即先掌握教育政策的性質和類型，再從中去歸納整理出，教育政策研究的主要範圍。有關教育政策的性

質，張芳全（1999，頁 22-29）認爲主要有七：（1）服務性；（2）人爲性；（3）公共性；（4）複雜性；（5）導向性；（6）時間性；及（7）成本效益性。以下茲就這七個性質分別扼要討論之。

（1）服務性

教育事業是以服務人群爲導向，尤其在義務教育方面，各國政府都盡量提供全面的及免費的教育，在其他各級教育方面，各國政府也都盡其所能的提供其國人的機會，盡量滿足其教育需求，以服務最大多數的國民，雖然他服務的對象不若公共政策之廣泛，但是就其性質而言，教育政策已經明顯具有服務的性質。

（2）人爲性

教育的活動與教育的發生，至少必須要有兩種人─成熟的一代與未成熟的一代，教育的發生不能脫離社會，社會是由有意義相互互動人所組成的，也就是說教育的種種離不開社會，同樣的教育的種種也離不開人，教育政策除了解決教育問題或是社會問題之外，更在於解決或滿足人民的教育需求，而教育政策的制定是由一群擁有相當權力、專業知識，以及對於教育政策有相當認識和了解的人所從事的，甚至是一群具有某種偏狹意識型態的人所制定的，所以，教育政策具有人爲性的特質。

（3）公共性

教育是「公共財」的一種。教育政策是公共政策的一種，公共政策所處理的是公眾的問題，在教育領域裡，學校雖有公私立之分，政策雖也觸及公私立學校和公家機構與私人的問題與需求，但是不論是公私立學校，他們都是代替或是爲政府執行公務，不論是公家機構或是私人，他們的問題和需求都和政府有關，也就是，不是政府要去主動解決，就是要靠政府才能解決，而教育政策正式指導處理此等需求和問題的方針和策略，所以教育政策具有公共性的性質。

（4）複雜性

　　教育政策所涉及的層面相當複雜。教育政策不僅是問題的解決，也是資源的分配，以及權利的調整，從政策制定的時候，從眾多的壓力團體和相關人士的動作和作為，就可以發現教育政策的複雜性，再從教育政策的發展過程來看，教育政策發展的歷程包括：教育問題的釐清和確認、教育政策概念的提出、教育政策內容的討論，以及教育政策的頒布。在制定的過程中，不僅需要決策主管和幕僚人員，就政策的方向及主要內容進行溝通；相關壓力團體，也會透過各種方式企圖影響教育政策的決策方向；民意代表也會因為選票的壓力或選民的託付，而嘗試主導或改變教育政策的方向或內容。當然相關教育工作者或專業人員，也會發表其看法，以影響教育政策的制定，進而達到維護教育專業人員或團體的利益。另外，不同政治團體或是持不同政治意識型態者，也會盡其所能的要影響教育政策的制定，由此可知教育政策之複雜的一般了。除此之外，教育政策主要是要解決教育問題，而教育問題的成因是相當複雜的，它不僅包括個人需求，也包括社會變遷、經濟榮枯、政治穩定與否、以及文化取向的影響，由此更可確定教育政策是十分複雜的。這樣的現象，將可以發展成「教育政策政治學」（politics of education policy）、「教育政策與社會變遷」或是「教育政策社會學」的一個重要的領域。

（5）導向性

　　一國教育之發展需要教育宗旨、教育目的和教育目標以為指導方針，教育宗旨、教育目的和教育目標之達成，則非賴教育行政之執行，否則無法竟其功。然教育行政之執行，除了有賴教育宗旨、教育目的和教育目標之引導之外，更有賴良善教育政策之規劃，以為其具體執行之導向策略。教育政策，除了做為教育行政在執行相關任務或處理教育問題之指導方針外，教育政策亦有其相當之理想性，此一理想性，就是在教育政策中提出，教育發展之理想境界，以及教育所欲帶領社會發展之

方向，這也是教育政策之「導向性」之性質。

（6）時間性

　　一國之教育宗旨、目的和目標，經常會因爲社會變遷或是政治變革的因素，或是其他因素而有所改變。教育問題的產生，實因社會變遷所引起之種種社會問題所導致，所以有時候，社會問題消失了或是解決了，教育問題自然也就跟著消失了；但是，對於教育問題的處理，不能抱持如此消極的態度，應該採取積極的態度，主動解決教育問題，因爲教育問題處理了，社會問題應該也就跟著處理了。不論教育宗旨、教育目的和教育目標，或是教育問題，既然都會因著社會的變遷和時間的遞嬗而改變或消褪，作爲教育宗旨的執行策略和教育問題解決的指導方針的教育政策，也需要因之而有所改變和調整，所以教育政策雖然必須要有連貫性和持續性，但也非一成不變，往往需要因爲時間的因素，而主動的或是被動的調整和改變。因著時間的遞移，將可以描繪出一個國家教育政策發展的軌跡，這可以發展成教育政策史的研究。

（7）成本效益性

　　就個人而言，教育是一種投資或是一種消費，一直是一個沒有定論的議題；但是就國家社會而言，教育是一種投資觀點，是爲一般社會大眾所接受的。教育既然是一種投資，則需要相當的資源和成本。教育政策是一種資本或是成本的挹注，它除了教育目的的達成和教育問題的解決之外，也要考慮到如何將有限的資源（成本），做最大的發揮（效益），此即是成本效益（cost-benefit）的問題，也就是績效責任的問題。事實上，從另一個層面看，這也可以說是教育政策的評鑑。

　　以上所述爲教育政策的七種性質，其中涉及到教育政策的服務對象、功能、評鑑、發展、制定、及執行等層面的討論。從前面所討論的教育政策的內涵與教育政策的性質，可以大略窺知教育政策研究的範疇於一二。至於教育政策研究，包括的範疇有哪些，如果先從 G. J. Cizek

(1999)所編的 *Handbook of Educational Policy* 篇章目錄（表 3.3.1.）來看，以及以三本公共政策和教育政策著作的目錄來比對（表 3.3.2.）的話，當可以發現教育政策所包括範圍的多元與複雜性了。

表 3.3.1 *Handbook of Educational Policy* 的篇章目錄（Cizek，1999）

篇目	篇名	章名
第一篇	美國教育政策的基本問題	1 美國公共教育與教育法規 2 美國公共教育財務問題 3 研究對教育決策的影響 4 哲學在教育改革中的角色
第二篇	地方、州、全國及國際的觀點	5 馬利蘭州教育改革之演進 6 密西根州的教育改革 7 教育標準與美國教育改革 8 教育之績效責任制度的建立 9 全美教育進步評量（NAEP）在美國聯邦政府教育政策中的角色 10 美國國內與海外的教育政策
第三篇	理論、政策、政治與實務	11 教育之理論創新在政策與實務上之啟示 12 政治制度與教育政策 13 學校教育為本之改革對政策的影響 14 教師工會對教育政策與教育結果的影響 15 教育之變通性及其可能結果 16 科學技藝在教育中的角色
第四篇	教育政策分析之方法論	17 多種方法交互應用（mixed-method）之研究 18 階層線性模式之概念及其在政策分析之應用
第五篇	美國教育決策：過去與未來	19 美國教育政策:建構式危機與解決 20 教育政策分析：回顧與前瞻

資料來源：G. J. Cizek (1999), **Handbook of Educational Policy**, London: Academic Press.

表 3.3.2. 三本政策相關著作目錄之比較

	張芳全（1999）	袁振國（2001）	Nagel（1988）
第一章	教育政策界說	教育政策學：一門亟待發展的新學科	第一篇 基本概念與規準
			公共政策研究之基本概念
第二章	教育問題分析	教育政策問題的認定	公共政策研究評判的規準
第三章	教育政策規劃	影響教育政策制定的主要因素	第二篇 政策目的
			效能、效率與正義
第四章	教育政策分析	教育政策的能力限度	超越最佳狀態
第五章	教育政策合法化	教育政策制定的模式	第三篇 目標達成手段
			鼓勵社會需求行為之誘因
第六章	教育政策執行	教育政策制定的程序化	公部門與私部門之公共功能
第七章	教育政策評估	教育政策合法化	第四篇 發揮最大效用之方法與知覺分析
			發揮最大效用之原則
第八章	教育政策溝通	教育政策的定義與政策分析	發揮最大效用之軟體
第九章	主要國家教育政策	教育政策分析	目標、手段、或方法之改變
第十章	中華民國教育政策	教育政策執行	第五篇 評鑑之選項：評鑑的方法
			公共政策的其他觀點
第十一章	教育政策未來展望	教育政策評價	P/G% 與其他 MCDM 途徑之比較
第十二章	—*	教育政策與教育研究	第六篇 政策研究之評鑑
			創意與持續，理論與實務兼顧

表 3.3.2.　（續）

	張芳全（1999）	袁振國（2001）	Nagel（1988）
第十三章	—	—	多元學科與立碁政治學；價值取向與量化兼顧
第十四章	—	—	應用與多元意識型態兼顧
第十五章	—	—	第七篇 其他政策相關領域
			評鑑研究與政策研究
第十六章	—	—	法律與政策研究

—*：表示沒有資料。

資料來源：袁振國（2001），**教育政策學**，南京：江蘇教育出版社；張芳全（1999），　教育政策，台北：師大書苑；Nagel, S. S. (1988), **Policy Studies: Integration and evaluation**, Westport, Conn.: Greenwood Press.

　　另外，劉復興（2003，頁 10-12）對中國近幾十年來教育政策研究的發展，有相當詳細的分析，他提到：「目前，就我【中】國教育政策分析或研究領域的有關文獻來看，相對於一般政策科學的研究，國內規範化的教育政策理論研究文獻相對較少，但總體上呈逐年快速增多的趨勢」，其主要的研究領域包括：（1）教育政策研究和分析的意義與緊迫性；（2）教育政策研究的系統理論；（3）具體教育政策的研究；（4）教育政策認定、執行與可行性研究；（5）教育政策的概念研究；（6）教育決策過程研究；（7）教育政策的價值研究；與（8）對於其他國家有關國家教育政策的介紹和分析。

　　從以上有關資料的整理分析發現，教育政策研究的範圍頗為複雜和多元，幾乎所有和教育政策有關的，都可以是教育政策研究的範圍；其中有一些和公共政策研究是相重疊的，有些是公共政策研究沒有的，也有些公共政策研究的範圍是教育政策研究尚未注意到的。簡言之教育政策研究，是有關教育歷程及其相關因素與要素之研究。

第四節
教育政策與教育研究

顧明遠主編、武修敬和袁小眉副主編的《中國教育大系:現代教育理論叢編（上）》（1994，頁378）指出不論是在中國或是世界上其他國家，教育和教育科學的發展有以下共同的趨勢：（1）教育的概念從狹義向廣義發展，與廣義的教育概念相聯繫的新興邊緣學科不斷出現；（2）教育問題與社會問題相交叉；（3）教育決策與教育科學研究的一致化；及（4）教育研究方法的科學化。在「教育決策與教育科學研究一致化」的趨勢裡，顧明遠主編、武修敬和袁小眉副主編的《中國教育大系:現代教育理論叢編（上）》（1994，頁378）中有如下的敘述：

> 教育決策必須建立在科學研究的基礎上，這是現代國家管理教育
> 和決策教育的一項最基本的原則，這就要求在教育決策過程中，
> 重視對影響教育的複雜的社會因素的研究，研究教育發展的社
> 會、經濟、文化等背景，研究教育決策的後果，預測教育發展的
> 前景等等。

從前面的引文中可以發現，教育決策受到教育研究的影響；教育研究能否盡量的周延和客觀，在在影響教育決策的品質。教育決策受到社會結構因素的影響相當明顯，為了提升教育決策的品質，教育研究還需要注意到，影響教育決策之社會結構因素的研究，以及教育決策對社會的影響。如此，方能達成制定客觀科學且合理的教育政策，同時提升教育政策的品質和效能。據此可知「教育研究是教育政策制定的基礎；教育政策是教育研究結果的實踐」。王麗雲（2006，頁6-14）在《教育研究應用：教育研究、政策與實務的銜接》指出「探討教育研究、教育政策與教育實務關係的必要性」主要有六個原因：

1、對理性決策的期望

　　即使是日常生活中，我們也都期望能做對的事和正確的判斷，這些是需要以知識為基礎的，研究向來就被認為是知識生產的重要途徑，大家希望能夠利用研究知識作為理性決策的基礎，也期望研究知識能夠適切的和充分的被應用，將之轉化成政策，裨有益於國際民生。

2、改進決策品質

　　決策通常和資源與經費的分配有關，也涉及到價值的取捨和判斷，在有限的政策和資源之下，那一項政策需要優先執行或是那一個方案應予以終止，都應該有客觀的參考依據，此即是政策品質的提升，研究結果所提供的資訊和發現，如果能加以善用的話，將有助於決策品質的提升。

3、研究成果做為說服的工具與行動的動力

　　許多教育政策之所以無法推動或是不能貫徹，缺乏強而有力的說服工具與行動的動力，是諸多重要因素之一。還有，政策的推動與執行，如果只是透過政治力的強力介入或操弄，缺乏理性的基礎和具說服性的理由，是很難期待或要求第一線的教育實務工作者接受和執行的，台灣在一九九○年推動的「自願就學方案」，和二○○一年實施的「九年一貫課程政策」就是明顯的例子。

4、重視教育研究的績效責任

　　教育政策對於個人和國家社會的影響，都是既廣大又深遠的，不當的或是錯誤的教育政策，對於個人和國家社會所造成的傷害，以及資源的浪費，都是難以彌補的；因此，如何避免上述之錯誤，除了決策者的理性、客觀、專業之外，教育研究的提供協助，就顯得十分必要且重要了。再者，在講求績效責任的今日，政府和納稅人恐怕很難讓教育研究

關在「學術象牙塔」裡，純粹爲研究而研究，績效責任的要求恐怕是難免的；對於教育政策的提供協助和指導方針，或許是教育研究展示其功能與績效的很好的場域（arena）之一。

5、提升教育議題討論的重要性

教育的實際活動雖然發展得很早，教育學科的建立也不晚，但是教育究竟能不能稱爲「學」，至今卻仍有所爭議，甚至於教育的專業性能否成立，至今都還是遭受懷疑的，君不見經常有人對於教育議題大放厥詞，雖然他/她並不是教育專業領域中人，或是初接觸教育者；尤有甚者，領導教育改革的，皆非教育中人，這種情形不只是台灣常見，在英美等國家也是所在多有。教育政策所針對的是，教育議題的澄清及教育問題的解決，如何提升教育議題討論的重要性，以及改善教育政策的品質，提升其效能與效率，皆有賴於教育研究。

6、考慮教育研究本身的倫理問題

教育研究服務對象是誰？教育研究的受惠者是誰？教育研究的意義又是在那裡？這些都是從事教育研究時所應考慮的。教育研究是否只是在服務研究者，只是研究者作爲升等或發表論文的工具；對於受試者的感受或需求從來不去考慮。如此，則教育研究所獲得的支持會愈來愈少，同時在研究倫理上也是有所不足的。

就一般常理而言，教育研究、教育政策與教育實務三者的關係當然是相當密切的。根據上面的討論，可以獲知：教育研究可以提供教育政策制定時的實徵的、經驗的與事實的資料與證據，和告訴決策人員什麼是可行的和什麼是不可行的，就像社會學研究一樣，教育研究從教育的情境脈絡提出決策的建議，社會學研究，則從社會情境脈絡提供制定教育政策時的參考依據與方向；教育政策的制定和實施，都是教育研究結果的具體實踐。換言之，不論教育研究的結果有沒有被採用，教育政策

的制定是無法不參考教育研究的結果或是不受教育研究的影響的[17]；教育研究和教育政策二者都是教育實務的一環，沒有動態的教育實務之執行，教育政策和教育研究就只是靜態的文件資料，沒辦法發會其影響力，只能是「櫥窗裡的展售品」。

一、教育研究的性質與趨勢

「教育政策沒有教育研究作為指導不僅是盲目的，更是危險的；教育研究沒有教育政策以為實踐不僅是空無的，更是虛擲的」。對於教育研究性質的討論，歷來多有學者為文發表，例如：Baron(1998, p. 84)曾經就社會科學與教育行政的關係，也就是社會科學如何影響教育行政的研究，進行討論；他指出：在澳洲，就大學層級而言，許多的教育行政的研究都跟立法上的政治需求有關；但是，在英國倫敦大學教育學院，則視教育研究為教育哲學、教育社會學、教育經濟學與教育心理學的研究。Baron 在這裡所要表達的是，教育研究的性質為何，不僅在相當程度上是受到一個國家社會的意識型態和情境脈絡所影響的，事實上，更嚴重的問題在於，其他學科領域的研究途徑或方法，並不適用於教育研究的性質，卻硬生生的被應用在教育研究之上。

（一）教育研究的性質與功能

教育研究，究竟屬於那一類型？或是教育研究應該是那一類型的研究？一直是一個在教育領域中一個沒有定論的問題/議題。這是屬於教育研究性質的問題。要處理這個問題/議題，恐怕要先從「研究」（study/research）究竟具有那些功能的討論著手。教育研究的功能釐清了，教育研究的性質為何也就跟著清楚了。王麗雲（2006，頁 35-40）

---

[17] 當然，偶而也會聽說某些由教育行政機關所委託的教育研究的結果或報告，會被束之高閣或是被冷凍起來。事實上，這種情形是可能的。

曾指出研究具有十項功能：（1）作為一種說明；（2）作為一種歷史—理解；（3）作為轉換；（4）做為一種警告；（5）作為澄清；（6）作為指引；（7）協助再概念化；（8）作為動員的工具；（9）作為深思熟慮的轉換；及（10）作為評鑑。根據以上所述的教育研究的十項功能，教育研究具有應用的性質，旨在提供資訊，以引導教育實務的改善（Slavin, 1990, p. 30）。

（二）教育研究的趨勢

在教育研究中經常引起討論的三個主要的議題是：（1）教育研究應改以個別型研究為主或是以整合型/合作研究為主；（2）教育研究究竟應該是理論性研究（基礎性研究）或是應用性研究（經驗性研究）；（3）和教育研究應該以量化研究為主或是以質化研究為主。當然，這兩個議題都和社會科學研究的趨勢有關，也和教育學之學科的發展趨勢有關，更和政府的科學和學術政策有關。翁福元（1999，頁 8-12）曾經整理過相關文獻，歸納出教育研究的趨勢有三：（1）傾向合作研究；（2）縮短和教育實務間的關係；和（3）和教育政策發展較密切的關係。

二、教育研究在教育政策上之應用

教育研究包括的範圍相當廣泛，其性質與功能也相當的紛繁與歧異，一般對教育研究的立場有四（Baron, 1998, pp. 84-86）：（1）理解取向的研究（research for understanding）—此一取向是歷史學家的立場，他們所關心的是希望能對過去的解釋融入當前的現象，這也是人類學家的立場，他們關心的是如何說明原始部落對他們自己文化的應用，其研究結果，可能政治人物、行政人員與專業人員會加以應用，但是，真正對此一取向的研究結果有興趣的是相關領域的學者；（2）政策相關的研究（policy-related research）—此一取向的研究「旨在從一個更安全的知識基礎，以及對於政策執行的監督與評鑑的基礎上，形成國家政策」

（Kay, 1978, p. 8）；（3）行政結構與歷程的研究（research into administrative structure and process）—此一取向的研究，主要焦點在於關心教育行政機構與人員的表現；與（4）評鑑性的研究（evaluative research）—此一研究取向，主要是指研究人員要能夠採取超然的立場，在政治、社會及文化方面，能夠從外在於決策者和行政人員的角度來檢視渠等之意向及行動。

　　上述四個教育研究取向，所關心的主題和領域，都和教育政策及教育行政有所關聯，其研究發現如能夠應用在教育政策的制度、實施，以及評鑑之上，相信對於政策品質的改變與提升，以及功能的發揮，都會有相當的幫助；但是，由於受到和決策人員、機構和社會情境之種種主客觀因素的影響，教育研究在教育政策上應用的情形，似乎不是很理想，這是教育研究人員和決策人員需要共同努力的；有關於此一議題，將在第七章，進行深入的討論與分析。

　　經常我們會聽到一句話：「理論和實務總是有一段差距的」。我們也經常會聽到：「理論的建構有賴於經驗的累積，經驗的發展有賴於理論的指導」為甚麼理論和實務之間總是會有一段差距？理論和經驗之間如何有良好的搭配？這中間最重要的「橋接」工具就是「研究」。實務和經驗透過研究可以建構為理論，理論的檢驗也需透過研究。同樣的教育政策也必須不斷的經常進行檢視，這樣的教育政策的檢視，廣義而言，就是教育政策的研究。我們知道教育政策需要研究，但是，為什麼教育政策需要研究？「沒有研究的政策是危險的」。

　　「現時，學者、教育專業人士、公眾及政府，都十分強調教育政策的討論及發展；不過由於欠缺一個有力的綜合架構，教育政策的討論往往流於表面及零碎，即使有良好意願的教育政策也會招來嚴峻的批評及抗阻。故此，不少教育政策的發展大大受到限制」（鄭燕祥，2004，頁3）。

第五節

本章小結

　　本章分別從四個層面：（一）教育政策研究發展的背景、影響因素與歷程；（二）教育政策研究的性質與特色；（三）教育政策研究的內涵與範疇；與（四）教育政策與教育研究：政治社會學的觀點，對教育政策研究的發展進行政治的與社會學的分析和討論，最後並且對教育政策的研究進行反省與展望。從本章內容的討論發現教育政策研究起源的背景因素、影響教育政策研究發展的因素和其發展的歷程都是相當的複雜和多元的，此一情形，使教育政策的研究成為多方勢力及團體，競逐其影響力或是維持其控制力量的「競技場」（arena）。雖然目前教育政策的研究上欠缺一個有力的架構和統整的知識理論系統，而且經常遭受到一些批評和挑戰，但是隨著教育政策在國家政策體系中的角色越來越重要，功能越來越吃重，可以預見的教育政策的研究會是越來越受到重視的。

第 4 章

教育政策社會學的起源與發展：歷史脈絡的分析

教育政策社會學嘗試採用社會科學中的諸多概念和理論架構，開闢不同於實證量化的政策研究途徑，以期為教育政策研究開展出更寬廣的視野。

～王慧蘭，1999，頁87～

摘 要

　　不論就事實或就理論而言，教育政策社會學的存在是個事實，其發展也已經有相當時日。究竟教育政策社會學是如何發生的，又是如何發展的，從歷史－社會脈絡的掌握和理解倒也不失為途徑之一。教育政策社會學顧名思義，其中應該含有教育政策（學）和社會學，或是從社會學的原理原則、理論及方法，研究教育政策的所有一切相關的現象及問題。人類所有的教育活動，必須在社會的情境脈絡中，發生和進行才有意義，這就是為什麼 T. Parsons 要以「社會行動」，為其研究人類社會的最小單位的原因。在社會脈絡中，時間和空間（事件）的交互作用，建構了所有人類活動的一般性圖像，教育政策也不例外。而欲探究教育政策社會學的「活水源頭」，也需要從人類之社會情境脈絡進行，因此，本章首先從，社會學與教育政策的關係，以及社會結構因素與教育政策的關係，討論教育政策社會學的可能與發展，前者是就理論的層面來看，後者則就實務的角度分析。從批判的觀點討論，影響教育政策制定或是發展的社會結構因素主要有五：歷史敘述的建構歷程、政治控制與利益衝突、國家發展、市場導向的主流經濟結構、文化霸權的宰制，以及階級不平等的關係。接著根據教育政策社會學發展歷程的關鍵事件，將之分成三個階段—萌蘗、萌芽及建構。最後，再討論教育政策社會學發展過程，已經遭遇的或是將來可能面對的一些議題。

楔　子

　　雖然，根據 M. F. D. Young (2004, p. 3) 的說法：討論社會學與教育政策之間的關係，並不是一個新的主題，而是社會學家很早就與之奮鬥的議題，甚至於可以追溯到 Max Weber、Howard Becker 與 Alvin Gouldner 等人的著作[1]。但是，討論關於社會學與教育政策[2]之間關係的文章，事實上，仍不多見。甚至於要等到一九九〇年代的 S. J. Ball 的投入，才是對教育政策社會學此一領域，比較有系統地進行研究或論述的開始。事實上，不僅「教育政策研究」是一門相當年輕的學科，「教育政策社會」學，更是一門新興的學科領域。雖然，近幾年來，有關於教育政策社會學的著作，有大幅度增加的現象和趨勢，事實上，此一學科領域的發展，在國外還不是很成熟，在國內更是有待開拓。關於教育政策社會學的起源與發展，就作者目前所蒐集到的文獻資料，加以歸納整理，大致上可以用六位比較具有代表性的學者，來作為教育政策社會學之起源與發展的階段的劃分。這六位學者分別是：Karl Mannheim, John Ahier 和 J. Ozga 及 Jeoff Whitty、Stephen J. Ball 及 Michael F. D. Young。他們分別代表教育政策社會學的萌蘗階段、萌芽階段和建構階段。在這一部分的討論，會比較偏重以英國的資料為主，主要是因為美國在這一方面的著作，相對而言，仍然是比較少的。

---

[1] M. F. D. Young (2004, p. 3) 認為 Max Weber 的 "Science as a Vocation" 和 "Politics as a Vocation"，以及 Howard Becker 的 "Whose Side Are We On?" 與 Alvin Gouldner 的 "Sociologist as partisan" 之間的論辯，都是在討論社會學與教育政策（教育政策社會學）之間關係的著作。

[2] 為了行文之便和文章的流暢，以後，在本章有關於社會學與教育政策的關係的討論，都以教育政策社會學稱之。

第一節
教育政策社會學的起源背景

　　本節的內容主要在探究，教育政策社會學起源的背景和理論基礎，主要分為兩個部份：第一部份從社會學的觀點，探討教育政策社會學產生的理論基礎；第二部份，則從社會結構的角度，分析教育政策社會學產生的可能性。

一、社會學與教育政策研究的關係

　　社會學和政策的關係為何，通常有兩個相反的主張（Young, 2004, p. 4）：其一，認為「社會學是政策的批判」（sociology as policy critique）；其二，認為「社會學是政策的重構或政策的干預（仲裁）」（sociology as reconstruction or policy intervention）。但是，Young(2004, p.4)主張：在上述兩種關係之外，社會學與政策之間應該有所謂的「中間路線（第三條路）」（a third way）—批判性的重構（critical reconstruction）或批判性的政策干預（仲裁）（critical policy intervention）；此一途徑的目的，在於解釋政策的源起、批判政策所達致與未達致的，以及為將來政策的制定與如何執行尋找基礎。關於社會學與教育政策（研究）的關係，張建成（2002，頁15）指出：

　　　過去有關教育政策的研究，多半是從行政的角度，探討政策之制定、執行與考核的模式，並且關心的重點，也多半是擺在如何籌措教育資源、安排教育歷程、達成教育目的等技術性問題的考量上，很少有人質疑教育政策可能受到特定利益集團的左右。唯自1980年代以來，社會學家們…目睹…各國政府的教育政策已與社會民主的理想漸行漸遠，乃紛紛投身「政策社會學」的領域。

二、從社會學的觀點論教育政策社會學的起源

　　當前人類科學研究的發展，是一個既「深度分化」，又「高度綜合」的時代；所謂深度分化是指，「人類的科學研究向著更加專門化、精細化，以及微觀化的方向發展…形成了各種子層次和亞層次的分支學科，造就了多方面多層次多功能的龐大有序的現代科學體系」。所謂高度綜合是指，「在深度分化的同時，各種具體學科之間在對象、規範和方法等方面相互交叉、滲透、借鑑、移植，產生出許多交叉學科、邊緣學科、橫斷學科…形成跨領域、跨學科的當代大科學」（歐陽康、張明倫，2001，頁 2-3）。教育政策社會學，正是這種時代下的產品。 J. S. Coleman (見 Marsden, 2005, p. 10) 主張政策研究的發展是社會科學的一個新的類型，當代社會學理論應該為社會科學影響社會─做為人類社會之理性重建之一部分─所扮演的角色提出說明，他同時也將政策研究，視為提供有關當前或將來政策訊息的社會科學。這顯示著教育政策社會學的發生與開展之可能。

三、從教育政策與社會結構關係論教育政策社會學的起源

　　教育的對象是人，人是在社會中活動的；離開社會，人的活動便沒有意義，同樣的，離開社會，教育也就不存在了。教育制度是整體社會制度的一部分，社會的變遷影響著教育的發展，教育的改變亦影響著社會的發展。教育政策屬於公共政策的一環，教育政策所處理的問題不管是個人性質、組織/機構性質、或是社會性質的，其實都是社會的問題，因此，教育政策和社會結構有相當密切的關係。具體而言，教育與社會的關係，主要有三種可能的情形（林清江，1972）：（1）社會影響教育發展；（2）教育影響社會變遷；及（3）教育與社會相互影響。如果從教育與社會可能之關係的第二種來看，則究竟那些社會結構的因素，影

響了教育政策的發展，就值得深入討論了，尤其前面也提到教育政策所要處理的是，社會問題或是具有社會性的問題。吳毓真和翁福元（2003，頁 70-72）在〈台灣九年一貫課程政策之探討：教育政策社會學的觀點〉一文，將影響教育政策發展的社會結構因素，整理如次：（1）歷史敘述的建構歷程；（2）政治控制與利益衝突；（3）國家發展、市場導向的主流經濟結構；（4）文化霸權的宰制；及（5）階級不平等的關係。茲分別介紹與討論如下：

（一）歷史敘述的建構歷程

　　教育政策的制定，是在歷史脈絡與社會結構之內進行與發展的，歷史脈絡或可視為教育政策制定與發展的經度，社會結構或可視為教育政策制定與發展的緯度。歷史敘述的主要對象，是發生在社會結構/社會制度之內的事件；歷史的敘述是建構的，不是自然形成的，在此一條件之下，歷史的敘述可能為真，也可能為假，這就影響了教育政策的發展。在教育政策方面，歷史敘述的主要對象是「政策文本」（policy text）。

（二）政治控制與利益衝突

　　教育政策是權力與利益分配的過程，同時也是價值取捨與決定的場域，因此，教育政策的制定及執行過程，不是單純的只有教育政策的制定與執行的場域，教育政策是政治衝突及妥協之下的產物，是政治鬥爭與文化控制的成果。教育政策的過程，是各式各樣意識型態、政治勢力及優勢文化，不斷衝突與爭鬥的歷程。教育政策制定時，從草案開始或是一有風吹草動，各種政治團體與利益團體，就展開競爭與談判，因而，政治控制與利益衝突，也是影響教育政策制定的社會結構因素之一。

（三）國家發展、市場導向的主流經濟結構

　　在全球化與市場化的衝擊與影響下，國家面臨了較之以往更激烈的競爭與更嚴峻的挑戰，如何提升人力素質與國家競爭力，以及滿足市場的需求與競爭機制，成為一個國家制定政策時，最主要的考量因素之一；當然，在制定教育政策時也不例外。這樣的結果，往往是顧慮到統治者的需求及主流文化的利益，而忽略了弱勢族群及邊緣團體的需求與利益，使得貧富差距和階級與族群對立的情形益發嚴重。這種現象不僅在制定教育政策時，是要避免的，也是教育政策社會學所批判的；但是，無可諱言的，國家發展與市場導向的主流經濟結構，也是影響教育政策制定的社會結構因素之一。

（四）文化霸權的宰制

　　文化不僅是人類生活經驗的累積，它同時也是權力的展現；文化展現的形式經常與權力關係相結合，而產生壓迫、宰制、不平等及衝突等現象。文化的保存、傳遞與發展，經常是伴隨著統治者或優勢族群的權力壓迫與宰制之不平等關係而發生，教育政策也就是在此種不平等關係的基礎上產生的。在文化宰制的現象裡，並非如「宰制型國家機器」（Repressive State Apparatuses; RSAs）是有形的與暴力的宰制，而是以另一種更精緻的手段，達成其宰制的目的，此種手段就是 Gramsci（1991）所指稱的「文化霸權模式」（Model of Cultural Hegemony），亦即統治階級透過種種「意識型態國家機器」（Ideological State Apparatuses; ISAs），例如宗教、法律、教堂、學校、政治制度及大眾傳播媒體灌輸其意識型態，以控制一般社會大眾，使一般社會大眾相信其統治與控制之合法性，而達到其維持統治地位的目的。統治階級或優勢族群，透過教育政策將其意識型態、價值系統、文化傳統、及行為規範融入課程與學校活動中，使來自弱勢族群家庭的學童相信性別、階級、族群的種種不平等是自然的，也是合理的，進而服從之、接納之，從而複製了社會

階級，維持了其優勢及統治地位。就此觀之，說文化霸權的宰制，是影響教育政策形成的那隻看不見的黑手，似乎並不爲過，這也正是教育政策社會學所要探究和批判的議題。

（五）階級不平等的關係

　　階級由個人的教育程度、職業類別，以及經濟收入所決定，這幾個指標決定了個人的社會地位與社會階層，也決定了權力高低多寡與社會網絡的關係，更影響個人所能分配到與獲得的社會資源。教育政策是價值取捨、資源分配與權力重組的過程，這樣的過程，其「利基點」經常是傾向優勢族群與統治階級。因此，不論是教育政策的內容、課程內涵、教科書內容、及教育活動，都充斥著上層社會階級的影子，很難於其中發現或幾乎不可能發現，中下社會階級的價值系統與倫理規範。透過對階級不平等關係的批判與反思，教育政策社會學期望能制定合乎社會公平正義的教育政策。

第二節

教育政策社會學的發展

　　有關教育政策社會學的著作，在進入二十一世紀之後，突然有激增的現象，這個現象對於教育政策社會學的發展，是一個可喜的現象，因為表示有愈來愈多的專家學者，不僅關心此一領域，而且願意投入此一學科的建構。但是，這同時也反映出一個事實，就是教育政策社會學之學科架構的建立，更加迫切了。本節主要在就相關的文獻資料，進行整理，希望從中整理出教育政策社會學發展的歷史脈絡，亦即教育政策與社會學關係之歷史觀點的分析與討論，進而從此一歷史脈絡中，建構出教育政策社會學的學科框架。本節作者根據所蒐集到的有關的文獻資料，將教育政策社會學的發展分成萌蘗、萌芽與建構三個階段。

一、教育政策社會學的萌蘗階段：1940 年代後期—1960 年代

　　雖然，K. Mannheim 在一九四〇年代，擔任倫敦大學教育學院教授的時候，就已經關心到教育政策社會學的發展，也就是教育政策社會學研究之肇始，可以回溯到 Mannheim 在一九四〇年代於倫敦大學政經學院（The London School of Economics and Political Science; LSE）和教育學院（Institute of Education; IoE）任教的時候（Whitty, 1997, p.121; 2002, p.1），但是直到一九六〇年代，教育政策社會學的發展，仍然是晦澀不明的。英國在一九四〇年代，社會學者的研究，可能已經注意到教育政策的議題，但是教育理論和教育政策的研究，卻尚未知覺到，社會秩序與社會力量的交互作用和變遷的情形，Fred Clarke (1943) 認為這樣的教育理論和教育政策不僅是盲目的，而且肯定是有害的（轉引自 Whitty, 2002, p. 3）。關於 K. Mannheim 對教育政策社會學的關心或主張，Whitty (2002, p. 1) 在 *Making Sense of Education Policy* 有著這樣的評論：

從今天的角度來看，也許當年 Mannheim 用來探究教育政策
社會學的特殊途徑是不正確的，但是他當年所問的許多問
題，以及用以了解教育政策的社會學的概念，仍然扮演著相
當重要的角色，而且爲社會學者所依循。

Mannheim 早期學術發展的重心在「知識社會學」（Sociology of
Knowledge），但是自從 1933 年移居英國之後，他的學術興趣有相當大
的轉變，當他到倫敦大學任教之後，幾乎放棄了知識社會學，而發展另
一種關於民主計畫和社會重建的社會學，此時，Mannheim 也逐漸對教
育發生了興趣，因爲，他認爲教育是實現社會重建的工具（石人譯，
1991，頁 495-496）。Mannheim（1962, pp. 159-165）對於教育研究或活
動和教育社會學的關係的主要主張有：（1）除非是從教育社會學的構思
出發，否則在一個意識展現的時代，沒有任何的教育活動或研究是適切
的；（2）撇開哲學的、心理學的和技藝的（technical）途徑，吾人逐漸
覺知，教育運作其中的社會情境脈絡（social context）的意義，這樣的
覺知在每一階段，都會產生新的洞視（insight）；（3）社會學途徑對於
歷史和教育理論的主要貢獻，在於讓我們注意到，沒有情境脈絡的教育
目的和教育技藝，是無法令人相信的；（4）吾人對於教育之社會學原理
的探究，不可能是單純的學術研究—只是爲研究而研究，我們做這樣的
探究，是爲了瞭解我們的時代和這個時代的困境，以及一個健全的教
育，可以對社會和人類的改造（regernation）有些什麼貢獻；（5）當對
我們的時代開始進行研究時，我們的目標應該從我們社會中，更根本的
變遷的操作中，去解釋主要的教育問題，以對我們的社會進行一般性的
社會學的診斷；及（6）教育的社會學研究的另一個層面的問題是，如
何對在不同社會層級、族群與區域的趨勢和潮流進行整合。

教育政策社會學在一九五○年代和一九六○年代的發展，和一九四
○年代的情形相差無幾，仍然停留在關照的階段。雖然，在一九五○年
代和一九六○年代，由於全球性學生運動（student movement）或學生

革命（student revolution），教育社會學過去曾經有一段時期，受到一些
主要國家政府的重視和重用，這些政府也確實注意到社會結構因素，對
教育發展的影響，也嘗試從社會結構或社會變遷的觀點，去制定教育政
策。但是，教育政策社會學的發展，仍然還是停留在「關照」的階段。
對於教育政策社會學在這二十年發展的情形，J. Ahier (1983, p. 3) 有這
樣的描述：

> 雖然在一九五〇年代和一九六〇年代，有些社會學家對政府的政
> 策，的確有相當的影響，但是對於教育或社會政策的關注，卻沒
> 有能夠成爲大學院校裡面的一個學科；縱使是更具批判性的「新
> 教育社會學」，也沒能夠提供教育與社會政策，在師資培育機構的
> 發展基礎；另外，將那些受歡迎的方法應用到政策領域中之決策
> 研究，也是最近才開始發展的。

　　教育政策社會學在英國，於一九四〇年代到一九六〇年代的發展，
與教育社會學在英國的發展頗有異曲同工之處；亦即不論是教育社會學
的研究，或是社會變遷對教育發展的影響，和教育政策社會學研究的關
注，都是社會學者先於教育學者。在這個階段，教育政策社會學研究的
重鎮或是中心，應該可以說是倫敦大學的教育學院，主要的代表人物應
該就是 F. Clarke 和 K. Mannheim。這個階段的主要特徵是，社會學者
開始注意到社會變遷和社會力量的交互作用，對教育政策所可能產生的
影響，並且嘗試利用社會學的概念，來解釋教育政策和社會結構（現象
與變遷）之間的關係。

二、教育政策社會學的萌芽階段：1970—1990

　　教育政策社會學的發展，到了一九七〇年代，和之前三十年的發展
有著很大的轉變，這樣的轉變是延續前面三十年，政府對教育政策與社

會變遷關係之關照的結果。尤其是到了一九七○年代後期，世界各地的學生運動或學生革命，已經逐漸平息，一些主要國家的社會秩序，也都恢復穩定和諧的狀態，這時候，政府不再需要這些教育社會學者參與教育政策的擬定，因此把他們釋放出來，當這批教育社會學者或社會學者離開政府機構，進到高等教育學府之後，仍然無法忘情於之前的研究主題，因此大量投入教育政策社會學的研究，從而開啓了教育政策社會學研究與學科領域建立的契機。 Ozga（1985, p. 4）指出：

> 為了對教育政策及教育制度進行檢視，吾人必須竭誠歡迎社會學家從事決策的研究...不進行教育政策的研究則已，如要進行教育政策的研究，則可以說是百廢待舉，尤其是那些最近才投身教育政策研究的教育社會學學者。

另外 Ozga（2005, p. 2）為了因應教育社會學之批判主義在一九八○年代的昂揚，而在一九八五年提出「批判教育政策社會學」（critical policy sociology of education）一詞，希望從歷史的和社會學的角度，來研究教育政策，此一名詞後來廣為學者採用，尤其是 Stephen Ball。

一九七○年代，就某種觀點而言，是教育政策社會學發展的一個契機，此時有相當多的學者投入「政策社會學」（sociology of policy）的研究，對於這樣的一個明顯的轉折，以及這樣一個熱鬧的景況，張建成（2002，頁 15）有著深刻和深入的描繪：

> ...唯自 1980 年代以來，社會學家們，尤其是持批判觀點的社會學家們，目睹新右派政治勢力崛起之後，各國政府的教育政策已與社會民主的理想漸行漸遠，乃紛紛投身「政策社會學」的領域，針對教育政策之正當性或壓迫性，從事批判性的分析。

Young (2004, pp. 13-14) 在討論南非，從一九八○年代迄今之教育政策與社會學理論的關係時，把一九八○年代之二者的關係稱為「社會

學爲教育政策之批判」（The 1980s: sociology as critique），這和西方國家同一時期，社會學與教育政策之間的關係，有許多相似之處，但是到了一九九〇年代，南非的情形和西方國家的狀況幾乎就沒什麼相關了。

三、教育政策社會學的建構階段：1991 迄今

到了一九九四年，英國教育政策研究（包括教育政策社會學）的發展進入了另一個高峰期，*British Journal of Educational Studies* 於該年度出刊的第四十二卷第一期，發行了教育政策研究專輯。其中主要的幾篇論文包括：（1）S. J. Ball 和 C. Shilling（1994，pp. 1-5）的 *Guest Edtorial : At the Cross Roads: Education Policy Studies*；（2）C. D. Raab（1994，pp. 6-22）的 *Theorising the Governance of Education*；（3）R. Deem（1994，pp. 23-37）的 *Free Marketers or Good Citizens? Educational Policy and Lay Participation in the Administration of Schools*；（4）R. Bowe, S. J. Ball 和 S. Gewirtz（1994，pp. 38-52）的 *'Parental Choice' ，Consumption and Social Threory: The Operation of Micro-Markets in Education*；（5）J. Fitz，D. Halpin 和 S. Power（1994，pp. 53-69）的 *Implementation Research and Education Policy: Practice and Prospects*，以及（6）B. Troyna（1994，pp. 70-84）的 *Critical Social Research and Education policy*。

1992 年，R. Bowe, S. J. Ball and A. Gold 出版了一本專門討論教育政策社會學的著作：*Reforming Education & Changing Schools: Case Studies in Policy Sociology*。該書是一本兼具鉅觀與微觀教育政策社會學的專著，書中討論的議題[3]主要包括：鉅觀教育政策社會學（macro-sociology of education policy）：政策歷程（policy process）與政策的歷程（process of policy）、市場中的教育、國定課程（National

---

[3] 有關從一九九〇年代到二〇〇〇年之教育政策社會學探討的主要主題或議題，請參考表 5.1.1.表 5.1.2.，或吳明鋕和吳汶瑾（2006，I-3-14-15）。

Curriculum）與特殊教育；中觀的教育政策社會學（mecro-sociology of education policy）：地方教育行政機構與地方教育行政機構對學校的管理，以及教育管理（經營）的變遷（changing management）與變遷的管理（management fo change）；微觀的教育政策社會學（micro-sociology of education policy）：教育政策文本。

第三節
教育政策社會學建構的議題

　　教育政策社會學的發展，如果從一九四〇年代的後期算起，迄今也已經將近一個甲子的時間了，但是環顧相關的文獻可以發現，其中許多仍然是存在於探索性或是描述性的階段，比較少見到建構性的著作。

　　就一個學科領域的發展而言，剛開始，總是難免有比較多探索性和描述性的研究與著作，但是到了一個階段之後，就需要比較多建構性的研究和著作。其他學科領域是如此，教育政策社會學亦是如此，這樣一個學科領域發展的脈絡，其實就像孔德指出的「人類知識的發展必須經過神學和玄學的階段，然後進到科學的階段」[4]亦即由「虛構假設」的

---

[4]孔德沿用了聖西門的社會發展三階段學說，將人類知識的發展，劃分爲神學、玄學和實證科學等三個階段。神學階段在人類歷史上歷時最長，從古代到西元1300年以前，人們企圖探求事物運動的終極原因。它又經歷了三個發展階段，（1）拜物教時期，人們認爲生命屬於外部世界，將外部事物敬奉爲神；（2）多神教時期，從外部事物中抽象出來的各種虛假存在物，取代了具體事物成爲人們崇拜的物件；（3）一神教時期，對一個最高存在的信仰又取代了多神教，宗教成爲統一社會的力量，社會有了穩定的構成。玄學階段是從神學階段到實證科學階段的一個過渡時期，時間大約從1300年到1800年。在這一階段，神學信仰遭到了否定，抽象的"實體"取代了神的至上地位，人們建立了形而上學的哲學世界觀。實證階段的特徵是把經驗資料作爲知識的最根本來源，人們把推理和觀察結合起來，合理地分析經驗資料，最終將使人類發現規律。因此，實　證　階　段　是　人　類　知　識　發　展　的　必　然　結　果

階段開始，進入「追求萬物（學科）的根源、本性（本質）和終極原因，以求獲得絕對的知識」的階段，最後進入「以科學為基本特徵，尊重經驗、事實，依靠觀察和理性的力量，以研究現象之間的關係，不再探索宇宙的起源和目的，不再要求知道事物的內在本性和本質原因」（歐陽康、張明倫，2001，頁12）。這是建構教育政策社會學必經的過程，以及必須掌握的先備要件，亦即建構教育政策社會學首先要面對的議題。除此之外，其所面臨的議題，如果從吳毓真和翁福元（2003，頁74-75）在〈台灣九年一貫課程政策之檢討：教育政策社會學的觀點〉一文中的敘述，應該可以從其中整理出更多的議題：

> …教育政策社會學是具有批判反省教育政策的性質，不但從國際、歷史、政治、經濟、文化等的大環境中觀察教育政策，而且在學校組織、目標、課堂資料及師生互動裡，也能以社會學的角度分析教育政策。在研究的議題上，主要批判教育政策中社會結構及社會變遷中所造成的階級、政經利益的衝突，並期望能從主流控制的知識中解放，以達到政策進步及正義的理想。

根據以上的引文，可以進一步引申建構教育政策社會學，將面臨的議題除了之前提到的「學科知識發展的階段」的問題外，還有：教育政策社會學之學科性質、教育政策社會學如何觀察與批判教育政策、教育政策社會學如何釐清教育政策與社會變遷的關係和彼此的交互作用、以及教育政策社會學的學科目標與宗旨等議題。前面這些問題都是教育政策社會學所面對的基本的和理論方面的挑戰與問題，另外還有諸如：社會學與教育政策的關係、社會學者在教育政策制定、執行與分析，亦即所謂「政策歷程」（policy process）中，所扮演的角色與所處的地位，以及教育社會學與教育政策的關係等必須處理的比較實務性的議題。

（http://big5.china.com.cn/chinese/zhuanti/xxsb/1084874.htm）。

第四節

本章小結

　　本章旨在從歷史－社會學的（historical-sociological）角度，討論教育政策社會學的起源與發展的脈絡。首先，本章從社會學與教育政策研究的關係、從社會學理論的觀點，討論教育政策社會學的起源、從教育政策與社會結構的關係，討論教育政策社會學的發展等三個層面，分析教育政策社會學，之所以可能成立的理論的證據與支持。接著從實務層面，亦即社會結構的層面，討論教育政策社會學成立的必要性與重要性，主要在分析影響教育政策發展的重要的社會結構因素，其內容包括：（1）歷史敘述的建構歷程；（2）政治控制與利益衝突；（3）國家發展、市場導向的主流經濟結構；（4）文化霸權的宰制；及（5）階級不平等的關係，等五個部份。接著根據相關的文獻資料中，所提到的關鍵事件，將教育政策社會學的發展分成三個階段：教育政策社會學的萌蘗階段：1940s—1960s、教育政策社會學的萌芽階段：1970—1990、教育政策社會學的建構階段：1991 迄今。最後，借用孔德有關人類知識發展的三個階段，嘗試討論教育政策社會學發展過程，需要面對的，或是將來發展可能遭遇的一些議題。

第 5 章

教育政策社會學的學科範疇與架構

Broadly speaking, there are two contrasting traditions in the study of educational policy: pluralism and Marxism. These differ greatly in the theoretical and methodological approaches they adopt, to the extent that they are professionally embedded in distinctive kinds of discourse and in separate, relatively insulated communities of academic exchange.
~A. Hargreaves, 1983, p. 23. ~

摘　要

　　「範疇」與「架構」用 B. Bernstein 術語來說就是學科領域的問題，猶如人的肉體與骨架。範疇與架構構成學科之梗概，肉體與骨架構成人之外貌；據此，可以進一步延伸，只有肉體，而無骨架，人將無法直立；只有範疇，而無架構，學科亦將無由開展。本章的主旨在於歸納整理，教育政策社會學的學科架構與範圍，具體言之，教育政策社會學的學科架構與範圍，就是其所感興趣或是所涉及的主題與範疇的問題。就「教育政策社會學」字面上的意義分析，它應該可以有四種的切割：（1）教育學、政策科學與社會學；（2）教育政策學與社會學；（3）教育學與政策社會學；及（4）教育政策學與教育社會學，其實這些就是教育政策社會學學科背景及淵源。另外，就研究概念與實務的立場來看，教育政策社會學的主要範疇，可分成三個部分：（1）教育政策社會學的主要概念；（2）教育政策社會學的主要架構；及（3）教育政策社會學的主要議題。教育政策社會學探究的主要議題，包括五個主要的層面：（1）分析教育政策中政治權力的結構；（2）批判控制教育政策利益的主導者；（3）析論社會變遷中教育政策的因應途徑與策略；（4）解放教育政策的主流知識；及（5）促進教育政策公平正義的理想。至於，教育政策社會學所探討的研究主題，則相當的多元。接著歸納整理教育政策社會學的主要範疇，最後有關教育政策社會學的分析架構，則舉 R. Dale 之「分析國家政治與教育政策的架構」為例子作為說明。

楔　子

　　有關教育政策社會學的範疇與架構，或者說得具體一點，就是教育政策社會學的研究，應該包括那些主題和那些範圍，事實上，至今仍尚未有定論。這就像袁振國 （2002，頁 186）在《教育新理念》所說的：「政策研究並沒有一個適合於各學門的統一框架…」。但是，如果從一般政策研究或是從教育政策研究的領域來看，或許可以從中獲得一些啓示或是靈感。

　　就字面上來看，「教育政策社會學」和教育領域的其他學科一樣，例如：教育政治學、教育社會學、教育哲學、教育政策學、教育行政學、教育經濟學，以及教育心理學，其屬性都是一門科際整合和應用性質的學科；和前述其他科目比較，不同的是，教育政策社會學融合及統整了，更多的學術與實務領域。對於何謂「教育政策社會學」，或許可以簡要的說「教育政策社會學就是，從社會學的角度來探討教育政策有關的議題，更具體的說：教育政策社會學就是，借用社會學的概念、原理、原則、理論和研究方法，來探索教育政策的性質、內涵、制定、歷程、執行、分析、評鑑等主題和議題」。但是，教育政策社會學在本質上，概念就比較複雜，範圍領域也更爲廣泛，從「教育政策社會學」這樣一個名詞來看，如同本章摘要提到的，其所包含的領域範圍，至少可以有四種的切割：（1）教育學、政策科學與社會學；（2）教育政策學與社會學；（3）教育學與政策社會學；（4）教育政策學與教育社會學。乍看之下，前面關於教育政策社會學，所包含的學科領域的切割，看似彼此獨立，其實彼此都有其重疊的部分。就本書的立場和角度而言，比較偏向第二種和第四種的切割方式。但是，在論述和行文的過程，還是會觸及到其他的切割方式。本章首先討論教育政策社會學的範疇，接著討論教育政策社會學的架構。

第一節
教育政策社會學的範疇

　　一個學科領域的發展，要能夠真正獨立於原來的母學科之外，除了要有自己獨特的研究方法、主題和理論（或是知識系統）之外，更基本的，是要有自己專屬的研究範圍，以及該學科的學科領域和界域。本節主要在就前面的介紹和討論，以及所蒐集到的相關文獻與文件資料，歸納整理出教育政策社會學主要包括的範圍。就前面各章節內容的歸納整理，教育政策社會學的研究範疇，主要應該可以包括三個部分：第一部分基本概念，主要包括概念和性質；第二部分是研究途徑、方法與方法論，一般社會科學所應用的研究方法和探討的方法論的主題，也都應該是教育政策社會學要包括的；第三部分是理論架構，主要包括有當代社會思潮/社會學理論與教育政策關係的討論與分析；第四部分是研究主題與議題，這一部分主要應該包括教育政策社會學研究所涉及的主題和相關議題。歸納這些乃構成教育政策社會學的主要架構。

　　吳毓真和翁福元（2003，頁 69-75）在「台灣九年一貫課程政策之檢討：教育政策社會學的觀點」一文中，曾就相關的文獻資料，整理出教育政策社會學的主要範疇。該文將教育政策社會學的主要範疇分成三個部分：（1）教育政策社會學的主要概念；（2）教育政策社會學的主要架構；及（3）教育政策社會學的主要議題。但是，在本章，作者重新將其內容加以調整，亦即將該文所提到的教育政策社會學主要範疇的第一和第三兩個部分置於本節討論，將其第二部分放在第二節討論。之所以如此分配，主要是考慮到邏輯的問題；作者認為該文的「主要概念」討論的內容和本章所指的「範疇」頗為接近，所以將之納為範疇的部分討論。另外，「範疇」之成立有賴於議題之「容攝」，亦即範疇是由議題構成的。基於前述兩個因素之考量，爰將該文有關教育政策社會學之「主要概念」和「議題」納為本節之討論內容。而將該文之教育政策社會學的「主要架構」移到第二節討論。

（一）教育政策社會學的主要議題

　　「議題」和「問題」（Issues and/or Themes；Problems）是構成教育政策社會學的主要內容、教育政策研究的主要目標，以及要處理（Deal/Treat）的主要對象。議題和問題的關係，就社會科學的一般觀點而言，通常議題的範圍較廣，可以包括問題；問題的範圍較窄，並不包含議題；「問題」通常是有急迫性，以及教育政策決策人員和執行人員立即要處理的對象，「議題」通常較具有價值方面的爭議性和較不具迫切性，並非要馬上立即處理不可，經常需要經過一番冗長的辯論之後，才轉化為政策，有些可能就不了了之了。就教育政策來看，如果沒有了教育的議題或問題，教育政策似乎就沒有存在的必要；就教育議題和問題的角度來看，如果沒有教育政策，則此二者恐怕永遠無法解決。

　　有關教育政策社會學的主要議題，吳毓真和翁福元（2003，頁 73-75）在分析整理相關文獻之後，把教育政策社會學探究的主要議題，歸納為五個層面：

1、分析教育政策中政治權力的結構。在此一層面包括的次級議題為：（1）政策受政治宰制的情況，權力角力與競賽背後的不公平現象；（2）權力與知識、文化、及政治之間的關係；（3）政策制定與執行上，中央與地方政治權力的消長，及結構上的改變；及（4）政策運作時產生的文化霸權的現象。

2、批判控制教育政策利益的主導者。社會學者在從事教育政策的批判，相當注意教育政策與教育改革的關係，以及這兩者交互作用之下，可能產生的影響。在這方面，社會學者關注的議題包括：（1）教育政策和教育改革加深了分殊化和特權階級；（2）教育改革與教育政策，仍然是依照國家命令辦事的型態；（3）教育政策利益依然掌握在少數特權階級手上。社會學理論在教育政策上的這些批判，主要是希望能夠讓掌控教育政策與教育改革的背後黑手現形，使教育政策能真正落實社會正義與機會均等的理想。

3、析論社會變遷中教育政策的因應途徑與策略。急遽和快速的社會變遷，對於教育政策內容的研究與教育政策的發展，產生相當大的影響，在有關變遷社會中，教育政策的因應途徑與策略的議題主要有：（1）應具敏感性與因應時代改變的特性；（2）教育政策內容的研究應關注到，社會變遷及社會文化對教育政策發展的影響；與（3）應用社會學的理論充分解釋及深入探討教育政策在社會變遷下的現象所隱藏的意義。

4、解放教育政策的主流知識。教育政策社會學研究之主要議題的第四個層面，是要解放教育政策的主流知識；在此一層面其關心的議題包括有：（1）從統治控制的知識桎梏中，解放教育政策中真正的目標—正義及進步；（2）對教育政策內容進行批判式的對話模式，以明晰教育政策中的宰制情形；（3）透過解放教育政策的主流知識，注意到其他階層、種族、或性別等邊緣知識；及（4）真正實際做到平等、正義、及進步。

5、促進教育政策公平正義的理想。教育政策的理想在於達到群體公平正義的目標和理想，其關心的議題主要為：（1）教育政策如何能提升集體生活品質的群體正義；（2）資源、機會與權力，如何能均等的分配與再分配；及（3）在實際的教育內容或教育機會，如何能給予弱勢族群公平安排的實質正義。

就上面介紹吳毓真和翁福元（2003，頁 73-75）對教育政策社會學探討之議題所整理的內容，可以將之歸納為三個比較大的範圍：權力結構與分配、教育政策與社會變遷、以及公平與正義理想的促進或達成。

吳明鍀和吳汝瑾（2006，I-3-14-15）曾就一九九〇年代到二〇〇〇年之間相關的英文著作整理出「教育政策社會學之主要探究議題分類整理表」，他們從將近三十位學者的著作中，整理出二十世紀最後十年，教育政策社會學探討的主要議題/主題，也可以大致看出，其主要的研究趨勢。從該表（見附錄四）更可以發現，這兩位作者的用心和努力，因

爲就研究生而言，要對二十幾篇的英文資料深入的閱讀，再據以歸納其主要的研究議題，其所面對的挑戰是非常嚴峻的，可是，吳明錡和吳汶瑾兩位研究生，不僅克服了相關的挑戰，而且整理出一個要了解上個世紀最後十年，教育政策社會學主要的研究議題（或可說是研究趨勢）的一個相當重要和有意義的表格。事實上，此一表格對於連結教育政策社會學發展歷史、學科範圍的釐清、以及學科架構的建立，都有相當的意義和幫助。但是比較可惜的是，該表並沒有進一步把相關的議題，做歸納整理，例如：「權力結構」和「權力分配」可以合併成「權力」一類，「文化再製」和「文化生產」可以合併成「文化控制」或「文化霸權」一類，另外，「政策文本」和「政策論述」可以歸爲「政策分析」一類。對於所用詞彙的意義，也沒有全部都做到明確的界定或是清楚的定義，例如：：「歷史脈絡」究竟是指影響教育政策制定的歷史脈絡，教育政策社會學發展的歷史脈絡，或是其他什麼的歷史脈絡，這都是不一樣的，可是這兩位作者並沒有將之做明確的界定與劃分。另外，該表並沒有特別注意到系統性的問題，所以從該表不太容易看得出來，有若何的系統性存在。爲此，作者根據時間序列，重新將該表整理成表 5.1.1.，並進一步發展成表 5.1.2.。

表 5.1.1. 教育政策社會學之主要議題：1990-2000

學者	主要探究議題											
	全球化	市場化	知識性質	資訊科技	民族國家	意識型態	歷史脈絡	社會潮流	市民社會	權力結構	權力分配	新公共管理
Torres(1989)			v	v	v	v	v	v				
Ball　(1990)		v	v		v	v	v	v	v	v	v	v
Aronowitz & Giroux (1991)			v		v	v	v	v	v			
Welton(1993)				v	v	v	v	v	v			
Ball (1993)						v						
Yates (1993)						v	v	v				
Ball (1994)		v	v		v	v				v	v	
Kenway et al., (1994)			v	v	v	v	v				v	v
Apple & Oliver (1996)					v	v	v	v	v			
Bernstein (1996)	v		v		v	v	v	v	v	v		
Dehli (1996)					v		v	v	v	v	v	v
Popkewitz(1996)					v	v	v	v	v	v		
Luke (1997)	v	v	v		v	v	v	v	v	v	v	v
Peters, Green &Fitzsimon(1997)	v		v		v	v	v	v				
Seddon(1997)			v		v		v					
S. Taylor (1997)					v	v				v	v	v
Vincent & Tomlinson (1997)		v			v			v	v	v		
Whitty (1997)			v		v	v	v		v			

表 5.1.1.（續）

學者	主要探究議題											
	全球化	市場化	知識性質	資訊科技	民族國家	意識型態	歷史脈絡	社會潮流	市民社會	權力結構	權力分配	新公共管理
Zanten (1997)					v	v	v	v				
Broadfoot(1998)	v	v	v	v	v	v						
Fischman (1998)					v	v	v	v	v	v		
Lingard & Rizvi (1998)	v	v	v	v						v	v	v
Simola (1998)					v	v	v	v				
Aront & Dillabough (1999)				v	v	v	v	v	v			
Brown & Lauder (2000)						v	v	v				
Kivinen & Rinne (2000)					v	v	v	v	v			

資料來源：吳明錡、吳汶瑾（2006），**教育政策分析的新取徑：政策社會學之生成、聯繫與發展**，I-3-14-15。

表 5.1.1.（續）

學者	主要探究議題										
	知識份子	利益團體	權力生態	家長參與	身分認同	文化再製	文化生產	績效表現	政策文本	政策論述	課程教材
Torres(1989)								v	v	v	
Ball　(1990)	v	v	v	v	v	v	v		v	v	v
Aronowitz & Giroux (1991)											
Welton(1993)											
Ball (1993)					v	v	v	v	v	v	
Yates (1993)	v	v									
Ball (1994)		v	v		v	v	v	v	v	v	v
Kenway et al., (1994)											
Apple & Oliver (1996)											
Bernstein (1996)		v				v	v				v
Dehli (1996)								v	v		
Popkewitz(1996)		v	v								
Luke (1997)						v	v	v	v		
Peters, Green &Fitzsimon(1997)											
Seddon(1997)	v	v							v	v	
S. Taylor (1997)	v	v									
Vincent & Tomlinson (1997)				v					v	v	
Whitty (1997)											

表 5.1.1.（續）

學者	主要探究議題										
	知識份子	利益團體	權力生態	家長參與	身分認同	文化再製	文化生產	績效表現	政策文本	政策論述	課程教材
Zanten (1997)						v	v				
Broadfoot(1998)								v	v	v	
Fischman (1998)									v	v	
Lingard & Rizvi (1998)											
Simola (1998)									v	v	
Aront & Dillabough (1999)									v	v	
Brown & Lauder (2000)											
Kivinen & Rinne (2000)											

資料來源：吳明錡、吳汝瑾（2006），**教育政策分析的新取徑：政策社會學之生成、聯繫與發展**，I-3-14-15。

表 5.1.2. 教育政策社會學主要探討議題排序：1990-2000※

	主要探究議題											
	全球化	市場化	知識性質	資訊科技	民族國家	意識型態	歷史脈絡	社會潮流	市民社會	權力結構	權力分配	新公共管理
次數	5	7	11	6	21	23	20	19	15	10	9	5
排序	16	12	7	13	2	1	3	4	5	8	9	16
	知識份子	利益團體	權力生態	家長參與	身分認同	文化再製	文化生產	績效表現	政策文本	政策論述	課程教材	
次數	4	5	3	2	3	6	6	8	12	8	3	
排序	19	16	20	23	20	13	13	10	6	10	20	

表 5.1.2.（續）

	意識型態	民族國家	歷史脈絡	社會潮流	市民社會	政策文本	知識性質	權力結構	權力分配	績效表現	政策論述	市場化
排序	1	2	3	4	5	6	7	8	9	10	10	12
	資訊科技	文化再製	文化生產	利益團體	全球化	新公共管理	知識份子	權力生態	身分認同	課程教材	家長參與	
排序	13	13	13	16	16	16	19	20	20	20	23	

※：本表乃參考吳明鋗、吳汶瑾（2006），**教育政策分析的新取徑：政策社會學之生成、聯繫與發展**，I-3-14-15，整理而成。

　　根據附錄四、表 5.1.1.與表 5.1.2.可以發現，在二十世紀的最後十年，教育政策社會學研究的範圍主要為：（1）教育政策與國家/國家機器的關係，或是國家在制定教育政策時所扮演的角色，其主要包括的議題有意識型態、民族國家、權力結構、權力分配、權力生態、身分認同、知識

性質與新公共管理；（2）教育政策與社會，這一部分包括的議題為歷史
脈絡、社會潮流、及市民社會；（3）教育政策與社會思潮/理論，這一部
分包括的議題為市場化、全球化、文化再製、文化生產；（4）教育政策
與其本身，這一部分包括的議題為政策文本、政策論述與績效表現；（5）
教育政策與科技發展，這一部分包括的議題為資訊科技；及（6）教育
政策與利害相關人，其主要包括的議題有利益團體、知識份子、及家長
參與。

　　Stephen J. Ball 所編於二〇〇〇年出版的《教育社會學：主要議題》
（*Sociology of Education: Major Themes*）之《第四冊：政治與政策》
（*Volume IV: Politics and Policies*）中，所選錄從一九八九年到二〇〇〇
年的二十六篇論文中，可以發現，教育政策社會學的研究主題或是議
題，還是相當的紛歧和多元，但是還是以理論的探究較為占多數，在二
十六篇選錄的論文裡，有關教育政策社會學之相關理論探討的，占有十
二篇左右，其中又以當代社會學思潮/理論，例如：全球化、女性主義、
去中央化、新右派等，和教育政策的關係的探討為主，大約占了一半左
右（見表 5.1.3.）。

表 5.1.3. S. J. Ball《教育社會學：主要議題》之《第四冊：政治與政策》輯錄之教育政策相關論文：依刊出年份順序排列

編號	出刊年份	作者	論文題目	刊載期刊（含卷期及頁碼）或書籍	所屬範疇
97	1989	C. A. Torres	The Capitalist State and Public policy Formation. Framework for a Political Sociology of Educational Policy Making	British Journal of Sociology of Education	Framework of Sociology of Education Policy
79	1991	S. Aronowitz and H. A. Giroux	Textual Authority, Culture, and the Politics of Literacy	Postmodern Education: Politics, Culture, and Social Criticism, Minneapolis: University of Minnesota Press.	Policy Text
77	1993	L. Yates	What Happens When Feminism is an Agenda of the State: Feminist Theory and the Case of Education Policy in Australia	Discourse, 14(1): 17-29.	Social Theory
78	1993	S. J. Ball	What is Policy? Texts, Trajectories and Toolboxes	Discourse, 13(2): 10-17.	Policy Text
94	1993	M. Welton	Social Revolutionary Learning: The New Social Movement as Learning Sites	Adult Education Quarterly (1993), C43(3): 152-64.	Adult Education
84	1994	J. Kenway, C. Bigum, L. Fitzclarence, J. Collier and K. Tregenza	New Education in New Times	Journal of Education Policy, 9(4): 317-33.	Role of the State
76	1996	T. S. Popkewitz	Rethinking Decentralization and State/Civil Society Distinctions: The State as a Problematic of Governing	Journal of Education Policy, 11(1): 27-51.	Social Theory

表 5.1.3.（續）

編號	出刊年份	作者	論文題目	刊載期刊（含卷期及頁碼）或書籍	所屬範疇
81	1996	M. Apple and A. Oliver	Becoming Right: Education and the Formation of Conservative Movements	M. W. Apple (ed.) (1996), Cultural Politics and Education, Buckingham: Open University Press.	Social Theory
83	1996	B. Bernstein	Official Knowledge and Pedagogic Identities: The politics of Recontextualising	I. Nilson and L. Lundahl (eds.) (1996), Teachers, Curriculum and Policy: Critical Perspectives in Educational research, Umea University: The Printing Office.	Social Thought/ Official Knowledge
86	1996	K. Dehli	Travelling Tales; education Reform and Parental 'Choice' in Postmodren Times	Journal of Edfucation Policy, 1191): 75-88.	Postmodern -ism (Social Theory)
80	1997	S. Taylor	Critical Policy Analysis: Exploring Contexts, Texts and Consequences	Discourse, 18(1): 23-35.	Policy Analysis
82	1997	M. Peters, P. Fitzsimons and B. Green	Education and the 'Asia-Pacific' Discouese	Discourse, 18(1): 5-21.	Politics and Ideology
85	1997	A. Luke	New Narratives of human Capital: recent redirection in Australian educational policy	Australian Educational researcher, 24(2); 1-21.	Ideology/ State Role
87	1997	T. Seddon	Education: Deprofessionalised? Or Reregulated, reorganized and Reauthorised?	Australian Journal of Education (1997), 41(3): 228-46.	Education Profession

表 5.1.3.（續）

編號	出刊年份	作者	論文題目	刊載期刊（含卷期及頁碼）或書籍	所屬範疇
88	1997	C. Vincent and S. Tomlinson	Home-School relationships: 'The Swarming of Disciplinary Mechanisms'	British Education Research Journal (1997), 23(3): 361-76.	Home-School Relation
89	1997	G. Whitty	Education Policy and the Sociology of Education	International Studies in Sociology of Education (1997), 7(2): 121-35.	Sociology of Education Policy
90	1997	A. van Zanten	Schooling Immigrants in France in the 1990s: Success or Failure of the Republican Model of Integration?	Anthropology and Education Quarterly (1997), 28(3): 351-74.	Ideology/ Multicultur-al Education
74	1998	O. Kivinen and R. Rinne	State, Governmentality and Education: The Nordic Experience	British Journal of Sociology of Education, 19(1):39-52.	Education Administrat-ion (Governme ntality and education)
91	1998	B. Lingard and F. rizvi	Globalisation and the Fear of Homogenisation in education	Change: Transformations in Education (1998), 1(1): 62-71.	Globalisati on (Social Theory)
92	1998	H. Simola	Firmly Bolted into the Air: Wishful Rationalism as a Discursive Basis for Educational Reform	Teachers College Record (1998), 99(4), 731-57.	Education Reform
93	1998	G. Fischman	Donkeys and Superteachers: Structural Adjustment and Popular Education in Latin America	International Review of Education (1998), 44(2-3): 191-213.	Education Reform

表 5.1.3.（續）

編號	出刊年份	作者	論文題目	刊載期刊（含卷期及頁碼）或書籍	所屬範疇
96	1998	P. Broadfoot	Quality Standards and Control in Higher Education: What Price Lief-long Learning?	International Studies in Sociology of Education (1998), *(2): 155-79.	Lifelong Education/ Higher Education
95	1999	M. Arnot and J.-A. Dillabough	Feminist Politics and Democratic Values in Education (Special Series on Girls and Women in Education)	Curriculum Inquiry (1999), 29(2):159-89.	Feminism (Social Theory)
75	2000	P. Brown and H. Lauder	Education, Child Poverty and the Politics of Collective Intelligence	S. J. Ball (ed.) (2000), Sociology of Education: Major Themes, Vol. IV, pp. 1753-79.	Politics

資料來源：Ball (ed.) (2000), **Sociology of Education: Major Themes Volume IV: Politics and Policies**, London: Routledge Falmer.

歸納整理表 5.1.1.、表 5.1.2.與表 5.1.3.的內容，教育政策社會學探討的議題（主題），大致上包括下列幾個主要主題（表 5.1.4.）：

表 5.1.4. 教育政策社會學探討的主要主題

序號	中文名稱	英文名稱
1	教育政策論述	Education policy discourse/debate
2	教育政策的制定	Education policy making
3	教育政策的執行	Education policy implementation
4	教育政策分析	Education policy analysis
5	教育政策企業	Education policy enterprenu
6	教育政策和權力/政治	Education policy and power/politics
7	教育政策意識型態	Education policy ideology
8	教育政策與社會思潮	Education policy and social thoughts
9	教育政策與社會學理論	Education policy and social theories
10	教育政策社會學方法論	Mthodology of sociology of education policy
11	教育政策與社會變遷	Education policy and social change
12	教育政策與教育社會學	Education policy and sociology of education
13	教育政策文本	Education policy text
14	教育政策評鑑	Education policy evaluation
15	教育政策價值衡鑑	Education policy value assessment
16	教育政策倫理	Ethics of education policy
17	其他	Others

資料來源：作者自行整理。

（二）教育政策社會學的範疇

　　就前面有關教育政策社會學探討主題分析整理，大致上可以窺見教育政策社會學範疇之輪廓。大致而言，教育政策社會學如果要獨立成為一門學術領域的話，其所探討或研究的範疇，至少應該包括（見表5.1.5.及圖5.1.1.）：（1）教育政策社會學之基礎概念；（2）促進教育政策社會學產生或發展之相關背景及因素；（3）教育政策社會學之學科思想背景或淵源；（4）教育政策社會學之研究途徑、研究方法與研究方法論；（5）教育政策社會學發展之歷史社會學的探討；（6）教育政策制定、發展過程或歷程之社會學分析；（7）教育政策社會學與社會結構變遷的關係；（8）教育政策社會學探討主題或議題的範定；（9）教育政策社會學與當代社會思潮及社會學理論的關係；及（10）教育政策社會學發展之省思與展望。

表 5.1.5.教育政策社會學的範疇

主要範疇	次要範疇		
基礎部分			
教育政策社會學之基礎概念	概念：文本、歷程、價值、分析	性質：理論的、批判的、應用的、詮釋的	
背景部分			
促進教育政策社會學產生或發展之相關背景及因素	政策的失敗啓示 社會思潮影響 國際組織、機構和基金會的重視 政策科學的影響 大學及學術機構的重視	教育政策社會學之科學思想背景或淵源	社會學/社會思潮 政策科學/公共政策研究 教育政策研究 教育社會學 社會科學方法論
研究範圍與研究主題			
研究範圍	教育政策社會學之概念、 架構及議題	研究主題	鉅觀部分：國家與社會 中觀部分：機構與組織 微觀部分：個人與文本
研究途徑、研究方法與研究方法論部分			
教育政策社會學之研究途徑、研究方法與研究方法論	研究途徑	研究方法	研究方法論
	多元主義 新馬克思主義 後結構主義 社會文化取向 批判理論 女性主義	質化研究方法 / 量化研究方法 俗民誌 人類學 文化研究 訪談法 觀察法 個案研究法 / 調查法	研究倫理 研究價值 研究報告呈現 研究者之定位與地位
教育政策社會學之分支領域			
教育政策社會學發展之歷史－社會學的探討	教育政策制定或發展過程或歷程之社會學分析	教育政策社會學與社會結構變遷的關係	教育政策社會學探討主題或議題的範定
理論部分			
教育政策社會學與當代社會思潮及社會學理論的關係	傳統社會學理論： 功能論 衝突論 符號互動論 社會交換理論	當代社會學思潮與社會學理論：意識型態、新右派、後殖民主義、後現代主義、 後福特主義、全球化、市場化、去中央化、馬克思主義、西方馬克思主義、新馬克思主義、批判理論、女性主義、批判教育學	
省思與展望部分			
教育政策社會學發展之省思與展望	教育政策社會學發展之省思	教育政策社會學發展之展望	

資料來源：作者自行整理。

第二節
教育政策社會學的架構

　　上一節從教育政策社會學相關的文獻與主要探究的議題，討論了教育政策社會學大致上包括的範圍；這一節除了在上一節的基礎之外，還要參酌其他相關的文獻資料，據以討論教育政策社會學的主要架構。有關教育政策社會學的架構，一般將之分爲「鉅觀的教育政策社會學分析架構」與「微觀的教育政策社會學分析架構」（吳毓真、翁福元，2003，頁72），前者主要是在運用社會學理論或思潮論述教育政策時，將教育政策的分析層次擺在國家社會政策與社會結構的關係；後者則是針對教育政策的內容（撰述者文本），及其在學校實際應用詮釋的文本（解讀者文本）。至於中觀的部分，因爲比較複雜，不容易明確劃分，所以，在本章暫不觸及，在本章僅討論鉅觀和微觀的部分。根據吳毓真和翁福元（2003，頁72）的分析，教育政策社會學的鉅觀與微觀層面的分析架構之間的關係請參考圖 5.2.1.，此二者的主要內容分別爲：

一、鉅觀的教育政策社會學分析架構

　　鉅觀的教育政策社會學的分析架構，主要以影響教育政策或是教育政策所影響的大環境爲著眼點，將其分析的層次置於國家社會的層次之上，在此一層次之上，審視教育政策的世界觀、政治、經濟、價值、社會、歷史與文化等各方面的議題與挑戰，及其相互之間的關係，主要內容包括：（1）世界政治經濟體系及區域組織中，教育政策所扮演的角色；（2）國家的歷史、文化發展與教育政策制定的關係；（3）國家內部之政治、經濟組織，以及權力結構對教育政策制定與發展的影響；（4）社會結構之變遷與發展對教育政策發展的影響；與（5）教育政策制定、執行與評鑑所遭遇的難題與未來的挑戰。在這樣的分析架構之下，將能充分揭露與認識教育政策制定的情境脈絡與影響因素。

二、微觀的教育政策社會學分析架構

　　微觀的教育政策社會學的分析架構主要是針對教育政策之撰述者文本（the writerly policy text）與解讀者文本（the readingly policy text）之間的關係進行討論。其範圍主要包括：（1）學校目標與組織；（2）學校內之種族、階級與性別的分類；（3）統治權力；（4）與資料操縱有關的生產性知識；（5）師生互動；以及（6）學校執行教育政策的相關配套措施。教育政策文本的解釋，在不同層級的利害關係者（stakeholders）會有不同的解釋或詮釋，在詮釋的過程，將很有可能發生「扭曲」或「誤解」的情形，尤其當教育政策文本的詮釋涉及到利益、權力分配及意識型態的衝突時，前述的現象或事實，就會很容易發生。因此，對於教育政策文本，進行詮釋性與批判性的分析與探究、溝通與協商，將有助於文本的理解，以及對文本的意義的詮釋獲得共識，以更進一步了解教育政策在教育機構實際執行的情形。

表 5.2.1.分析國家政治與教育政策的架構

主題			範疇	內涵
國家的範圍	國家型態	教育型態	A 世界	A1 世界經濟 A2 國家之國際體系 A3 國際組織 A4 累積的範域
			B 國家經濟和社會型態	B1 規則變動 B2 歷史叢結
			C 國家政治	C1 政治形式 　a)名實平衡 　b)憲法形式 　c)利益代表模式 　d)政治理性模式 C2 國家角色
			D 教育政治學 （The Politics of Education）	D1 教育政策的資源 D2 教育作為一種規範模式 （經濟權力的一種社會基礎） D3 教育的範疇
			E 教育之政治（Education Politics）	E1 教育政策的衝突 E2 教育政策的類型

資料來源： R. Dale (1990), Regulation Theory, Settlements and Educational Policy, Paper presented to Conference on Education Policy, Massey University, July.見 M. Arnot & L. Barton (Eds.) (1992), **Voicing Concerns: Sociological perspectives on contemporary education reform**, p. 210.

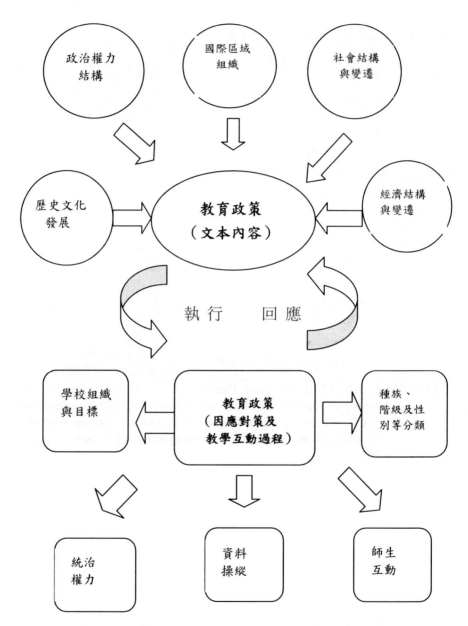

圖 5.2.1. 教育政策社會學分析鉅觀及微觀架構關係圖

資料來源：吳毓真、翁福元（2003），**台灣九年一貫課程之檢討：教育政策社會學的觀點**，頁 73。

第三節

本章小結

就一門看似蓬勃發展，實際上發展尚未十分成熟的學科領域來講，要去歸納整理其領域之議題、範疇、及架構，有其實質上的困難，本章嘗試著就相關的著作及文獻，加以整理歸納，以描繪或建構出，教育政策社會學在這三個層面—議題、範疇、及架構—的主要議題及次要議題、主要範疇與次要範疇、及鉅觀架構與微觀架構之圖像，希望能有助於教育政策社會學的建構與發展。從上面的內容可以發現，不論就議題、範疇、或架構來看，教育政策社會學所欲探討的，都顯得相當的龐大與複雜，欲整理出其嚴謹與明確的知識系統與理論架構，確實是一大挑戰。

第 6 章

教育政策、社會學與教育社會學

*In most circumstances, notwithstanding possible hostile
reactions from those involved, or from others, it is the
obligation of the sociologist to make findings public. Indeed,
this is one of the main contributions sociological research can
make to the fostering of a free and open society…But
sociological investigators do have to consider carefully the
possible consequences of the publication of findings, and the
form in which these should be announced.*

~A. Giddens, 1989, p. 686~

*教育政策研究、教育政策活動和教育制度的變革都要在一個
廣闊的社會變遷基礎上首先明確其研究範式、價值原則和理論
基礎。*

~劉復興，2005，頁53~

摘 要

　　教育哲學、教育史學、教育社會學和教育心理學合稱爲教育學之四大基礎學科。如果說社會學、教育社會學和教育政策學是教育政策社會學之三大基礎學科，或許並不爲過。從字面上的意義來看「教育政策社會學」可以做這樣的拆解性的理解「教育政策＋社會學」與「教育政策＋教育社會學」，如果從教育政策社會學的發展脈絡、理論基礎、以及相關文獻分析，將可以發現：教育政策和社會學及教育社會學都有著相當密切的關係。本章主要在從教育政策與社會學，以及教育政策與教育社會學關係的分析，諸如：社會學與教育社會學對教育政策研究的影響，教育政策的制定、發展與研究對社會學與教育社會學學科領域，之範疇消長的影響；社會學家與教育社會學者，在教育政策研究中扮演的角色與任務，以及參與教育政策研究的角色、態度，以及一般的情形。希望藉由此一辯證的過程，以做爲奠定教育政策社會學更爲紮實學理基礎與經驗性的證據。本章首先從：（一）社會學研究對教育政策形成的影響；（二）教育政策的基本要素與社會學研究的主要關注；與（三）社會學者在教育政策形成中的角色和任務等三個層面，討論了教育政策與社會學的關係。接著又從：（一）教育社會學對教育政策的界定與範定；（二）教育政策是教育社會學關注的主題；與（三）教育社會學在教育政策理解上的角色與功能等三個層面，討論教育政策與教育社會學的關係。從其中的討論分析，更加理解教育政策與社會學、教育社會學之間的關係，以及彼此的相互影響，同時，更進一步掌握教育政策社會學之學科理論基礎與依據。

楔　子

　　政策是富含價值承載的，是社會大眾對於：善與惡、對與錯、可欲與不可欲等觀念與概念的分享，教育政策也具有這樣的特質。社會學的傳統則是把價值排除在社會學的研究與著作之外，從來不將事實與價值混在一起，也從來不會帶著有色的眼光來看待事實，它只對政策提出可行與不可行的建議，並不能對政策的目的有任何的施爲；可是卻對於社會的議題與問題相當的關心，也投入美好社會的追尋，扮演「社會改革者」或「社會實踐者」的角色。教育卻是具有相當濃厚的價值取向的色彩，也就是說教育的活動、行動與內容都是價值取向的，但同時它也是相當具有應用與實務取向的，也關心社會議題及問題的解決；甚至於更多時候被用來做爲處理社會問題的工具與政治上的替罪羔羊（politics scapegoat），教育政策亦復如此。教育社會學同時橫跨了教育學與社會學兩個學科，此意味著教育社會學，同時擁有社會學與教育學兩個學科的性質與特徵：既是價值排除，也是價值承載的，既是理論建構與知識創造，也是應用取向與實務執行的，同時也是注重社會問題與議題之解決的。這就說明了教育政策、社會學與教育社會學三者之間緊密的與紮實的關係，更說明了建立教育政策社會學的可能性、必要性與迫切性。本章旨在討論社會學及教育社會學與教育政策的關係，以及彼此的交互影響或衝擊。

第一節

教育政策與社會學

　　教育政策的主要目的或功能，是用以解決社會或是與教育相關的問題，社會學是對人類社會之組織、結構與現象的研究；制定教育政策時，正可以參考社會學的研究成果，以制定既能解決社會問題，又能滿足社會需求之政策。援此觀之，歷來社會學研究和教育政策就有密切的關係。如果從教育社會學發展的歷程來看，更可以清楚知道，教育政策和社會學關係之密切，尤其在一九六〇年代，歐美等國政府爲了了解學生運動或是學生革命，產生的原因和解決的策略，在當時，曾邀請相當多的教育社會學者參與政府相關政策的討論與制定。

一、社會學對教育政策形成的影響

　　從教育社會學的發展歷史觀之，在新興教育社會學時期[1]（Sociology of Education），透過對教育現象與教育問題的探究，以充實社會學之原理原則及理論，是社會學者參與教育社會學研究的主要動機之一；事實上，教育社會學者/社會學者對教育的研究，除了希望充實社會學的原理

---

[1] 一般教育社會學的著作通常將教育社會學的發展劃分爲三個時期（陳奎憙，2006，頁 15-20）：（1）傳統教育社會學/規範教育社會學時期（Educational Sociology）：1895-1950，（2）新興教育社會學時期/驗證性教育社會學（Sociology of Education）：1951-1970，與（3）新教育社會學/解釋性教育社會學時期（New Sociology of Education）時期：1971－。在第一階段傳統教育社會學時期，教育社會學者認爲（陳奎憙，2006，頁 16）：「教育是促進社會進步的途徑；爲有效實施教育，應採取社會學的觀點來決定教育目標與課程，並利用社會學知識來幫助解決學校教育問題。」；第二階段新興教育社會學時期認爲（陳奎憙，2006，頁 18）：「教育機構與組織可提供一良好的研究領域，使社會學者對於教育制度中的社會結構與過程能有更充分的了解。在科學研究中，可形成觀念、提出假設，並經實證後，成爲社會學的重要理論。此等理論或可應用於教育問題之解決，但並不以問題之解決爲其主要目的。」

原則和理論之外，也希望能解決教育問題，使教育制度能正常的運作和
健全的發展，同時也希望能夠提出消弭社會衝突的策略，以促進社會的
和諧發展。這就觸及到社會學研究，對教育政策制定和發展的影響的問
題。因此，在有關教育的社會學研究，社會學家經常問的一個問題是
(Stevenson, 2000, p. 547):「如何能夠使他們的研究，對教育決策有更大
的影響力？」一般社會學者之所以關心此一議題，主要是因為，雖然社
會學的研究對教育決策經常是有影響的，而且主要是在基本方面的影
響；但是其影響卻經常為一些研究人員所忽視，之所以如此，主要是因
為社會學研究，對教育決策發展的影響，通常是隱而不顯的，而且不若
政黨立法之政治(partisan legislative politics)的公共辯論來得吸引人；因而
社會學研究在教育決策發展的歷程中，所扮演的角色為何？就值得進一
步探討，但是卻很少著作討論到此一議題(Stevenson, 2000, p. 547)，如果
有的話，也只是在全書中占很少的篇幅或是一筆帶過。

二、教育政策的基本要素與社會學的主要關注

　　政策的制定是一個相當複雜的過程，在現代政策科學中，一般政策
制定過程主要包括：政策問題的認定、建立政策議程、政策採納和政策
合法化（肖剛、黃巧榮，2000，頁79），而教育政策的歷程（process of
education policy）或是循環（education policy circle）有相當多可能的階
段，一般將之分為三個階段（Meighan, Barton and Walker, 1981, p. 370）：
政策形成（policy formation）、政策執行（policy implementation）與政策
督導/檢視（policy monitoring/review）。對於社會學與教育政策形成的關
係，馬克思主義社會學者早就主張二者是有關係的，可是為其他學派的
學者所否認；在政策形成階段，社會學者可以提供關於「將如何」（what
could be），而不是「應如何」（what should be）的資訊與觀念；至於社
會學和決策的關係，縱使在方向仍未明朗之時，社會學還是可以指出那
些方向是不可行的（Meighan, Barton and Walker, 1981, pp. 370-71），如

此,至少可以協助教育政策,避免不必要的錯誤,提高其適切性與正當性,以及效能與效率。

　教育政策的要素通常也就是,教育政策研究所要探究的主要對象,一般而言,研究教育政策時主要的範圍包括:影響教育政策形成、制定與執行的因素,教育政策所涉及關於價值的、意識型態的、權力的與資源分配的問題,以及教育政策評鑑的人員、組織、機構與機制的問題。這些種種都是教育政策研究的主要對象,也是教育政策包含的要素,而社會學所要探討的,就是存在於社會之人與人、人與團體、人與組織、人與機構的種種問題,其中包括了價值、信仰、意識型態、權力與資源等問題。這就像 Giddens (1989, p. 687) 在 *Sociology* 所指出的:

> 爲了達到任何可能程度的合作,【社會學的】研究必須有所掩飾;此等掩飾是社會學研究結果,對於大規模社區之潛在重要性的判準…社會學家,以及其他所有的社會科學家,最重要的義務是,努力提升與促進社會議題之自由與開放的討論…社會學不是只有對當代社會的研究,它自己本身就是它所研究的,那些社會之持續性生活的一個重要的要素。

　Giddens (1989, p. 687) 進一步指出:我們人類的思想和行爲,受到社會學很大的影響,此一影響是以相當複雜和微妙的方式進行的,此一影響又重新形塑社會學探究的領域;此一現象可以如此形容—社會學和那些被研究之人群行爲的關係,是一種反省的關係。教育政策是一種人類行爲,教育政策所包括的種種要素,也都是人類的行爲,甚至於教育政策研究,亦是人類行爲的一種,因此,或多或少教育政策的制定與研究,都會受到社會學的影響,而社會學所探究的領域和範疇,也受到教育政策制定與研究的影響。但是,社會學是站在一種批判與反省的立場與位置,來與教育政策研究進行互動的,也就是說教育政策研究和社會學的探究,是一種批判性辯證的互動與合作的關係。這種存在於教育政

策及社會學之間，批判性辯證的互動與合作關係，正構成了教育政策社
會學建立的可能性與發展的動力。

三、社會學者在教育政策形成中的角色和任務

　　社會學者在社會中究竟應該扮演什麼樣的角色，是一個值得討論的
議題；前面提到教育政策與社會學的關係，也提到社會學在教育政策制
定，以及研究時扮演的角色與功能，有人主張：社會學家應該是客觀的，
不受價值意識型態或是取向的影響，或是一般所謂的價值中立，通常社
會學家也都很努力的，希望能保持一顆開放的心，以一種開放的胸襟
（open-minded way）來研究社會世界，而且也努力和自己的研究及理論
思想切割（Giddens, 1989, pp. 22-24）。而社會學者在教育政策形成的過
程或是整個教育政策的週期（education policy cycle），又扮演什麼樣的
角色和負有那些任務，事實上，也是一個值得討論的議題。究竟社會學
者在教育政策形成的過程，可以或應該扮演什麼樣的角色和負擔些什麼
任務，整理 J. H. Ballantine (1993, pp. 410-411,419; 1997, p. 377, 385), R.
Meighan, L. Barton 和 S. Walker (1981, p. 370) 的著作得知，在教育變遷
與政策形成的歷程中，社會學者可以展現，各種的能力和扮演相當多的
角色：

（一）從事基礎性的研究

　　1、在各種理論架構下，蒐集資料，以及分析學校制度種種層面，而
將學校制度概念化；

　　2、把基礎性研究提供其他地方，無法獲得的有關教育制度的種種知
識。

（二）問題研究和解釋/統整[2]

1、為特定目的蒐集資料：研究人員可能因某一問題而受到注意，並且被期待去蒐集和解釋相關資料，以為此一問題之解決提出可行方向；

2、就既有之資料進行分析研究等工作：社會學者可以考慮在一個既有之理論架構下，分析一個或多個檔案資料，以明相關之趨勢或潮流。

（三）教學

這是大多數社會學者所扮演的角色，教學的過程中，社會學者訓練學生處理終身學習，以及解決其他複雜的問題，同時把教育制度的相關知識，傳授給未來的社會學家和教育者。

（四）研究之評鑑

由於要求績效責任的壓力，研究之評鑑愈來愈受到重視；此外，評鑑也可以用之以作為，教育制度之革新和改革的創造與控制的策略。就實務上而言，評鑑經常用以協助調適、改進與終止一個方案。從評鑑中可以窺知三件事情：（1）變遷之需求；（2）變遷是否發生；及（3）變遷與革新的結果。

（五）政策形成之參與與倡導

社會學者在教育政策形成之參與與倡導中，所扮演的角色是最具爭議性的，此一爭議主要是圍繞在社會學者，要不要參與他們學術訓練之外的領域，亦即進入所謂「不客觀的領域」；或者是，如果社會學者擁有對政策的制度有幫助的知識，而且可以改善許多人的情況，那他們就不僅，不應該保持中立的態度和立場，而應該扮演更積極的角色。關於社會學與政策的關係，Bhadra (2006, p. 1) 有這樣的描述：

---

[2] J. H. Ballantine 在其所著 The Sociology of Education: A Systematic Analysis 一書中，第三版 (於 1993 年出版)使用的字詞是「解釋」（interpretation），可是在第四版（於 1997 年出版）所用的字詞是「統整」（integratation）；但是，在說明的內容上並沒有差異。

社會科學家從事研究時，不可能不和政策扯上關係，因為他們的訓練，在於處理和政策決定有關的事實，而且只要他們的興趣在於社會的話，他們就不可能避免這樣的事實，他們的區別在於和政策相關程度的不同。社會科學中的部分著作直接處理到，政治人物與政府官員所立即關心的事實與因素。其他的著作，如果偏重在智識上的意義，不是直接處理政治人物與政府官員所感興趣的，則可以確信，這些著作所處理的事物，將會被那些希望能夠獲得嚴肅的與反應性判斷者所考慮採用；就此一觀點而言，不論在實徵上或理論上如何的可能，所有的社會科學潛在上都和政策有關。

　　簡言之，社會學者在研究、決策和變遷歷程中，不僅應該擁有一席之地，而且應該可以扮演相當多的角色與執行更多的任務，例如：基礎領域的研究者、問題之研究者與解釋者、教師、評鑑者、決策者與倡導者（Ballantine, 1993, p. 419；1997, p. 379）。可是事實上卻不是這麼一回事，長久以來的演變和發展，使得社會學者／社會科學家在決策的競技場（arena）上缺席太久，社會學也一直為決策者與大眾傳播媒體所忽略，做為一門學術學科，其所受到的注意愈少，必然的，其離開決策的競技場將會越遠，愈來愈無法吸引學生，要從私人基金會與政府機構，獲得經費的支持勢必也會愈來愈困難（Bhadra, 2006, p. 3）。其實，社會學家應該要說服政府和其他組織，相信他們的專業知識和技能，能夠裨益於決策歷程，協助處理下列的社會議題與問題：鄉村與都市的貧窮、不平等、失業、住宅、污染控制、犯罪、教育、家庭解組、交通、能源、都市化、健康照護、錯誤的發展方案等等（Bhadra, 2006, p. 2）。據此而論，做為一個社會學家，他不僅是一位科學家、批判性思想家，也是執持社會學的意象與想像，貢獻於美好社會的建設，系統的研究社會互動、社會結構與社會變遷的行動者與研究者。

　　除了前此，這些理論上與智識上的角色之外，做為一個社會學家，表示他能夠應用科學知識與技能，觀察與分析社區的種種現象、事務與

活動，甚且進一步影響公眾的知識與政策，組織結構、公共論證、及社會態度。從事社會學的研究，不只是知識上的發展或理論上的建構，還要思考問題的解決與實務的應用，誠如「應用及臨床社會學委員會」（The Commission on Applied and Clinical Sociology）所強調的：基本理論概念與社會行動、社會變遷與社會干預的相關，應用適切的方法論途徑，以檢驗社會問題/議題，促使理論與方法能夠和議題及問題，密切關聯的檢驗社會學的標準，因此，社會學家要問的問題不再是「我們應該做什麼？」（What should we do?），而是「我們是否有意志去做？」（Do we have the will to do it？）（Perlstadt, 1998, p. 270），社會學家應該扮演著 Bourdicu 所稱的「社會改革者」，其所創建的知識，應該有所謂的「社會實踐的性格」。教育政策不僅是應用的、也是實務的，它所要處理的不僅包括教育的，也包括社會的議題及問題，雖然，自 Marx Weber 以來，社會學就有將「價值」排除在社會學著作之外的傳統，而且社會科學家並不能對政策的目的有所施為，也不能做任何政治上與倫理上的建議，因為，就倫理上而言，社會科學家是中立的，他們不把事實和價值混在一起，也不會對那些伴隨有倫理和政治價值的事實，進行帶有有色眼光的判準（judgment），這也就是為什麼社會學者，不能同時，既是決策者，又是政策科學家的原因（Bhadra, 2006, p. 5）。但是，這種客觀的與合理性的判準，不僅是教育政策一向所缺乏的，更是要制定合宜的教育政策與從事教育政策之執行、分析與評鑑之所必需，因此，應用社會學的概念、原理原則或理論，進行教育政策的探究與建議，當有助於教育政策的制定與研究，更可進一步促成，教育政策社會學的成長與發展。

第二節
教育政策與教育社會學

　　在教育社會學的著作中，提到或討論到教育政策的篇幅和內容，有逐漸增加的現象；從完全不涉及教育政策到一小段的篇幅提到，從一小段到一章，使得教育政策和教育社會學的關係益加密切。本節所要討論的主題和主要內容，是教育政策與教育社會學的關係。教育社會學所討論的範圍相當廣泛和複雜的；從鉅觀的到微觀的、從理論的到實務的、從量化的到質化的研究、從實徵的到非實徵的都包括了。雖然，教育社會學的內容如此的龐雜，雖然，「在新教育社會學的觀點，及其對於教育政策形成和學校環境之實施間，仍有所差距，但是，凡事總要有個開始（But there is always a beginning for everything.）。」（Torres and Michell, 1998, p. 2）。Gewirtz (2004, p. 2)認為教育社會學所處理的議題，都具有根本之倫理的與政治的意義，而且教育政策歷程，也是教育社會學家關注的焦點之一。

一、教育社會學對教育政策的界定與範定

　　教育社會學所處理的事物或議題，具有基本上之倫理的與政治的意義，教育社會學者與修習此一學科的學生，在完成作業的過程中，經常會思索的典型的問題（見表 6.2.1.），包括：政策歷程、教育機會與學習成就、課程、以及文化與認同等層面。此等層面的問題明顯的和倫理與政治的問題，例如：公平、權力分配與責任，相當密切；還有當此等問題在教育哲學中，已經是一種例行性的問題了，但是在教育社會學裡，卻很少被審慎的對待（Gewirtz, 2004, pp.2-3）。雖然，表 6.2.1 的問題，可以視為教育社會學對教育政策的界定，但是，嚴格來講，教育社會學在這一方面，仍有許多發展的空間。

二、教育政策是教育社會學關注的主題之一

Gewirtz (2004, pp. 2-3) 在其教授就職演說中提到，教育社會學家經常會提到的典型問題，以及學生在教育社會學作業裡，經常會觸及的問題，主要包括：政策歷程、教育機會和學習成就、課程、文化與認同等方面的議題（見表 6.2.1.）。另外，在謝維和（2002，頁 36-41）所著《教育社會學》第一章第五節「教育社會學分析和研究的領域與主題」中引述《國際教育社會學百科全書》所提到的「目前世界範圍內教育社會學的分析與研究」的十一項領域，其中第三項就是「關於教育的政策分析」，該項的內容是這樣的（謝維和，2000，頁 27；2002，頁 37）：

> 這【教育的政策分析】是二十世紀七〇至八〇年代開始形成的一個研究重點，它所關心的是關於政策分析人員的訓練，他們與政策研究者的不同和關係，政策分析所面臨的基本問題，政策知識份子和政策分析的關係，以及政策分析與利益群體的關係等。當然這種政策分析主要是對教育政策的分析。

另外，在第八項「高等教育社會學」提到該領域研究的主要問題中的一項，就是關於「高等教育與政府的關係問題」，例如：高等教育政策趨勢的問題、高等教育控制和監督模式的問題、學院或公司管理模式的問題，以及私有化和市場的關係等問題（謝維和，2002，頁 39-40）。聯合國教科文組織出版的《現代教育社會學的概念》中，提到教育社會學的研究發展趨勢之一是「將愈來愈多參與制定和評價教育政策和教育規劃的活動」（轉引自魯潔主編、吳康寧副主編，1990，頁 36）。Carlos 和 Antikainen (2003b, p.3) 在其所撰的 ‘*Introduction to a Sociology of Education: Old Dilemmas in a New Century?*’ 一文就把教育政策視為公共政策，而且把它和福利國家社會學放在一起，共同討論。另外，在由顧明遠主編、武修敬和袁小眉副主編的《中國教育大系:現代教育理論叢編

（上）》（1994，頁 377）也提到：教育社會學的產生和其他社會學科一樣，是社會歷史發展的客觀需要，由於教育學家和社會學家的，相繼投入教育社會學的研究，後者更把教育作為社會學研究的主要領域，此一作為，不僅開闢了教育社會學新的研究範圍，也使得教育社會學的研究範圍更為廣泛、更重視使用社會學的方法，進行周密的調查研究，「並開始愈來愈多地參與和評價政府的教育政策和教育規劃的活動。」陳奎憙（2006a，頁 12）在〈導論：什麼是教育社會學〉一文中也提到，在其所主編的《現代教育社會學》（陳奎憙，2006b，頁 12）一書中有一部分是「運用社會學概念分析教育制度」，主要包括八個項目：（1）教育功能（的社會學分析）；（2）教育政策（的社會學分析）；（3）學校組織與學校文化；（4）班級社會體系；（5）課程（的社會學分析）；（6）教學（的社會學分析）；（7）教育專業（的社會學分析）；與（8）教育機會均等。其中的第二項，就是本書所稱的「教育政策社會學」。

表 6.2.1.教育社會學中和教育政策相關的典型問題

政策歷程	教育機會 與學習成就	課程的典型	文化與認同
• 誰制定教育政策，以及如何制定？ • 誰的聲音被聽到了，而誰的被邊緣化和忽略了？ • 導致有些人的聲音被聽到，而有些人的聲音沒被聽到的機制是什麼？ • 政策會如何被挑戰和拒絕，又會導致什麼結果？	• 如何解釋學校之學習成就不均等和種族、階級、及性別的相關？ • 各級學校的制度和歷程，如何對中產階級的學生有利，而不利於勞工階級的學生？	• 學校裡被認為有價值的知識是什麼？ • 課程內容是由誰決定的？ • 課程是在服務誰的利益？	• 在社會不平等的再製過程，學校歷程、同儕團體次文化和家庭文化分別扮演什麼樣的角色？ • 在認同*的建構過程，學校的貢獻是什麼？

*這裡認同是指：如何看待自己與認為自己是什麼。

資料來源：Gewirtz, S. (2004), **Taking a Stand: Education policy, sociology and social values**, An Inaugural Lecture, King's College, London.

三、教育社會學在教育政策理解中的角色和地位

　　教育社會學是教育政策社會學的理論背景學科之一，前面不僅討論過，教育社會學領域對於教育政策範圍與主題的界定，也說明教育政策是近年來教育社會學主要探討的主題之一。在這一段裡，主要在討論教育社會學在教育政策之理解中的角色和地位。關於教育社會學與教育的關係，Mannheim and Stewart (1962, p. 159)有過這樣的描述：就當前的意識的階段而言，除非是從教育社會學的角度出發，否則沒有任何的教育活動或研究是適切的。Whitty (1997a, pp. 121-122) 曾經就一九四〇年代早期迄一九九〇年代中期，五十多年來，教育社會學與教育政策的關係進行一番的審視，他說 (1997a, p. 121)：

> …社會秩序的變遷與彼此交互作用的社會力量，早已在進行中，現
> 在已經普遍蔓延開來，但是卻沒有被很好的定義，這對教育理論和
> 教育政策的意義在於，如果有相關的教育理論與教育政策，沒有考
> 慮到這些變遷的話，它們不僅是盲目的，而且會帶來正面的傷害…
> 五十年後的今天，社會秩序之本質的變遷，依然進行著，同樣的也
> 沒有被很好的定義…這引起社會學家之間，對於我們究竟是處在後
> 資本主義、後現代性、高度現代性、後傳統主義等等的論辯…和
> Sir Fred Clarke 與 Karl Mannheim 當年一樣，當前有太多的教育政策
> 和教育研究，並沒有汲取 Clarke 重要的洞視：教育政策需要對社會
> 變遷具有相當的敏感度。

　　從以上 G. Whitty 對於五十年來，教育政策或教育研究與教育社會學關係的討論發現，有半個世紀之久，教育理論或是教育政策並沒有十分關注社會變遷對它們可能產生的影響，講嚴重一點的話，就是教育政策對於社會的變遷根本是漠不關心，事實上，這樣的教育理論、教育研究和教育政策是危險的，恐怕實用性也不太高；另外，教育理論、教育

研究和教育政策，似乎也沒有積極尋求和教育社會學的合作。毋怪乎，Whitty (1997a, p. 132)會有這樣的結論：「就此一情境脈絡而言，我相信在對於現代社會，以及做爲一個公共議題的教育之將來發展，所關涉之教育政策的限制與可能性的理解上，教育社會學仍然是有其著力點的。」

　　教育社會學對於教育政策的「著力點」究竟在那裡，陳奎憙（1979，頁2-3；2001，頁3-4）提到「教育社會學的重要」和「研習教育社會學的目的」有三：（1）構成完整教育學體系的一部分；（2）教育社會學研究可使教育決策者，重視影響教育的社會因素；（3）教育社會學的知識，可以幫助教育工作者了解其角色任務。「教育決策人員」事實上也是「教育工作者」之一，雖然第三項和教育政策沒有直接和強力的關聯，但是，也可以是教育社會學對教育政策的著力點之一；其中第二項，就是教育社會學對教育政策的最佳著力點，陳奎憙（1979，頁2-3；2001，頁3-4）指出：

> 在現代社會中，文化、經濟、政治等因素都可能影響教育制度，而教育的功能則在傳遞並更新文化、促進經濟發展、培養民主信念等，藉以配合當前社會的需要。顯然，教育決策者對於這種教育與社會之間交互影響的作用，應該有相當的認識；而教育社會學的研究結果，可提供教育決策者有關此一方面的知識...【例如】教育社會學重視並研究學生家庭之社經背景（Social-economic background）對教育方面的影響，進而強調教育機會均等的理想，教育決策者如能參酌這方面的研究結論，來擬定教育發展方案，那麼對於國民教育階段是否應及早實施強迫入學，達到完全義務化的地步；在此一階段的教育應否容許私立學校存在...等問題，必定可以獲得更明智的解決途徑。

　　關於教育社會學和教育政策之間的關係，張建成（2006，頁 86）有更深入和更具批判性的論述，這或許就是他所要發展的「批判教育社會學」或「批判的教育社會學研究」，茲將其內容整理如下：

> 從教育社會學的觀點來看，教育政策可說是社會環境與教育制度相互對話的產物…教育政策的制定，就是要在教育理想與教育實際之間，搭蓋一作連接的橋樑，以當時居於主流地位的價值體系為藍圖，將其勾勒的教育主張，建構於教育制度之中。當然，任何教育政策的形成，也有可能歷經另一番的爭逐與妥協，但是不管教育的實際措施是在維護固有體制、解決現況問題或在滿足未來需要，教育政策均須貼緊社會脈動，才能發揮社會認可的指導作用，策略性地肩負起維繫社會結構或促進社會演變的使命。

　　上面兩段引文可以說，已經很具體和明確的道出了，教育社會學與教育政策之間的關係，也指出為什麼從事教育政策研究，需要研讀教育社會學的原因。同時，也為教育社會學可以是，教育政策社會學的基礎學科之一，提出了有力的說明─教育社會學同時兼顧教育議題與社會議題的，以及二者相互關係研究，其研究結果所提供的資訊協助，似乎是更符合教育決策者，從事政策制定時所需要的。

第三節

本章小結

　　作爲教育政策社會學之基礎學科的社會學與教育社會學，理論上來說，應該和教育政策有相當密切的關係，在彼此的發展上，至少應該有所謂的相互爲用的關係和立場，可是徵諸相關的文獻資料卻發現，這三個學科之間的關係，並不如想像中來得密切，尤其是教育政策對於社會變遷的事實，似乎是視若無睹和漠不關心，教育政策似乎也從來不曾積極的去思考如何和教育社會學建立起合作的關係，以相互支援或相互爲用。如果教育政策的制定、發展和執行要能夠更合理、更能滿足社會大眾需求的話，則需要更加關注社會的變遷與發展。如果教育政策的研究，要夠更具合理性和科學性的話，則它不太可能去忽略社會學和教育社會學的重要性。再者，教育政策社會學的建構和發展，更是缺少不了社會學和教育社會學的參與。

　　關於教育政策與社會學及教育社會學關係的討論，本章主要分成兩節，第一節討論教育政策與社會學的關係，首先從，討論社會學對教育政策形成的影響；接著，整理相關的文獻資料，討論教育政策的基本要素與社會學的主要關注，以及兩者之間的關係；最後，分析整理社會學者在教育政策形成中，扮演的角色和負責的任務等三個層面，討論了教育政策與社會學的關係。接著第二節，首先，整理最近幾十年來，教育社會學對教育政策之概念與內涵的界定與範定；接著，整理相關的文獻資料，證明教育政策是近年來，教育社會學關注的主題之一；最後，則進一步討論教育社會學，在教育政策理解上的角色與地位等三個層面，討論教育政策與教育社會學的關係。這樣的討論，不僅有助於釐清這三個學科彼此的關係，也有助於教育政策的制定與研究，對於教育政策社會學的建構與發展，當然也有相當程度助益。

第二篇 方法篇

　　早期教育政策的研究以量化研究的途徑為主，但是在一九八〇年代左右，逐漸轉向質化的研究方法（qualitative research methods）和社會文化的觀點 (sociocultural perspectives) ；有關於對政策執行 （policy implementation） 漸增的關注之現象，其所採取的研究方法，主要是人類學 （anthropology） 和文化研究 （cultural studies） （Levinson and Sutton, 2001, p. 1）。本篇主要在整理、探討與歸納，目前應用在教育政策研究上的主要途徑。本篇主要包括的章節為：第七章教育研究與教育政策關係之政治社會學分析。本章所以探討各種研究途徑的主要用意，在建構適合於教育政策社會學使用的，或是其獨特的研究途徑，期能將此等途徑，用以蒐集相關實徵資料，以充實教育政策社會學的內容與強化其基礎。

第 7 章

教育研究與教育政策關係之分析：政治社會學的觀點

Can those who carry out educational research safely ignore that part of their subject (philosophy) which underlies their own investigations? For if we do so we cannot claim to be educationalist but must be content with being…laboratory technicians…If we are merely technicians, we cannot claim to be able to criticize the educational foundations and implications of our own work. This means quite simply that we cannot claim to know what we are doing.

～Carr, 1995, p. 87～

摘　要

教育研究應是基礎取向或是政策取向，是一個見仁見智的問題；或許就研究者的觀點而言，他們可能比較傾向於主張，教育研究應該是基礎取向或是理論取向的性質；可是就決策人員或是行政人員的立場來看，他們可能比較期待，教育研究是政策取向或應用取向的。事實上，教育研究不太可能完全是理論取向或是政策取向的，通常它都是兼具這兩者的，只是程度上的差異而已，就像光譜的差異一般；決策者也不太可能，完全不懂教育研究或不參與教育研究。相當多的時候，決策者通常也是研究者。本章的重點，在於從政治社會學的觀點，討論教育研究與教育政策的關係，其發展的主要脈絡是，首先，討論教育政策社會學研究的主要途徑；其次，分析影響教育研究結果在教育政策上應用的因素，同時也討論提升教育研究，在教育政策上運用的途徑及模式；最後，從政治社會學的觀點，討論影響教育研究與教育政策的關係。

楔　子

　　教育政策社會學之研究途徑[1]與有關之議題的討論,是累積教育政策社會學之概念、原理原則、知識系統、及理論架構所不可或缺者。本章討論教育政策社會學之研究途徑時,難免會觸及研究方法與研究方法論的一些概念或議題;但是,仍然以研究途徑的討論為主,其主要的原因是因為社會科學各領域間的研究方法與研究方法論大抵相近,差異不大,據此以觀,教育政策社會學為社會科學範疇之一,因此,其所採用之研究方法與可能觸及之方法論,應與其他社會科學領域相差無幾,所以在本章,並沒有討論,教育政策社會學之研究方法與研究方法論的相關概念或議題;但是,不同領域之間,其所採取之研究途徑的差異,就可以相當的大。至於研究途徑、研究方法與研究方法論三者的關係,可大致敘述如下:研究途徑(research approach)和研究方法(research method),主要用以蒐集教育政策社會學相關資料,加以整理並進行討論與分析,或用以驗證相關之假設與理論、或用以提出問題之解答、或用以充實教育政策社會學之知識系統與理論架構。在教育政策社會學研究中,研究途徑尚未具有系統性與成熟之概念、架構與知識系統,是一種常用之技術,但不一定適合於,所有的或是多數之教育政策社會學研究之範疇或議題,可能只適用於少數之範疇或議題,或是只有少數之研究範疇與議題採用。在教育政策社會學研究中,研究方法則具備完整之概念架構與知識系統,是從事研究之主要的工具,可應用於教育政策研究中,多數之範疇與議題。教育政策社會學研究方法論,是教育政策社會學研究體系之最上位概念,它主要並不是用來蒐集資料,主要是從哲學角度,探討與教育政策社會學學科體系和基本假設有關的一般研究問題。亦即指導教育政策社會學研究的原則、邏輯基礎,以及學科的研究

---

[1] 關於 "Research Approach" 這個詞有不同的翻譯或詮釋,或翻譯為「研究途徑」,或譯為「研究取徑」。在台灣早期的用法,比較多傾向於用前者來指稱之;近年來則漸有學者,例如潘慧玲(2003),將之翻譯為「研究取徑」。

程序和方法等問題，其探討的主要議題包括：（1）教育政策社會學研究的性質；（2）教育政策社會學研究的方法和基本假定；（3）價值在教育政策社會學研究中的作用；及（4）倫理問題如何影響教育政策社會學的研究。本章第一節主要在討論，教育政策社會學研究中有那些主要的研究途徑，以及如何應用之；第二節的主要內容，在探討教育研究與教育政策的關係；第三節則主要在探討，教育政策社會學研究中，可能會遭遇的相關問題或議題；最後一節—第四節—則歸納前面三節的主要內容。

第一節
教育政策社會學之研究途徑

有關教育政策社會學研究途徑的分析並不多見，就本書作者所知，目前在台灣最早一篇討論教育政策社會學之研究途徑問題的當推王慧蘭（1999，頁 89-103）發表在《教育研究資訊雙月刊》[2]的〈教育政策社會學初探〉。在該文中，王慧蘭把教育政策社會學主要的研究途徑歸納為三種：（1）多元取向的教育政策研究；（2）新馬克思主義取向的教育政策研究；及（3）後結構主義取向的教育政策研究。而 Meighan, Barton and Walker (1981, p. 371)指出教育政策研究的途徑包括有：行動（action）、互動論（interactionist）、解釋論（interpretative）及微觀現象學（microphenomenological）等途徑。以下的討論，以「多元取向、新馬克思主義取向及後結構主義取向」三者為主；另外，在稍微旁及其他的研究途徑，討論彼等在教育政策社會學研究中所扮演的角色與功能，

---

[2] 《教育研究資訊雙月刊》（*Educational Research & Information*）為國立台灣師範大學教育研究中心於一九九三年創刊發行，共發行十二卷，後來於二〇〇五年改為《當代教育研究季刊》（*Contemporary Educational Research Quarterly*），到二〇〇六年三月，發行到第十四卷第一期。

及其在應用中可能產生或發生的限制。

一、教育政策社會學之多元取向研究途徑

　　自由主義多元取向的研究途徑，在一九七〇年代以前，是政治科學研究的主要典範，在此一典範之下，政策分析的焦點，在政治體系及其內在活動，尤其是科層體制、權力精英、利益集團，以及決策過程的折衝、磋商、協調和結果等公部門與公共行政，所涉及的與政策相關的概念和歷程（王慧蘭，1999，頁 88-89）。在教育政策社會學的研究，多元取向的研究途徑，主要是以單一教育政策為主題進行個案研究，其主要的研究策略為（王慧蘭，1999，頁 89-90）：（1）蒐集重要官方檔案—政策相關檔案資料；（2）鎖定主要決策者和影響勢力；（3）釐清決策經過和結果；以及（4）政策在學校的實施情形和問題。「文件資料的蒐集」與「相關人員的訪談」是其採用的主要研究方法。此一以單一教育政策為研究對象或主題的特點為「對某一教育政策或改革的來龍去脈做詳盡的理解和描述，『小而精細』是其優點」（王慧蘭，1999，頁 90）。關於教育政策社會學的多元取向之研究途徑的優點與限制，王慧蘭（1999，頁 91）有清楚且具體的描述：

> 此一【多元】取向的政策研究【對於政策的瞭解】扮演了極佳的報導者角色，有助於吾人對個別教育政策的詳細理解。但是，對於某些關注教育改革和社會變遷的相互關係、亟欲理解教育的根本結構問題的學者而言，多元主義的架構顯然無法滿足其探問的需求。

　　由於多元取向的研究途徑屬於微觀的研究取向，它無法滿足像 Kogan (1975)所強調的教育政策的主要研究焦點：「框出政策的歷史發展，掌握價值變遷的脈絡，描繪出利益團體和他們與政策形成的關係」，而在教育政策研究上恐怕有「見樹不見林」之虞，因此，在教育政策社會學的研究途徑，需要有具鉅觀理論架構的研究途徑以為互補，新馬克

思主義者即其對象之一。

二、教育政策社會學之新馬克思主義研究途徑

新馬克思主義（新馬）（neo-Marxist）思想，沿襲自馬克思主義（Marxist）的思想，而經常被一般人和西方馬克思主義（西馬）（western-Marxist）思想混在一起談，事實上，也有一些相關的著作，將二者視爲等同，就作者手邊擁有的相關著作中，其中最有趣的一本著作是李超宗（1989）所寫的一本書《新馬克思主義思潮—評介「西方馬克思主義」》，除了在〈一股遲來的思潮—代序〉（頁1-9）中，以討論新馬克思主義相關的議題爲主之外，其內容有很大的篇幅，都是在談西方馬克思主義的思想。馬克思主義(Marxism)或是馬克思思想(Thoughts of Marx)是近代對西方學術、政治與社會影響最大的學說之一。其主要創建者馬克思（K. Marx，1818-1883），主要是從衝突（conflict）與爭鬥（或謂鬥爭）（struggle）的觀點，解釋人類社會的發展。乍看之下，馬克思主義和功能主義，是對人類社會與制度發展之看法的兩個極端，但是仔細思索，卻可以發現，其實這兩者或有某種程度的相通之處，或者說功能論與衝突論，是對人類社會發展之一體兩面的陳述比較適當。事實上，兩者的關係應該沒有這麼簡單。馬克思主義、西方馬克思主義與新馬克思主義，在東西方世界的政治與學術發展上，有相當大的影響力，幾乎占據了當代整個社會科學界的舞台；在台灣，自一九八〇年代後期，尤其是解嚴之後，渠等也在學界產生不小的激盪和影響。許多青壯派的學者，也都以「馬派」人物自居。顯然的，台灣近幾十年來的教育學術的發展，受到這三種社會思潮的影響可謂不小，尤其有關教育政策與課程檢討與批判的著作，更有不少是從此等層面著手。

馬克思主義包含的內容相當的複雜，其概念和理論架構，也相當的龐大。馬克思主義主要是，就馬克思的著作和思想加以演繹而成的；換言之，馬克思主義是承繼馬克思主張和思想的一種思潮。馬克思主義是

二十世紀以來，最具影響力的思潮之一，縱使馬克思的著作中和教育相關的不多，但是，其思想對於教育此一學科領域的發展卻有相當大的影響，尤其是，對於教育制度中，有關宰制階級對於被宰制階級剝削與控制的批判，更是馬克思思想的體現。馬克思主義者，通常將其觀點歸因於承襲自馬克思的著作，馬克思主義有許多的派別和分支，其中採借了不少功能論途徑（functionalist approach）的歷史唯物主義論（historical materialism）馬克思主義者，以及受到結構主義（structuralism）影響的馬克思主義者—結構主義馬克思主義—和其他馬克思主義者，對馬克思主義的詮釋是大異其趣的。歷史唯物論馬克思主義者和結構主義馬克思主義者，特別強調人類行為中主動的和創造的特質（Giddens，1989，p. 701）。但是，大多數的馬克思主義者，都認為馬克思主義是社會學分析（sociological analysis）與政治改革（political reform）之「包套」（package）中的一部分，因此，一般咸信，馬克思主義將導致激烈的政治變革發生；而大多數的馬克思主義者，也比非馬克思主義者的社會學家，尤其是那些受到功能論影響者，更強調階級劃分、衝突、權力和意識型態（Giddens，1989，p. 701）。一般而言，馬克思主義的主要觀點有五（Giddens，1989，p. 709）：（1）現代社會發展的主要動力是資本主義經濟機制的擴張；（2）現代社會受到階級不平等的撕裂，而階級不平等是現代社會的基本特質；（3）權力的區分主要源自於經濟的不平等；（4）現代社會的屬性是變異的；及（5）西方國家對世界影響的增加，主要是資本主義經濟企業擴充的結果。

　　西方馬克思主義，緣起於二十世紀的二〇年代，三〇年代到五〇年代是其主要發展的時期，六〇年代中期，新左派（New Left）的產生，為西方馬克思主義的發展和傳播，提供了更廣泛的基礎，而 1968 年的「五月風暴」不僅震撼了資本主義世界，同時使西方馬克思主義者。從書堆裡走入了社會，而且使之達到了發展的巔峰（高銛、文貫中、魏章玲，1990，頁 120），但是，隨著「五月風暴」的平息和西方馬克思主要代表人物的隕落（見附錄五），使得西方馬克思主義的發展也從顛峰走

下坡了（劉佩弦、郭繼嚴，1994，頁 395-396）。西方馬克思主義首要的特點，就是在結構上與政治實踐相脫離（高銛、文貫中、魏章玲，1990，頁 36）。洪鎌德（1990，頁 11）指出：「"西馬"【西方馬克思主義】這個概念在八○年代末，不僅在西方，就是在東方是可以被接受的客觀事實」。

李超宗(1989，頁 1-2)認為：「新馬」是有別於傳統馬克思主義的思想，又因為從事新馬探究或著作者都是西方人士，所以又稱作「西馬」，但是，依俊卿、丁立群、李小娟、王曉東（2001，頁 515-520）則認為「新馬」和「西馬」是不一樣的，雖然前者的思想，有一人部分是受到後者的影響，而且二者的思想或理論也有許多相似之處，但是「新馬」是特指一九五○年代，起於東歐之對馬克思主義的省思與重新尋找青年馬克思思想的運動。因而新馬的基本理論架構為（李超宗，1989，頁 4-5；依俊卿、丁立群、李小娟、王曉東，2001，頁 515-624）：（1）強調馬克思主義未完全脫離黑格爾的唯心主義的思想範疇；（2）以人為核心的哲學人本主義，把人的本質與人的現存、人的理想狀態與歷史困境、人的過去、現在與未來，置於全部理論探索的中心；（3）認為馬克思主義具有人道主義精神；（4）指出社會的建構與發展，並不是以單一的經濟作為基礎，文化、教育與宗教等應與經濟處於同等的地位，不是經濟發展出來的「上層建築」，此舉在打破經濟決定論的迷思；（5）以馬克思的實踐哲學與異化理論為基礎，對當代資本主義和現存社會主義進行批判，並作為設計人類民主的和人道的未來的理論依據；（6）以人道的社會主義為主要內涵的社會改革方案；與（7）提倡「批判理論」，否認一切既成的理論，要求即使對馬克思的思想學說，也應該採取一種批判的態度去理解。

一九七○年代開始，「國家」又成為政治科學與社會科學研究的核心對象，同時也成為詮釋公共領域政治與社會變遷歷程的重要概念，新馬的學者，也發展出一套分析教育政策所面臨的難題和產生的類型的分析模式：「從一個國家在世界體系中的政經相對位置、區域組織中的角

色、國家發展的歷史和文化傳統、內政權力結構和情況、教育、政治和社會的實際糾結和關係」，顯示了教育政策的深遠脈絡，因而，教育政策除了由少數權力精英或政治歷程中利益交換和權力折衝決定之外，更涉及廣大的深層的政治經濟的深層脈絡（王慧蘭，1995，頁92-95）。就此而論，新馬克思主義對於教育政策的研究，偏重在社會結構因素與國家政治發展所需，對教育政策制定的影響，教育政策本身所代表的，就不只是單純的，所謂教育理想與教育目標的陳述，其中還包括了，可能的意識型態宰制與所謂文化霸權的問題。

三、教育政策社會學之後結構主義研究途徑

就字面上的意義或是時間的序列來看，「後結構主義」（post-structuralism）乃起於「結構主義」（structuralism）之後，但是，如果就深一層的意義或是就內涵來看，二者的關係有可能是連續的或是接續的，也有可能是割裂的或是斷裂的，就端看後來者的態度與企圖。這就像方永泉（2002，頁5）所指出的：

> 一般說來，「post」【後…】代表了兩種意義，一是時間上的「在…之後」，這表示「後○○主義」可能是「○○主義」的延續，甚至是「晚期的後○○主義」；一是內涵上對於「—」之後的字詞的「否定」或「超越」。惟無論如何，所謂的「後○○主義」都與「○○主義」之間有著密切的關聯。因此，單從字面上來說，後結構主義在時間上是發生在結構主義（structuralism）之後，而且它應該是代表了對於結構主義的「否定」或「超越」；後結構主義與結構主義之間亦有著密切的關係。

瑞士語言學家索緒爾（Ferdinand de Sausure, 1857-1913）的著作，是早期結構主義觀念之最重要的來源，雖然他的著作只集中在語言方面，但是，對於社會科學和人文學科（humanities）的許多學科領域，都

有相當程度的影響；就像功能論一樣，結構主義也是受到涂爾幹著作的影響（Giddens, 1989, pp. 698-699）。在索緒爾之前，有關於語言（language）的研究，都偏重於我們所使用的字詞（words），但是並沒有去注意到語言背後的規則，索緒爾指出：如果我們只在乎說話者所使用的字詞，那麼我們將不可能去了解語言背後的基本特徵—結構；對於語言結構的分析，就是在尋找我們說話時背後的規則（Giddens, 1989, pp. 698-699）。結構主義途徑（structuralist approach）的應用，在人類學（anthropology）比在社會學裡應用得廣泛，尤其是在美國；然而，在社會學裡有許多的社會學家是受到結構主義影響的，結構主義的許多概念，也被廣泛應用在大眾傳播媒體、意識型態與文化的研究；就社會學而言，結構主義的思想有其弱點，這些弱點限制了結構主義，成為社會學之一般理論的可能；就應用而言，結構主義起源於對語言的研究，而且相當大的程度是用來分析人類的行為，較多的時候，它是用來探索溝通與文化，而且相當有用，比較少用來，對經濟或政治等社會生活的探索（Giddens, 1989, pp. 699-700）。

對於教育政策研究途徑將來的走向應該如何，張建成（2002，頁 39）有一段相當深刻的批判性的省思：

> 今後的研究，不論參考的是那一種流行的理論，如國家理論、主體性理論或全球化理論…都不宜繼續囿於實證的分析。套用後結構主義或 Stephen Ball…的用詞來說，政策可以是權力結構用來規訓思想與言行的論述（policy as discourse），也可以是行動主體就其生命體驗參與辯論與權勢的文本(policy as text)，不論採用何種研究途徑，若能秉持批判的、辯證的觀點，不再遺漏受政策影響之個人及群體的文化生活世界，特別是那些處於邊緣地位的個人及群體，或許我們可以比較主動的開創契機，推動潮流翻轉，讓我們的教育政策更符合社會正義的正當性。

後結構主義的思想，除了來自於 A. Kojeve 與 J. Hyppolite 對於 G. W. F. Hegel 著作所進行的「存在式閱讀」（existential readings）外，也在 J. Lacan，R. Jakobson，與 C. Levi-Strauss 等人的結構主義中有所預示（Peters, 1996, p. 1）。後結構主義者對於教育政策的分析（王慧蘭，1995，頁 101-102）：則視教育政策為文本或某種聲明，它既是權力策略的運用，也是意識型態的具體建構；它產生於廣大的社會脈絡和競爭的論述中，而且在不同的場域中，被不同的場域規則和思維取向所解讀和詮釋；因此，教育政策探究的重點，不只是在政策文本之內去理解具體明確的條文或檔案，更在於揭露文本與文本背景脈絡之間的關係。

四、教育政策社會學之其他研究途徑

教育政策社會學的研究途徑，除了前此提到的：多元主義、新馬克思主義與後結構主義之外，根據 Boyd (1999, pp. 227-250)，de Sousa (2002, pp. 181-188)，Demerath (2002, pp. 146-155)，Erickson (2002, pp. 189-195)，Flore (2002, pp. 123-135)，Levinson and Sutton (2001, pp. 1-22)，Melgraejo (2002, pp. 137-146)的看法，還包括人類學、俗民誌、社會學、女性主義、批判理論與社會文化途徑(Sociocultural approach；Sociocultural case studies)等質的研究途徑，這些質的研究途徑，在從事教育政策分析的時候，主要在於了解教育政策的文化、情境脈絡與政治的層面；社會文化途徑則偏重在於解析教育政策的歷程，同時視教育政策為一種代理的與論爭的文化資本，更進一步分析，在教育政策社會學研究，所使用的研究途徑之一的「社會—文化途徑」（social-cultural approach），主要是應用在社會及機構的情境脈絡，對教育政策制定、執行、分析與評鑑的影響。教育政策社會學這一方面的研究主要在：（1）分析有關社會之情境脈絡，包括社會變遷、文化與結構等因素對教育政策的影響；與（2）機構組織與文化對教育政策的作用與影響。

第二節
教育研究在教育政策上之應用

　　教育研究除了理論的建構與知識的累積之外，實務的應用與問題的解決，也是教育研究很重要的功能；教育政策的制定除了受到社會結構、組織機構與個人因素的影響之外，教育研究的結果，也是相重要的影響因素。這一節主要在討論教育研究與教育政策的關係，其中主要的內容包括，影響教育研究結果應用的因素的討論、制定教育政策時，應用教育研究的相關問題，以及如何提高教育研究結果的應用或實用性。

一、影響教育研究結果應用之因素分析

　　應用教育研究結果，以達成國家目的、社會發展、或解決教育問題，不僅已經有著很長的歷史，同時，似乎也是教育研究的主要任務或功能之一。但是，徵之事實，似乎教育研究結果的應用並不如預期的理想，探究其中的原因當然可能不少，例如：有些教育研究純粹是為了學理的探究，有些可能是研究者單純只為了自己的興趣而進行的，這些教育研究的結果，就比較可能是理論取向的，不是實務取向或是政策取向，因此，這類的研究不是這一小節討論的範圍。本小節所要討論的，是政策取向的（policy-oriented）教育研究之應用的問題。王麗雲（1999，頁140）指出，當前一般社會大眾，對於教育研究的看法，呈現兩極化的現象，其一，是期待教育研究能夠促進教育改革，以解決教育問題，促進國家的發展，以滿足社會的需要；其二，則是對於教育研究的功能感到不滿和失望，對教育研究結果缺乏信心，之所以對教育研究不滿與缺乏信心，主要的理由大致包括，研究結果缺乏實用性、研究結果與政治議題分離、研究者知識的權威性不夠。這是一般教育決策者，對教育研究的負面的態度。一般教育研究者，對教育政策亦有所抱怨或是不滿，這些不滿大概有（王麗雲，1999，頁140）：教育政策未經詳細規劃，忽略專

家學者的意見，決策品質粗糙；政府利用經費分配作爲手段，影響教育研究的進行；學術與政治掛勾，使教育研究成爲爲政策背書的工具。

（一）影響教育研究結果應用之教育研究層面因素

王麗雲（1999，頁 146-151）曾經就教育研究和教育政策兩個層面，分析教育研究很少爲決策者所採用的原因。王麗雲（1999，頁 146-151）指出，在教育研究方面的原因有四：（1）教育研究在方法上的進展仍然有爭議，未能夠讓決策人員有足夠的信心和信賴，其研究結果，就更沒有能夠說服決策人員；（2）教育研究主題或焦點的轉變，這些轉變在教育學術研究中可能是重要的，可是一般社會大眾或是決策人員可能覺得，這是教育學術領域的流行或風潮，進而對教育研究產生輕視的態度，就更不要說會認真考慮，採用教育研究結果的建議了；（3）教育研究知識的有限性，許多教育研究結果所提供的知識或建議，和日常生活的知識與經驗，並沒有太大的差異，其中包含的真正「獨特」的知識並不多見，因此決策人員寧可多參考日常生活的經驗與知識；（4）教育研究的無關性，許多時候教育研究的結果是與政策制定無關的，有相當多的時候，教育研究者所進行的研究，只是他個人感興趣的主題，和決策者想探討的問題或是需要沒什麼關係。另外不同的教育研究方法論的典範（見表 7.2.1.）對教育決策亦即教育研究在教育政策之應用，也會產生不同程度的影響（吳建華，2002，頁 1-5），其影響分別爲：（1）邏輯實證論研究取向對教育決策的影響—知識霸權使政策「爲優勢階級服務、化約特性」，造成決策單向性；（2）詮釋學研究取向對教育決策的影響—由於強調多重因素的因果關係，決策者會以超然的立場，爲利害關係人著想，由於強調對話及權力的互動，使決策的正當性提高，但是，由於忽略不同利益團體彼此相互攻擊的問題，也使得教育決策權的正當性不足；及（3）批判理論研究取向對教育決策的影響—由於對意識型態的批判，使過去視爲合理化的政策產生危機，因而使得決策者重新省思與分配相關利益。

表 7.2.1. 教育研究方法論三大典範之主要學說與主張

	邏輯實證論 （1930～）	後實證論或詮譯學 （1970～）	後現代主義或 批判理論 （1990～）
證成模式	單一證成模式	多元證成模式	無證成模式
理論基礎與派別	理性主義、科學主義、現代主義、實用主義	主觀主義、人文主義、自然論、連貫論、文化理論、批判理論、女性主義	後結構主義、新實用主義、非線性系統理論、激進女性主義
對客觀實體的看法	世界存在唯一、客觀的實體，研究的目的即在尋得永恆性規律。	世界上存在著多元的實體，不同角度的觀察將發現不同的實體。	世界上不存在著任何客觀實體，即使有也是永不可得的追尋。
基本主張	化約主義、基礎主義、操作主義、再現主義、客觀主義、決定論	多元主義、主觀主義、反再現主義	反化約主義、反基礎主義、反決定論、反還原論、去中心化、反權威論
研究取向	量化之統計驗證模式、實驗法	批判性觀點、人種誌研究、觀察法、訪問法	文本分析、個案研究、論述法、生命傳記
在方法論上的主張	1. 採用操作型定義 2. 堅持價值中立，研究者之客觀性知識法則化，且可重複驗證。 3. 採假設驗證型式，以實驗法為主要方法。 4. 觀察與理論間可以相互獨立。	1. 操作型定義的拘泥形式對實體的採行效果有限，主張採取多元的研究取向，包括自然取向、批判取向、文化取向、連貫取向等來瞭解現象。 2. 肯定主觀性對於研究的影響是不可避免的，應重視實驗室以外的社會脈絡。 3. 採彈性的實地觀察與訪談，以觀察法與訪談法為主要方法。	1. 任何的研究型式都可被接受，主張「什麼都行」。 2. 知識是主觀的、變易的，價值中立性根本是謬論。 3. 採激進的解構研究型式，反對客觀性的堅持，追求多元詮釋的論述與文本研究，重視研究者操作型語言的事實。 4. 任何的研究都是主觀的。

表 7.2.1.　（續）

	邏輯實證論 （1930～）	後實證論或詮譯學 （1970～）	後現代主義或 批判理論 （1990～）
對教育行政研究之影響	1. 研究結果必須由特殊推演出普遍邏輯，以做最廣泛的應用。 2. 教育行政研究為應用科學的研究，排除任何主觀因素並企圖建立嚴謹的知識架構。 3. 任何的觀察與理論建立旨在提供普遍性原則。 4. 任何的研究若不具實證性資料，不按照假設演繹的步驟進行，則被強烈指為不具價值。	1. 研究者不再執著於普遍結果的框架，特殊的個體研究受到重視。 2. 教育行政研究內容複雜，屬社會科學，知識需靠多元的方法來共同生產。 3. 觀察與理論的建立旨在尋求更好的解釋，追求新批判。 4. 除了實證性的研究外，其他類型的研究也具有同等價值。	1. 特殊性（個體）才是研究的重點，反對大型論述的建構，重視批判與解構。 2. 教育行政研究不需任何的知識生產架構，也沒有任何的驗證指標可以判別知識的優劣。 3. 反對理論的建立，任何的研究與觀察旨在對特殊進行解釋。 4. 任何的研究都具有其獨特的價值。

資料來源：秦夢群、黃貞裕（2001），**教育行政研究方法論**，頁 26，台北：五南。

（二）影響教育研究結果應用之教育政策層面因素

王麗雲（1999，頁 146-151）、Cohen and Garet (1991, pp. 124-127)
也指出影響教育研究結果之應用，在教育政策方面的原因有五個：（1）
利益衝突：教育政策所要處理的問題，有時候不一定單純是教育上的問
題，許多時候，可能是政治上的問題、權力分配的問題、資源分配的問
題、或是利益團體之間利益分配的問題，這種以利益為導向的政策，所
需要的不是客觀真實的研究結果，而是能支持政策意圖的研究證據；（2）
價值歧異：政策是一組知識和信念，是關於社會問題成因的想法，以及
社會如何運作與如何適切解決問題的假定，這些都是和價值有關聯的，
雖然說幾乎所有的政策都是價值選擇的問題，似乎有些武斷，但是，事

實上，政策是離不開價值問題的，影響政策之價值判斷或選擇的因素是相當多的，除了社會變遷和國家發展的需要之外，組織與機構的目標，決策者個人的社經背景、學術訓練與生活經驗，都會影響到決策時價值的選擇與判斷，可是教育研究不可能包括這麼廣的範圍，其中許多的問題也不是教育研究可以解決的，也就是說，教育研究在教育決策方面的影響是相當有限的；（3）政策的複雜面向：政策所涉及的層面往往不是單一的，它經常是一個主題之下，各個部門所發展出來的一組公共行動，雖然政策經常是以實徵經驗為基礎的，但是這些實徵經驗的意義與功能，因為受到更廣大的，有關於社會目的之觀念、假定與政治判斷的影響，導致其性質變成非經驗性的，因此，政策所涉及的範圍是多層面的也是全面的，Hega and Hokenmaier (2002, p. 2)在其研究中就指出，歐洲與美洲國家的教育政策和社會福利發展方案有密切的關係，所以，很難有單一的研究能影響全面的政策；（4）政策決定權的模糊：由於決策的責任分散在政府的許多部門，決策的權威同時，橫向的與縱向的分布在政府的各個層級與人員之中，在政府組織與機構中，雖然有分層負責與權責範圍的規定，但是，由於科層體制與組織氣氛的影響，以及各種思想和行動的因素，許多時候會造成決策的模糊地帶，這同時也使得教育研究很難對政策發揮影響；與（5）政策影響的有限性，政策雖然是一種權力的展現，事實上，它能解決的問題或處理的事務範圍，並不如想像中的廣泛和深遠，因此，它的影響是有限的。

（三）影響教育研究結果應用之教育研究與教育政策之二元互動因素

我們經常可以聽到這樣的聲音（翁福元，1999，頁 4-5）：「政府並不重視學者的研究，教育部拿了一大筆錢委託專家學者進行研究，可是當教育部在制定教育政策時，根本不參考相關的研究報告，而把他們束之高閣。」；「教育部委託專家學者做研究，其實是要他們為政府的政策背書。」，以上所舉的例子是從學術界發出的抱怨。以下則是從政治界或是行政部門產生的牢騷：「花了一大筆經費，請所謂的專家學者做研

究，做出來的研究報告，真不知道在研究些什麼，水準有夠低的。」；「雖
然研究成果不錯，研究報告的水準也相當高，可是和我們的政策取向不
一致，所以很可惜，沒辦法採用，只能參考。」；「有什麼辦法，現在政
策改了，再好的研究也沒有用。」就像 Hallinan(1996, p. 131)指出的：社
會科學研究者和教育實務人員，都會抱怨在實徵研究與教育實務之間存
在著鴻溝。從以上所舉的例子，或許可以呼應翁福元（1999，頁 5）所
歸納出影響教育研究結果應用的三個主要的因素：（1）學術界和行政界
之間對彼此都有彎高的期望，可是這期望恐怕有所偏頗；（2）學術界和
行政界之間恐怕有所誤會，或是了解不夠，這可能是彼此對話不足所導
致的；（3）學術界和行政界都可能想以對方，爲遂行其目標或任務的手
段；說得簡單些，二者可能都想「宰制」（dominate）對方。

　　如果教育研究與教育政策一直維持這樣的關係，不論就教育研究的
進行或發展，或是教育政策的制定與執行，都是不理想的。教育研究與
教育政策的制定都是專業的行爲，彼此要互相尊重，尤其在一切講究專
業與分工的現代社會，尊重專業與相信專業是必要而且重要的，就像鄭
世仁（2000，頁 437）在談到台灣教育改革的可能出路時所提到的，在
觀念上的兩個共識：「要使政治的干預減到最小」和「要尊重教育的專
業性」，他（2000，頁 437）指出：「教育改革與醫療行爲一樣，是一種
專業的診斷與處方，非有專業的知識不可。因此，教育改革不可以委由
非專業的人員爲之。以免診斷錯誤，或開錯藥方，貽害眾生。」教育研
究何嘗不是如此，它不僅不可以委由非專業的人員爲之，更不可以由非
專業人員來主導其研究方向，並且更要堅持其研究倫理。張芳全（1998，
頁 11）指出在教育政策的執行策略中，需要掌握四個重點：（1）政策分
析者應了解一項政策在執行時有無替代方案；（2）政策分析者應該了解
若政策執行失敗，要如何處置與因應；（3）政策分析者應了解那一種方
案或途徑，其成本最低、效果最大；與（4）政策分析者應該掌握每一
種方案或對策的風險。這四個教育政策執行時需要掌握的重點，如果只
靠「政策分析」，恐怕是不夠的，教育研究才是比較具體可靠的方法與

工具。

二、教育研究在教育政策之應用：相關模式之分析

溫明麗（2004，頁 183）指出：「教育研究的目的就是為了解決問題，只是此問題的層面不同、原因不同，故所有有利於瞭解問題癥結和提出解決問題策略的研究…均應該多元的採用。」雖然，在這裡主要是談教育研究在教育政策應用的主題，其實，這是值得進一步討論的，像 Daniel (1997, pp. 101-106)就指出，當前教育研究有三大迷思—方法上、應用上與統計上的迷思，就應用上的迷思而言，一般教育研究在研究之前就考慮要如何應用在實務上，這是不對的，教育研究應該是以促進理論的發展為主要任務。就教育政策而言，教育研究結果的應用，應該也是多元的。究竟教育研究在教育政策的歷程上應該如何應用，這個問題不只是教育政策相關人員需要關心，教育研究人員同樣也需要關注的。王麗雲（1999，頁 141-151）曾經就教育研究應用之理性模式[3]的類型及優缺點進行深入的分析與討論。

（一）研究發展模式

研究發展模式（Research and Development Model; R&D Model）又稱理論應用模式（Theory-into-Practice Model）或知識驅動模式（Knowledge-Driven Model），此一模式的特色是「由基礎研究而應用研究，由應用研究而發展研究，由發展研究而應用」，以相當明確的邏輯進展順序，說明改變發生的過程。可是，在政策制定上，很少決策是遵循研究發展模式所描述的歷程而進行的，研究、發展與行銷之間的銜接是相當薄弱的；研究發展模式也低估了傳播與採用階段，過度樂觀的認

---

[3] 根據王麗雲（1999，頁 141-142）的說法，理性模式（rational model）又稱過程模式（process model）「是探討教育研究知識如何產生效果，影響決定，促成變遷的傳統模式，其中包括了研究發展模式、社會互動模式，以及問題解決模式，代表一般大眾對教育研究與教育變遷之間關係的期望。」

為研發人員能掌握顧客的需要，實務人員也會對研發結果表示興趣，積極採用。

（二）社會互動模式

社會互動模式（Social Interaction Model）是在鄉村社會學常用的模式，它的兩個特徵是：（1）重視傳播的過程—研究與應用間並無直接的關聯，是一個來來往往，複雜的連結過程，資訊藉由個人與組織之間的傳遞而促成變遷；與（2）重視傳媒—由第一特徵可知，變遷的發生有賴於資訊的傳遞，藉由傳播，方能引起實務人員的注意，進而採用研究結果，所以與資訊傳遞有關的傳媒，就顯得格外重要。

（三）問題解決模式

問題解決模式是因為組織內部產生問題需要加以解決，而促成組織的改革或再造。在此一模式中，教育研究可以透過兩種途徑，協助機構或組織解決問題，其一，當教育或決策實務人員遭遇問題，向外尋求協助時，教育研究人員可以透過溝通，使決策人員能獲得完整的研究訊息和研究結果，如此，其研究結果可能為決策人員所用；其二，接受決策人員委託，就某一問題或議題進行研究，提供決策人員具體且適當的建議。問題解決模式的特徵主要有五：（1）以實務人員為出發點；（2）案主目標的一致性；（3）診斷先於提供答案；（4）以問題解決為導向；及（5）往往有外部專家的協助。

當然，教育研究在教育政策上之應用，應該不只有上面提到的三個模式，但是這三個模式大致上，可以包括教育研究在教育政策應用上的途徑。上面討論了影響教育研究在教育政策應用上的因素，以及教育研究在教育政策應用的模式的優缺點；但是，重要的是如何提高教育研究結果的應用性或是實用性，如果能夠達到此一目標的話，則不僅教育研究的結果更能發揮其功能與角色，同時也更可以期待制定出合理的、客觀的與適切的教育政策。究竟要如何才能提高教育研究結果的實用性與

應用性，也就是，提高教育研究對教育政策影響程度的策略或途徑為何，這是下一小節的主要內容。

三、提高教育研究結果之應用性或實用性策略

教育研究與教育政策之間的關係並不是一般所想像中的那麼簡單，事實上，是存在著某種程度的複雜性，教育研究需要經由「使用」之後，才能夠發揮其影響力，這就像許智香(1999，頁 264)所指出的：「一般而言，研究結果的本身並沒有產生任何的影響，只有在與政策所在的脈絡（context）相結合後才會產生影響，諸如激起決策者或行政者的興趣和爭論時，或是影響到他們的知覺（perception）和態度等。自然地，影響所及，可能是普遍的，也可能是特定的議題。」如何增進教育研究在政策上的影響力，亦即如何使教育研究更能夠為決策者所採用，許智香（1999，頁 265-266）根據 C. Weiss (1979, pp. 426-431) 的著作，整理出七個可能的模式：

（1）研究發展模式，遵循物理科學的使用方式

由於社會科學知識轉化為實務應用上的困難，這個模式在促進教育研究結果的應用上，並沒有多大的幫助或效用。

（2）問題解決模式

此一模式假定研究者與決策者在目標上有策略性的共識，事實上，研究者之間、決策者之間、研究者與決策者之間，對某種行動的看法，經常是不一致的，因此，這個模式比較符合特定研究計畫的性質，因為特定的研究計畫，通常是由決策部門所贊助，希望其研究結果能直接應用於問題的解決之上。

（3）互動模式

此一模式假設研究者和決策者之間有對話的存在，其進行方式，有可能是面對面的，也有可能是透過中介的方式進行，研究的應用不是直線的或是單向的，它是一種雙向往復進行的關係。

（4）政治模式

此一模式，假定研究結果是一種合理化政策方案的工具，教育研究的結果，只是服務特定政策和利益，是政治上的女僕，簡言之，教育研究的結果，只是用來合理化某一政策觀點的工具，這是教育政治學討論的重要主題之一。

（5）策略模式

教育決策上，有所謂不做決策亦是一種決策，有些時候，決策人員會假借研究之名，行擱置之實，也就是藉著研究結果，使具有爭議性的問題暫時擱置下來，這有可能是為了爭取更多的時間，所謂「事緩則圓」，也有可能是不做決策的「緩兵之計」。

（6）啟蒙模式

在此一模式下，教育研究結果，對於教育政策的影響不是直接的，將教育研究結果在社會大眾之間的普遍化與發展，形塑人們對有關議題的思考模式，進而滲透入政策形成的過程，達到影響政策的目標。

（7）視研究為社會智識事業之一部分模式

教育研究對教育政策制定和實踐的影響，大多數是間接的，決策和政策也不是一種有秩序和理性的行動，通常包含許多不同利益團體的動態交互作用，雖然無法期待教育研究對教育政策有直接的、立即的和較廣泛的影響，或許，可以期待教育研究，能試著和決策人員透過各種知

識的溝通和論辯，以達成較佳的政策制定和選擇。

　　上述七個模式對於教育研在教育政策上的應用各有其優缺點，究竟應如何提高，教育研究在教育政策上應用的比例或程度，當然，最根本的工作是，減少研究與政策/實務之間的鴻溝。其可行的途徑包括（Hallinan, 1996, pp. 131-134; Hirsch, 1998, pp. 3-5；Miller & Shinn, 2005, pp.163-183）：（1）增進方案執行的能力；（2）提升價值的一致性/合適性；（3）提倡創新；以及（4）簡化決策模式。另外，將教育研究與教育政策兩者的關係模式化，也是可以考慮的途徑，其中兩個可行的模式為：工程模式（engineering model）與啓蒙模式（enlightment model）（Miller & Shinn, 2005, pp.163-183）。

第三節
教育研究與教育政策關係之政治社會學分析

　　教育研究與教育政策之關係是教育領域中的重要議題之一，有相當多的學者關心到此一主題，相關的著作和出版品也相當多。雖然，教育研究的主要功能，在於創造知識與改善理論，但是，如果能夠同時兼顧政策上的應用，就更為理想；而政策取向的教育研究，在以實用為導向的同時，如果也能夠考慮知識的創新與理論的充實及改善，當然是更為理想的。就時間序列或歷史的角度觀之，教育研究與教育政策關係的演進大致可以分成四個階段（吳建華，2002，頁 5-6）：（1）教育研究處於指導政策的地位階段：1950-1960 年代；（2）教育政策對教育研究產生懷疑階段：1970 年代；（3）教育研究重建與教育政策關係的階段：1980年代；與（4）教育研究與教育政策的關係擴大為研究、政策、實務、及改革階段。這些關係的演變，比較是和研究途徑有關的，以下本節主要是從政治社會學的觀點，討論教育研究與教育政策的關係。

一、當前教育研究的趨勢與取向

　　有關理論與實務能否兼顧，這是個「魚與熊掌」的問題，但是否「魚與熊掌不可得兼」或是「魚與熊掌可以兼得」，就當前教育研究的趨勢來看，情況應該是比較樂觀的，也就是，教育研究應該可以同時顧及知識的創新與政策的應用兩個功能。翁福元（1999，頁 6-7）指出目前教育研究的趨勢有二：（1）教育研究主體的轉變—教育研究的主體已經從過去，集中在高等教育學府和相關之研究機構釋放出來，擴大到中小學教師，如此，將可以增進教育研究的應用功能；與（2）研究方法的改變—教育研究方法與重點的改變主要在於，從鉅觀的研究轉而偏重微觀的研究，從教育知識或原理原則建立之傳統研究方法，轉爲強調教育問題立即解決之行動研究方法的運用。翁福元（1999，頁 8-11）更進一步分析最近教育研究的取向有三：（1）傾向合作研究；（2）縮短和教育實務間的距離；與（3）和教育政策發展較密切的關係。這些或許可以拉近研究與實務之間的距離，使教育研究與教育政策之間的關係較過去更爲密切。但是，教育研究與教育政策之間的關係，就前面的分析討論而言，事實上，並不是如一般想像的那麼單純，以下將從政治社會學的觀點（political-sociological perspective）討論教育研究與教育政策的關係。

二、教育研究與教育政策關係分析：政治社會學的觀點

　　教育研究與教育政策之間的關係，之所以沒有想像中的單純，主要是因爲，不論就前者或是後者的層面來看，其中都有相當多的因素左右其進行，在二者之間更是有相當多複雜因素夾雜其間，尤其教育在政府預算中占有相當大的比例，同時它在政府機構，以及許多文化、社會與經濟歷程中，又都占有十分重要的地位，因此，任何對教育政策較爲激烈的改變，在其他地方和部門都很可能產生強大的影響，這些改變部分是由於社會、經濟或文化的壓力所導致的，也有部分是來自於教育系統

之外的，夾雜政治因素在內政策的影響，教育學術研究，當可記載與分析這些現象；當教育系統面臨來自社會結構之各個層面挑戰的時候，政府就會推動或是委託學者專家主持相關的教育研究（Levin, 1991，pp. 70-71; Raab, 1994, p. 17）。教育研究和教育政策之所以受到政府的重視，主要的原因是，由於政府對於國家其他領域發展的重視，以及為了處理來自於社會變遷與國際競爭的種種危機、壓力和挑戰。這就導致了 Timpane (1997, pp. 261-263)所稱的教育研究政治學的產生，可是，教育研究的發展同時，也受到社會結構因素的影響，因此，本書以 Timpane (1997, pp. 261-263)的觀點為基礎，嘗試加入社會學的論點，從政治社會學的觀點討論教育研究與教育政策的關係。

（一）政府研究機構及研究時程之建立

不論是政府建立的研究機構或是政府委託的研究案，政府都有研究時程的規範與要求，此一作為看似單純，其實涉及了頗為複雜的政治社會的問題：那些社會或教育問題應該優先解決？那些團體或組織的要求應該優先予以滿足？有限的資源應該先分配給誰？什麼樣的研究主題應該優先給予經費？那些類型的研究，最能夠達成政府的要求與配合政府的時程規定？這些問題都有社會的與政治的考量，像最近幾年台灣的國科會有所謂的「熱門主題」，要申請國科會的研究，研究計畫在這些熱門的研究主題之內，就比較容易獲得補助；教育部每年也都會有一些研究主題的推動，這些主題大多和當前社會上重要的教育議題或是教育部的主要施政方針有關。

（二）特定研究方案的選擇與管控

有關教育研究方案的選擇與管控，並不是全然單純的從教育的理想或是目標著手的，也不全然是從知識創造與理論提升角度考慮的。研究方案的選擇與管控，仍然受到社會結構與政治因素相當程度的影響。像台灣最近幾年相當熱門的九年一貫課程、原住民族教育與外籍配偶及其

子女的研究，除了這些主題在社會上都造成相當的影響和衝擊之外，也是政府政策上所亟欲解決的問題，因此，台灣政府的相關部門，就特別鍾愛和這些主題有關的研究計畫，甚至於研究計畫主持人，也是他們有技巧的決定的。如果你不是政府部門屬意的人選，你所提的研究計畫也不是當前政府政策的熱門議題，那你要拿到政府的經費補助恐怕就有相當程度的困難。

（三）研究結果的應用

有關教育研究在教育政策上應用的議題，不僅在英美兩國受到相當的重視，在國內，也引起相當程度的重視（王麗雲，2006；翁福元，1999，頁 15-18；Finn, 1988, pp. 5-8; Oakes, 1992, pp. 12-21; Phillipps, 1980, pp. 17-24; Richardson, 1994, pp. 5-10; Robinson, 1998, p. 17）。教育研究結果的應用程度，除了受到研究品質的影響之外，決策者的各種考量因素才是重要的，其所考慮的因素包括：研究結果是否符合社會大眾的期待、吻合政府的要求與滿足政策的需求，是否能解決政府所面對的，來自社會變遷、國家發展及國際競爭的壓力和挑戰；另外，決策人員也會考慮到研究結果對他們的職位和權力，有沒有負面的或是不利的影響，Tomlison(1992, p. 2)曾提到：「教育行政人員對於教育研究成果的採用與否，首先，要看這些研究成果是否符合他們原先的意向…如果是的話，則他們將很樂意採用」。Levin (1991, pp. 72-73)就指出：教育研究要能夠增進其在教育政策上應用的功能，在教育研究方面至少應該要做到：(1)必須陳述決策人員當時所面對的特定的問題；(2)必須適時提供適切的研究發現，以幫助決策人員作出正確的決策；(3)研究報告的內容必須是淺顯易懂的；與（4）切忌違反決策人員所面對的特定政治方面的限制。

第四節

本章小結

　　本章的內容主要在討論教育研究與教育政策的關係，尤其是影響教育研究在教育政策上應用的因素，以及增進前者在後者之應用的可行策略與途徑。因此，本章首先討論分析了教育政策社會學的研究途徑，其中包括了多元文化途徑、新馬克思主義途徑與後結構主義途徑。第二節則分別從教育研究、教育政策及教育研究與教育政策交互作用等三個層面，討論影響教育研究在教育政策上之應用的因素，接著討論增進前者在後者之應用的可能途徑與模式。第三節則先討論教育研究的當前趨勢與取向，接著再從政治社會學的觀點討論教育研究與教育政策二者的關係。

第三篇　　對話篇

　　從一八九五年，涂爾幹於法國巴黎大學主持教育社會學講座伊始，不論就實際的情形或是從理論的角度來看，教育與社會的關係都是相當密切的，他在 *Education and Sociology* 一書的第一章和第三章對於「教育發展與國家社會的關係」與「教育學與社會學的關係」有深入的討論。迄今，從社會學或是社會思潮的層面，以探究教育領域，已是當前教育領域的主要趨勢之一。對於教育政策的探究，自一九八〇年代開始，教育政策的研究，除了在研究方法與研究取向有一個明顯的轉變—從早期行政科學之量化研究轉變為質性研究之外，在研究的的理論取向與範疇也有明顯的改變—從一般偏重價值層面的哲學論辯，到社會學的實徵性與經驗性研究。本篇的任務即在於探討教育政策與當前主要社會思潮的關係，或者可以更具體的說，本篇所包含的章節的功能或任務，就是在探討：究竟教育政策如何藉用社會學思潮的概念、原理、方法或理論來處理或解決教育本身，以及教育政策相關的議題，或是處理社會上的問題；另外，也思探討當代之社會思潮如何影響教育政策的提出、制定、執行、成效與評鑑。本篇主要包括六章，這六章分別從意識型態、新右派、後殖民主義、後福特主義、全球化、市場化、去中央化與批判教育學等層面，探索教育政策有關的議題。這六章的主要功能在於建構教育政策社會學的理論基礎，以及學科的主要架構與範疇。

第 8 章

教育政策與意識型態

教育是偽裝的意識型態教育。人類無法逃離意識型態，而所能做的只是批判舊的意識型態而建立一個新的意識型態。

～陳文團，1999，頁1；3～

Education is envitably political, in the sense that the aims of education will be related to ideology of some kind.

～D. Lawton, 1992, x. ～

摘 要

意識型態自迪特崔西創立以來，對人類社會與政治發展，就有著相當程度的影響，尤其是馬克思，將之應用在人類社會階級鬥爭方面的論述，更使得意識型態的影響滲透到人類社會的各個層面。除了對人類社會事實面的顯著影響之外，意識型態對人類學術的發展，尤其是社會科學的發展，不僅有令人印象深刻的作用力，甚至於可以說幾乎已經到了「控制」或「宰制」的程度了。在教育領域，把意識型態應用在課程領域之研究、實務與教科書的批判與論辯，早已有之，對於課程內容的改善，也產生了相當程度的影響作用，「淨化」了課程中偏差的、歧視的和不適當的種種意識型態，對於社會和諧與族群的相互尊重或進一步的融合，當有所裨益。

近年來，有關教育與意識型態關係的研究或是相關著作增加的趨勢頗為驚人；將意識型態的觀念或理論應用在教育政策方面的分析、檢討與批判的著作，頗有急起直追之勢。如此或許更能協助政府或是有關當局，制定出不僅符合國家建設與社會發展所需和滿足一般社會大眾需求的教育政策，而且更能制定出合於公平正義原則，以及沒有偏差、歧視和排斥等不適當的意識型態的教育政策。

本章首先介紹和討論意識型態的起源與發展，包括其意義之轉變或「扭曲」、及其對人類、個人與社會的意義和重要性。其次，討論意識型態的意義與性質，其中包括了它可能發揮的功能與作用。第二節則討論與分析了意識型態的類別與功能；第三節分析了教育與意識型態的關係，深入討論意識型態如何影響和左右著教育的發展；第四節則應用前面幾節有關意識型態相關概念與理論的討論，進行教育政策與意義型態關係的分析與論述，其中有理論方面的應用，也有實務方面的批判與論述。

楔　子

　　自從迪特崔西（Antoine Destutt de Tracy，1754-1836）開創了意識型態（ideology）的研究—「觀念科學」（或譯為觀念之學）（the science of idea），「原意是在表達一種學習理論，這種理論是在描述內心當中，非為感官經驗所形成的抽象觀念之起源」（張明貴譯，1983，頁 1）。就像 F. M. Watkins and I. Kramnick (1979) 在其所著的《意識型態的時代：從 1750 年到現在的政治思想》一書中提到的（張明貴譯，1983，頁 1）：「過去兩個世紀以來的西方世界，一直是處於可以適當的如此稱之為『意識型態的時代』」。之後，意識型態和人類社會的關係，就有如空氣和人類的關係一般；意識型態時時刻刻、隨時隨地附著於人類的思考，人類則幾乎無法免於意識型態的影響。或許我們可以這麼比喻：我們無法想像一個沒有空氣的世界，我們也無法想像一個沒有意識型態的社會。人類和意識型態的關係，更具體而言，可以說：當人類發現了意識型態存在的意義，就像人類發現到空氣存在的意義一般。但是，意識型態的意義在經過拿破崙（Napoleon Bonaparte）和馬克思的扭曲之後，拿破崙將「意識型態」這個字意的本質轉成為「形而上者和狂熱者」（Ideologues），而且稱迪特崔西及其同路人的「觀念之學」的學說為「形而上的和意識型態的幻覺」（江日新，1998，頁 171；Freeden, 1996, p. 14；Thompson, 1990, pp. 29-33），卻變成了人類的魔咒：意識型態把人類社會的圖像，導入一個衝突與鬥爭不斷的世界。雖然，曼海姆（Karl Mannheim）曾努力試圖扭轉此一受扭曲的意識型態的概念與功能，但是似乎不敵它的魔力，所以迄今，一般意識型態的概念與功能，仍然比較偏重負面的與消極的層面。換言之，Antoine Destutt de Tracy 當初所賦予意識型態的意義在當代已經沒有多大意義了，當代學者在應用意識型態時，大多數是處在十九世紀中期馬克思與恩格斯（Engels）對此一名詞的解釋之陰影下的（Freeden, 1996, p. 14）。

　　而教育政策似乎是一個充滿意識型態的領域與範疇。本章主要在討

論教育政策與意識型態的關係。第一節的重點在介紹意識型態此一概念和研究領域的源起與發展，以及它的功能與對社會科學或人類社會的意義與功能。第二節則主要在討論意識型態的類別與功能。第三節的重點則在於討論與分析，教育與意識型態的關係。第四節則主要在分析教育政策與意識型態的關係。

第一節

意識型態的意義與性質

有關意識型態的討論和著作已經相當的多了，例如：I. Adams (1993), R. Bocock and K. Thompsom (1985), M. Cormack (1992), T. Eagleton (1991), M. Freeden (1996), K. Mannheim(1936), J. B. Thompson (1984), S. Žižek(1994) ，或許用汗牛充棟來形容應該也不爲過；意識型態對人類日常生活與社會發展影響之普遍，大家也不會去懷疑它。但是，或許就是因爲這樣子，使得通常我們不會去注意到意識型態的作用力，等到我們驚覺到意識型態的力道的時候，恐怕受傷已經相當嚴重了。意識型態和權力，及空氣都是我們日常生活中所不可或缺或是無法避免的。陳文團（1999，頁 2）在《意識型態教育的貧困》一書中，對於意識型態和人類生活關係的密切有如下的敘述：

> 歷經長久的研究和反省，現在我理解到，意識型態不論喜歡與否，都是我們必須面對的重要課題。真實的情況是，意識型態已經紮根於我們的生活底層，以致於我們不能沒有它…意識型態最初是源自生活世界（*life-world*）的產物，當它開始介入我們的日常運作後，便成了我們不可或缺的一部分。只有在一連串形成和有效解決我們主要問題的發展過程之中，意識型態才得以獲得其完備的型式，用以保障我們的利益，使我們生存。

　　從這一段引文中，我們大概可以隱約領略到意識型態的意義、性質與功能。以下將整理相關的文獻著作，對意識型態的意義、性質、範圍與功能做進一步的分析與討論。

一、意識型態的意義

　　有關意識型態之意義與性質討論的相關著作相當的多，但是其立論依據或所持立場卻是相當的紛歧，有的就意識型態的原初意義來討論，有的就馬克思的角度來討論，有的則就社會學的觀點來討論[1]，也有的從批判的角度出發。雖然討論意識型態意義與性質的角度和立場不一，但是實際上其概念和內容卻也有共通之處。以下就有關的文獻資料進行歸納整理，以扼要討論意識型態的性質與意義。

　　在《企鵝社會學辭典》(*The Penguin Dictionary of Sociology*)裡對「意識型態」一詞有著這樣的描述（Abercrombie, Hill, and Turner, 1984, p.104）：「在社會學領域，意識型態是爭論最多的概念之一」。在《簡明牛津社會學辭典》(*The Concise Oxford Dictionary of Sociology*)（Marshall, 1994, p. 234）對「意識型態」也有如此的描述：「意識型態一詞有著悠久的、繁複的、以及格外豐富的歷史」。另外，《簡明牛津社會學辭典》（Marshall, 1994, p. 234-5）也指出：「要對意識型態下定義是相當困難的，因爲其概念發展主要是根據馬克思的著作，但是在馬克思的著作中，馬克思所關心的主題相當龐雜，其中的概念也頗爲複雜」。D. Lawton（1992, p. 10）也指出在掌握意識型態意義時的兩個困難：其一，「意識型態」經常被不同的作者以不同的方法使用著；其二，「意識型態」被應用在各種不同層級的描述，其範圍從一個階級或政治運動對世界描述

---

[1] 在《簡明牛津社會學辭典》(*The Concise Oxford Dictionary of Sociology*)裡，則是將馬克思著作裡，對意識型態的論述，視爲當前社會學對意識型態討論的主要根源。

的觀點，到指稱一組信仰或態度。對於意識型態的意義與性質，L. Althusser（1971a, pp. 36-44）在 *Essays on Ideology* 一書中舉出兩個課題（Theses）：（1）意識型態是個人與其所依存的真實條件之想像關係的「再現」（Representation）；（2）意識型態具物質之存在。接著 Althusser（1971a, p. 44）提出兩個附帶的課題：（1）除非透過意識型態或在意識型態之內，否則沒有實踐可言；（2）除非是透過或為了主體，否則也沒有意識型態可言。

　　對於複雜的意識型態的概念與性質，C. Sumner (1979, p. 5) 在其所著 *Reading Ideologies: An investigation into the Marxist theory of ideology and law* 一書中，曾歸納出以下的十種解釋：

（1）意識型態是指虛妄意識所形成的一組信仰。其所以被認為「是」的錯誤，是因為它被從階級利益的立場來解釋。

（2）意識型態是基於自我利益或烏托邦式的希望，所促發的一種政治思想體系。

（3）意識型態是指根據事物的表相，而形成的表面或錯誤的觀點。此一觀點需要對所有的表相進行描述。

（4）意識型態是指任何系統化的思想，而這些思想都有其社會的根源。…

（5）意識型態是指由特定的生產模式或經濟結構所形成的信仰。

（6）意識型態是指與社會實踐有關的非科學的信仰，而與理論的探究較無關。…

（7）意識型態是指人們在其意識中，以想像方式所表現出來與其生活世界的種種關係。…

（8）意識型態是指意識中的種種階級鬥爭的場域。…

（9）意識型態是指，具有治政意義和效果的種種社會實踐及其再現的體系。

（10）意識型態是指一種特殊的社會實踐—能使個人生存於社會整
　　　體中所表現出的真實狀況及其特定的關係…。

　　另外，陳伯璋（1998，頁 5）在其編著的《意識型態與教育》一書
中，對於意識型態的性質與概念也有深入的討論，在經過一番討論之
後，他做了如下的歸納與整理：

（1）系統性：意識型態是一套價值觀念或信念所形成的，同
　　　時它也包含實踐系統。簡言之，即是認知、價值和行動
　　　體系統合而成的。
（2）排他性：任何一種意識型態對內有統整的作用，而對外
　　　則會產生強烈的排他性，所謂「非此即彼」，或是「不
　　　是同志就是敵人」的堅持，常常使意識型態的對峙，產
　　　生極大的殺傷力。如共產主義與民主主義的對立，即可
　　　見一般。
（3）強制性：意識型態爲要維持既成體制的秩序和穩定，以
　　　及「團體內意識」（we-group feeling）的強化，因此它
　　　對成員有相當的規範性。
（4）情感性：意識型態的產生，並不一定完全是合理性。事
　　　實上，它具有強烈的情感色彩，因此像過去「白種人優
　　　越感」所形成的「白澳」政策，以及往昔南非白人爲顧
　　　及自身利益，壓制黑人權利，都是與這種民族情感有密
　　　切關係。
（5）主導性：意識型態它不是一種空疏的理想，事實上它具
　　　有實踐和動員的特性。換言之，它是以行動爲導向，而
　　　企求某一團體（或組織）目標的實現，它是要「起而行」
　　　的。

二、意識型態的性質

意識型態的性質相當的複雜和廣泛,上面所舉述的,是整理自相關的著作和論述,這些只是其中之犖犖大者,根據作者對意識型態的理解和掌握,事實上,意識型態應該還具有以下的結構性特質:

(一)階級性

如果就馬克思的論述或主張而言,不同的階級具有不同的階級意識;這些階級意識經常都是對立的、互不相容的,像資產階級(資本家)和無產階級(勞動者)彼此的階級意識就是相對立的。其實,他們的階級意識就是他們的意識型態。因為這些意識型態,使得他們能夠效忠自己的階級,進而和對立的或敵對的階級對抗或是戰鬥,亦即「階級鬥爭」。如果放寬範圍來看,除了階級之外,不同的社會階層,不同的職業,或是不同的年齡層之間,也都有各自的意識型態,這些意識型態就造成了不同階層、職業、及年齡者之間的誤解、對立與衝突。

(二)持續性

意識型態的形成通常不會是很快速的,是逐漸形成的;同樣的,意識型態一經形成之後,就不容易改變,甚至會持續一段相當久的時間,曾經有這樣的說法「一種主義(意識型態)一經形成,大概要經過七八十年的時間,才有可能放棄或改變」。像俄羅斯沙皇時期之政治異議分子於一九一七年發動十月革命,以共產主義立國,以迄於一九九○年放棄共產主義,期間大約經過八十年之久。至於個人方面,意識型態一經建立,要其改變也是具有相當的難度。

（三）相對性

「意識型態並不先於人而存在，它是人類活動的結果，因此可以斷言：意識型態本身不是絕對的」（陳文團，1999，頁 17）。不同時空環境之下不同的人群，會創造出不同的意識型態，同一意識型態，同一時間，但是不同的地區或社會脈絡，這個意識型態可能會遭遇到不同的命運或下場－這個地區接受，另一個地區拒斥；同樣的意識型態，相同的地區，但是不同的時間因素，這個意識型態所面對的下場或命運也可能不一樣。縱使在同一時空環境之下，不同的人群也會對同一意識型態採取不同的態度。在台灣，戒嚴時期，大家都講「三民主義」這樣的一個政治意識型態，你不講，你就是不對；現在，解嚴了，大家幾乎都不再講三民主義了，你再講它，你就不對了。

T. Eagleton（1991, pp. 1-2）在 *Ideology: An introduction* 一書中，就有關意識型態的出版品加以整理歸納，最後列舉了目前仍然通行的十五種意識型態的定義：

（a）社會生活中意義、訊號、及價值創造的歷程；

（b）特定的社會團體或階級觀念特徵的彙整；

（c）協助統治的政治權力合法化之觀念；

（d）協助統治的政治權力合法化之虛妄的觀念；

（e）被有系統地扭曲的溝通；

（f）提供主體地位的工具；

（g）社會利益所促動的思想的形式；

（h）認同性的思想；

（i）社會之必要的解說；

（j）論述與權力的結合；

（k）自覺的社會行動者用以了解他們自己的世界的媒介；

（l）一組信仰之行動取向；

（m）語言和現象性事實之混淆；

（n）個人生活與外在社會結構建立關係之不可或缺的媒介；

（o）社會生活轉變爲自然事實的歷程。

　　就上面 Eagleton 列舉的十五種目前仍然通行的意識型態的定義，可以大致歸納爲三類：（1）社會事實類，包括 a, b, g, i, k, n 及 o 等七個定義；（2）統治類，包括 c, d 及 j 等三個定義；（3）溝通類，包括 e , f, h, l, 及 n 等五個定義。如果就上列有關意識型態的解釋或定義，加以分析整理可以發現，意識型態是個人或群體所相信的或是所堅持的信仰、信念、或價值等，而且爲了守護或實踐這些種種，會採取行動，甚至不惜犧牲生命；另外，也很有可能會造成人與人、團體與團體、社會與社會，以及國家與國家間的衝突與對抗。當然，如果意識型態一致的話，則有可能產生合作的結果。還有意識型態的產生或是演進過程，大致上遵循這樣的歷程或軌跡：抽象概念的產生➜概念的具象化➜概念的行動化➜概念的霸權化。

第二節

意識型態的類別與功能

　　有關意識型態類別的討論，L. Althusser（1971a，1971b）的討論相當具有代表性。國家機器（State Apparatuses；SAs）**²**和意識型態有相當密切的關係，也許可以進一步說：靠著國家機器，意識型態的功能才能夠實踐。L. Althusser（1971a）在 *Essays on Ideology* 一書中，把國家機器分爲兩種：意識型態的國家機器（Ideological State Apparatuses；ISAs）與壓迫性（或譯宰制性）的國家機器（Repressive State Apparatuses；RSAs）。壓迫性的國家機器是指（Althusser，1971b，pp.136）：政府、行政機構、軍隊、警察、法院、監獄等。關於意識型態的國家機器和壓迫性的國家機器的概念、類別和功能，Althusser（1971a, pp. 1-60；1971b, pp. 123-73）在'Ideology and Ideological State Apparatuses'一文中，有詳細而且深入的討論。

　　就直接的觀察而言，意識型態的國家機器，是一爲數不少的實存（reality），它們互不相屬，而且是專業化的機構，意識型態的國家機器包括（Althusser，1971b，pp.136-37）：

　　　－宗教的意識型態國家機器（各種教派），

　　　－教育的意識型態國家機器（各種公私立學校制度），

　　　－家庭的意識型態國家機器，

　　　－法律的意識型態國家機器，

　　　－政治的意識型態國家機器（政治制度，包括政黨），

　　　－工會的意識型態國家機器，

　　　－大眾傳播的意識型態國家機器（報社，廣播和電視等等），

　　　－文化的意識型態國家機器（休閒，藝術和運動等等）。

---

² 在馬克思主義中所稱的國家機器，Althusser 則直接將之視爲壓迫性的國家機器。

　　壓迫性國家機器和意識型態國家機器的不同在於，前者是靠暴力來運作的、是一體的、完全屬於公部門，後者則是靠意識型態來運作的、是多元的、是屬於私部門的；事實上，不論是壓迫性國家機器或是意識型態國家機器，都同時靠壓迫與意識型態來運作的，只是前者的運作主要是以壓迫為主，以意識型態為輔；後者的運作則是以意識型態為主，以壓迫為輔，但事實上，兩者是交互為用的（Althusser，1971b，pp. 136-38）。

　　　不論（壓迫性的）國家機器或者意識型態的國家機器，都具備著壓迫和意識型態這兩套「運作」…這個事實，揭露了（壓迫性的）國家機器與意識型態的國家機器是彼此交互為用的，也揭露出兩者之間各種異常微妙的公開或秘密的組合…如果意識型態國家機器主要是靠著意識型態來「運作」的，則分歧的意識型態國家機器正是由意識型態的運作所統一起來的，因為他們據以運作的意識型態—雖然看起來是歧異的、矛盾的—事實上總是一致的，全都統一在居於統治地位的意識型態之下，亦即，統一在‘統治階級’的意識型態之下。只要‘統治階級’還握有國家權力（它可以堂而皇之地據有，也可以透過與某些階級、某些階級派系結成聯盟來握取國家權力），他就可以隨意驅遣（壓迫性的）國家機器，這也就難怪，統治階級可以同樣地活躍於意識型態的國家機器，因為，意識型態國家機器—在它的矛盾中—所實現的意識型態歸根究底乃是統治的意識型態…任何一個階級，在長期當中若不掌握到意識型態國家機器的霸權，它也不可能長時間掌握著國家權力（Althusser，1971b，pp. 139）。

…意識型態國家機器不僅是階級鬥爭的關鍵點，更是階級鬥爭的場所，而且這種鬥爭常常是一種相當慘烈的鬥爭。掌權的階級（或者，階級聯盟）想在意識型態國家機器內建立威權，事情不會像它在（壓迫性）國家機器內那麼容易，不僅先前的統治階級會維持長時間的強勢，而且被剝削階級的反抗，或者利用意識型態國家機器的矛盾，或者去奪取一個戰鬥位置，它也能找到表現自己的機會和手段（Althusser，1971b，p. 140）[3]。

　　就此而論，壓迫性國家機器，則含有部分意識型態國家機器之性質與功能；而意識型態國家機器，則含有部分壓迫性國家機器的性質與功能。這兩種國家機器主要的角色和功能，皆在於服務統治階級，壓抑被統治階級，以將統治階級的意識型態傳遞或灌輸予被統治階級；但是，也有可能為被統治階級所用。據此，或許可以進一步指出，Althusser 應該有意把意識型態分為「壓迫性的意義型態」和「意識型態的意識型態」。

---

[3]　這兩段的譯文，除了參考 L. Althusser(1971b, pp. 139-140)的著作外，主要是參考《造反的哲學人　路易 • 阿杜塞　革命哲學/意識形態/國家機器》一書的第53 頁到 54 頁的內容增刪完成的，但是，該書沒有譯者、出版社、出版年和出版地等相關資料，所以沒能將其在引文中標識出來，也無法將其列入參考書目中。僅在此向該書之譯者和出版者致謝。

第三節

意識型態與教育發展

在現代社會裡，意識型態透過學校制度、大眾傳播媒體[4]和廣告而普遍的傳播著，因此，大多數人的思想都或多或少，含有某種類型或是程度的意識型態的，縱使是那些智慧最成熟的人們或多或少，都會持續接受一些最具影響力的意識型態之部分要素（Fowler, 2000, p. 123）。

一、意識型態在教育的意義

一般衝突論的學者也都主張，學校（教育）是灌輸和傳遞意識型態之最有效的工具；再者，由於一般社會大眾接受教育的時間都蠻長的，一般國家政府都會藉著教育內容、教育活動和教育措施傳遞其主張的意識型態，尤其是文化和政治意識型態。執是之故，教育和意識型態之間有相當密切的關係。至於做為指導教育發展方針，在教育場域中扮演「戰略者」角色的教育政策和意識型態的關係又是如何，在本節中會有深入的討論。在討論教育政策與意識型態之前，首先討論教育與意識型態的關係。

二、意識型態與教育發展

有相當多的文獻和研究報告都指出：教育和意識型態有相當密切的關係（見表 8.3.1.）。但是就此二者的關係，再進一步分析其程度或是層級者則不多見。Lawton (1992, pp. 10-15) 曾對教育與意識型態的關係有頗為深入的討論和分析，他把意識型態與教育的關係分成三個層級：

---

[4] 有關意識型態和大眾傳播媒體的關係，J. B. Thompson (1990) 在 *Ideology and Mass Culture: Critical social theory and the era of mass communication* 一書中有詳細且深入的討論。

層級一：一般性的/政治性的層級

　　由個人或團體關於人性與社會的一般的觀念和信念，產生對於社會與道德的特定的觀點與意見，包括像教育目的，學校教育的功能，以及適切的教學方法。通常政黨都是富含意識型態的，但是，通常政黨都不會只有單一的意識型態。此一層級主要包括兩個極端對立的意識型態：傳統保守主義（traditional Conservatism）與浪漫主義（romanticism）。前者對人性持悲觀的看法，認為人性必然是自私的，所以必須透過社會控制以確保秩序，如果沒有社會的強力控制，則生命將會是汙穢的（nasty）、野蠻的（brutish）和短暫的（short），十七世紀的哲學家 T. Hobbes (1588-1679)就持此一觀點。後者則主張人天生是善的，但是因為遭受社會機構所強加之於其上的種種而墮落；教育的目的不在於鼓勵順從社會的習俗（conventions）和規則（rules），而在於增進個人的自由與自我表達（self-expression），這一派的主要代表人物是 Jean-Jacques Rousseau（1712 - 1778）。

層級二：利益團體層級

　　通常可以從那些關心教育的利益團體，辨認出他們所有的意識型態。不同的利益團體因為意識型態的差異，例如，舊人文主義者（old humanist）、工業訓練者（industrial trainers）、公共教育者（public educators），其對教育的相關事務，例如，政策或課程等的態度，也會不一樣。此一層級的意識型態部分是受到社經因素（socioeconomic factors）的影響。舊人文主義者把教育和上層階級、貴族和地主連結在一起，這些人是為其子女之人格的建立與高雅行為的養成；亦即如何培養其子女成為統治階級，所應具有的優越的風格、品味與行為。換言之，教育是少數精英的活動。工業訓練者（企業家、管理階層，以及部分專業階級）則視教育的主要目的，在於提供訓練良好與服從度高的勞動力。公共教育者，則抱有教育民主社會之所有人們的雄心。

層級三：教育/教學或教育學層級

此一層級主要是指教育人員或教師的意識型態：教師如何面對他們的角色和教育目的等等。例如，信仰古典人文主義、進步主義和再建構主義的教師，對課程和教學法的態度就不一樣。古典人文主義者的意識型態和舊人文主義者的相似，進步主義者和再建構主義者的意識型態和公共教育者的接近。

表 8.3.1.意識型態與教育目的

教育目的觀點	學生的觀點	教育目的	教育產出	對應的課程
公共利益（社會改善）	接受者	發展公民責任	良好公民	傳統的博雅課程
公共利益（社會批判）	合格者	個人發展	批判性公民	批判的/進步主義的課程
國家利益	原料	商業形式的維持與國家人力資源的發展	良好勞工	職業課程
私人利益	資本主義者	個人投資的最大化	具競爭力的消費者	同一的階層化規準

資料來源： Dale, R. (1989), **The State and Education Policy**, p. 105, Milton Keynes: Open University Press.

第四節
教育政策與意識型態：理論與實務的對話

　　有關於教育政策制定的思考，一般都會將之與我們所掌握的意識型態和哲學命題連結在一起，不僅是和教育有關聯，而且和公民社會也有關聯（Apple, 1997, pp. 168-170; Baez and Opfer, 2000, pp. 593-597; Hoffman, 1997, pp. 387-390; Taylor, Rizvi, Lingard and Henry, 1997，p. 1）。就前面的討論觀之，意識型態對於教育政策的制定和執行，著實有相當的影響力。或許可以這麼說：任何國家的任何教育政策，都或多或少受到意識型態，尤其是政治意識型態的影響。Lawton (1992, pp. 30-31) 曾對英國工黨（The Labour Party）自一九四五年至一九九○年代，教育政策發展的情形，做了一個相當完整且深入的剖析，最後他的結論是：將近半個世紀之久的時間，工黨的教育政策不僅缺乏強而有力的意識型態，而且一直為其所苦，因此他認為政黨在意識型態和政策方面都必須有清楚的立場。王慧蘭（1999，頁 101-102）曾指出：

> 以教育政策而言，決策者或官員對社會改革和教育決策的言談、價值、聲明、意向，以及對決策過程和有關檔案的解釋，都是在一種社會言說的脈絡下被調節出來的…政策的制定常基於政府對社會需求的解釋，這類解釋往往是在原有政府的意識型態框架下。因此，政策本身可以成為原有的意識型態的再製，經由文化語言包裝，強化而不是改變原有的社會結構和利益分配原則。公共政策之建構是一個政治意識型態演練的場域，其中充滿了堂皇的理由、重複的論辯、引證、暗示和說服，並且不乏技術官僚或學術專家的科學數據和意見以資佐證。

　　這樣的敘述，正說明了教育政策與意識型態之間的密切關係，教育政策制定過程，意識型態所扮演的重要角色，以及關鍵的影響力。其中

所隱含的意義，正是在意識型態的框架之下，所進行的教育政策的制定，其所討論的正義、公平與公正，所涉及的恐怕不是單純的只有資源分配的問題，其中隱含著更深層的權力分配與控制的關係與訊息。以下將討論意識型態在兩個性質極端對立的政體——美國與中國——對教育政策制定的影響（見表 8.4.1.）。

一、當前影響美國教育政策的主要意識型態

　　一般人經常會主觀的認為，只有在專制極權的國家，政治意識型態才能夠發揮作用，或是意識型態要發揮影響力，一定要是壓迫的、控制的、宰制的、歧視的、剝削的和霸權的；要像阿圖舍的「宰制型國家機器」的作用一樣，才是意識型態。其實不然，意識型態是普遍存在於人類社會的，任何的國家政策幾乎無法不受意識型態的影響，教育政策更不用說了，縱使是世人公認最為民主自由的美國也不例外，Fowler（2000, p. 123）在 *Policy Studies for Educational Leaders: An Introduction* 一書中就提到：「當今美國的教育政策，較之以往更受到意識型態的影響，因此各級學校的領導者，最好對於各種各類意識型態的命題，尤其是那些他/她們很有可能面對的，能有一般性的了解。」接著，Fowler（2000, pp. 124-29）指出當前在美國對教育政策有相當程度影響力的，主要的意識型態包括：保守主義、自由主義，及其他主義意識型態。以下茲分別討論，這些意識型態的主要概念及其在教育政策上的主張。

（一）保守主義及其教育政策主張

　　保守主義素來在政治實務與思想上就有相當的影響力，於社會科學也經常可以看到它的影子，而教育政策方面它更有相當程度的影響力。美國雖然有各種類型的保守主義存在，但是其中最具影響力的厥為企業保守主義（business conservatism）和宗教保守主義（religious conservatism）。

1、企業保守主義及其教育政策主張

因為曾經引起一九二九年之經濟大蕭條（the Great Depression），所以曾經被揚棄過，但是在二十世紀的過去三十年曾經歷過復甦，在一九八○年代美國雷根總統(President Regan)和英國柴契爾首相（Prime Minister Thatcher）所訂定的政策，就是以企業保守主義為基礎。企業保守主義相信人類是追求自利的，尤其是自己的經濟利益，而社會的核心目的是物質財富的獲得。企業保守主義有依其意識型態，而經過周詳計畫的教育政策方案，他們的教育政策強調較高的標準、要求學校更多的績效責任、強調功績與精通測驗，所有的這些設計都只是為了改進經濟狀況，他們也倡議把教育帶進競爭市場的政策，諸如教育券、學區內和學區間公立學校的選擇權，金錢的酬賞、公開表揚有高度成就的學校和鬆綁，甚至於主張要廢除美國的教育部。

2、宗教保守主義及其教育政策主張

二十世紀的最後四分之一的時間裡，世界各地都對宗教的基本教義派有所改革，宗教保守主義最強調的價值是秩序，尤其是傳統清教徒和美國觀點的道德秩序。宗教保守主義者在教育政策方面之宗教權利的爭取已經有所斬獲。他們和企業保守主義一樣，也支持學校選擇權和廢除美國教育部；然而他們在教育政策上如此主張的理論基礎，和企業保守主義者是不一樣的，他們倡議要給家長更大的權力來撫養自己的小孩，而不受任何干擾，主張聯邦政府通過家長權利法案，使家長能從政府獲得更多的權力。他們甚至於支持修改美國憲法，以增加學校裡宗教的禱告和反對各種性教育和毒品教育方案；但是，他們更反對所有反映「世俗人文主義」相對價值或削減家長權力的學校政策，包括成果本位的教育、「目標 2000」（Goal 2000）、以及多元文化教育。

（二）自由主義及其教育政策主張

　　另一個在政治實務與思想上扮演舉足輕重的角色者，厥為自由主義。自由主義是當代民主政黨主要的意識型態，主要分為新政治自由主義（New Politics Liberalism）與新自由主義（Neoliberalism）。自由主義除了對美國的政治發展有相當程度的影響之外，對於美國教育政策的發展也扮演著頗為重要的角色。

1、新政治自由主義及其教育政策主張

　　新政治自由主義曾經於一九六八年和一九七二年之間，左右美國民主黨的政治趨向。它的主要影響對象是那些在學生時代，曾經因為受到公民法案及反戰運動鼓舞，而採取政治行動主義的美國年輕的白人。新政治自由主義者相信：當今美國社會的許多問題，主要是導因於非個人所能控制的壓迫的與歧視的歷史，解決這些問題之道在於，讓那些被壓迫者接受良好的教育，獲得良好的職業，以及享受美國所能提供的良好的生活。新政治自由主義的重要價值是：均等與博愛、理解與團結。在教育政策方面，新政治自由主義主張，應該不分種族、性別、性取向或殘障，為所有兒童提供均等的教育，他們也支持多元文化教育和提升對差異性議題的敏感度。

2、新自由主義及其教育政策主張

　　新自由主義主要是由對新政治自由主義懷疑者所組成，他們相信種族和性別認同的政治學，疏離了勞工階級公民，而且也忽略了，在美國日漸擴大的經濟不平等。他們接受資本主義的基本聲音，相信政府在當今社會扮演著重要的角色，而且特別關心機會均等的議題。新自由主義者特別強調，經濟成長和博愛的價值，他們理解到實現經濟成長與博愛之價值，就可以在美國社會獲致更大的均等或正義。在教育方面，新自由主義者除了強調，要增進年輕人「民胞物與」的感知之外，他們對職

業和技藝教育的改善也頗有興趣，因為他們相信這是刺激經濟成長的有
效途徑之一。

（三）其他的意識型態及其教育政策主張

就美國這樣一個講究民主開放與思想自由的國度，各種各樣政治意
識型態或其他意識型態的存在是不足為奇的，除了上述流傳比較廣、影
響層面比較深遠的保守主義和自由主義之外，更存在著一些對教育政策
有所影響的政治上極端的意識型態，例如：左翼極端主義（Left-Wing
Extremism）和右翼極端主義（Right-Wing Extremism），這兩個極端主義
運動在美國已經存在有很長的一段歷史。

1、左翼極端主義意識型態及其教育政策主張

左翼極端主義者對主流社會有很深層的疏離，而且也反對主流社會
的許多制度。他們經常怪罪由於大企業、軍備、現代科技、財產私有制
而導致社會問題叢生，解決此等問題的途徑，就他們的主張而言，唯一
的方法就是從社會退縮，去建立一個理想的或是烏托邦式的社群，在其
間，幾乎沒有階層關係的存在，大家一起工作，以提供社群所需的生活
物質，他們主要的政治價值是平等與博愛。在教育方面，他們質疑和排
斥公共教育，因為他們認為公共教育，是政府和企業用以宣傳的主要工
具。對於學校教育，他們主張要提供一種「自由且免費」（"free"）的學
校，在這樣的學校裡，不論對教師或是對學生而言，其所加之於他們的
限制都是最小和最少的。

2、右翼極端主義意識型態及其教育政策主張

和左翼極端主義者一樣的，右翼極端主義者和主流社會有很深層的
疏離，也反對許多主流社會的制度；可是和左翼極端主義者不同的是，
他們不認為社會問題的產生主要來自於大企業、私有財產、軍備競爭和
現代科技，他們認為社會問題主要是導因於種族、宗教和少數族群，破

壞了他們所熟悉的生活方式。當代許多右翼極端主義者也是反政府的，他們拒絕納稅和拒絕法院的傳訊。右翼極端主義者相信，解決這些社會問題的辦法，在於嚴格限制少數族群的權利、取消或嚴格控制移民、削減或取消政府的權力。他們的主要政治價值是秩序和對自我族群的博愛，他們支持用暴力手段以達成目的，右翼極端主義者經常也是軍事狂熱份子，在美國最古老的右翼極端主義者是「三 K 黨」(Ku Klux Klan)。就右翼極端主義者而言，公立學校是政府的代理人，爲其所痛恨之政府所經營，是種族融合的主要機構，所以右翼極端主義者經常對學校採取仇視和敵對的態度。

表 8.4.1. 當前影響美國與中國教育政策之主要相關意識型態

	美國	中國
政治意識型態	保守主義 ● 企業保守主義 ● 宗教保守主義 自由主義 ● 新政治自由主義 ● 新自由主義 極端主義 ● 左翼極端主義 ● 右翼極端主義	● 馬克思主義 ● 共產主義 ● 社會主義 ● 毛澤東思想

資料來源： Fowler(2000), **Policy Studies for Educational Leaders: An Introduction**, pp. 124-129, Upper Saddle River , New Jersey: . Merrill.

以上扼要的介紹和討論當前美國主要的政治意識型態及其對教育政策的主張和影響。從上面的討論可以得知，開放民主自由如美國者，其國內的政治和教育政策的制定還是相當程度的受到（政治）意識型態的影響。雖然，左翼和右翼極端主義意識型態，在美國並不是主流的意識型態，其對教育政策的影響還是有限的，可是他們或多或少，還是有某種程度的影響，因此，美國的血腥的校園暴力有不少就是極端主義者所造成的，甚至於在美國國會殿堂裡，還是可以聽到極端主義者意識型態的聲音。由此可之意識型態對教育政策影響的既深且遠了。因此，當

決策人員從事教育政策制定時，如何避免偏激或是不當意識型態的影響，以制定出合理的，以及滿足社會大眾需求和國家社會發展所需的教育政策，是所不可輕忽的。

二、中國教育政策與意識型態的關係：一個歷史的 －社會的觀點

意識型態對教育發揮極大的作用和影響的極端例子之一是，中華人民共和國（中國）的情形。中國自一九四九年建立政權以來，其教育政策的調整、轉變、及發展，可以說明（政治）意識型態的影響、控制、及宰制的現象。從一九四九年迄今，中國的教育政策可以分成五個階段（張樂天，2002a，頁1-10）：（1）過渡時期的教育政策：1949-1956；（2）建設社會主義教育時期的教育政策：1957-1965；（3）文革時期的教育政策：1966-1976；（4）建設具有中國特色的社會主義教育時期的教育政策：1977-2000；及（5）面向新世紀的教育政策：二十一世紀開始迄今。每一個時期政治意識型態的轉變都造成教育政策的大轉彎，連帶的也影響教育的發展，不僅可以使整個教育制度遭受到破壞，造成教育的發展停滯不前，也可以很快的恢復整個教育制度，使教育蓬勃發展；真可以說是「成也意識型態，敗也意識型態」。茲參考張樂天（2002a，頁1-10）在《教育政策法規的理論與實踐》（張樂天，2002b）一書所撰之〈緒論〉的內容，將其每一個階段政治意識型態對教育政策的影響整理如次：

（一）過渡時期的教育政策：1949-1956

這個時期由於政權建立伊始，教育政策的主要目的在確認：中華人民共和國的教育性質和任務，以及建國初期教育事業的發展要求與目標，即「有計畫有步驟地實行普及教育，給青年知識分子和舊知識分子以革命的政治教育，以適應革命工作和國家建設工作的廣泛需要」（見

《中國人民政治協商會議共同綱領[5]》第四十七條[6]，
http://news.xinhuanet.com/ziliao/2004-12/07/content_2304465.htm）。爲達
此目標而制定的教育政策[7]主要有五項：（1）關於恢復學校教育的政策
─以所謂的「保護原有教育資源與條件的方式」接管國民黨政府創辦的
公立學校與一般私立學校；（2）關於調整高等學校院系的政策─其指導
思想是「高等教育應爲建設事業服務，院系設置要同經濟建設相適應」；
（3）頒布《關於改革學制的決定》─此一《決定》所提出的學制改革
的指導思想是「利於廣大勞動人民文化水平的提高，利於工農幹部的深
造和國家建設事業的發展」；（4）頒布《關於掃除文盲的決定》─此一
《決定》視掃盲爲「文化上的一個大革命」，以及「國家進行社會主義

---

[5]《中國人民政治協商會議共同綱領》是 1949 年 9 月在北京舉行的中國人民政
治協商會議制定並通過的中華人民共和國的建國綱領，簡稱《共同綱領》，它
具有臨時憲法的作用。《共同綱領》除序言外，分爲總綱、政權機關、軍事制
度、經濟政策、文化教育政策、民族政策、外交政策共七章六十條。

[6]第四十七條　有計劃有步驟地實行普及教育，加強中等教育和高等教育，注重
技術教育，加強勞動者的業餘教育和在職幹部教育，給青年知識份子和舊知識
份子以革命的政治教育，以適應革命工作和國家建設工作的廣泛需要。

[7]　《中國人民政治協商會議共同綱領》簡稱《共同綱領》。它具有臨時憲法的
作用，其中關於教育政策的規定有：
　　第四十一條：中華人民共和國的文化教育爲新民主主義的，即民族的、科
學的、大眾的文化教育。人民政府的文化教育工作，應以提高人民文化水準，
培養國家建設人才，肅清封建的、買辦的、法西斯主義的思想，發展爲人民服
務的思想爲主要任務。
　　第四十二條：提倡愛祖國、愛人民、愛勞動、愛科學、愛護公共財物爲中
華人民共和國全體國民的公德，
　　第四十六條：中華人民共和國的教育方法爲理論與實際一致。人民政府應
有計畫有步驟地改革舊的教育制度、教學內容和教學法。
　　第四十七條：有計畫有步驟地實行普及教育，加強中等教育和高等教育。
注意技術教育、加強勞動者的業餘教育和在職幹部教育，給青年知識分子和舊
知識分子以革命的政治教育，以應革命工作和國家建設工作的廣泛需要。
　　第五十六條：人民政府應幫助各少數民族的人民大眾發展其政治、經濟、
文化、教育的建設事業。

建設中的一項極為重大的政治任務」；與（5）「師法蘇聯」的教育政策
—此一政策的兩個主要任務，包括「參照蘇聯的教育經驗制定中國的學
制和各級各類學校的規程」與「聘請專家按照蘇聯模式辦示範性大學」。
其具體的作法包括（http://134.208.10.81/cpedia/Content.asp?ID=3628）：

（1）以老解放區教育經驗為基礎，吸收舊教育有用經驗。藉助蘇
聯教育的先進經驗，建設新民主主義教育，為人民服務，尤其要為
工農兵服務，為當前的革命鬥爭與建設服務；（2）收回教育主權，
接收帝國主義在中國辦的學校和舊中國遺留下來的學校，廢除國民
黨政府對學校的管理制度以及對學生的奴役措施，肅清教育界的反
革命分子和壞分子；（3）對舊教育進行有計畫的改革，如對高等
學校進行了院系調整、在知識分子中進行了思想改造、初步建立了
新的教育制度(包括新的學制，以及關於幼兒園、小學、中等學校
和高等學校的規章制度)、實施了全面發展的教育，使學生在德育、
智育、體育、美育幾個方面都得到發展，在中等以上學校開設了馬
克思列寧主義的政治課、在各級各類學校裡都對學生進行革命的思
想政治教育，初步肅清封建的、買辦的和法西斯主義思想的流毒，
培養為人民服務的思想和愛祖國、愛人民、愛勞動、愛科學、愛護
公共財物的公德；（4）發展人民教育事業，創辦工農速成中學和
幹部文化補習學校，吸收不同文化程度的工農幹部給予適當的文化
教育，培養他們成為新的知識分子；發展工農業餘教育，著重對工
農幹部和積極分子的教育，在工農群眾中積極推行識字教育，掃除
文盲。明確規定少數民族教育的內容是新民主主義的，要採取適合
於各民族發展和進步的民主形式進行教育工作，根據當時的情況指
出其首要任務是培養少數民族幹部，並根據各民族教育的實際情
況，分別加以鞏固、發展、整頓、改造。

分析整理以上所參考和引用的文獻資料，將會發現，這個時期的中

國教育政策，幾乎完全是以政治意識型態掛帥的，只有極少數是和經濟意識型態有關的。這樣的教育政策和種種教育措施說它們完全沒有教育理想、教育價值和教育理念，是一點也不爲過。

（二）建設社會主義教育時期的教育政策：1957-1965

此一階段的主要意識型態是「鼓足幹勁、力爭上游，多快好省地建設社會主義」，同時在中國也發生一系列的重大的政治鬥爭與社會事件，例如：反右傾運動、大躍進、反（蘇）修、防修正路線、學雷鋒運動與國民經濟的調整，這些事件或現象，對當時中國教育政策的制定都有著相當程度的影響。但是對當時中國教育政策有著決定性影響和作用的是一九五八年九月十九日公佈的《中共中央國務院關於教育工作的指示》，其主要的內容如下（http://news.xinhuanet.com/ziliao/2005-01/05/content_2419375.htm）：

1、成果報告

（1）經濟戰線上的社會主義革命已經取得了基本勝利，政治戰線上和思想戰線上的社會主義革命已經取得了決定性的勝利，爲了徹底完成社會主義革命，爲了實現共產主義的遠大目標，必須"在繼續進行經濟戰線、政治戰線和思想戰線上的社會主義革命的同時，積極地進行技術革命和文化革命"。

（2）教育工作在中國共產黨的領導之下取得了巨大的成績：從帝國主義者手裏收回了教育主權、取消了國民黨反動派對學校的法西斯管理制度和對學生的法西斯教育和特務統治、建立起社會主義的教育制度、肅清了隱藏在教育界的反革命分子和其他壞分子、在學校中開設了馬克思列寧主義的課程、在教師和學生中進行了思想改造、進行了反對資產階級右派的鬥爭、在教育工作者的隊伍中建立了黨的組織、爲社會主義建設培養了大量的幹部。

2、未來工作方向與任務

（1）教育工作方針，是教育為無產階級的政治服務，教育與生產勞動結合；為了實現這個方針，教育工作必須由黨來領導。沒有黨的領導，社會主義的教育是不能設想的。教育工作必須在黨的領導之下，才能很好地為社會主義革命和社會主義建設服務，為消滅一切剝削階級和一切剝削制度的殘餘服務，中國共產黨的教育工作方針同資產階級教育工作方針之間的鬥爭，按其性質來說，是社會主義道路和資本主義道路兩條道路之間的鬥爭。

（2）在一切學校中，必須進行馬克思列寧主義的政治教育和思想教育，培養教師和學生的工人階級的階級觀點（同資產階級進行鬥爭），群眾觀點和集體觀點（同個人主義觀點進行鬥爭），勞動觀點即腦力勞動與體力勞動結合的觀點（同輕視體力勞動和體力勞動者、主張勞心勞力分離的觀點進行鬥爭），辯證唯物主義的觀點（同唯心主義和形而上學的觀點進行鬥爭）。…

（3）在一切學校中，必須把生產勞動列為正式課程。每個學生必須依照規定參加一定時間的勞動。其發展方向，是學校辦工廠和農場，工廠和農業合作社辦學校。學校辦工廠和農場，可以自己辦，也可以協助工廠和農業合作社辦。學生可以在學校自辦的工廠和農場中勞動，也可以到校外的工廠和農業合作社去參加勞動。學校辦工廠和農場，要盡可能注意同教學結合。

（4）一切教育行政機關和一切學校，應該受中國共產黨黨委的領導；黨委應該注意在學校師生中發展黨和青年團的組織。在一切高等學校中，應當實行學校黨委領導下的校務委員會負責制；學校黨委，應當配備黨員去領導級和班的工作、配備黨員去做政治思想工作、學校的行政工作和生產管理工作，黨委書記和委員力求擔

任政治課的教學、研究工作。學校黨委應當在教師中經常注意進
行思想改造的工作，注意培養新生力量。

（5）在提拔師資的時候，要首先注意政治思想條件、學識水準和解決
實際問題的能力，資歷應當放在次要的地位。

（6）在鑑定學生的時候，要首先注意政治覺悟的程度，解決實際問題
的能力，同時也注意課內學習的成績。一切中等學校和初等學
校，也應該放在黨委的領導之下。爲了加強黨在教育事業中的領
導，各級黨委要輸送一批幹部到教育機關和學校中去。

3、教育管理原則與策略

（1）教育的目的，是培養有社會主義覺悟的有文化的勞動者，這是全
國統一的，違反這個統一性，就破壞社會主義教育的根本原則。

（2）學校制度：現行的學制是需要積極地和妥當地加以改革的，各省、
市、自治區的黨委和政府有權對新的學制積極進行典型試驗，並
報告中央教育部。經過典型試驗取得充分的經驗之後，應當規定
全國通行的新學制。

（3）課程與教材：高等學校的教材，應該在中國共產黨黨委領導下採
取黨委、教師、學生"三結合"的方法，經過大鳴大放、大爭大辯，
認真予以修訂。…中央教育部應召開各種教材的專門會議…確定
全國應該通用的那一部分教材，確定各類學校的最低限度和最高
限度的科目。

（4）教育是人民群眾的事業。人民群眾是爲了社會主義革命和社會主
義建設而需要教育事業的。辦教育需要依靠專門的隊伍…。但
是，教育工作的專門的隊伍必須與群眾結合…。把教育工作神秘
化，以爲只有專家才能辦教育，"外行不能領導內行"，"黨委不懂教
育"，"群眾不懂教育"，"學生不能批評先生"，那就是錯誤的。

（5）辦教育應當在黨委領導之下，把專業的教育工作者同群眾結合起來，採取從群眾中來，到群眾中去的群眾路線的方法，貫徹全黨全民辦學。

4、中國共產黨的辦學方針與學校領導策略

（1）大鳴大放、大字報，應當成為一切高等學校和中等學校提高師生政治覺悟、改進教學方法和教育管理工作、提高教學品質，加強師生團結的普遍和經常採用的方法；

（2）制定學校教育計畫；制定教學大綱的時候，應當採取黨委領導之下教師與學生結合的方法；

（3）對學生進行鑒定、評定學生助學金等的時候，也應當採取在黨委領導下，師生結合的方法；

（4）教授課程必須貫徹執行理論與實際聯繫的原則，應當在黨委領導之下，盡可能採取聘請有實際經驗的人（幹部、模範工作者、勞動英雄或專家）同專業教師共同授課的方法；

（5）學校領導人員要盡可能在生活和勞動中同學生打成一片。党和團的工作者、政治課教師，應當同學生同吃、同住、同勞動。學校的財政、建設計畫等，應該向全體師生員工公開，使師生員工能參加管理工作；

（6）應當在教師與學生之間建立民主的平等的關係。教師應該接近學生，經常瞭解學生的情況，針對實際情況施行教育，要把"全面發展"與"因材施教"結合起來。

　　張樂天（2002a，頁3）認為此一《指示》可視為當時「全面建設社會主義時期的教育總政策或基本政策」，其主要方針是：教育為無產階級政治服務，教育與生產勞動相結合。為實現這個方針，教育必須由黨來領導。依循此一方針所制定的政策主要有五項：（1）做出多快好省地

發展社會主義教育事業的決策—此一政策是要與當時工農業生產大躍進的形勢相呼應的，當時中共中央和國務院明確的提出，要在最短的時間內，約三到五年，完成下列任務：掃除文盲、普及小學教育、農業合作社社有中學和多數學齡前兒童都能入托兒所和幼兒園，另外要爭取在十五年左右的時間，使凡是有條件的和自願的全國青年和成年，都可以接受高等教育，張樂天（2002，頁 4）稱這是「'大躍進'的政策導致'大躍進式'的教育發展」，這樣的辦教育的方式簡直可以稱做是「狂人式、或毀滅式教育發展」，這樣的比喻或許有些情緒化，可是似乎也不為過；（2）實施兩種教育制度、兩種勞動制度[8]—此一教育政策的著眼點乃在於貫徹落實「教育與生產勞動相結合」的教育方針，此一政策導致兩個現象，其一為導致半工半讀學校的發展，另一為使得全日制學校通過建立校辦工廠、農場、組織學生參加生產勞動的方式，加強教育與生產勞動的結合；（3）在教育中貫徹階級路線與階級政策—階級路線與階級鬥爭是此一時期教育中最為重要且應牢牢把握的政策，此一政策的要點有三：堅持黨對教育的絕對領導、用階級的觀點看待教師和學生、所有教師和學生，都需要有無產階級世界觀和堅定的無產階級立場；（4）調整教育政策—為了解決「大躍進」與「急躁冒進」錯誤經濟政策所引發的問題及後遺症，而調整經濟政策，為了配合經濟政策的調整，教育發展政策也進行調整，其調整的方向主要有三：調整教育的發展速度與規模、調整高校與中等專業學校的專業設置與調整知識分子政策，以信任和團結幫助已成為工人階級一部分的知識分子；及（5）制定頒發《中華人民共和國教育部直屬高等學校暫行工作條例（草案）》、《全日制中學暫行工作條例（草案）》與《全日制小學暫行工作條例（草案）》[9]—中

---

[8] 所謂「兩種教育制度、兩種勞動制度」的教育政策，前者是指全日制的學校教育制度和半工半讀的學校教育制度，後者是指八小時工作勞動制度和半工半讀的勞動制度（張樂天，2002，頁 4）。

[9] 《中華人民共和國教育部直屬高等學校暫行工作條例（草案）》、《全日制中學暫行工作條例（草案）》與《全日制小學暫行工作條例（草案）》這三個笈麗分別簡稱為《高教六十條》、《中學五十條》、《小學四十條》（見張樂天，2002，頁

共建國以來首次對高校、中學與小學的系統規範。

（三）文革時期的教育政策：1966-1976

　　一九六六到一九七六年之間是中國大陸的文化大革命（簡稱文革）時期，這一段時間在中國大陸發生了相當多令世人驚訝的事件和運動。文革對於中國社會造成的破壞和災難是有目共睹的。張樂天（2002，頁5）對於文革對中國教育的影響和破壞有這樣的描述：「"文化大革命"是中國起步不久的社會主義建設事業遭受破壞的時期，其中教育領域遭受的破壞尤其嚴重。而教育領域遭受破壞又因實施"左"的教育政策所致。」張樂天（2002，頁5）指出文革時期，指導教育革命總政策的是「五七指示[10]」，「五七指示」對教育革命的根本要求是要「奪回被資產階級佔領的教育陣地，並且按照新的教育方式培養無產階級革命事業接班人。」張樂天（2002，頁5）進一步指出：「在"五七指示"的指引下，"文化大革命"時期，我【中】國教育戰線實施了一系列"左"的錯誤的教育政策，由此造成對教育事業的嚴重摧殘與破壞。」文革時期因為錯誤的極左的教育政策，教育所遭受到的摧殘與破壞，主要有（張樂天，2002，頁5-6）：

4）。

[10] 五七指示：是一九六六年中國文化大革命爆發前夕的五月七日，毛澤東在審閱過軍委會總後勤部《關於進一步搞好部隊農副業生產的報告》，寫給林彪的一封信—《致林彪同志的一封信》—的簡稱。信中提到：人民解放軍應該是一所大學校，既能學軍事、學政治、學文化，又能從事農副業生產；又能辦一些中小工廠，生產自己需要的若干產品和與國家等價交換的產品。又能從事群眾工作，參加工廠農村的四清運動，要隨時參加批判資產階級的文化革命鬥爭。毛澤東以此為基礎，做了廣泛的類推：工人也要這樣，農人（包括林、牧、副、魚）也要這樣。信中也談到關於教育革命的設想：「學生也是這樣，以學為主，兼學別樣，即不但學文，也要學工、學農、學軍，也要批判資產階級。學制要縮短，教育要革命，資產階級知識分子統治我們學校的現象，再也不能繼續下去了。」（資料來源：人民網，5月7日　"五‧七"指示出台，"五‧七"幹校興起，http://www.people.com.cn/BIG5/shizheng/252/4971/5312/20010507/458669.html；五七指示，https://www.recordhistory.org/mediawiki/index.php/%E4%BA%94%E4%B8%83%E6%8C%87%E7%A4%BA。）

1、在教育領域廣泛開展「革命大批判」，其批判對象是「資產階級和修正主義的教育路線」和「執行此一路線的走資本主義道路的當權派和反動學術權威」。事實上，這是毛澤東和劉少奇的路線之爭，權力之爭，也就是當時中共政權之內的兩種意識型態的鬥爭。

2、學校教育制度與政策的改革，首先是高等教育制度與政策的改革，廢除升學考試制度，採取推薦和選拔相結合的方式招收新型大學生──工農兵學員。學校領導體制與管理政策的改革，爲了掌握教育革命的領導權並把握教育革命的大方向，在城市，工宣隊和軍宣隊進駐學校；爲了使農村學校的領導權掌握在農村無產階級的手中，則在農村成立貧下中農管理學校委員會。另外的改革則是縮短學制：大學縮短爲三年、中學縮短成四年、小學縮短爲五年。

3、推行教學政策的改革：在教學內容方面以突出政治性、思想性和階級性爲主；教材刪繁就簡、課程亦大力精簡，編寫強調以鬥爭爲主題的無產階級新教材；教學貫徹少而精的原則，並與學工、學農、學軍相結合。

4、實施知識青年上山下鄉接受再教育的政策，文革時期，青年上山下鄉蔚爲一種運動，從一九六七到一九七二年，當時中國青年知識份子上山下鄉的人數有 715.68 萬人。此一政策後來因爲時間延長，使得其內在矛盾日益暴露和嚴重。

（四）建設具有中國特色的社會主義教育時期的教育政策：1977-2000

中國長達十年的文化大革命終於在一九七六年結束，「四人幫」的奪權鬥爭也被粉碎。一九七八年的中國共產黨十一屆三中全會提出要建設具有中國特色的社會主義新時期，制定了改革開放的總政策。此一時期因著教育政策的調整與改變，使得教育產生相當的改革和發展。此一時期主要的教育政策的調整和改變主要有：

1、二十世紀七〇年代末至八〇年代初的教育政策的撥亂反正與教育的恢復和健康發展

此一時期的教育政策以廢除文革時期的推荐選拔制度，恢復高考[11]為主。恢復高考意味著對文化科學知識的尊重，也意味著對人才的尊重；恢復高考，不僅迅速恢復高校的教育秩序，也使得基礎教育和中等教育的教學秩序，迅速的進入正常發展的軌道。另外，在一九八〇年二月十二日，中國第五屆全國人民代表大會常務委員會第十三次會議通過頒行的《中華人民共和國學位條例》更標誌著，中國高等教育發展之層次化與規範化的里程碑。而此一時期留學政策的制定與實施，更是代表著「中國的教育在向世界開放，世界的教育也在向中國敞開大門。」

2、二十世紀八〇年代中期《中共中央關於教育體制改革的決定》與教育體制改革的推進

二十世紀八〇年代中期，影響中國教育發展之最重要的教育政策是《中共中央關於教育體制改革的決定》，其認為雖然中國的教育事業已經恢復了，也開始蓬勃發展，但是，「教育工作與社會主義現代化建設的需要還存在諸多不相適應之處」，因此必須深化教育體制的改革，以提高「民族素質、多出人才、出好人才」。此一《決定》更明確的指出教育體制改革的三大任務：（1）把發展基礎教育的責任交給地方，循序漸進的實行九年義務教育；（2）調整中等教育結構，積極發展職業技術教育；及（3）改革高等學校的招生和畢業生分配制度，擴大高等學校辦學自主權。此一時期教育政策制定的另一個特色是，教育政策制定的法制化，亦即將日趨穩定和成熟的教育政策提升為教育法律。

---

[11] 中國的「高校」是「高等學校」的簡稱，相當於台灣的大學，「高考」則相當於台灣的大學入學考試。

3、二十世紀九〇年代教育政策、法規建設的加強與教育的改革和發展

　　此一時期中國政府頒布了一系列的教育法規，對於教育改革和發展產生相當大的影響，也使得中國的教育走向「依法治教」的軌道，此即所謂的「依法行政」或「教育法制化」。此一時期頒布的重要教育法令有八〇年代中期的《義務教育法》、九〇年代的《中華人民共和國教師法》、《中華人民共和國教育法》（簡稱《教育法》）、《中華人民共和國職業教育法》、《中華人民共和國高等教育法》，尤其是《教育法》的頒布，使得中國各種教育的法規與重大的教育政策的制定，都有了法源依據。一九九〇年代，中國政府重要的教育改革政策為《中國教育改革和發展綱要》（簡稱《綱要》），它不僅決定了中國在九〇年代的教育改革方向和策略，也影響了此一年代的教育立法。在此一《綱要》除了強調教育工作的優先地位之外，也剖析了中國教育面臨的形式和任務，更明確指出中國教育發展的目標、策略和指導方針，以及教育改革的重點方向──「繼續深化教育體制改革、提高教育質量、加強教師隊伍建設、保障教育經費投入」。事實上，這樣一個看似以教育理想為主軸的《綱要》除了強調教育改革的重要外，更強調政治意識型態的堅持[12]。

---

[12] 「當前，我中華人民共和國改革開放和現代化建設事業進入了一個新階段。建立社會主義市場經濟體制，加快改革開放和現代化建設步伐，進一步解放和發展生產力，使國民經濟整體素質和綜合國力都邁上一個新臺階。這對教育工作既是難得的機遇，又提出了新的任務和要求。在新的形勢下，教育工作的任務是：遵循黨的十四大精神，以建設有中國特色的社會主義理論為指導，堅持黨的基本路線，全面貫徹教育方針，面向現代化，面向世界，面向未來，加快教育的改革和發展，進一步提高勞動者素質，培養大批人才，建立適應社會主義市場經濟體制和政治、科技體制改革需要的教育體制，更好地為社會主義現代化建設服務…四十多年來，我國教育經歷了曲折的發展歷程，為發展社會主義教育事業積累了寶貴經驗，初步明確了建設有中國特色社會主義教育體系的主要原則：第一，教育是社會主義現代化建設的基礎，必須堅持把教育擺在優先發展的戰略地位。第二，必須堅持黨對教育工作的領導，堅持教育的社會主義方向，培養德智體全面發展的建設者和接班人。第三，必須堅持教育為社會主義現代化建設服務，與生產勞動相結合，自覺地服從和服務於經濟建設這個中心，促進社會的全面進步。第四，必須堅持教育的改革開放，努力改革教育

（五）面向新世紀的教育政策：二十一世紀開始迄今

經過文革時期的大破壞，加上在政治意識型態掛帥之下的中國教育幾乎遭破壞殆盡，到了一九八〇年代中期，鄧小平復出之後，逐漸降低政治意識型態對教育的宰制，採取改革開放的路線，給予教育發展比較多的空間，重建中國的教育制度，這個時期主要的教育政策包括：科教興國、教育振興行動、重視人才培育。這時期比較重要的幾個中國政府的教育文件為：（1）《面向 21 世紀教育振興行動計畫》－此一《計畫》的著眼點在於落實科教興國戰略，全面推進教育的改革和發展，提高全民族的素質和創新能力，達成此一目的的策略是「教育振興行動」，此一行動包括跨世紀素質教育工程、跨世紀園丁工程、跨世紀高層次創造性人才工程、211 工程、現代遠程教育工程及高校高新技術產業化工程；（2）《中共中央國務院關於深化教育改革全面推進素質教育的決定》－此一《決定》主要針對推動素質教育做政策性的指導與規定；與（3）《國務院關於基礎教育改革與發展的決定》－此一文件於二〇〇一年六月，中共國務院召開的「全國基礎教育工作會議」上頒布，主要是針對新世紀中國基礎教育何去何從的政策性宣示，此一《決定》強調「基礎教育是科教興國的奠基工作，對國家現代化建設事業具有全局性、基礎性、先導性作用」，同時對於農村義務教育的管理體制、經費保障、中小學師資培育等都有新的政策規定。

體制、教育結構、教學內容和方法，大膽吸收和借鑒人類社會的一切文明成果，勇於創新，敢於試驗，不斷發展和完善社會主義教育制度。第五，必須全面貫徹黨和國家的教育方針，遵循教育規律，全面提高教育品質和辦學效益。第六，必須依靠廣大教師，不斷提高教師政治和業務素質，努力改善他們的工作、學習和生活條件。第七，必須充分發揮各級政府、社會各方面和人民群眾的辦學積極性，堅持以財政撥款為主、多管道籌措教育經費。」
（http://xhongcom.diy.myrice.com/page1/fagui/newpage5.htm）

第五節

本章小結

　　自從迪特崔西於十八世紀後期開創意識型態的研究以來，　意識型態的意義就幾乎陷入了消極負面的牢籠，雖然經過一九四〇年代後期 K. Mannheim 的努力，嘗試把它的意義扭轉回迪特崔西剛創始意識型態研究時的意義—客觀中立的，不帶價值判斷的，亦即「觀念的科學」（a science of idea）—其成果似乎不是很理想，截至目前為止，一提到「意識型態」這個詞，一般人所聯想到的還是以負面的意義居多。可是我們也不能否認，意識型態對我們個人和社會的確有相當大的影響力，或許可以說：意識型態是人類行動的最具影響力的準則和依據。

　　本章從介紹意識型態的歷史發展、意義及概念入手，接著介紹意識型態的類別與功能，再來則討論教育與意識型態的關係，最後討論了教育政策與意識型態的關係，或許說得更具體些，是在討論意識型態對教育政策歷程的影響，在這一節裡分別以民主國家及地方分權的代表－美國，以及極權專制與中央集權的代表－中國為例子進行介紹和討論。從這兩個國家的介紹和討論的內容可以發現，一個國家的教育政策歷程都是受到該國之主流意識型態影響的。坦白說，如果一個人或是一個國家沒有意識型態，真不知道他們要如何生存下去，正如 Lawton (1992, *ix-x*) 在 *Education aand Politics in the 1990s: Conflict or Consensus?* 一書所提到的：「很明顯的，許多國家教育改革的推動受到政治和教育方面的影響，比一個國家發展所需的考量的影響還多…教育必然是具有政治性的，而教育目的必然和某種意識型態有關…但是如果教育成為公開的和具有侵略性的政黨的政治【意識型態】的話，則對於教育制度的秩序和發展都是危險的」。但是，從另一個角度觀之，如果一個國家的政治領導人物或是社會菁英，對於相關的意識型態過於狂熱的話，所造成的破壞和傷害，恐怕不是只有一個國家或地區受到傷害，其影響的範圍和程度，相信會比想像中更大、更嚴重和更深遠，中國一九六七到一九七六的十

年文革，對教育和社會所造成的傷害是一個明顯的例子，二〇〇一，中東地區的宗教狂熱分子（激進宗教意識型態者）挾持兩架隸屬美國的航空公司的飛機衝撞雙子星大廈，所造成的破壞與傷害，又是極端或是激進意識型態所造成的一明顯的例子。所以教育工作者不可不謹慎其一言一行，教育政策的制定更是要謹慎小心了，避免過激的意識型態的灌輸和宰制。

第 9 章

教育政策與新右派

Movement from the 1980s into the 1990s saw an increased suspicion in the western world that New Right policies, rather than solving peoblems, were not only making them worse, but causing new ones as well.

～M. Bottery, 2000, p. 32.～

摘　要

　　新右派是產生於一九七〇年代，英、美、紐及澳等國的，當代重要社會學與政治思潮之一，其對於福利國家的批判，以及對於經濟制度和市場機制的反省，對人類政治、經濟、社會與教育政策，都有相當程度的影響。由於它雜揉了新自由主義與新保守主義，兩個思想與意識型態相當對立的學說，使得一般人認為新右派是一個主張與意識型態，充滿衝突與矛盾的當代的社會思潮；前者強調改革與政府的盡量少的干預，後者強調傳統與政府的保護。由於歐美等西方國家基本上，存在著「二元對立」的哲學思維與價值判斷，因此對於新右派的理論產生了適應不良的現象，最後，產生了所謂的「第三條路」或「中間路線」（The Third Way），希望調和存在於新右派中的兩種對立的思維模式，或許這可以和中國傳統所主張的「中庸之道」相比擬吧！本章的內容主要在討論新右派對於教育政策的影響，第一節主要在介紹新右派的產生及概念，第二節則集中在討論新右派的兩大流派的主要概念和政策主張，第三節的任務在於討論新右派與教育發展的關係，第四節的重點在於討論新右派理論對於教育政策制定的影響。

楔　子

以保守主義知識分子和中產階級爲主，產生於二十世紀六〇年代美國的新右派，對於歐美主要國家的經濟、政治、教育和文化等方面都產生了深遠的影響，其後，它的影響力更擴大到其他國家。新右派包含了兩個對立的思潮或稱爲意識型態：（1）經濟上的新自由主義 (economic neo-liberalism)：支持有限政府和自由市場的力量，以及（2）社會上的新保守主義 (social neo-conservatism)：基於傳統社會、宗教和道德價值，要求社會秩序和權威。新右派強調自由市場經濟的好處和創作性，而且視公共投資和社會融合爲惡魔，卻認爲政府有必要提供一些公共財產，如國防、警察和公路等，因爲這些都是社會所需，但經濟收入不足以吸引市場參與。另一類政府要提供的必須服務，例如醫療衛生和教育，可以提高國民的素質。新右派亦認同，需要加強社會的其他成分，如家庭，社區，志願團體和市場，讓它們都可以和應當參與政府的管治。本章即在於討論新右派與教育政策制定的關係。

第一節
新右派的產生與主要概念

新右派(The New Right)此一對人類社會制度與發展有相當影響的思潮，Apple（2000, p. 59）將之稱爲「保守主義的復興」（the conservative restoration），此一思潮主要產生於一九七〇年代的歐美國家，其主要是對於當時政府角色與功能、社會結構與制度及價值與規範等變遷的反省與批判。此一思潮對人類社會制度的影響迄今仍然是相當明顯，其最具代表性者，厥爲英國之柴契爾（M. Thatcher）首相與美國雷根（R. Regan）總統所帶領之政府。柴契爾夫人與雷根總統所主張與推行的種種政治、

經濟、教育與其他社會改革,則分別被稱為「柴契爾主義」(Thatcherism)與「雷根主義」(Reganism)。新右派理論在公共政策方面的影響為何,有兩個極端的看法:其中之一認為,新右派對公共政策的影響遠超過其對雷根與柴契爾政府(the Reagan and Thatcher administration)的影響;另一個看法則認為,新右派對公共政策的影響是微不足道的(Jordan, 1993, p. 1)。這正是開啓新右派與公共政策關係之論證的鎖鑰。

一、新右派的產生

一般咸認為新右派產生於一九七〇年代,但是何以它會無端的於一九七〇年代冒出?或許我們應該說:新右派於一九七〇年代形成,並且發揮了它的影響力,尤其是在一九八〇年代初期,西方社會國家開始受到新右派的影響(Dale and Ozga, 1993, p. 64)。究竟新右派起源於何時呢?Jordan(1993, pp. 3-4)認為新右派應該始於一九六〇年代後期,英國 Edward Heath 帶領工黨執政時所推動的一系列政策方案。雖然,在一般政策方面,尤其是美國的雷根主義(Reganomics)和英國的柴契爾主義(Thatcherism)有關於新右派的著作相當多,但是,相對而言,新右派在有關教育方面的著作就顯的相當少了(Lawton, 1992, p. 1)。

二、新右派的主要概念

一般而言,新右派的理論是頗為複雜和抽象的,有時候甚至於會引起一些初接觸者或是對新右派不甚瞭解者的誤解。之所以會如此,主要是因為新右派,不僅於外在呈現出兩種衝突和對立的理論概念和流派,同時其內在也充斥著不一致和令人困惑的氛圍。新右派包括的兩個主要衝突/對立的派別(strands)是經濟自由主義(economic liberalism)和社會保守主義(social conservatism)(Jordan, 1993, p. 2):前者主張限制政府的權力和影響力,後者則主張以傳統社會、宗教和道德觀點為主的社

會秩序和權威。然而，不同的新右派的途徑在不同的命題下，卻又分享著共同的策略方案（agenda）（Jordan, 1993, p. 2）：減少通貨膨脹、降低稅賦、私有化/民營化、鬆綁、公部門市場化、及憲政改革。如果真要找出新右派的核心概念的話，那就是市場應該擴增的主張（Jordan, 1993, p. 3）。

第二節
新右派的主要流派與主張

　　新右派是自一九七〇年代起對世界之經濟、政治、與學術發展有相當影響的社會學思潮之一，但是，新右派和其他社會學理論或思潮不同之處，在於其包含了思想概念相左的派別，不似其它的學說或思潮，雖然也包括了一些不同的派別，但是主要的概念和主張是大同小異的。於一九七〇與一九八〇年代，產生於英國（UK）、美國（USA）、紐西蘭（New Zealand）和澳洲（Australia）的新右派，標誌著二次世界大戰之後所建立起來的政治正統（political orthodoxy）的斷裂，亦即在社會福利的提供，從認爲當然要提供給那些社會不利者和易受傷害者，轉爲強調個別的與功績的（meritocracy），以及利益依賴的（benefit dependency）原則；此外，它也涵括了各種不同文化脈絡下，各種不同的政治觀念與實務（Loxley and Thomas, 2001, p. 293）。通常在一般文獻會提到的新右派的主要派別爲新自由主義（neo-Liberals）和新保守主義（neo-Conservatives），Michael W. Apple (2000, p. 59) 在 'Between Neoliberalism and Neoconservatism: Education and Conservatism in a Global Context' 一文中指出：新右派的主要派別除了新自由主義和新保守主義之外，尚包括權威的普遍主義（authoritarian populists）與一群向上流動的新中產階級，亦即新右派的主要派別有四個，不是平常一般所

了解的兩個，但是在該文，Apple 還是只有討論新自由主義和新保守主義這兩個流派，這兩個新右派的主要派別對於國家、個人與市民社會（civil society）之間的關係，分別有不同的理論與主張；然而，連接它們的關鍵，也就是它們之間的共同點是對於福利國家的憎惡（Loxley and Thomas, 2001, p. 293）。因此在本章，作者有關新右派的討論也是集中在這兩個派別。

一、新自由主義的主要概念與政策主張

新自由主義主要源自十八世紀古典經濟學家亞當•史斯密（Adam Smith）的觀念，但是對於 Adam Smith 的思想，經常會有過度簡化和誤解的情形；當代自由市場的觀念，則是起於奧地利（Austria）經濟學家 F. A. Hayek 對社會主義中諸如《奴隸之路》（*The Road to Serfdom*）的著作，以及對集體主義的觀念和實務的批判，F. A. Hayek 認爲集體主義會對自由和財產產生威脅，因此，他於一九四七年提出「非社會主義的自由主義秩序」（non-socialist liberal order），另外，F. A. Hayek 也相信集體主義的社會計劃觀念是註定要失敗的，因爲社會是如此的複雜，而規劃者所處理的「事實」並不具體；再者，這些建基於人類行爲與關係之上的「事實」是無法逆料的，因此，F. A. Hayek 主張自由市場應優於或凌駕於所有關於社會生活相關層面的設計與規劃（Lawton, 1992, pp. 3-4）。

新自由主義在新右派或是保守主義復興的派別中，是最有勢力的，其主要建構在一個屛弱的國度的遠景之中，因此它對於公部門並不友善，而認爲私部門是「良善的」。根據相關文獻資料的整理，新自由主義的主要概念如下（Apple, 2000, pp.59-62；Stromquist, 2002, pp. 6, 25-31）：

1、凡是屬於私部門的都是好的，只要是公部門的都是不好的，公部門都是"黑洞"（錢丟進去就不見了），像學校投資了一大堆錢進去，卻看不到任何的成效，作爲"黑洞"的學校和其他公部門，若如現在對

經濟資源的浪費和控制的型態，都應該改組為私營企業；

2、在各種理性之中，最強而有力的是經濟理性，效率和成本效益倫理是經濟理性的主要規範，所有人都將為爭取個人的最大利益而行動，其背後的命題是：所有的理性 行動者都知道如何的理性行動；

3、學生是社會的主要人力資本，任何投入到學生身上的金錢，如果沒有和經濟目的有直接相關，都是需要被質疑的；

4、不只是學校無法培養我們的學生成為將來社會所需要的勞動者，而且是包括所有的公部門機構都在蠶食鯨吞我們社會的財務生命；這主要是因為學校是為教師及國家官僚而設立的，並不是為「消費者」設立的。學校主要在滿足專業人員和其他自私的國家官僚，而不是為了滿足倚賴它們的消費者；

5、消費者的概念是相當重要的，消費者比生產者重要，"消費者選擇權"是民主的保障，而世界是一座巨大的超級市場；

6、教育和麵包、汽車、及電視，並沒有什麼兩樣，因此，教育和學校必須與經濟發展結合在一起，並且將他們導進市場。

以上所述為新自由主義的主要概念，從其中知道新自由主義對於公部門有相當激進與強烈的批判，對於私部門則抱持著相當肯定與期待的心態，而這樣的情形和自由主義是很接近的，只是它沒有主張把市場機制完全交給那一隻「看不見的手」，其中像海耶克（Hayek, 1976,p. 70）所說的：國家是扭曲自由交易過程的一個集體的能力；而市場和正義或不正義完全無涉，因為市場運作的結果是無法規劃和預料的，它依賴的環境是吾人所無法知道的。就是其中的一個顯著的例子。

新自由主義相信市場是決定生產方式與滿足一般大眾需求的最有效的方法，強調透過市場與技藝的革命，以促進快速的生產及資訊科技的發展，這樣的主張是導致經濟全球化的主要因素之一，Bouedieu (1998)認為：新自由主義是一種方案，這個方案有能力為了維持「純粹市場」的邏輯而破壞任何集體的結構；新自由主義所要求的是在經濟與社會各

領域盡量少干預的政府，其具體表現，就是在經濟方面的鬆綁，在管治與行政方面的去中央化，社會生活各方面增加私部門的參與和代表，但是，這些措施有時候可能爲了達到新的程序與相近的結果，最後，卻可能導致更爲集中化與更嚴格的控制，其中尤以教育領域爲然（Stromquist, 2002, p. 6）。就新自由主義來說，市場產生了自由主義的原則，它同時也涵蓋了個人在教育、保健與居住等社會生活層面的自由，它的主要命題有四（Stromquist, 2002, pp. 26-27）：（1）市場爲大家提供均等的競爭機會；（2）大家都有相近的程度接觸有關市場供需的資訊；（3）歷史和政治因素只是影響市場功能的偶然因素；及（4）社會的共識是不可能的也是不可求的。故而，新自由主義在政策上的主要主張爲（李碧涵，2000，頁6； Stromquist, 2002, p. 26）：鬆綁、私有化、自由化、國家解除管制，以及國際化和全球化。

　　新自由主義在一般經濟制度上的主張是，自由市場與政府最少的干預，以及個人主義的實現；在教育方面的影響，主要集中在歐美之英語系國家，這些國家因爲受到新自由主義的影響，在教育上所採取的措施主要包括（Loxley and Thomas, 2001, p. 293；Stromquist, 2002, p. 30）：採取全國性的測驗、訂定科學與其他科目的全國標準、增加學校與企業的夥伴關係（產學合作）、減少對公共教育的投資、增加對私立學校教育的補助。

二、新保守主義的主要概念與政策主張

　　新保守主義的思想主要源自於 Thomas Hobbes 在 *Leviathan* 所主張的對於人性與人類社會之悲觀的看法，以及 Edmund Burke 所主張的需要強而有力的國家，以控制存在於人類社會的罪惡，同時，以便保護弱者，其國家概念與政治理論的主要詞彙是「風俗、傳統與秩序」（Lawton, 1992, p. 7）。新右派的另一個主要流派是新保守主義，就思想或是理論的「譜系」或「光譜」而言，新保守主義是保守主義的修正，亦即在態度、觀念和主張上，由「右」稍微向「左」修正，但是，不論再怎麼修正和調整，它還是「右」的，因此，保守主義的觀念、主張和價值取向，它都承續了，或者可以說，新保守主義在某種程度上是「概括承受」保守主義的一切了；新保守主義也並不是完全反對市場經濟，而是主張「社會－市場經濟」（social-market economy）（Knight, 1990, p. 135）。

　　新保守主義對當代的教育政策與實務有相當深遠的影響（Fletcher, 2000, pp. 11-24）：透過法定化課程內容與標準化評量程序，以改變學校的運作方法，在間接方面也影響了班級的教學，新保守主義把當前存在於教育方面的缺點歸咎於一九六〇年代進步主義的影響，其對當前教育的批評主要集中在經驗與興趣方面，它認為在學校裡過度的重視學生個別的經驗與興趣，對於價值內容的學習和良好的道德發展是一種障礙，應該把學生的經驗和興趣置於一般共同的課程中，就可以了。新保守主義同時主張（Apple, 2000, p. 67）：（1）一個國家的課程，應該以該國的歷史與文化為基礎；（2）多元文化教育通常建基於將課程政治化的意圖，這是不妥的；（3）學校應該允許學生批判傳統上學校所展現的知識是否為「官方的知識」；（4）多元文化教育是形成少數族群學生統整入社會的障礙。新保守主義在教育政策方面的主張主要為：國定課程、全國性會考、高的學業成就標準、西方傳統的復甦，以及愛國主義的強調。新保守主義的主張在教育政策和社會政策上的威脅，主要是過度強調

「回歸傳統」（return）與對「他者」（the other）的畏懼（Apple, 2000, p. 67）。

三、新自由主義與新保守主義之異同

　　新保守主義和保守主義，雖然在意識型態方面有所不同（見表 9.2.1.），但是都同樣強調國家、責任、家庭、秩序、傳統價值和社會階層的重要，它優先要維持的就是家庭的責任、人際的互賴、自我信賴、傳統價值、傳統權威與社會秩序（Loxley and Thomas, 2001, p. 293）；和新自由主義不同的是：新自由主義強調「弱勢的國家」（the weak state），新保守主義則強調「強勢的國家」（the strong state）（Apple, 2000, pp. 66-68; Dale and Ozga, 1993, p. 65）。此外，新自由主義對於人類社會的看法是樂觀的，它認為吾人無須擔心人類的自私的本性，因為人類此一自私的本性終將化為公共之善（public good）；新保守主義對於人類社會則抱持著比較悲觀的看法，它認為除非人性可以透過社會規範（social rules）加以緊緊的限制住，否則，人與人之間的互動是「污穢的、殘忍的與短視的」（Lawton, 1992, p. 7），這種悲觀的想法無異於 T. Hobbes(1991)在 *Leviathan* 對人類社會的悲觀的與絕望的描述一般。

表 9.2.1. 新保守主義與舊保守主義意識型態之差異

	新保守主義	舊保守主義
目的	除了對傳統的歷史主義、道德及社群倫理的贊同外，尚加入人民選票的公意及對選民的責任	歷史、傳統道德、社群倫理
左右向度	中間偏右，有向中間靠攏的趨勢	容易走向極右派、形成右派的激進主義、反對社會主義、共產主義，以及自由主義
基本論點	階層制度、貴族政治、集團或國家優先、過度強調宗教的重要	階層制度、貴族政治、集團或國家優先、過度強調宗教的重要
國家角色	仍然將威權及忠誠擺在一起，只是立基於「民粹主義」，以選民的選票為優先	國家把威權及忠誠擺在一起
反對與贊同	反對社會主義、共產主義，但贊成商業的資本主義，並與自由主義作某種程度的妥協	反對社會主義、共產主義、自由主義、商業及資本主義…

資料來源：Giddens, 1994; 轉引自謝廣錚（2001），**英國 1988 年以降官方教育政策之研究－以新右派市場機制理論分析**，頁 46。

第三節
新右派與教育發展

　　雖然，在美國和英國有關新右派、雷根主義和柴契爾主義的著作相當多，可是有關於新右派與教育的著作卻相當的少（Lawton, 1992, p. 1）；但是，過去三十幾年來，歐美國家由於受到新右派思潮的影響，在教育政策和學校教育方面有著永久性的革命式的改革。一般咸認爲將新右派的思想轉化爲政策的國家中，要以英國和美國最爲徹底，但是，事實上，紐西蘭從一九八四年起，在將新右派的理論轉化爲政策的速度就已經超越所有其他國家了（Dale and Ozga, 1993, p. 64）。在英國的情形是有相當多的著作，把新右派和柴契爾主義放在一起討論，例如 Gamble (1998), Hall and Jacques (1983), Kavanagh (1987), Kavanagh and Seldon (1989), Skidelsky (1988)。在英國的教育改革，新右派的兩個主要派別都發揮了相當程度的影響，而在紐西蘭，則主要受到新自由主義的影響，之所以有如此的差別，主要是受到意識型態對意義解釋之不同而造成的；但是，在將世界經濟所呈現的問題，轉化爲特定民族國家一連串的政治問題時，考慮相關的意識型態如何解釋的當下，可能就同時提出了一套解決問題的建議；坦白講，上述之轉換，意識型態並無法獨自完成，通常是在特定之民族國家現存之特殊的歷史情境與政治歷程中完成，新右派在教育發展的主要立場，是弱化與移除中央與地方政府之間可能產生干預作用的機構，同時，也試圖盡可能減少專業人員的權威（Dale and Ozga, 1993, pp. 65-66; Jones and Moore, 1996, pp. 312-313），其在教育發展的主要影響爲（謝廣錚，2001，頁 164-170；Carter & O'Neil, 1995, pp. 3-4, 9; Loxley and Thomas, 2001, p. 297）：（1）強調政府對選民教育品質提升的責任；（2）國家應負起教育市場產品多樣化提供的責任；（3）加強學生和就業有關的技術與能力的培養；（4）增加對課程內容和評量的直接控制；（5）藉著對課程的分流與減少選修課程，以減少政府在教育方面的支出與成本；（6）藉著直接參與學校決策與市場選擇的壓力，增

加社區對教育的輸入；與（7）藉著強化學校教育、就業、生產、及交易的關係，而改善國家經濟。

第四節
教育政策與新右派：理論與實務的對話

有關新右派的作用與可能的發展方向，Apple (1993, pp. 15-43)在 Official Knowledge: Democratic education in a conservative age 有深入的討論。在這一節，主要是要討論新右派與教育政策的關係。雖然，新右派對於教育研究也有頗為顯著的影響（Grace, 1991，265-275），但這不是本節所要討論的重點。新右派的概念和市場化、全球化與去中央化（或稱之為去集中化）都有部分的重疊，近年來，一些國家積極推動的教育市場化、學校本位管理、學校公辦民營、大學校務基金、學業成就標準的提高、大學的整併與合併等等相關政策，或多或少都受到新右派思潮的影響。雖然，在經濟制度、政治架構、社會福利政策、教育政策等方面有相當意義的影響，新右派對於性別的議題，卻似乎有些漠視，因此新右派被批評為，幾乎完全是男性控制的社會與政治運動，就立場上而言，它是反女性主義的（Arnot, 1992, p. 59）。台灣這幾年來的教育改革，像大學校務基金的實施、大學評鑑、師資培育機構的評鑑與退場機制；師資培育制度的市場化；家長選擇權；教育券等，其實也受到新右派思潮相當程度的影響。

英國政府推出的優質教育政策，充滿菁英主義色彩，著重效率（efficiency）、素質（quality）及管理（management），此政策正好符應了新右派的特質。英國保守黨（The Conservatives）從一九七九年到二〇〇一年的國會大選之教育政見，很明顯的就有新右派的影子（翁祖

健，2001，頁 117-142）：

我們將檢視學校教育、繼續教育與訓練之間的關係，來決定如何妥善
運用現有的資源；我們將延伸家長的權利與責任，讓他們對教育發揮
更大的影響力，以協助教育水準的提升（1979）。

長久以來，家長已經擔憂我們多數學校的水準及紀律，賦予家長更多
權利是提升教育水準最有效的方法之一。我們將繼續尋找辦法擴大家
長選擇對子女就學的選擇權及影響力」（1983）。

家長希望學校提供他們子女知識、訓練及品德，以適應今日的世界。
他們希望能教導其子女基本的教育技能，他們希望學校能鼓吹道德價
值：諸如誠實、勤勉工作及責任心。他們應該有權可以為子女選擇能
達到這些要求的學校」（1987）。

保守黨相信高標準的教育及訓練是個人機會乃至國家成功的關鍵。我
們相信與家長建立夥伴關係，學校選擇權與所有學生都須具備的良好
基本能力，可讓他們未來的生活成功。我們致力擴展教育機會的同時，
又不調降學術水準。我們將繼續擴展高等教育及訓練。我們將強化個
人的求學權力，打破人為限制進步的阻礙。藉著擴充機會及賦予人民
選擇的權利，我們給了人民寶貴的自由及進步的強力鼓舞（1992）。

這是個刺激的世界，對追求挑戰的人是充滿著全新的機會：這個機會
也應對所有的孩童開放。他們的未來與英國的榮景都依賴在英國教育
的品質…我們將引進國家訓練制度，並鼓勵雇主提供更多工作導向的
現代學徒制度給年輕人…我們將繼續支持訓練及企業委員會的網絡建
構。該委員會已經建立了政府與企業間的夥伴關係。我們將鼓勵雇主
參與對人投資，與公部門一同配合私部門的表現。競爭的市場需要高

度的技能。如果英國要贏的話，我們需要鼓勵學習，並給予人們機會
學習他們想學的事務」（1997）。

我們的目標是給予家長選擇權，給校長自由。這些改革將帶來家長所
想要的學校—高水準的學校，有自己的傳統、學區風格，並且可以驕
傲地穿著自己的校服…校長與學校管理者將完全負起經營學校的責
任。他們可以獎賞傑出的教師，而且也可以使用兒童意願或家長同意
的學校合約當入學的標準，內中明定學生與學校彼此的責任…讓最佳
的學校擴充並不夠。我們希望看到好的學校如雨後春筍般的成長
（2001）。

　　以上所臚列介紹的是英國保守黨從一九七九年到二〇〇一年國會
大選的主要之教育政見，其中可以看出其不僅強調教育機會均等，更強
調卓越與競爭；不僅強調政府的干預與投入，更強調家長的參與與選
擇，從其中都可以看到新右派的影響與影子，尤其是新右派著名的口號
之一：「須先有強而有力的國家，乃能談自由市場的開放」（The strong state,
the free market.）。以下更扼要臚列英國在高等教育改革上受到新右派影
響的情形，根據謝廣錚(2001，　頁 173；186-189)的整理，新右派思潮對
於英國高等教育的改革有以下五個方面：（1）提供更多元產品，以達成
創造學習社會的目標；（2）提供一般社會大眾所需的更多元的知識及能
力訓練；（3）擴大大學與企業界及產業界的合作關係；（4）培養能因應
全球競爭所需的人力；以及（5）加強高等教育的評鑑。至於新右派思
潮對於英國高等教育改革政策的影響有五（翁福元，2006，頁 23-24）：
（1）主動積極的規劃改革方案與政策，漸進逐步的推動高等教育改革；
（2）全面性與持續性的推動高等教育改革方案與政策；（3）兼顧卓越
的追求與公平正義維護的高等教育改革政策；（4）建立具體實在的高等
教育改革目標，不好高騖遠；與（5）建立多元化的高等教育制度和體
系。

第五節

本章小結

　　自一九七〇年代起，新右派由於雜揉了新自由主義與新保守主義的
理論和主張，使得一般人對它的概念與主張總是有一些困惑或迷惑，也
許這就是爲什麼相對而言，在教育上關於新右派的著作比較少的原因。
但是，新右派對於一些國家的經濟政策與社會福利制度產生具有相當影
響力的作用，同時，對於教育改革政策也有某種決定性的影響力，尤其
是其市場化的主張，更是導致教育市場化的現象在世界各地如火如荼的
展開，是不容小覷的。其中在社會福利政策與經濟制度影響最大或是實
施最爲徹底的國度厥爲美國與英國，尤其是英國自一九八〇年，柴契爾
夫人擔任首相起就大力推行，國有企業私有化與減少中央政府之社會福
利支出，更是其中之最具代表性者，其教育市場化的政策亦不在話下；
但是，除了英美兩國之外，紐西蘭與澳洲在教育改革方面受到新右派思
潮或理論的影響之重，亦不不遑多讓。本章的內容主要在討論新右派思
潮對教育改革或教育政策的影響，首先，討論導致新右派興起的原因，
接著就相關的文獻資料整理新右派的主要派別及其各自的主張，接續，
討論新右派與教育發展的關係，最後，由此導進教育政策與新右派的互
動與交互作用，並就相關的實徵資料進行分析與整理，以驗證二者之關
係，並討論其利弊得失。

第 10 章

教育政策與後殖民主義

The OLD COLONIAL era, some say, is dead.Evidence? Most formerly colonial areas are now independent nations. On the ruin of traditional colonial empire, however, has emerged a new, subtler, but perhaps equally influential, kind of colonialism. The advanced industrial nations (the United States, most of Europe, including the Soviet Union, and Japan) retain substantial influence in what are now referred to as the 'developing areas'.
~Philip G. Altbach, 1995, p. 452. ~

摘　要

　　後殖民主義是近幾十年來相當熱門的一種理論，對於社會科學與人文科學都有相當令人印象深刻的影響，甚至於對自然科學也有某種影響力存在。它主要是對於殖民運動結束之後，抑或殖民地獨立運動完成之後，由於先前歐美帝國主義與殖民主義國家，向海外從事資源剝削和土地掠奪，所遺留下來種種，這些新興獨立國家必須面對和解決的問題，例如：傳統文化的復興和重建、殖民母國政治、文化、經濟與文化的控制與影響的排除、自我主體性的復甦等等問題，進行批判性的反思與檢討。後殖民主義探討的範圍與對象，雖然相當的多元與廣泛，但是其焦點主要集中在對於文化與主體性問題的探討。本章首先討論了後殖民主義的字面意義與空間意義，並嘗試結合二者，以歸納出後殖民主義的綜合性的意義，接著歸納整理後殖民主義的理論概念。接著從社會歷史背景和理論來源介紹後殖民主義的起源，另外更進一步歸納整理後殖民主義的發展。在第二節，則討論後殖民主義與教育發展的關係，這一節旨在就相關的研究資料討論與整理後殖民主義對教育發展的影響；第三節，則討論後殖民主義如何在教育政策上的應用，以及對教育政策制定可能產生的作用。

楔　子

　　作爲當代主要文化理論與社會學理論之一的後殖民主義，由於其豐富與抽象的理論內涵，繁複與龐大的理論體系，以及爲被殖民者與弱勢族群發聲的批判精神，深深的吸引著一批學者的投入，也大大的影響著社會科學的發展，作爲社會科學一支的教育自是不免受其影響。「宰制」與「霸權」的批判，是近來教育政策研究的一個相當受到關注的議題，後殖民主義的論述正是具有相當明顯的對「宰制」與「霸權」批判的性格。本章除了對於後殖民主義的意義與理論架構，進行整理與介紹之外，更主要的任務在，於討論教育政策與後殖民主義的關係，主觀一點的說，就是在討論後殖民主義對教育政策的影響。

第一節
後殖民主義的意義、起源與發展

　　自從薩伊德(Edward W. Said)的《東方主義》*(Orientalism)* 於一九七〇年代出版之後，有關後殖民的論述（post-colonial discourse）就一直未曾歇息過，甚至於影響了全球關係的重組。作爲一種對殖民者、殖民主義、殖民母國、帝國主義、我族文化、及我族認同的批判、反省與建構的論述；做爲一種融合了哲學、歷史學、文學、人類學、心理學和文化學的「多學科」(multidiciplinary)的學科；以及對文化與帝國主義、殖民論述(話語)、西方對東方的文化再現、全球化與民族文化認同(身分)、種族、階級、性別關係與冷戰後全球關係等議題的關注(段忠橋，2001，頁153)，其不僅影響了教育內容與教育活動的規劃與進行、教育政策的制定與發展、更影響教育目標的擬定與實踐，也影響了學術研究的發展，

更進一步影響了人類社會秩序的調整與發展。簡言之，後殖民主義
（post-colonialism）的興起對人類社會產生了相當大的影響，此一影響
或許可以稱做是，人類秩序與關係重組的「哥白尼式的革命」。

一、後殖民主義的意義與要旨

後殖民主義的興起主要是源於對歐美國家殖民主義的反動，就脈絡
而言，是承繼了反殖民運動（anti-colonial movement）的精神並且加以
擴大的一種，對於東西方關係的省思，以及對於新殖民的警覺。宋國誠
（2003，頁3）就指出：「後殖民主義一般認為是在二次大戰民族獨立時
代和『全球非殖民化』背景下，做為一種新的文化趨勢和知識典範而出
現的」。他（2003，頁4）同時又指出：「後殖民主義的興起與戰後一些
出身原殖民地的高級知識分子的『民族自覺』，和對西方主體思想的批
判有很大的關聯」。

（一）後殖民的意義

在英文裡，即使只就與「後殖民—」相關的字彙[1]來看，就已經夠多
和夠複雜了。因而，不論是做為一個學術探究的主題或是學科領域，後
殖民主義的意義、概念、發展背景和理論架構，不僅相當複雜的，而且
也相當難以具體掌握的，換言之，也就是無法用單一的和線性的脈絡來
理解它；甚至於有人認為後殖民主義，至今尚未成為一個系統的研究領
域；另外後殖民主義究竟是否已經形成，或是只是一種「學術時髦」
（intellectual fashion），都還是有爭議的（宋國誠，2003，頁9）。至於後
殖民的意義究竟為何，就相關的著作（翁福元、吳毓真，2002，頁88-89；
張法，1999）來看，應該可以從「字面意義」和「空間意義」兩個層面
加以掌握：

---

[1] Larsen(2000, 23)在其所撰的"Imperialism, Colonialism, Postcolonialism"一文中
提到和 postcolonialism 有關的字彙至少有：postcoloniality, postcolonial studies,
postcolonial theory。

1、後殖民主義的字面意義

　　一般英文裡談到「後殖民主義」時通常有兩個字，一個是"postcolonialism"，另一個是"post-colonialism"，前者有「延續的」或「持續的」意義，亦即，雖然二次世界大戰之後，許多原來的殖民地都獨立建國了，可是「殖民主義」的概念或是影響卻依然持續著，殖民主義並未終結，其所造成的結果或影響，仍然存在著、持續著和延續著，在這樣的現象中，所隱含的意義是「反殖民鬥爭的艱鉅」，以及殖民帝國所造成的傷害之深遠；後者，則表示著「後殖民主義」與「殖民主義」二者在性質上的不同，套句現在流行的用語，也就是二者是有所「切割」的。就字彙上來看，後殖民主義可以有兩種論點：其一為兩段論—殖民主義和後殖民主義，其二為三段論—殖民主義、新殖民主義和後殖民主義，張法（1999）認為後者比較能夠把後殖民主義的發展講述得清楚，所謂殖民主義盛行於，十六世紀西方的全球擴張到第二次世界大戰之後，各殖民地獨立的時期，這個時期，西方國家對殖民地進行了政治、經濟、文化、軍事之全面的佔領與控制；新殖民主義則盛行於冷戰時期，前殖民地國家與殖民母國關係的描述，亦即殖民地獨立之後，西方原先的殖民母國利用經濟和文化的力量，繼續對前殖民地國家進行影響與「統治」；後殖民主義是冷戰後期—一九八〇年代—發端於西方國家，而盛行於全球的名詞，它主要是對從殖民時期以來，迄今西方世界對殖民地的影響和控制的合理性進行了本體論上的質疑。

2、後殖民主義的空間意義

　　後殖民主義在空間上的意義主要是指在「後殖民的情境」（postcolonial state）下，所產生的超越反殖民的一種，永遠屬於對抗與共謀的混合與變化之構造型態，此一型態與傳統殖民者與被殖民者的二元對立型態是不同的。

　　如果將後殖民主義的字面意義與空間意義統整起來，放在一起看的話，它應該具有這樣的三個意義（楊金海，1997）：（1）指先前殖民地

雖然已經脫離西方軍事、政治與經濟的統治，但是當前仍然存在著日益嚴重的殖民文化統治現象；（2）指第三世界地區或國家，包括曾經被殖民者與不曾被殖民者，遭受西方文化霸權統治的現象；與（3）指在西方殖民主義結束之後，全球普遍存在的文化殖民主義或文化帝國主義的全球化狀態。所以，不論就字面或是空間上的意義來看，後殖民主義都指射著，當前已經獨立的殖民地或是第三世界國家與西方先進國家糾葛不清的文化關係。

（二）後殖民主義的要旨

「後殖民主義」，如果把它當作一個名詞的話，它是一個相當抽象和擁有相當多意涵的名詞；如果把它當作一套理論系統來看的話，則它又是一個相當複雜和體系龐大的理論架構。廖炳惠（2006，頁 105）在〈後殖民主義導引〉一文對於後殖民主義有著這樣的描述：

> 「後殖民主義」（postcolonialism）於一九九〇年代初期興起之後，大概是全球文化理論最受矚目且不斷引發爭議的批評詞彙，此一名詞所牽涉到的「全球化」（globalization）、「在地化」（localization）、「殖民主義」（colonialism）、「現代性」（modernity）、「第三世界」（third world）、「地域政治」（geo-politics）、「帝國」（empire）、「文化帝國主義」（cultural empirialism）、「新殖民主義」（neo-colonialism）、「草根運動」（grass root movement），乃至其他隨著產生的民族主義、國族與文化認同及其他傳統生活方式之再闡發，都是討論重點。

以上是有關後殖民主義之字面意義與空間意義的討論，「後殖民主義批評著重批判西方殖民主義在文化上的表現，分析和描述新形式下帝國主義文化侵略、宗主國與殖民地的關係、第三世界的菁英知識分子的文化角色和政治參與、關於種族/文化/歷史的"他者"的表述等」（姜飛、馮憲光，2004），前面所述是有關於後殖民主義之理論重點的簡要介紹，

接著將進一步參酌相關的著作（方永泉，2002，頁 130-133；吳毓真，2002，頁 30-34；翁福元、吳毓真，2002，頁 89-93；段忠橋，2001，頁 165-185），將後殖民主義之主要理論內涵─要旨─整理如下：

（一）旨在探討「殖民主體的問題」，特別是殖民者與被殖民者之間關係的問題

就「殖民主體的問題」而言，後殖民主義所要探討的焦點有二：其一為殖民之後，殖民者在被殖民者身上殘留的影響力，這種影響力不僅表現在政治與經濟的依賴關係之鉅觀層面，也展現在教育、藝術、主體文化認同與對於處境的認知的微觀層面；其二為探討殖民者對於其殖民行為的可能解釋，而且也呼籲原先的殖民者能夠承擔，其所造成的歷史悲劇的責任，以及正視因新移民的移入而引發的種族歧視的問題。

（二）區辨後殖民主義與殖民主義的不同

後殖民主義與殖民主義最大差異之處，在於殖民主義所探討的是軍事、武力等有形力量的競爭與征服，後殖民主義研究的焦點，則是置於「再現」中無形力量的競逐上，也就是「論述」與「文本性」中的權力及其所引起的抗拒的問題。

（三）對於所謂「東方主義」（Orientalism）進行批判

「東方主義」是以西方的文化為背景和基礎，以西方的科學為標準，以西方的思維為運思方式，對東方進行「言說」、「書寫」、及「編造」，在這套話語中所呈現的東方，是西方人眼中的東方，不是，也絕不可能是真正的東方，是遮蔽了和扭曲了的東方。就後殖民主義而言，東方主義不是一個知識的問題，而是一個權力的問題，它以知識的形式支持西方殖民國家的「有理」：「擴張有理」、「侵略有理」與「殖民有理」，因此東方主義不是東方的一部分，而是西方的一部分，它是使西方全球擴張合理化的知識論的證明，它是一種「文化帝國主義」。此正如 Said

(1995, p. 12)所指出的：東方主義不是單純的政治事務或領域，也不是關於東方的大量文本的蒐集，更不是希望帝國主義的再現與表述，它是對於不同世界的控制、操弄與合併。

（四）重視「文化認同」問題的釐清

「文化認同」的問題是許多理論都會討論的議題，但是其出發點與立基之處確有相當的歧異，就後殖民主義而言，其對於文化認同問題的討論與釐清，是不能脫離殖民經驗所遺留下來的問題，以及後殖民的情境脈絡。在文化認同問題的處理上，後殖民主義透過不斷的重新定位與尋找自己的位置，以找尋自己的身分及文化認同；另外，也藉著對族裔散居的現象與文化混血的問題的探討，而深入分析身分、族群、語言與生活等文化認同問題。

（五）對於民族主義的檢討

後殖民主義對於民族主義的檢討，主要是在批判狹隘的民族主義，也就是宣揚恐外仇外的種族主義，或因民族主義而形成的，另一種形式的帝國主義。此外，後殖民主義也批判獨立後的被殖民的國家，以少數貴族或買辦階級取代原來的殖民勢力，而再次的對被統治的人民進行剝削。

除了以上介紹理論的要旨之外，後殖民主義還討論：自我/他者的殖民主體的問題；殖民關係的再現、關心論述與文本敘述中的宰制現象之顯現的問題；與全球化的問題。雖然，後殖民主義的概念及理論大綱（見圖 10.1.1.）十分的龐雜多樣，姜飛、馮憲光（2004）就指出：「後殖民主義批評理論討論的範圍極其廣泛，包括現代化、新技術、商品物化、金錢的抽象作用及其對符號系統的影響、大眾文化、主體構成的新形式等。」但是其最主要的核心概念是（翁福元、吳毓真，2002，頁92）：「以被殖民者的角度，去批判及反省殖民時期殖民者霸權控制的現象，破解長久以來殖民者與被殖民者，二元對立優越者與卑劣者標記的現象及心

理的意識型態，找尋隱藏的弱勢文化，並活化創新被殖民者的文化」。

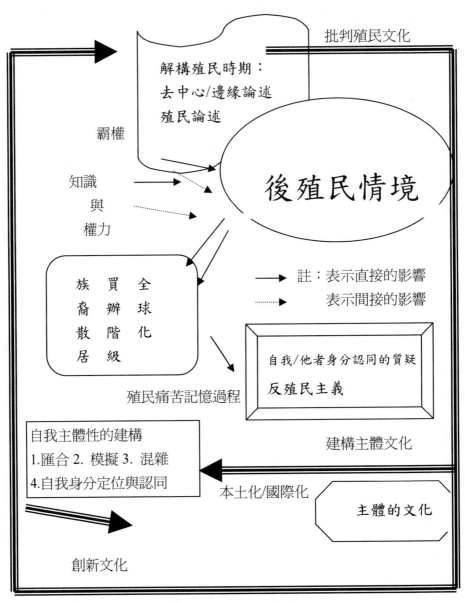

圖 10.1.1.　後殖民理論架構圖

資料來源：吳毓真（2002），**台灣與加拿大原住民教育政策比較研究—後殖民
　　　　的觀點**，比較教育研究所碩士論文，頁 21，未出版，南投：國立暨
　　　　南國際大學。

二、後殖民主義的起源

一般講後殖民理論都是從薩伊德《東方主義》一書開始談起，後殖民主義的興起，主要是對於殖民主義的批判與民族文化的重建，具體而言，後殖民主義的興起可以分成「社會歷史背景」和「理論來源」兩個方面討論。

前者主要包括有(段忠橋，2001，頁 154-157)：(1)第二次世界大戰後，民族國家對帝國主義文化霸權的批判；(2)具有東方血統和生活經歷的知識分子進入西方學術界；(3)冷戰結束後民族主義重新崛起；及(4)經濟全球化時代發展中，國家對民族文化獨立性的追尋。後者則主要包括了(段忠橋，2001，頁 157-162)：(1)非洲民族主義話語；(2)馬克思主義的民族國家理論；(3)葛蘭西的文化霸權思想；及(4)傅科的權力話語理論。以下茲整理方永泉（2002，頁 123-124）、段忠橋（2001，頁 154-162）、洪曉楠（2006）、張法（1999）與張鍠焜（2006，頁 301-307）的著作，分別扼要介紹之。

（一）後殖民主義興起的社會歷史背景

雖然學術界對於後殖民主義的概念和定義仍然尚無定論，使得後殖民主義的論述顯得紛擾不定，但是，對於後殖民主義興起的社會歷史背景的看法，則是相當一致，大致上來說，後殖民主義的興起主要是一九五〇年代，殖民地的獨立之後，其主要的社會歷史背景如下：

1、第二次世界大戰後民族國家對帝國主義文化霸權的批判

第二次世界大戰結束之後，亞非地區許多殖民地獨立建國，但是當這些國家的領導者要開始建設他們國家的時候，發現到他們原來的傳統文化，已經受到殖民母國的扭曲和破壞，而且殖民母國的文化也已經嚴重的滲透到其社會的深層結構，人民大多習慣了殖民母國移入的文化。因此，殖民地國家獨立之後，不僅要積極的從事經濟政治的建設，更要

設法排除其殖民母國文化的影響，而且把受到扭曲和破壞的文化傳統重新恢復過來。這種對過去帝國主義文化霸權的批判就成了後殖民主義的議題。

2、具有東方血統和生活經歷的知識份子進入西方學術界

與當代西方各種主要理論或學派不同的，後殖民主義的主要學者大多具有雙重的身分，也就是他們既是第三世界國家的後裔，同時又是西方高等教育學府裡的著名教授，甚至是長期生長在第一世界國家的社會，深受西方文明的洗禮。方永泉（2002，頁124）指出：「這構成了後殖民學者本身特有的一種弔詭：他們一方面具有殖民地與殖民者的雙重身分，能體察到不同身分的處境、感受，但另方面他們又必須憑藉歐美西方的強勢文化攻勢，藉棲身於最高學術廟堂之便，才能在主流論壇中取得有利的發言地位」。

3、冷戰結束後民族主義重新崛起

如果說：「當前人類世界的地圖是殖民主義」繪製而成的或許有些武斷，但是也有幾分真實。殖民時期，殖民者用武力與政治力隨心所欲的劃分疆界，不同的文化與族群被強迫混雜在一起，相同的文化與相同的族群被強將分開；殖民時代結束之後，獨立的人民在政治上獲得解放，可是卻面臨著自我身分認同的問題，而產生了矛盾與衝突，但是由於美蘇兩大陣營意識型態的對立與抗爭，使得民族國家內部與民族國家之間暫時受到壓抑。到了一九九○年代，冷戰結束之後，這些民族國家之內或是之間的矛盾一一的浮現，造成國家的內戰或區域的衝突，這些都使得大家必須反省殖民時代，那些殖民國家所造成的傷害，以及殖民主義歷史與當今民族國家的關係，這些在在都導致了後殖民主義論述的興起。

4、經濟全球化時代發展中國家對民族文化獨立性的追尋

經濟全球化的結果，使得西方國家的先進科技與經濟制度向全世界傳播，同時也向全世界傾銷其資本主義的價值觀與歐洲中心的意識型態。在此一經濟全球化的風潮，發展中國家如何能夠保持自身文化的獨特性與民族文化的特色，成了亟需面對與解決的問題；因著這些問題，後殖民主義的論述更有其價值性與應用性。

（二）後殖民主義興起的理論來源

在這一小節裡介紹有關後殖民主義興起的理論來源，就相關文獻資料的分析發現，非洲反殖民之民族主義的語言是其相當重要的來源，此外，批判和衝突社會學的傳統，也是它的重要理論基礎。

1、非洲民族主義話語

非洲反殖民運動的話語，主要是用來批判西方的殖民主義，和喚醒非洲民族意識的覺醒，進而維護非洲本土文化的尊嚴。法農在《黑皮膚，白面具》一書，對於西方殖民主義有深刻和嚴厲的批判，它認為西方殖民主義者，不僅把它的統制強加於被殖民者身上，而且扭曲和壓抑被殖民者的歷史文化與主體性。這些對於後殖民主義的論述，有著基本的影響與作用，而且成為後殖民主義論述的主要依據。

2、馬克思主義的民族國家理論

馬克思主義與列寧對於帝國主義與資本主義國家的批判，也是後殖民主義論述的重要理論依據之一。幾乎後殖民主義的學者都研究過馬克思主義，或是信仰它。尤其馬克思的〈不列顛在印度的統制〉與〈不列顛在印度統治的未來結果〉兩篇文章，更是後殖民主義者經常引用的資料。

3、葛蘭西的文化霸權思想

　　葛蘭西的文化霸權論述，主要圍繞在統治階級與被統治階級，資產階級與無產階級之間的鬥爭和宰制的關係，從其中，葛蘭西論述了文化問題的重要性，同時也闡明了文化可以是一種權力、文化可以是一種暴力，以及文化也可以是一種宰制的性質和工具。後殖民主義者應用葛蘭西文化霸權與宰制的思想，批判殖民主義者在殖民地的所作所為，就是一種文化的暴力、宰制與控制，在後殖民時代的今日，文化的控制仍然是西方帝國主義者，對於他們之外的地區和國家，侵略與控制的主要手段和表現形式。

4、傅柯的權力話語理論

　　傅柯對於權力在社會運作中的機制、策略與功能等問題的探索，以及對民族國家的分析、個人身分的辨析、跨國經濟問題的研究等，都構成了後殖民主義論述的主要的學理依據和理論基礎。另外，傅柯所提到的「自我的出路」的兩個途徑：（1）對權力作用的持續抗拒：多元抗拒、對權力機制的析辨與對權力機制的歷史性批判；（2）自我的創造：自覺地主動塑造自我，無所不在的權力機制，我們是可以拒絕的，這個拒絕就是自主地塑造自己，創造自己獨特的生命風格。這也是後殖民主義論述的主要來源之一。

三、後殖民主義的發展

　　關於後殖民主義的發展，並沒有定論，一般大致上接受的說法是，後殖民主義在一九八〇於學界開始大放異彩，對於社會科學的發展產生相當顯著的影響力。有關後殖民主義的發展，相當多的著作都會觸及；吳毓真（2002，頁 15-18）將後殖民主義的發展分成三個時期：（1）殖民主義時期：十五世紀到二十世紀中葉，殖民主義的發展有兩波，第一波在十五、十六世紀，第二波在十七、十八世紀，第一波是以武力取得殖民地及新陸塊，第二波是以剝削殖民地的經濟為主，所有物資的生產或開採均是為了殖民母國的經濟。此一時期延續到第二次世界大戰結束之後才告終；（2）新殖民與後殖民交織時期：第二次世界大戰結束之後，雖然大多數的殖民地脫離殖民母國的軍事、武力和政治控制，但是這些新獨立國家的領導者，必須面對的不只是百廢待舉的殘破狀況，他們還必須設法處理原來殖民母國所留下來的，種種精神負擔和精神洗腦的問題，以及政治、經濟、文化、教育與技術，對原來殖民母國的依賴問題，歐美先進國家在世界經濟市場上與許多國家和企業合作，在國際上扮演著舉足輕重的角色，形成了「中心－邊陲」之另一種形式或新的殖民與被殖民的關係，這個時期大約維持到一九七〇年代中期左右；與（3）後殖民時期：一九七〇年代後期，武力上與政治上的殖民問題與現象幾乎已經銷聲匿跡了，代之而起的是學術上發展出重視他者的主體性位置、專業領域的積極性批判、跨學科，以及多元議題的後殖民研究。

四、後殖民主義的憂慮與疑懼：
極端的反帝國主義或是狹隘的我族中心主義

那些脫離殖民統治的第三世界國家，在脫離殖民統治之後，所面臨的共同的問題是，雖然外來的殖民統治在形式上是終止了，但是內部的殖民統治才正式要上場呢！尤其是殖民時期所醞釀，而在殖民結束之後的連結與顯現，使得過去的殖民統治由同膚色同種族者，在脫離殖民統治之後再現，殖民時期的買辦階級成了新的殖民統治者。巴基斯坦籍的《南方—第三世界雜誌》主編 Gauhar 對於南亞三十年的去殖民運動經驗，有如下深刻描述（轉引自陳光興，2005，頁 54）：

> 人們很快就發現到，唯一改變的是主人的膚色…獨立帶來極少的改變，他們依然被鎖鍊在相同的英式機構，透過這些機構統治菁英操弄、控制來維持他們自己的優勢…英式機構及統治階級的架構大都沒有改變…對大眾（the masses）而言，獨立的成果是他們抗爭的結果，也是夢想的終結…國族主義無法遮蓋經濟社會面的差距，也不能抑制區域性自主的壓力…當文化的同質性與真正的國族意識逐漸無法出現時，人們就開始在傳統的狹隘及階級的認同中找尋自我的安全感…在殖民時期裡所灑下瓦解的種子，在現在已經到達了苦澀的成熟狀態。

在反殖民或是後殖民之中，此種偏狹的我族中心主義或是極端的反帝國主義的心態，都是需要避免的，因為他們有可能發展為極端的排外運動，以及激烈的摧毀所有殖民者的一切的行動，如此，則人類社會又將陷入另一種的對抗與撕裂之中。

第二節
後殖民主義與教育發展/教育研究的關係

　　後殖民主義探討的範圍和理論架構都相當的龐雜與多元，但是，簡單來說，後殖民主義所關心的主題主要包括批判與反思、多元與自主的概念，這些對於教育的發展都有著相當程度的影響。後殖民主義對於比較教育、多元文化教育、原住民族教育、課程設計等，都有相當的影響與作用。就比較教育而言，後殖民主義對其可能的影響或啟示包括（方永泉，2002，頁 136-141）：（1）提醒比較教育研究者應更加重視殖民教育與殖民主義帶給前殖民地的影響等問題，拓展了比較教育的研究領域；（2）對於早期比較教育研究傳統，相關文獻中的「東方主義」進行省察；（3）加強對於西方主流國家以外的前殖民地國家或第三世界的教育研究；與（4）透過後殖民主義的種種論述，可以更清楚的理解種種不平等透過課程、教科書與政策合法化的過程。

　　此外，後殖民主義在教育研究與實務上的應用或影響還包括（翁福元、吳毓真，2002，頁 93-94；廖志恒，2003，頁 257-281；黃崇梅譯，2001，頁 141；劉潤椏，2002，頁 136-143；譚光鼎，1998，頁 166-169；Asher, 2005, pp. 1080-1087; Kim, 2005, pp. 61-70；Ouist, 2001, pp. 297-314；Tikly, 2001, pp. 151-171）：（1）歷史經驗之重構：教學上應該建立兩個或多個作品之間的對話，讓學生從後殖民的文本論述去閱讀思考殖民的文本寫作，以發展學生之批判省思的能力，進一步養成學生挑戰與質疑不合理或不平等的現狀，建構其自身之歷史，以真正擺脫宰制之枷鎖；（2）多元學科之整合：多元化與非定於一尊，是後殖民主義論述帶給人類社會的一個重要的發展，因此，多元文化與多元學，以及不獨尊精英、優勢、或主流文化科的課程設計與教學，以開闊學生之視野，培養學生尊重差異、容忍異己的胸懷，以消弭種族、性別、文化與族群之刻版化印象、偏見和歧視，是當前教育之重心；（3）教育研究之殖民

主義宰制的理解與反思：就歷史的發展與時間序列的觀點而言，殖民、反殖民、新殖民與後殖民的關係與影響是無法完全切割的，反殖民立基於殖民狀態，後殖民則以殖民與新殖民爲立論基礎，同樣的沒有殖民的事實，就沒有反殖民運動，沒有殖民與新殖民的現象，就沒有後殖民的發生，因此在後殖民主義論述的當下，從事教育研究，理應注意到殖民主義帶給先前殖民地的影響，加強第三世界國家與社會的研究，重新建構先前殖民地之主體性的認同，重新書寫各民族之歷史脈絡；（4）在多元文化教育上的啓示，主要包括：營造多重視野的多元文化觀、重視多元文化教育之理論介紹與應用的情境脈絡的分析、反省再現議題在多元文化教育上之意涵、強調多元文化教師之批判意識與社會行動能力、及培養學生批判意識與多元文化行動能力；（5）教科書設計上，首先應檢討帶有偏見的部份，加強對於弱勢族群或少數族裔的正面的介紹，修正教科書內容與編寫補充教材，以消除族群偏見和增進族群認同；及（6）加強教育、訓練與就業和弱勢或少數族群社區整體社會文化經濟健康的交互關係，以及自我發展的研究與措施。

第三節

教育政策與後殖民主義：理論與實務的對話

後殖民主義一個很重要的核心概念是，對於原來殖民國家遺留下來的種種政治、經濟、文化、教育與族群的偏見、歧視與意識型態，以及獨立之後，買辦階級的檢討與批判，另外，族群之自我意識與主體文化的尋找與重建，亦是後殖民主義的重要任務之一，而它在教育政策方面的主要影響或關係，在於（翁福元、吳毓真，2002，頁93-98）：

（1）由西方強權對「東方」意義的誤讀現象，探討教育政策的霸權意識型態

這樣的探討不僅是對於西方先進國家在文化、政治、軍事與經濟等種種霸權與宰制的控訴和批判，同時也在於對國內，對於弱勢族群和少數族群的刻版化印象、歧視與污名化現象的批判與省思。如果在從事教育政策制定的時候，存在著這些心態或是現象，則習慣以強者、教化者、或是救贖者的心態訂定政策，如此，當然無法制定符合教育理想與目標的政策，也無法制定出合乎公平、公正、客觀與平等的政策。像非洲辛巴威共和國，在殖民勢力離開，獨立建國之後，雖然，該國政府極力呼籲教育公平與平等，但是，在社會重構中，教育政策依然扮演著男性保護的角色，在教育政策背後，隱藏著對女性強烈的偏見，在該國教育政策中，對於女性的態度顯現著。雖然，殖民勢力離開了，但是殖民的影響依然留存在教育政策中，對於女性的壓抑依然存在著，該國政府而且利用教育政策進行合法性的宰制，使得女性的權力依然受到刻意的忽視與壓抑。

（2）由殖民時期論述至全球化論述的考察下，做教育資料他者角度的審視

後殖民主義所採取的是一種跨學科（或是多元學科）與多元途徑的研究論述，前者包括了語言學、文學、史學與人類學等，後者則包括有微觀、鉅觀、多元與不預設立場，其論述範圍甚至及於後現代、全球化與批判理論，後殖民主義的這些特色，正可以作爲教育研究進行與教育政策制定時的全面性的考察與深度的剖析。就像 Asher (2005, p. 1080)所提到的教師與師資培育人員在從事課程規劃時，需要考慮到歷史、地理、語文、階級與文化的交互作用，以便學生能用他們自己的語言述說他們自己的故事。這同時也可以避免族群的偏見與誤解，這就像譚光鼎(1998，頁 161)所指出：「對於課程、教材、教科書和教學中之族群關係的謬誤和偏見，以及其中所隱藏的社會控制、意識型態、霸權宰制等因素…我們需要檢討，並剖析其中的真相與問題」。

（3）由批判文化霸權運作於被殖民者的現象，探討教育實施的文化霸權現象

後殖民主義所關注的是隱性權力對被殖民者的控制與影響，以及在政治與知識權力的控制下，那些邊緣與少數民族，如何自處與採行那些方式與策略，以對抗文化霸權的問題，在教育領域裡，經常也存在著，以合法性的文化霸權的形式運作，制定相關的教育措施與政策，其造成的後果，就像譚光鼎(1998，頁 166)所指出：

> 教育的目的乃是在促進社會健全的發展，並尊重個別差異。帶有偏見的課程設計和教科書內容，將塑造學生的族群偏見、刻版印象和歧視，破壞族群和諧發展，並再製不平等的族群關係和社會結構。今後欲期教育制度能發揮多元文化的功能，除了教師必須自我檢討，充實多元文化知能之外，課程和教科書的改革也是必要途徑。

　　教育政策的制定，如果能借用後殖民主義之反霸權控制的行動與策略，以及對統治階級利用學校、家庭、教會與媒體等文化手段進行霸權控制，影響被殖民者/被統治者的價值觀和生活方式，而形成 Althusser 所批判的「國家機器的宰制」，或是 Gramsci 所指稱的「霸權的合法性」，進行批判。最後，讓被殖民者/被統治者產生衝突論者所欲消除的「自然的順從與認同」，如此對教育政策的品質的提升當有相當的助益。

（4）由發掘邊緣、被殖民者及少數族群的教育主張，喚起教育公平的觀念

　　在殖民時代，被殖民者的文化、身分、地位及主體性是被壓抑的，縱使在殖民時期的結束，國家的領導者或是精英份子，尤其是那些所謂的買辦階級，很有可能鍾情於前殖民國家留下來的各種文化與政經制度，排斥其國家原來的傳統或是壓迫該國之內的少數族群，後殖民主義批判的重點之一，正是這種現象，同時它還要進一步發掘潛藏於殖民權力下被壓抑的被殖民者的知識，教育決策者如果能正視這些問題，教育公平的觀念不僅能被喚起，此一理想也將能達成。在外來殖民政策與內部殖民教育政策的宰制下，台灣的原住民教育政策，歷來都是把原住民的文化教育，當作是統治者與主流社會之政治及經濟權利的附庸而已，使得原住民的主體地位逐漸消失，但是近年來，台灣政府已經注意到這方面的問題，同時也關心到弱勢族群的問題，因此，不僅訂定「原住民族教育法」、「特殊教育法」等相關教育法令與措施，朝教育公平與教育均等的理想邁進。

（5）由找尋文化、身分認同、及定位問題中，重視教育本土化及國際化的定位

　　被殖民者的文化、身分認同及定位的問題，是後殖民論述的重點之一，其主張是：在後殖民時代，被殖民者對其原本之主體必須不斷的重新定位與尋找自己的位置；另一方面，也藉著重新發掘自我主體身分的

行爲，找出過去「殖民者扭曲」、「迫害被殖民者」之異常極端對立的二元對立邏輯，重新塑造及敘述過去。這些後殖民的論述與觀點，將可以促使教育決策者重視教育本土化與國際化的定位問題。尤其在全球化的衝擊之下，第三世界國家或是其他非強權國面臨，歐美日等強權國家文化與經濟方面的侵略與壓迫，如何制定出能夠整合全球化趨勢之教育政策，以符合本土教育的需求，後殖民主義的論述是可以借鑑的。在全球化的影響與政治經濟環境的變遷，台灣政府近年來，尤其自解嚴之後，不僅重視原住民族的找尋文化、身分認同與定位的問題，也重視台灣主體意識等問題，以及來自東南亞國家「外籍配偶」的找尋文化、身分認同與定位的問題。

第四節

本章小結

後殖民主義的論述，是近幾十年來對於教育研究與教育政策有著相當顯著影響力的社會思潮/理論。本章主要在討論後殖民主義對教育政策發展的影響，第一節討論後殖民主義的相關概念、定義、理論要旨與架構，以及起源；第二節則討論後殖民主義論述與教育發展及教育研究的關係及應用；第三節則旨在分析討論後殖民主義論述與教育政策制定的關係和啓示，其中並以台灣的原住民教育政策作爲例子，以爲論述之據。

第 11 章

教育政策與後福特主義

Post-Fordism-with its emphasis on differentiation, flexibility and choice-has played an important in debate in the field of economic sociology, human geography and cultural studies, but it has been largely ignored in the area of social policy.
～R. Burrows and B. Loader, 1994～

摘　要

　　二十世紀下半葉，是人類現代生活，尤其是勞動與經濟的一個遽變的時代；這樣的變遷象徵著舊式手工操作工業的結束，以及一個相當不同的經濟秩序的產生；亦即由福特主義生產模式轉向一個後工業，和以資訊為基礎的後福特主義的生產形式。在這樣的一個轉變過程，不僅經濟結構重整了、生產模式改變了、勞資關係也調整了，教育制度也在其影響之下，有所省思與改革，尤其在學術教育與技職教育的分化，以及大學的經營模式及其在後福特主義社會下，所扮演的角色與負擔的任務。本章首先討論後福特主義的主要概念，及它對人類社會發展所蘊含的意義，接著討論後福特主義主要的理論派別和後福特主義社會的特徵；其次，討論後福特主義對教育發展的影響，其內容重點偏重在技職教育與高等教育；最後，再討論後福特主義與教育政策的關係。

楔　子

　　後福特主義是繼福特主義之後，對人類經濟結構、生產模式與勞資關係，有相當影響程度的當代社會經濟思潮，其影響範圍且及於一般政府之社會福利、健保與教育政策。後福特主義的興起，除了因為福特主義的衰微和其他經濟生產因素之外，全球化的影響與國家角色職能的轉變是兩個相當重要的樞紐。或許有人把後福特主義視為一種新的生產模式，或許有人並不是那麼贊同，把後福特主義視為一種社會理論或是思潮，因為其主要的影響是在經濟方面，可是它在教育和社會學方面還是有相當程度的影響。因此，本書仍然把它視為當代主要的社會思潮之一，進行它和教育政策之間理論與實務的對話。

第一節
後福特主義的主要概念與影響

　　後福特主義（Post-Fordism）又稱新福特主義（neo-Fordism），主要起源於一九六〇年代晚期和一九七〇年代初期，是對於福特主義（Fordism）之資本主義社會關係面臨一連串的危機的反思及反動（Bonefeld and Holloway, 1991b, P. 1）。雖然並非沒有爭議，但是在社會科學界仍然產生一個共識─從一九七〇年代中期開始，資本主義的發展進入到一個新的階段，一九七〇年代，予人一種新世紀來臨的感覺，那些原來用以驅動、穩定和再製資本主義世界的力量都有著新的改變，事實上，西方工業經濟的轉變最遲不晚於一九七〇年代（Allen, 1992, p. 170; Amin, 1994b, p. 1）。「結構性的危機」（structural crisis）、「遷移」（transformation）、「變化」（transition）等成為用來描述此一現象的一般形容詞；在學術界方面，則有下列用以描述此一新資本主義時代的形容

詞：「後福特主義」（post-Fordist）、「後工業」（post-industrial）、「後現代」
（post-modern）、「第五康得拉提夫（發展長）波[1]」（fifth-Kondratiev）（見
附錄三）及「後集體」（post-collective）。

一、後福特主義的興起與意義

前已述及後福特主義或新福特主義，主要是因為福特主義資本主義
國家在一九七〇年代發生經濟危機，面臨生產關係與生產工具劇烈改變
而產生的。在福特主義時代，資本主義國家的生產工具，主要是以笨重
的和龐大的機器為主，生產模式是一貫作業和大量生產，消費模式則是
大量消費；採用科學管理模式，每一個工人只熟悉一項技能，只負責一
個生產線。但是到了一九七〇年代，不僅產生全球性的石油危機，一般
大眾的消費需求和市場品味也迥異於福特主義時期，因此，在這個時
候，資本主義國家的生產方式也產生相當大的轉變：從以依靠煤炭或蒸
汽為主的動力轉為以資訊科技為主，從以大量勞動力為主轉而以網路辦
公室為主；從以強調大量生產大量消費，轉而以反映差異極大的消費需

---

[1] 第五康得拉提夫波（fifth Kondratiev）在經濟學又稱為「巨型超級週期」（grand
supercycles）、「巨波」（surges）、「長波」（long waves），或稱「發展長波理論」
（Long Wave Theories of Development），有時也稱為「K 波」（K-waves），主要
是用來描述當代資本主義世界經濟的發展成規則 S 型曲線週期的現象，其週期
約五十年到六十年。主要是由前蘇維埃經濟學家 Nikolai Dmitrijewitsch
Kondratieff/Kondratiev (1892-1938)在一九二五年於其所着《主要的經濟週期》
（The *Major Economic Cycles*）一書提出的
（http://en.wikipedia.org/wiki/Kondratiev_wave）。此一週期或理論最初是用觀察
十九世紀國際的經濟發展現象—價格行為（price behaviour）—包括：薪資、利
率、原料價格、國際貿易、銀行存款、及其他資料。這一派的經濟學家，例如：
R. N. Elliott 和 N. D. Kondratieff，相信透過對經濟、社會、及文化生活的研究，
不僅可以提供關於現存經濟行為長期發展的規律現象，也可以預測將來的經濟
發展，其一個週期時間範圍為約五十四年，最初經濟發展上揚階段，經濟擴張
的同時，價格也緩慢上升，但是到了週期後面的二十五至三十年，經濟發展開
始走下坡，通貨膨脹也相當快速
（http://www.angelfire.com/or/truthfinder/index22.html）。

求和市場品味為主；從以大眾化為主的社會轉變為以彈性多元的社會為主，這就是吾人所稱的「後福特主義」或「新福特主義」[2]，前者主要強調其為福特主義的賡續，後者則強調它和福特主義時代的切割（Allen, 1992, p. 170）。

（一）後福特主義的興起

「福特主義」是義大利馬克思主義者葛蘭西（Antonio Gramsci）於一九三〇年代首先使用，他認為「美國主義和福特主義」（Americanism and Fordism）是源自於達成計劃經濟所不可免的必要，同時也是工業界用以克服利潤下降之律則性進步構想的最後階段；另外，他主要是用此一名詞來指稱一個以「美國之道」（American way）為主的新工業生活模式—大規模的生產體系加上大規模的消費政策，促進大規模的市場發展，同時藉由財政干預，以支持受雇勞工購買力的過程；他還指出福特主義不僅僅是工業生產或是經濟安排的問題，也是關於整體社會之人與事物的問題（馮少舟，2001；Allen, 1992, p. 185；Gramsci, 1971, pp.279-81）。雖然福特主義從第二次世界大戰之後，就已經發揮它對西方工業國家的影響，可是，直到一九七〇年代，才開始有系統的建構福特主義的歷史（馮少舟，2001；Allen, 1992, p. 185）。法國學者 Michel Aglietta 於一九七六年出版的一本標題為《資本主義管制理論：美國的經驗》（*A Theory of Capitalist Rregulation: The US Experience*）（一九七九年出版英譯本），在其中 Aglietta 就建構了福特主義結構的大要和指出福特主義即將面臨的危機（Allen, 1992, p. 185）。Allen (1992, p. 185) 指出一九七〇年代福特主義/西方國家經濟所臨的危機主要有二：（1）經濟的

---

[2] 有些著作，例如：大陸方面的學者徐國慶（2004）和馮少舟（2001），傾向把後福特主義和新福特主義做明確的劃分，在文章中往往將二者並列討論，但是，本章主要在討論後福特主義與教育政策的關係，所以對於新福特主義不會特別去討論，只是在有些段落，因為比較上或是討論上的方便或是需要，才會介紹有關新福特主義的相關的概念與主張。

不確定性瀰漫著國家，發展遲緩和利潤下降，最先在一九六〇年代的美國發生，而後擴散至所有其他的工業經濟體；（2）隨之而至的一九七三年的「石油震撼/石油危機」（oil shock/oil crisis）導致西方國家能源成本戲劇性的增加，使得一般人咸信福特主義代表著一個工業時代的結束。代之而起的是「後福特主義時代」。

（二）後福特主義的意義

後福特主義的興起主要是因為國際經濟結構的重組、大眾消費文化/品味的改變、豐田主義的刺激、全球化的衝擊與國家角色的轉變，其主要特色為：彈性生產、服務業興起、機構組織扁平化、強調組織創新、重視員工之賦權增能與自我引導、企業組織之間既合作又競爭、強調倫理與社會責任，其實，就上述這些因素來看，後福特主義的興起所代表的意義，是它對新古典經濟理論（neoclassical economy theory）的挑戰（戴曉霞，2006，頁14-20；Vallas, 1999, p. 72）。根據相關文獻的闡述，福特主義與後福特主義的轉變主要是因為「產品更新、過程變革和勞動職權的不同變化、不同取值而形成的生產系統，並使福特主義…後福特主義分別呈現低層次…和高層次狀態」（馮少舟，2001）二者的比較可以參考表11.1.1.和表11.1.2.。

表11.1.1. 福特主義與後福特主義之產品更新、過程變革與勞動職權取值表

	產品更新	過程變革	勞動職權	取值層次
福特主義	少	慢	低	低
後福特主義	多	快	高	高

資料來源：馮少舟（2001），遠端教育的福特主義、新福特主義、後福特主義理論學說'，**現代遠距離教育**，頁20-24。

表 11.1.2. 福特主義及後福特主義特徵之對照

特徵	福特主義	後福特主義
市場	嚴格保護的各國市場	全球性競爭
產品	標準化產品/大量生產	個別化產品/彈性及小批生產
組織	官僚/階層化組織	扁平/彈性組織
競爭	高產能/生產力、低成本/售價	創新、多樣化、外包
工作類別	以製造業之藍領工作為主	以服務業之白領工作為主
工作特色	單純、標準化工作	彈性專門化、多樣技能工作
工作關係	低信任、低授權	高信任、高授權
教育與訓練	教育程度低、在職訓練較少	知識勞工、教育程度高、在職訓練正規化
勞動市場	技能需求穩定	技術及市場變化快，勞動市場較難預估
工會	向心力強、影響大	公會會員減少、影響力降低
社會階層	明顯	階層界線日趨模糊
生活風格	較受地域、階級、性別等因素影響	尊重多元的全球化
消費	標準化產品/大量消費	個別化消費以追求自我表現

資料來源：戴曉霞（2006），**世界一流大學之卓越與創新**，頁 20。

　　根據前面兩個表格的內容和相關資料的分析發現，後福特主義的主要意識型態包括（Rustin, 1994, p. 179）：技藝功績主義、專業人員與新型態之經理人、新社會－技藝系統之服務階級。至於其理論，主要是受到工業理論與後工業社會的影響（Hampson and Morgan, 1999, p. 751）。

二、後福特主義的主要理論

　　前面已經述及，後福特主義是當前高度工業化國家的生產模式，它主要是用以和由亨利•福特（Henry Ford）所設之汽車工廠的生產方法做比較，後者的特徵是所有的工人在生產線上，個別執行特定化的任務；前者的特徵則包括（http://www.answers.com/topic/post-fordism）：（1）新的資訊技藝；（2）強調消費類型，而不是像福特主義強調社會階級；（3）服務業及白領階級勞動人口的興起；（4）勞動力的女性化；與（5）財務市場的全球化。後福特主義可以用來描述現代社會歷程的整個系統，雖然它的理論還在一直演化中，但是就有關的文獻資料來看，有將其分爲五個學派的（Hampson and Morgan, 1999, p. 752），而一般將之分成三個學派（李碧涵，2000，頁 10；林佳和，2001，頁 2-5；2006，頁 11-12；Carter, 1997， p. 46；Castellacci, pp. 2-92003；Hanusch and Pyka, 2005, pp. 2-8 ；Vallas, 1999, pp. 72-84 ；http://www.answers.com/topic/post-fordism）：（1）彈性之專責化；（2）新熊彼得主義；與（3）管制學派。

（一）彈性專責化

　　後福特主義之彈性專責化[3]（Flexible Specialisation）的途徑，又稱爲「新史密斯途徑」（neo-Smithian approach）或「訓練主義學派」（institutionalist school），相信一九七〇年代初期國際經濟的根本變遷，是導致從大量生產模式轉變到彈性之專責化生產模式的主要因素；這些經濟根本變遷的因素包括：一九七三年的石油危機、全球化所導致的激增的外國市場的競爭、二次大戰之後嬰兒潮的結束、私有化的提倡。就是這些因素使得新的和能生產各種產品，和考慮各種不同消費者之口味

---

[3] 關於 flexible specialisation 一詞戴曉霞（2006，頁 15-16）將之翻譯爲「彈性專殊化」。

和品味之相容的生產線，取代生產一般性產品的工廠；依專業領域分工專責化細分的個別工廠取代了從原料到產品一貫作業的單一生產線。事實，此一彈性專責化生產方式還包括有勞動關係的形成、勞動力的支配過程與勞動關係的消滅。此一新的生產模式—彈性專責化—在許多地方都可以見到，像 Silicon, Jutland, Småland 等。彈性專責化的主要目標在於提供一個經濟制度之歷史的理論，以避免新古典與馬克思主義經濟的潛藏性危險，它並不是把經濟結構視爲效率與生產模式，而是主張經濟必然就會受到社會的、政治的與意識型態的影響。

（二）新熊彼得主義

後福特主義理論中的「新熊彼得主義」（Neo-Schumpeterianism）或稱爲「激進技藝途徑」（radical technology approach），主要是以「康得拉提夫波」（又稱長波）爲基礎。熊彼得（Joseph Schumpeter）曾經對康德拉提夫波加以修訂，使其現代化。此一經濟理論主張每一個長波都是由一個特定的「技藝－經濟典範」所構成，福特主義是第四個康得拉夫長波的「技藝－經濟典範」，後福特主義則是由資訊與通信科技（ICT）所主宰的第五個康得拉夫長波的「技藝－經濟典範」。在中觀層級（meso-level）的發展歷程，新熊彼得主義經濟學特別強調微觀的知識、革新與企業；其中，革新被視爲推動經濟動力學的主要力量。此外，新熊彼得主義也關注社會－經濟制度中，公開的與不確定之發展的所有層面。

（三）管制學派

管制途徑（Regulation Approach；Regulation School）又稱爲「新馬克思主義管制學派」（neo-Marxist Regulation School）或「法國管制學派」（French Regulation School），此一學派旨在指出資本主義導致危機、變遷、及不穩定，以及穩定機構、規則與規範能力，二者之間的矛盾與弔詭。它起源於法國的阿圖舍學派，企圖要對抗二次大戰後盛行的凱因斯

主義理論、新古典經濟理論、新自由主義的市場激進主義、現代化理論
等，更企圖對馬克斯主義理論作一革命性的理論發展。管制的內容範圍
相當的廣泛，只要是涉及資本累積的，都可能是管制所含括的對象。管
制學派主要建構在兩個概念之上：其一爲累積的範疇（Regimes of
Accumulation），此爲關於生產與消費的立論，如福特主義與後福特主
義；其二爲管制的模式，此爲關於社會明文的與非明文的規定及律則，
之關於累積的範疇與其形式的控制。根據管制理論的說法：每一個累積
的範疇都會達到一個臨界點（a crisis point），當達到這個臨界點的時候，
現有之管制模式就不會再支持該累積的範疇，因此，該累積範疇所屬的
社會就必須在尋找新的規則與規範，以形成新的管制模式；這也將導致
一個新的累積的範疇產生。具體言之，管理學派特別強調（李碧涵，
2000，頁 10）：「新自由主義的全球化、國際化、解除管制與彈性生產，
只會更加深化當前資本主義的不穩定性與累積危機，唯有透過各國國內
與跨國性的社會管制方式，才可能減少資本主義的全球不穩定，以及減
輕全球與地方連結的失序狀態」。

三、後福特主義之社會/國家的特徵

福特主義與後福特主義（有時兼及新福特主義）的關係猶如現代與
後現代的關係一般，二者不僅無法截然劃分，而且有前後相互承繼的不
絕如縷的關係存在（見表 11.1.3.）。所以，一般討論後福特主義時，或
多或少都會先介紹或討論福特主義社會或國家的特色。前此已介紹及討
論過後福特主義的興起、意義、主要概念和理論，接著本段將主要介紹
後福特主義之國家社會的主要特徵。福特主義之國家社會的特徵，根據
Bonefeld and Hooloway (1991, p. 1) 的看法，主要有六項：（1）一貫作業
的大量生產；（2）調高薪資，以便在大量消費與大量生產之間創造新的
累積；（3）企業模式以大工廠及大企業爲主；（4）在凱因斯經濟理論原
則（Keynesian Principles）的主導之下，對市場與經濟發展採行高度的

國家干預政策；（5）發展福利國家；及（6）商會或公會在制度化的集體抗爭和國家政策形成的過程，扮演重要的角。至於後福特主義國家社會的主要特則包括六項（翁福元，1998，頁 85；Amin, 1994b, pp. 1-33; Bonefeld and Holloway, 1991, pp. 1-2; Weng, 1996, pp. 35-41）：（1）微型電器化的新的生產方式；（2）彈性化的生產制度及技術；（3）商會在社會上所扮演的角色，不再像過去那麼重要；（4）新的個人主義；（5）國家的干預減少；及（6）新的生產與消費關係，亦即不再是「大量生產、大量消費」的模式，代之而起的是「個人品味式的消費、彈性生產」的模式。比較福特主義與後福特主義之國家社會的特徵發現：前者強調的是制度化、一貫性、大企業和大工廠、福利國家和政府的高度干預，與現代主義所強調的較爲接近，頗有「數大便是美」的氣勢；後者所表現出來的是前者的反動和調整，強調彈性、多元、政府干預的減少、消費的個人主義和彈性生產，與後現代主義的特色較爲近似，頗有「婉約之美」的氣象。至於福特主義與後福特主義國家發展模式的差異，從表11.1.3.則可以看出來：福特主義國家發展模式的特色是市場保護主義、低技能性的科學管理、典型的組織科層化、標準化作業的大量生產、不強調在職進修的單一工作技能工人的養成、雇主和工人是對立的；後福特主義國家發展模式的特色是自由市場競爭、高工資高技能的職能取向、團隊主義、彈性的生產作業系統、重視在職進修與擁有多元和彈性技能之職工的養成。

表 11.1.3. 福特主義、新福特主義與後福特主義國家發展模式比較

福特主義	新福特主義	後福特主義
• 受保護的國內市場。	• 透過提高生產利潤,降低成本（企業一般管理費、工資）來提高全球競爭力。 • 通過市場彈性(降低勞動力的社會成本、削弱工會的權力)來吸引內部投資。 • 對抗性的市場定向:消除市場競爭中的障礙、創建企業文化。 • 福利國家私有化。	• 通過革新、品質和價值附加的物質和服務來提高全球競爭力。 • 通過提供高技能的勞動力、從事價值附加的產品與服務來吸引內部投資。 • 基於一致意見的目標:團隊主義的工業政策。 • 政府、雇主和工會之間的合作。
• 標準化的大量生產/低技能,高工資。	• 標準化的大量生產、低技能、低工資。 • 彈性生產與搾取工人的勞動制度（sweatshops）。	• 彈性生產系統/小量/定位準確的市場（利基市場）:向高工資、高技能轉向。
• 科層化的階層組織。	• 強調"數字"彈性的扁平化組織。	• 強調是"功能"彈性的扁平組織。
• 割裂的與標準化的工作任務。	• 減少工會對工作的劃分。	• 彈性的專門化/多元技能的工人。
• 大量的標準化的就業。	• 勞動力的割裂與兩極分化。 • 專業的核心勞動力與彈性勞動力（即部分時間工人、臨時工、合同工）。	• 給所有雇員保持良好的工作條件,非核心的工人也能獲得培訓、獎金、同樣的工資,並可成爲正式代表。
• 管理人員與工人之間嚴格劃分/低信賴關係/集體協商。	• 強調經理人員的管理權、低信賴關係。	• 以高信任,高度自由,與集體參與爲基礎的工業關係。
• 在大多數的工人中很少能獲得在職訓練。	• 訓練的需求很少運用到工業訓練政策。	• 訓練被視爲是一種國家的投資/國家扮演策略性訓練者的角色。

資料來源: 轉引自徐國慶[4]（2004），**教育發展研究**，2004：12，頁 67；Brown, P. and Lauder, H. (1996), **Journal of Education Policy**, Vol. 11, No. 1, pp. 1-26。

---

[4] 其翻譯有頗多與原文錯謬之處,作者另參考原文,將其中舛誤之處加以修訂。

第二節
後福特主義與教育發展

後福特主義在教育方面的影響，Carter(1997, pp. 45-46)在 *Post-Fordism and the Theorisation of Educational Change: What's in a Name?* 一文裡有詳細的討論，該文主要在討論後福特主義概念在教育重建與變遷中所扮演的角色，其對象主要是在一九七○年代到一九九○年代，二十年之間，後福特主義在英格蘭與威爾斯地區對教育的影響。另外，Carter(1997, pp. 46-48)在該文也提到後福特主義的理論架構對教育研究和社會學也有顯著的影響，而且成為教育理論建構的一個蠻重要的要素；但是同時不同作者之間對於後福特主義觀念的運用，卻也是莫衷一是，其中應用比較多的觀念是「管制學派」，其次是「彈性專責化」。一般而言，後福特主義在教育發展的影響，比較明顯的是在職業教育與高等教育方面。例如，在德國 Emilia-Romagna 地區，原來就已經表現相當不錯的大眾技藝諮詢服務和技職教育系統也有明顯的改進，高級職業學校（vocational high school；*Berufsschulen*）過去只招收學徒為學生，現在也開始在社區學院或多元技術學院（polytechnics; *Fachhochschulen*）教授先前只教給技工（technicians）和修讀工程科目的學生（engineering students）的課程，後者也開始進行原先只有科技大學（technical university）才能從事的研究與教學（Sabel, 1994, p. 111）。其主要的論點是（Sabel, 1994, p. 144）：一個工廠的員工擁有愈多的技能，他/她就愈不可能被解僱；如果他/她被解僱了，也愈可能再找到適合的工作。上述之例子是和知識及資訊對生產模式的改變與人力需求有關的，但是在教育研究卻比較少注意到此一主題，戴曉霞（2006，頁3）就曾指出：「在有關教育和新經濟的探討中，知識和資訊技術如何改變生產模式、企業組織及人力需求，是一個相當重要但較少引其教育研究者注意的主題」。

不同於福特主義者，後福特主義把一個國家競爭力的提高寄託於勞動力技能水準的提升，在工廠裡，把工人與管理階層的關係做了相當大幅度的調整（徐國慶，2004）：

> "生產島"取代了"生產線"，工人、管理者組成一個工作團隊，團隊內部的每一個人不僅要具備完成自己工作的技能，還要具備完成別人工作的技能。這種工作組織方式內在地對工人提出了多技能的要求。

上面的引文，主要在表現後福特主義對技職教育的影響；此外也有將後福特主義應用在遠距教學的分析的，有關後福特主義對遠距教學（成人教育或終身學習）的影響，馮少舟（2001）在〈遠端教育的福特主義、新福特主義、後福特主義理論學說〉一文中，有如下的描述：

> 遠端教育的後福特主義（Post-Fordism）模式在開設專業、課程設置上，充分考慮到了求學者的需求和社會的需求，充分考慮到了普通高等學校的夾縫生存，因而大大地滿足了求學者的需求。帶之而來的是學生數量大大增加，學生的學習場所不僅僅侷限於學校，還可以是學生家裡、工作崗位、出差途中或其他一些場合，這就是說學習方式更加開放；教學手段現代化，以電腦和網路為媒體的教學形式更加普及，教學管理更加適應教與學形式的變化；教師和管理者有一定的自主權、控制權和協調權，對教學實施有規律的管理，對註冊入學的學生實行"以學生為中心"的開放管理，但不是大撒手、大放羊、放任自由。總之，遠端教育的後福特主義（Post-Fordism）模式是高層次的遠端教育實踐，這種模式充分體驗了遠端教育的基本規律。

　　在後福特主義社會裡，教育制度雖然仍然和工業界與企業界，以及國家維持著相當密切的關係，相對而言，它是有著更多的彈性和更大的自主性，還有它也是一種市場取向或是市場化的教育制度，因為它不僅考慮到更要滿足學習者和社會的需求（翁福元，1998，頁 103）。高等教育機構除了經常被視為是，學術殿堂和知識創新與生產的重要場所之外，有時候，他們也被視為一種市場，尤其是當它們面對學生的選擇的時候，就後福特主義而言，其對高等教育的影響，主要發揮在高等教育機構之更為開放、採取新的管理模式與更重視經理人員、以及更多元和分殊的課程（Rustin, 1994, p. 179）。關於福特主義與後福特主義在教育體制上主張的差異，張宏輝（1995，頁 1-30-31）將之整理如表 11.2.1。

表 11.2.1. 福特主義與後福特主義在教育體制主張之比較

福特主義	後福特主義
教育變遷	
早期分化、篩選、專門化	晚期分化、篩選、專門化
教師的「地位經濟」僅基於學術成就、文化同質性	教師的「地位經濟」基於完整的個人、文化多元性
教師和學生、教師和家長間低信賴關係	教師和學生、教師和家長間高信賴關係
低能力系統：注入能力庫	高能力系統：運用才智財富
強調個人智力和成就	同時強調個人與集體的智力和成就
年度或課程結束時一次總測驗	更強調持續性評估和成就的紀錄
強調少數人的教育標準	強調所有的各種教育標準
嚴格的主科分科	整合性核心研究
教育和訓練完全集中於學齡時期	終身教育和訓練
學術研究和職業研究完全分離	學術研究和職業研究分離不再適當
篩選性綜合中學為主	綜合中學和學院為主
國家補助和私立學校並存	所有的學校都由國家補助
人的能力和動機	
一般人不喜歡工作，如有可能將盡量避免工作	在工作中的勞心和勞力的消耗，和在遊戲中或休息中的消耗一樣自然
為了達成組織目標，人們必須以強制、控制、指導和懲罰做威脅	人們將運用自己導向、自己控制來達成其自己委付的目標
大多數人逃避責任、相對較小的野心和特別要求安全	在適當的環境下大多數人將既接受又尋求責任
智力是稀少性資源，但可以在兒童的初期即以「科學」的認定	人的能力的開展受限於社會階層和文化態度
教育組織和就業間有正常的智力分布的符應	運用想像力、發明才能、創造力等的能力，是廣泛的分布在所有的群體中

資料來源：張宏輝（1995），'大轉換時期的教育改革'，見**教育改革的另類思考**，「民間教育改革建議書」研討會，頁 1-1—1-37，國家政策研究中心主辦，1995.12.17-18。

就以上的表格內容來看可以發現，後福特主義對於教育的主張會比較傾向延後分化、多元、統整、延續、自我導向、持續性的評鑑、兼重職業教育與學術教育、及終身教育，對於學習者則採取相信的立場，相信學習者的自導性、主動性和能動性、學習者的能力是平均分配的，對

於學習者勞心的和勞力的活動一樣重視，認為學習者的學習成就同時受到社會階層與文化態度的影響，其實這兩個因素和個人之家庭相關教育資本[5]是有相當密切的關係的。整體而言，後福特主義對於教育的主張比較接近後現代主義的思想，但是對於個人學習成就的看法則和衝突學派的看法接近。

第三節
教育政策與後福特主義：理論與實務的對話

有關福特主義與後福特主義的研究從教育的觀點來討論的比較少，比較多是從社會學的角度探討生產模式轉變之經濟、政治、及社會的意涵，國內有關二者之教育意涵的研究也不多見（戴曉霞，2006，頁3），事實上，就相關文獻的蒐集可以發現，探討福特主義與後福特主義之教育政策意涵者就更為少見了，本節主要在討論後福特主義與教育政策之間的關係。

在一九八〇年代，由於受到後福特主義的影響，英格蘭和威爾斯的課程政策有相當大幅度的調整，十分重視在技藝掛帥的年代，提供學生進入職場所需的素質、技能與知識，以及如何減少學術課程與職業課程之間的鴻溝；事實上，英國國定課程中技藝領域的課程在相當程度上是在反映後福特主義有關生產歷程的主張（Jones and Hatcher, 1994, pp. 257-259; Rassool, 1993, p. 227）。戴曉霞（2006，頁21）在討論後福特主義對高等教育課程的意義時提到：由於高等教育和經濟生產的關係日益密切，因此各國政府和產業界自一九七〇年代開始對高等教育進行改

---

[5] 這裡所說的家庭相關教育資本，是指對於個人學習成就有影響的社會資本、文化資本、財物資本與人力資本。

革，希望強化高等教育對經濟發展的貢獻，對高等教育畢業生的能力也有了不一樣的要求，希望他們能加強以下七項能力：（1）溝通技巧；（2）團隊工作的能力；（3）彈性的能力；（4）欣然面對不確定性的能力；（5）和不同背景人員一起工作的能力；（6）對全球化及其影響之理解的能力；及（7）道德與倫理方面的訓練。

張宏輝（1995，頁1-29—1-30）主張在後福特主義思潮的衝擊下，台灣的教育改革政策應朝以下的方向進行：（1）向小班小校制轉換，亦即由廉價辦教育或低成本教育轉向優質的教育，以培養高素質的人力資源；（2）人文和理工的區隔必須重訂，此一主張除了強調在高中階段就分爲學術高中與職業高中的不恰當之外，更有延後分化的意涵，這和目前政府的延後分化政策，以及數所大學的「延後分流」措施有異曲同工之妙；（3）多元化證照制度的建立，在強調彈性專業化的後福特主義，個人要適應職場的改變與要求，需要具備多元的能力與專長，多元化證照制度的建立正可以與個人多元化的能力搭配或相互輝映，也可以破除形式主義的教育；（4）教育體制的重心從量的擴充轉爲質的全面提升，這幾年來台灣的教育在量的方面有相當顯著的擴充，尤其在高等教育和師資培育方面，可是在質的方面並沒有跟著提升，而是顯著的低落，在快速社會與科技變遷的時代，人力素質的提升是相當重要的，人力素質的提升有賴於教育品質的提升與經常性的在職進修；（5）教育專業系統的自律和他律必須落實，在戒嚴時期，由於特殊的政治氣氛，導致教育專業受到相當嚴重與長時間的壓抑和扭曲，　在現代高度專業分工的時代，教育專業系統的自律和他律必須具體實踐，否則學制、課程、教材、教法與學制度的一切改革，皆無法落實，只能成爲空談。

第四節

本章小結

　　雖然，後福特主義對教育發展與教育政策的制定有顯著的影響可是在一般的教育著作裡，卻比較沒有受到重視，因此，相對而言，在教育領域，有關後福特主義與教育改革及教育政策關係之討論的著作就比較少。本章旨在從後福特主義興起的脈絡分析切入，討論其對於人類經濟與生產模式的意義與影響，之後，更進一步討論後福特主義與教育二者之間有若何的關係或是有如何的互動，最後再討論後福特主義在教育改革政策制定上的意義與影響。事實顯現，在後福特主義的影響之下，教育政策主要的考量，在於如何縮小學術課程與職業課程的差距，以及如何培養，能夠滿足技藝掛帥時代所需的擁有進入職場該具備的知識、技能與素質的人力資源。

第 12 章

教育政策與全球化、市場化及去中央化

'Globalization' is on everybody's lips; a fad word fast turning into a shibboleth, a magic incantation, a pass-key meant to unlock the gates to all present and future mysteries. For some, 'globalization' is what we are bound to do if we wish to be happy; for others 'globalization' is the cause of our unhappy…We are all being 'globalized' –and being 'globalized' means much the same to all who 'globalized' are.

~Z. Bauman, 1998, p. 1~

摘　要

　　全球化、市場化與去中央化三者不僅是當代社會學最為熱門的議題之一，更是目前對人類社會制度之改變與發展，最具影響力的社會思潮之一。誠如 Z. Bauman (1998, p.1) 在 *Globalization: The Human Consequences* 一書中所指出的「全球化已是一個人人都掛在嘴邊的名詞了」。全球化對人類世界的影響可說是「無遠弗屆」：從工業科技、風俗文化、價值規範、企業經營、人口結構、學術研究與發展、經濟發展、政治制度，甚至於環境汙染、氣候的改變等等，都受到全球化的影響或是產生全球性的影響。拜人類科技進步之賜，使全球化的發展，不僅成為可能，而且更為快速。一般說來，全球化對人類社會的發展之影響，可能導致的結果有三：單一民族國家（nation-state）的消失（此或代表著國家疆界的模糊化）、單一種族國家權力的轉移（glocalization）（此或可稱之為全球在地化）與國家教育制度的消失（此象徵著教育的全面商品化的趨勢）。全球化雖然帶給許多國家和許多人的許多便利，同樣的，也帶給許多國家和許多人許多的不便利，甚至於傷害。全球化的衝擊力道太強，不少政府在面向全球化的同時，也思索著如何因應之道，較為明顯的是「全球在地化」的提出和採行；一方面接受全球化的影響和洗禮，一方面努力保存和復興本土文化。在教育方面，則一方面加入全球化的理念、促進經濟發展、以提升國家的競爭力，另一方面則加強本土意識的提倡、增加本土化的教材和內容，以維護本土固有之文化特色與制度。

　　和全球化息息相關的是市場化（或稱市場自由化），由於全球化導致多國和跨國企業的產生，國際經貿組織的建立[1]，以及區域經貿結盟[2]的

---

[1] 重要之國際經貿組織有：如：世界貿易組織（WTO）、經濟合作暨發展組織(OECD)、亞太經濟合作會議(APEC)、半導體國際組織(GAMS)、世界銀行 (WB)、七大工業國 (G-7)、國際標準組織 (ISO)、聯合國貿易暨發展會議(UNCTAD)、世界糧農組織 (FAO)、世界關務組織 (WCO)、世界智慧財產權組織

現象。事實上，近年來，由於全球化、自由化的盛行，使得區域經濟整合成為世界各國從事貿易合作的趨勢。如何有效應用全球資源，製造「高科技化」商品，並準時送達客戶手中，成為企業界生存的首要之務，在一直被認為是最為保守的教育界，也有此一現象發生。從經濟學角度觀之，市場化自有其理論基礎和歷史脈絡，故而不同階段之市場化，各有其不同之主張，目前由於受到海耶克「自由經濟市場理論」或是新自由主義經濟理論的影響，在企業全球化及市場自由化趨勢下，一般政府對於市場的發展和運作，都盡量採取最少干預的方式。由於受到此等思潮的影響，教育發展也朝著所謂「教育市場開放」和「自由競爭」兩個面向發展，而有「教育私有化」現象之發生。一般政府在制定相關教育政策時，也都以市場化為準則。市場化之利弊得失猶有爭議，但是他看不見的那隻手，卻已牢牢的控制了教育政策的擬定與教育的發展。全球化和市場化所導致的對政府組織和國家權力結構，以及分配的一個重要的影響是「去中央化」。

　　去中央化主要涉及的層面是，政府組織改造與政府權力結構重分配的議題。去中央化的主要型態有四：（1）政治去中央化；（2）行政去中央化；（3）財政去中央化；及（4）經濟或市場去中央化。這在教育領域的影響主要有地方政府在教育政策上，擁有更多的發言權和自主性，實施學校本位管理、大學法人化及大學治理模式的改變，甚至於有所謂「教育私有化」的現象產生。

(WIPO)、國際電信聯盟 (ITU)、國際貨幣基金組織 (IMF)。

[2] 主要之區域經貿組織有：歐盟它是一個政治體，同時也是一個經濟體，北美自由貿易協定、美洲自由貿易區、東南亞國家協定、東協自由貿易區、東南非共同市場、南部非洲發展共同體、西部非洲國家經濟共同體、中部非洲國家經濟共同體、阿拉伯單一經濟理、阿拉伯海灣國家合作理事會、拉丁美洲暨加勒比海經濟委員會、中美洲共同市場、拉丁美洲自由貿易協會（該協會於一九八一年為拉丁美洲統合協會 LAIA 所取代）、安地諾集團協定、加勒比海自由貿易協會、中美洲經濟整合銀行等。

楔 子

　　「全球化、市場化與去中央化」三者是目前討論教育政策時，最熱門的議題之一；一般專家學者或實務工作者也認為，此三者是影響當前教育改革與教育政策制定的最主要的因素。因此，不論在政府的官方出版品和報告，或是在教育專業著作和研究上，有關這三者的論述和研究實際上是相當多的。因為，「全球化、市場化與去中央化」這三者的概念有相當的相關，而且彼此相互影響和牽制，所以本章將此三者放在一起，討論它們和教育政策的關係。本章主要分成五節：第一節的內容在介紹全球化的現象與影響；第二節則主要在討論教育政策與全球化的關係；第三節的內容在討論教育政策與市場化的交互關係；第四節則是討論教育政策與去中央化的關係；最後一節，則為本章之結論。

第一節
教育政策與全球化：全球化現象與影響

　　雖然，Bottery (2000, p. 6)認為全球化尚未完成，也並非不可避免；但是，我們不得不承認，全球化的確對我們有著相當大的衝擊和影響，我們也必須嚴肅的去面對全球化所帶來的問題，以及思索如何處理這些問題的策略；尤其在教育政策方面，因為教育政策的良窳不僅影響了個人的發展，也決定了全球化時代下，國家的競爭力與生存的機會。本節的安排主要為：首先，討論全球化的主要概念與意義；接著，討論全球化的現象、範圍與影響；再次，分析因全球化現象所產生的議題和導致的憂慮與疑懼；最後，分析教育政策與全球化的關係。

一、全球化的主要概念與意義

　　「全球化」（Globalisation）是當前學術界相當熱門的一個議題，也是學術界主要的研究核心之一（俞可平，1998，總序；程光泉，2002，頁 1）。但是，全球化究竟起於何時，則是一個見仁見智的問題（見表12.1.1.），有的學者主張自從上古時期人類的第一次大遷徙就肇始了人類全球化的現象，也有學者主張蒙古西征或是十字軍東征，就是人類全球化的開始 (赫爾穆特‧施密特著 柴方國譯，2001，頁 4；楊雪冬，2002，頁 3)。另外，有關於全球化的概念和解釋也是莫衷一是；有學者主張全球化就是「西方化」（Westnisation），也有學者主張全球化就是「美國化」（Americanisation），還有學者把全球化視為是「國際化」（Internationalisation）。更為激進者，則將全球化視為是歐美先進國家的「新帝國主義」（Neo-Imperialism）或是「新殖民主義」（Neo-Colonialism）的展現。「全球化代表了昔日帝國主義的思維和行為方式以新的姿態和面目在當代的延續，並得到世界上眾多國家的支持和效法。」(程光泉，2002，頁 582)

表 12.1.1. 幾種關於全球化開始時間的代表性觀點

作者	全球化開始的時間	體現的形式
馬克思	15 世紀	現代資本主義
沃勒斯坦（華勒斯坦）	15 世紀	資本主義世界體系
羅勃遜	1870-1920 年	多維度的
吉登斯	18 世紀	現代化
波爾穆特（Perlmutter）	東西方衝突的結束	全球文明

資料來源：楊雪冬（2002），**全球化：西方理論前沿**，頁 4。

　　事實上，就相關的文獻資料來看，「全球化」不論在概念方面、範疇方面與影響方面都是相當複雜的，「全球化」不僅是一個政治話題，也是一個社會─經濟話題，還是一個思想話題（赫爾穆特•施密特著　柴方國譯，2001，頁 3）。Bottery(2000, p. 6)也指出：「全球化」是伴隨著下列諸事物而發展的，其包括西方語言的開展（尤其是英文）、經濟的發展（尤其是自由主義的自由市場關係）、文化的形式（尤其是美國式的文化）。以下將整理和討論有關全球化的主要概念、意義、範圍與影響。接著再討論全球化與教育的關係，以及全球化對教育政策相關議題的影響。

　　一般來說，理論(或是概念、原理原則)與事實(或是現象、經驗)之間的關係，大多數是後者早於前者出現；一般人也多是從經驗中去尋找出原理原則。同樣的，全球化的現象或事實也遠早於，全球化的概念或理論出現。程光泉(2002，頁 3)在其主編的《全球化理論譜系》中指出：「全球化過程的發端遠比"全球化"概念出現要早」。事實上，有關全球化的確切概念與定義是眾說紛紜莫衷一是的，之所以造成這樣的現象，主要的原因有三（楊雪冬，2002，頁 1）：

　　（1）全球化的影響無所不及，涉及社會、經濟、政治、文化等各
　　個層面；（2）個人和團體的反應各式各樣。由於他們在全球化進程

中的位置、受衝擊程度以及各自的傳統背景等情況不同，所以各自
從不同角度看待全球化；（3）從辭源學的角度講，"全球化"這個詞
本身是一個嶄新的詞，沒有一個傳統上內涵和外言非常明確的指定
含義。

二、全球化的現象、範圍與影響

不論是在政治界、企業界、第三部門或是學術界，全球化都是近年
來相當炙手可熱的議題之一，同時它也是一個具有相當爭議性的議題。
甚至對於全球化究竟起源於何時？概念為何？範疇為何？影響為何？
又應該如何面對？也都有不同的主張和意見。如上所述，有些學者就會
把全球化和國際化等同視之，有些學者則把全球化和殖民主義
（colonialism）或是帝國主義（imperialism）拿來相比擬。這樣子的作
為，不僅無助於全球化概念的釐清，反而使得治絲益棻，因而 Bottery
(2000, p. 6) 在 討 論 全 球 化 時 ， 就 主 張 應 該 對 「 國 際 化 」
（internationalisation）、「殖民主義」、「帝國主義」和「全球化」之間在
概念上有所區隔。本節在討論全球化相關的議題時，也將盡量遵守此一
原則進行之。

（一）全球化的現象

全球化是一個現象，其所包括的範圍相當的廣泛。但是，全球化的
發生，主要是由於經濟全球化而開展的。就經濟層面而言，全球化的現
象包括有商業、資本、資訊和個人跨國流動的現象（Masson, 2001, p. 1）；
另外，一個頗受矚目的全球化現象，是人口結構改變的全球化（Batin,
Callen, and Mckibbin, 2006, p. 3），此一人口結構改變全球化的現象，不
僅改變了一國的人口政策，也改變了一國的社會福利、衛生保健及教育
等方面的政策。

（二）全球化的範圍

對於全球化應該或是，可以包括那些範圍，迄今還是個見仁見智的問題。Bottery (2000, pp. 7-13) 認為全球化的範圍主要有六項：經濟全球化、政治全球化、文化全球化（見表 12.1.2.；表 12.1.3.）、人口全球化、管理全球化及環境全球化(表 12.1.4.)。前面三種是 Bottery 借用 M. Waters（1995, p. 124）的說法，後面三種是他自己提出來的。雖然，有關全球化的範圍，有各種不同的主張，但是 Bottery 所提的這六項應該是蠻完整的。

表 12.1.2. 文化全球化之主要機構及脈絡

	前現代時期 西元 1500 年 之前	現代初期 約西元 1500-1850 年	現代時期 約西元 1850-1945 年	當代 西元 1945 年 迄今
文化全球化 之主要機構 （agnets）	• 文化的傳布和競爭—透過移民，戰爭和貿易而建立。 • 世界性宗教。 • 多元文化性帝國。 • 援助和政治權力的追尋是關鍵性動機。	• 文化的傳布和競爭—透過移民，戰爭和貿易而建立。 • 世界性宗教。 • 多元文化性帝國。 • 援助和政治權力的追尋仍然是關鍵性動機。	• 歐洲的全球性帝國。 • 跨國的世俗化的意識型態，亦即社會主義，國家主義與自由主義。 • 跨國的世俗的論述，亦即西方的科學。 • 援助，以及政治的和經濟的權力之關鍵動機的追尋。	• 大型的公部門和私部門的媒體，旅遊，交通，和通訊公司。 • 跨國的世俗化的意識型態與論述，全球性專家網絡。 • 利益/娛樂關鍵動機的追尋。
其他主要的 文化網絡	絕大多數的文化網絡和潮流都是相當地方化的。	絕大多數的文化網絡和潮流都是相當地方化的。	歐洲，拉丁美洲，與北美洲的民主國家及國家主義的形成與向外擴展。	民族國家與國家主義幾乎達到全球性的水平。

資料來源：Held, D. & McGrew, A., Goldblatt, D. & J., Perraton (1999)，
Global Transformations，p. 362, Oxford: Polity。
沈宗瑞、高少凡、許湘濤、陳淑鈴譯（2001），**全球大轉變：全球化
對政治、經濟與文化的衝擊**，頁 458。

表 12.1.3. 文化全球化的歷史形式

	前現代時期 西元 1500 年之前	現代初期 約西元 1500-1850 年	現代時期 約西元 1850-1945 年	當代時期\ 西元 1945 年 迄今
範圍	所有世界宗教與帝國，儘管延伸跨越諸多社會與文化，但主要仍侷限於區域性。 印度教侷限於印度次大陸；佛教侷限與南亞與東亞；基督教侷限於歐洲與近東；回教是早期世界中最全球化者，其範圍涵蓋南亞到東非與北非。 成就卓越的多元文化帝國亦屬於區域性：如羅馬帝國、中國漢朝。 蒙古游牧帝國，範圍廣大，但文化上較薄弱。	基督教信仰隨著人口增加與軍事勝利逐漸擴展至美洲。 西方文化對新世界以外的滲透與影響能力相當有限。	西方全球帝國發展創造出菁英間薄弱的文化接觸，這種接觸，提供跨國世俗意識型態與理論，往亞洲、非洲及拉丁美洲，傳播的基礎結構。 西方全球帝國發展出早期的跨越洲際與區域間的電報通訊基礎結構。 西方全球帝國使歐洲語言成為全球主要語言。 早期新聞媒體機構出現。 建構於西方民族國家層級上的文化機構與文化交流與日俱增。	電信通訊、語言互動與運輸等基礎建設較先前廣泛。 英語成為全球通用語言。 文化產品的企業、運作與全球市場規模廣泛，但呈現極不均衡的發展。 全球新文化接收與傳播工具（電視、廣播等）逐漸普及。 大眾文化產品不僅流傳於西方內部，更由北向南廣泛傳播。 南方大眾與知識文化型態逐漸向北方傳播，儘管規模並不大。

表 12.1.3. （續）

	前現代時期 西元 1500 年之前	現代初期 約西元 1500-1850 年	現代時期 約西元 1850-1945 年	當代時期\ 西元 1945 年 迄今
速度	微不足道	低	隨著運輸模式的益發迅速，確實與早期的電信通訊發展，使簡易文件與聲音的即時傳輸成為可能。	即時通訊的可能性與傳輸速度，遠較先前更迅速而經濟。
程度	低	低	相較於前現代時期，全球化程度逐漸提升但是就相對觀點而言，由於國家文化、制度、通訊與運輸網絡的崛起，西方文明的重要性降低。	國家內部與區域間出現大量規範化體制與前所未見的通訊規模。 所有媒體的數位化發展。

表 12.1.3.（續）

	前現代時期 西元 1500 年之前	現代初期 約西元 1500-1850 年	現代時期 約西元 1850-1945 年	當代時期\ 西元 1945 年 迄今
影響面向	早期世界宗教與帝國的發展不僅改變宗教信仰的文化生活，也帶來識字能力與世界觀的深刻轉變。 歐洲內部的遠距離文化交流與關係提供帝國統一的重要機制與和平傳播共同的跨社群認同的可能性。 跨越歐亞與非洲的主要文明的新觀念與技術傳播產生重要的累積效應，如印刷術的普及。	早期歐洲擴張階段中，歐洲在軍事與環境領域的強大影響範圍，其延伸遠超過文化影響範圍的延伸。 基督教在美洲建立，但是在非洲與亞洲的傳播據點偏弱；對既以確立的回教、印度與中國文明影響不大。 與其他文化的交流經驗，對歐洲所產生的影響，遠大於早期的文化交流對其所產生的影響。	殖民時期的通訊基礎建設，增加帝國中心對殖民地的監控。 民族主義對西方國家的菁英與廣大群眾，造成強大但不盡相同的文化影響。 民族主義對於殖民地的菁英文化有相當的影響，但對於大眾文化的影響則較不明顯。 跨國意識型態與理論的影響主要集中於菁英階層。 馬克思主義透過知識份子與群眾政治運動對蘇聯、中國產生重大影響。 科學的擴展改變了西方以外地區許多信仰與實踐的情境脈絡與地位。 國家與民主國家的崛起對各種通訊、運輸、教育與文化制度體系的組織與空間範圍有重大的影響（如國有媒體、通訊社等）。	全球文化、經濟與政治互動的成本與可能性改變：外交援助的確立、多國籍企業與非政府國際組織的運作等。 媒體企業、文化產品市場的控制與國家持有體系的外國成分逐漸增加。 獨裁或威權主義式的文化計畫與資訊控制難度提升。 文化產業領域中由國家主導的民族主義文化計畫執行難度提升。 大眾旅遊帶來地方性，但是卻密集式的經濟與文化結果。 形塑國家認同的文化背景產生變化。

表 12.1.3.（續）

	前現代時期 西元 1500 年之前	現代初期 約西元 1500-1850 年	現代時期 約西元 1850-1945 年	當代時期\ 西元 1945 年 迄今
下層結構建設	可靠的非海洋運輸。文字書寫。遠距離的安全與規律的陸地或海上航行。	可靠的海洋運輸。機械化印刷術。遠距離的安全與規律的陸地或海上航行。	鐵路。電報。蒸氣動力或機械化船舶。帝國控制體系。	結合海底纜線、衛星、電腦、網際網路的電信通訊系統。無線廣播電台與電視。大型噴射客機。
制度化	缺乏規範或協調文明間交流或衝突的正式制度。	缺乏規範或協調文明間交流或衝突的正式制度。	早期國際間的公眾聯盟開始規範文化互動，包括：推動標準時間、早期的國際著作權法、國際電信與郵政服務的規範。	對於國際文化互動與下層結構建設的規範逐漸增加，一部分是透過公司法與貿易法。國際性的政治組織，像聯合國教科文組織，規範能力較弱。
層級化	文化交流由帝國與神權政治官僚，以及統治階級所支配。科學、文學、哲學、文化與觀念受到菁英與少數群眾的信仰，如亞力山大帝國之後近東的希臘化；中世紀歐洲流傳的回教數學觀念。	世界宗教擁有廣泛信眾，儘管這種發展經常是仰賴昔日的軍事征服。	從文化制度、文化交流與訊息的控制觀點而言，帝國核心地區與殖民地之間根本的不平等，主要根源於軍事與政治的不平等與支配性。跨國理論與意識型態的主要信眾集中於菁英階層。帝國溝通以殖民地菁英階層為主。民族主義擁有廣大信眾，儘管仍舊一成不變地由菁英掌控。	社會內部接受大眾文化的廣大群眾呈現高度不均衡發展，尤以大眾文化的生產為甚。大眾觀光旅遊消費主要侷限於富裕社會與富庶社會階級。保持菁英知識網絡與文化權力網絡。西方文化交流仍具優勢，但已逐漸出現不同潮流型態。

資料來源：Held，D. & McGrew, A.，Goldblatt, D. & J.，Perraton（1999），**Global Transformations**, pp. 364-67, Oxford: Polity。
　　　　沈宗瑞、高少凡、許湘濤、陳淑鈴譯（2001），**全球大轉變：全球化對政治、經濟與文化的衝擊**，頁 460-462。

表 12.1.4. 環境全球化的歷史形式

	前現代時期 西元 1500 年 之前	現代初期 約西元 1500-1850 年	現代時期 約西元 1850-1945 年	當代 西元 1945 年迄今
擴張性	微生物遷徙造成遠距離環境變遷。	歐洲的擴張使生態變遷範圍延伸至跨大陸與跨海洋的面向。 征服行動與殖民化導致人口結構急遽變化，也改變了美洲與加勒比海的農業與地理景觀。 社會內部的環境退化原因與結果普遍侷限於地方性；部分有組織的經濟活動大幅成長，使資源的擷取範圍擴大。	歐洲擴張範圍延伸至大洋洲；但起初對亞洲與非洲的生態與人口並未構成影響。 美洲與加勒比海的轉變激烈化。 在殖民勢力的破壞下，部分地區呈現森林過度砍伐現象（印度、爪哇、馬來半島），非洲南部與東部局部植物生態體系產生改變。 西方資本主義的工業化、都市化與農業發展，導致地理景觀改變，都市地區產生嚴重的局部性汙染。 部分工業化地區開始產生環境汙染。	全球共同環境退化跨越關鍵性門檻—全球暖化與臭氧消耗。 全球人口與人均消費水準對土地、資源與生態體系形成共同壓力，造成人口過剩危機。 海洋、河川、空氣等越境汙染在工業化地區呈現明顯的區域化；本世紀初期，以歐洲和北美洲為主，現在逐漸轉移至拉丁美洲與環太平洋地區。 西方國家發展出有害產品與廢棄物的國際貿易模式，從西歐到東歐、北方國家到南方國家，一路盛行。 各大陸廣布核子技術擴散危機與相關國際貿易型態。

表 12.1.4.（續）

	前現代時期 西元 1500 年 之前	現代初期 約西元 1500-1850 年	現代時期 約西元 1850-1945 年	當代 西元 1945 年迄今
強度	除了大範圍的人類與微生物遷徙以外，人類行為所造成的環境退化均屬於局部性的儘管新疾病的擴張潛力十足。	地方性的環境退化已經超越大西洋地區的人口變遷，但這些過程還需要歷經數代光陰。	在工業化國家中，地方性與國家性的環境退化遠比全球性與區域性的環境退化重要。 在西方以外地區，殖民關係是導致地方性環境退化的關鍵因素。	全球危機與威脅相較於地方性與國家性威脅，有逐漸增加的傾向。
速度	低	歷經數代後才可能出現重大地理景觀與生態體系變化。	歷經數代後才可能出現重大地理景觀與生態體系變化，但工業化加速了環境退化。	國際貿易與技術轉移加速威脅與危機的傳播。 現代經濟的貪婪之心與生態體系的脆弱，環境退化歷程。
衝擊面向	由於地方性資源短缺、物價上漲、土地退化與土地飢荒導致人口與耕地成長出現潛在性斷層。	美洲原住民人口瀕臨滅絕。 由於地方性資源短缺、物價上漲、土地退化與土地飢荒，導致人口與耕地成長出現潛在性斷層。	澳洲原住民毛利人瀕臨滅絕。 工業化程度對人類健康造成的影響主要集中於城市地區。	全球性、區域性衝擊與威脅開始超越地方性影響，尤其是國內汙染情況因為政治行為與產業變遷而逐漸減低的地區，更是明顯。

表 12.1.4. （續）

	前現代時期 西元 1500 年 之前	現代初期 約西元 1500-1850 年	現代時期 約西元 1850-1945 年	當代 西元 1945 年迄今
制度化	所有規範係依據每個社會獨特的慣例與傳統而建立。	所有規範係依據每個社會獨特的慣例與傳統而建立。 提出某些創新性法令控制都市汙染，但數量上有限。	國際規範與政治互動均屬於萌芽初期，國際社會少見相關條約。	國際環保法令、條約與體制快速成長。 於聯合國及其他國際組織內建立環保機構。 非政府組織間的國際環保聯盟逐漸成長。
層級化	沒有明顯的階層分級。	美洲國家在免疫學與人口統計方面的影響力在西方有舉足輕重的優勢，非洲與亞洲則屬於同一階層。	美洲國家與大洋洲國家在免疫學與人口統計方面的影響力在西方有舉足輕重的優勢，非洲與亞洲則屬於同一階層。	城市與工業區的地方性汙染惡化，但在富裕社會與貧窮社會間有大幅差異。 全球城鄉差距明顯表現於國民消費水準及各國對全球環境問題相對貢獻程度而有所變化。

資料來源： Held, D. & McGrew, A., Goldblatt, D. & J., Perraton（1999），**Global Transformations**，pp. 392-94, Oxford: Polity。

沈宗瑞、高少凡、許湘濤、陳淑鈴譯（2001），**全球大轉變：全球化對政治、經濟與文化的衝擊**，頁 493-494。

（三）全球化的影響

全球化對人類社會的影響是相當廣泛的。王寧(1998，編者的話)在其和薛曉源主編的《全球化與後殖民批評》曾指出：

> 全球化做爲一個不以人們的意志爲轉移的客觀存在，已經以不同的
> 形式滲入到了我們的經濟建設、文化建設、人文社會科學的教育和
> 研究以及人們的日常生活中。

全球化對人類社會的影響可以說是「無遠弗屆」和「無邊無際」的，Bottery(2000, p.5)就指出「全球化的力量對組織、個人和價值所產生的衝擊，是無庸置疑的」；至於全球化對公共部門（組織）能力的影響而言，包括有公部門在角色、能力、地位、架構等方面的影響（具體內容見表12.1.5.）。

表 12.1.5. 全球化對於公共部門的影響

全球化所導致的 變化	變化的結果
貨品、服務和資金交換的數量與速度增加。	• 顧客對於公共服務有更好選擇、品質和價格，但是行政人員必須具備嶄新的態度和技能才能管理這些變遷。 • 唯有堅強的公司才能在競爭中生存，這將導致貧窮國家發生短期的失業，或甚至動盪不安的局面。
國家機關之間的經濟和文化疆界日趨模糊且可滲透性愈來愈高。	• 更廣泛的接觸各種意見、價值和成功的操作（例如民主與人權）。 • 自由民主模式的力量和形象有時會被視為是對地方價值與傳統的威脅。
民眾的行動愈來愈自由，影響了人力資源的平衡。	• 個人更可能抵達更富有、更先進、更加整合的境界，但是這將需要公部門提供新的人力資源發展策略才能達成。 • 可能導致貧窮國家人才和人力資源的流失。
市場邏輯主導了全球性和全國性的決策。	• 國家機關的角色從「控制」轉型為「授能」，服務產出與生產力變得有效率但卻不官僚。 • 對於國家在跨領域（例如環保議題）所能提供的公共財並不重視；某些帶有保護色彩的政策（例如北方國家的農業政策）以及部分發展中國家治理能力的低落，對於如何運用全球化所提供之機會造成了阻礙。
資訊科技幫助知識的取用，同時縮減了時間與空間。	• 決策變得更非正式、費時但有效能，惟許多發展中國家的資訊科技不足。 • 利用資訊科技從事非法活動的情況增加（例如洗錢），各個國家間的知識與數位落差擴大。
全球性社會網絡的建構，結合了新的行動者、規則和工具。	• 以創新的方法來解決全球性的舊問題之可能性提升了；對於民主、人權、貧窮和環境議題的關注提高了；國際非政府組織和跨國企業的責任增加了。 • 針對公部門管理廣泛議題與壓力的能力之討論愈來愈多；目前的制度安排對已經健全發展的經濟體系有利；大量人民和許多國家日益邊緣化。

資料來源：Cheema (2005, pp. 150-151) (轉引自孫同文（2005），全球化與治理：政府角色與功能的轉變，**國家菁英季刊**，頁 7)。

三、全球化的憂慮與疑懼：
反全球化與全球在地化的崛起

　　全球化雖然對人類社會產生相當大的影響，但是並非所有的國家和所有的人們都能夠從中獲得好處；只有部分的國家和一部分的人們獲得因為全球化帶來的好處。拋開文化、環境、及政治問題不談，因為全球化而帶來的問題主要有兩方面（Masson, 2001, p. 11）：不均等（inequality）和泡沫經濟（volatility economy）的問題—前者包括國內和國際間的不均等，後者則導致了一九九〇年代的世界性的財務危機。全球化現象的強勢發展，導致人類在面對舊的問題之外，還需處理因全球化所產生的新的議題，柴方國（2001，頁 4-5 中譯者序）在翻譯赫爾穆特•施密特所著《全球化與道德重建》一書時曾整理赫爾穆特•施密特所認為的，人類在全球化的影響下，所面臨的一些新問題：

　　—如何遏制人口爆炸繼續延續的勢頭？由誰來採取行動？應採取
　　　哪些手段？

　　—如何防止世界人口增長和工業化程度給自然環境所造成的破
　　　壞，譬如避免全球性的溫室效應？這樣做要付出多大的代價？誰
　　　來支付這筆費用？

　　—我們需要一種世界範圍內協調一致的能源政策嗎？

　　—必要時可以通過聯合國的軍事干預來阻止、結束戰爭和內戰
　　　嗎？…

　　—如何阻止武器和戰爭工具的交易？如果裁軍取得成效，又將如何
　　　解決美國、歐洲、俄羅斯和其他國家數百萬軍工產業的僱員所面
　　　臨的問題？

　　—如何制止核武器的擴散？如何讓擁有核武器的國家最終裁減其
　　　龐大的軍火庫？

—如何防止大規模的移民潮和難民潮？哪些措施是容許使用的？

—全世界能夠並可以使用哪些手段來防止新型的、藉助新技術進行
的跨國犯罪？如何對付國際恐怖主義？

—由於技術和經濟的全球化給不同國家帶來的機遇和風險不一
樣，哪些防範風險的措施是必要的，哪些是應當禁止的？

—鑒於大量上述問題，歐盟的任務是什麼？各成員國的任務是什
麼？我們能夠保持自己的民族特性嗎？

—我們必然會遇到"文明的衝突"嗎？怎樣做才能防止世界觀、宗教
或文化方面的衝突的擴大，乃致引發戰爭？

對於這些問題的解決，無論他們是如何形成的，赫爾穆特•施密特
（1998，頁60）認為都應該在全球化的背景下加以處理，而教育政策有
其不可逃避的責任與任務。

第二節
全球化與教育政策：理論與實務的對話

　　很多時候或許我們會看到或發現：教育經常需要為了配合國家與社會的發展，而有所犧牲。更有許多場合我們會慨歎：更多時候，教育只是政治鬥爭下的犧牲品，教育只是為政治服務的工具而已。這不僅說明了辦教育之難，也說明了教育的重要。教育對個人、國家和社會都有深遠的影響，甚至於也深深的影響了，人類社會的發展。或許，可以更具體的說：國家的發展繫於國民素質的良窳，國民素質的良窳決定於教育品質的高低。因此，可以肯定地說：教育水準決定了國家社會的興衰。在全球化的今天，教育面臨了更多更嚴峻的挑戰。因此，在面對全球化的挑戰辦教育時，如何制定合理的，良好的教育政策，就顯得更重要了。對於在全球化時代下，教育發展的困境，鄭燕祥(2004，頁10)有如下深刻的反思：

　　　　教育是生命成長的事實，也是社會發展國家興盛的基礎，在營運
　　　　上，本身已極具挑戰性。在面對全球化、資訊科技及知識型經濟的
　　　　巨大衝擊下，教育如何變革、如何領導、如何管理的課題，更顯得
　　　　無比重要，影響無數年輕人及整體社會在新世紀的未來。過去十
　　　　年，不少地區的教育改革經驗，以挫敗痛苦居多，雖懷良好願望，
　　　　卻受制於缺乏全面深刻的教育變革理念，多以舊觀念片面地改變一
　　　　些作法，故多以失望而終。

一、全球化對教育的影響

全球化對人類社會的滲透和影響，事實上是相當明顯的，甚至於有學者，例如：徐明珠（2003）就主張全球化是人類無可抗拒的課題，幾乎所有人類社會的課題，都必須在全球化的框架下，才能夠進行，也才能夠有所進展。對於全球化的力量和它對高等教育的影響，徐明珠（2003）有著這樣的描述：

> **全球化已是新世紀人類無可抗拒的課題【作者強調】**，不論在政治、經濟、教育及文化各方面是既合作且競爭，有鑑於高教發展影響國家競爭力既深且遠，為了知識生根國際，開創國際視野，以及拓展學術根據地，台灣高教的改革與創新已屬必然。
>
> **全球化是新世紀人類無可抗拒的課題【作者強調】**，不論在政治、經濟、教育及文化各方面是既合作且競爭，知識的創新及應用成為生根國際的基礎、創造國際視野的平台以及拓展學術領域的根據地，知識成為區隔經濟強國與弱國、核心與邊陲的鴻溝，大學教育是學術國際化的重要指標，高教的發展影響國家的競爭力既深且遠。

從上面引用的論文發現，該文作者在一篇不太長的論文中，就用了兩句幾乎一模一樣的句子強調全球化對人類的影響，可見全球化的衝擊力之大了。全球化對人類教育的發展是有相當大的影響（Gardner, 2004, p. 250）；在全球化如火如荼進行，和快速普遍蔓延的當下，一個國家或地區政府的當務之急，在於如何因應全球化現象，所帶來種種的衝擊和影響，尤其在教育方面，如何制定良好的政策，一方面協同其他政策共同因應全球化所引發的種種問題，一方面確保教育的發展，更是政界和學界所需面對的一個嚴肅的課題。

全球化對人類的影響幾乎是全面性的，對於這樣的命題，不論是一

般大眾，或是專家學者都是可以接受的。雖然，一般社會大眾和專家學者都相信和接受，「全球化對教育的發展有相當大的衝擊」的陳述和命題，但是，過去在學界和世界大部分地區，主要是從經濟和科技的層面，討論全球化的現象，比較少從教育和文化的角度討論這一方面的問題，有關全球化的實徵研究資料也很少見（Stromquist and Monkman, 2000）。最近幾年，討論全球化對教育影響的著作，有快速增加的現象，例如：Burbles and Torres (2000a), Mok and Tan (2004), Stromquist (2002), Stromquist and Monkman (2000) 和 Suárez-Orozco and Qin-Hilliard (2004)等都是有關於全球化和教育的關係的著作，在此僅就相關的文獻資料加以整理分析，討論全球化和教育的關係。

　　全球化是最近的一個相當熱門的話題，但是專家學者們對「全球化」的看法或觀點卻是莫衷一是、眾說紛紜。對於各專家學者之間對「全球化」看法的不同，N. C. Burbles 和 C. A. Torres（2000b, pp. 1-2）有一段很傳神，可是又略顯煩瑣的描述：

　　　　對有些學者來說：「全球化」此一名詞指涉了「超國家之機構」
　　　　（supranational institutions）的產生，這些機構的決策，形成和限制
　　　　了一些特定「單一民族國家」（nation-state）之政策的選擇；對其他
　　　　學者而言：「全球化」意涵著對全球經濟歷程—包括生產、消費、
　　　　貿易、資本流通、及貨幣之相互依賴—之壓倒性的與勢不可擋的
　　　　（overwhelming）衝擊；更有其他專家學者認為：「全球化」指示著
　　　　新自由主義的興起，是一種霸權式的政策對話（hegemonic policy
　　　　discourse）模式；更再就其他學者而言，「全球化」的主要意義在於：
　　　　新的全球文化形式，大眾傳播媒體，以及通訊科技的產生，所有這
　　　　些形成了各種跨地區之文化環境的從屬，認同，和互動關係；更再
　　　　有其他學者認為：「全球化」主要是指對整套變遷的覺知，是國家
　　　　決策人員建構用以對變革的支持和壓抑反對變革之種種，因為那些
　　　　「強大的力量」（greater forces）（諸如全球競爭，對國際貨幣基金

會或世界銀行要求的回應，區域結盟的義務，等等），使得單一民族國家除了遵守那些不是自己訂定的全球性的法規之外，"別無選擇"。當然，對於全球化的概念之所以如此分歧，主要肇因於，這些專家學者援引了不同加權和不同關係之不同的因素彼此之間的交互作用（complex interplay）。

至於全球化對教育的影響，或是和教育的關係，也是「見仁見智」的，有些學者，例如：Noel McGinn(1997)（見 Carnoy, 2000, pp. 43-44），認為全球化對教育沒有什麼影響的，教育也不會因為全球化的現象，而改變什麼；另外，也有學者，例如：Carnoy（2000, p. 44），則相信全球化對教育的影響，是相當廣泛和深遠的。

事實上，欲分析全球化對教育的影響，需要就不同的教育層級著手，一般而言，教室層級的變化是最少的，因為在教室裡，教室最重要的任務是負責知識的傳遞，不論政府的政策如何制定，不論教科書的內容如何改變，就教室所呈現出來的現象來看，教師似乎永遠都只是在從事知識傳遞的工作，Noel McGinn(1997)就持這樣的看法；但是在本質上，其實教師在教室的教學活動，已經產生相當程度的改變，譬如：不同的知識內容、不同的價值規範、不同的意識型態等。時下，大多數的學者，像 M. Carnoy（2000），N. Gough (2000)，還是主張全球化對教育是有相當程度的影響的。全球化對教育的影響，不僅層面相當廣泛，而且相當的深入。Carnoy (2000，p. 44)指出，全球化對教育的影響主要表現在三個方面：

- 就財務的層面而言，在教育方面，大多數的政府都面臨著，公共支出緊縮，以及尋找其他替代性資源，以滿足一般人對擴充教育體系之期待的壓力。
- 就勞動力市場而言，高等教育的報酬率，有著全球性提升的現象，此主要導因於，經濟性生產的轉向知識密集的產品與歷程。

一般政府也面臨著對抗外來資本的壓力，此意味著政府已經能提
供高度專業技術化的勞動力。換言之，當前一般政府面對的壓力
包括：高等教育的擴充，同時政府也必須增加中學畢業生，俾利
他們進入高等教育機構。在過去一些拒絕提供年輕女性，同樣機
會接受教育的國家，現在也因為需要提供較低成本（low-cost）
的高等教育程度的勞動力人口，而傾向擴充女性接受教育的機
會。

- 就教育的層面而言，國家教育體系品質之良窳，愈來愈傾向國際
  化的比較。這導致一般國家，更強調數學和科學課程，教育標準，
  測驗，以及藉著改善教育的傳遞方式，以滿足教育標準的要求。

　　Burbles 和 Torres（2000b, pp. 2-3）更進一步指出：要了解全球化對
教育政策和教育實務的衝擊，在全球性的情境脈絡，許多的概念都需要
重新思考和定義，例如：新自由主義、國家、重構（restructuring）、改
革、管理、女性主義、認同、公民（citizenship）、社區、多元文化主義、
新社會運動（new social movements）、流行文化（popular culture）、及地
區（the local）；另外，作為教育人員更要思索，在全球化的影響之下，
既然改變勢必要發生，那麼應該如何，才能夠使這些改變，更公正和符
合正義，以作為制定教育政策與實務之參酌。

二、教育政策：全球化之影響與因應

　　在全球化的影響與驅動之下，許多國家不僅在教育發展上，或多或
少都受到某種程度的影響，在教育政策的制定，某種程度上，也是以全
球化的趨勢和走向為依歸的。尤其是，「世界貿易組織」（World Trade
Organisation；WTO）成立，那些加入此一組織的國家，在教育發展取向
和教育政策的制定，更是受到相當程度的衝擊和影響。雖然 WTO 強調

所謂（擷取自經濟部國際貿易局 WTO 入口網站 http://cwto.trade.gov.tw/webPage.asp?ctNode=632&CtUnit=127&BaseDSD=7&CuItem=11541）：（1）無歧視之貿易；（2）經由談判逐步開放市場；（3）經由對關稅與農業補貼之約束，以及服務業市場開放之承諾等建立市場開放之可預測性；（4）促進公平競爭；與（5）鼓勵發展與經濟轉型等五項規範之基本理念與規範準則，但是諸多國家或政府，仍然有相當程度的疑慮，尤其是第三世界國家爲然。以下就討論在全球化的現象下，教育政策如何的受到影響與因應。

在全球化的衝擊下，个少的國家和地區在教育決策上，都有因應的措施。例如中國之香港特區政府，在面對全球化的影響與衝擊的時候，在教育政策上，所採取的主要因應措施包括（羅范椒芬，2004）：（1）教育目標方面：教育要培養「立足香港、貢獻祖國【中國】、面向世界」和「願意爲社會的繁榮、進步、自由和民主不斷努力，爲國家和世界的前途作出貢獻」的新一代；（2）學生的培養：必須確保年青一代，具備廣闊的國際視野，關心全球性的議題，尊重其他國家民族的文化，學會與不同文化背景的人溝通交往，並願意承擔責任，爲全球的福祉和人類的進步，而作出貢獻，而且還要培養學生學會學習，以及掌握思考、分析和批判的能力；（3）世界公民的養成：培養年青一代成爲有理想、肯承擔和與時並進的「世界公民」；（4）師資培育方面：提供靈活開放的課程架構，讓教師有足夠的空間，以新的方式探討全球化的議題；及（5）課程方面：包括：國際視野、世界公民責任、文化霸權、財富分配，以及國際局勢等議題的通識課程。有關全球化現象對香港，在教育政策的制定，所造成的影響和產生的衝擊，從以下的引文，就可以知其梗概：

> 全球化的趨勢的確爲教育界帶來巨大的衝擊和挑戰，世界各地的教育當局都在思考這個問題，也都在尋求應對的方法。教育工作者有需要加強交流，互相觀摩，尤其在師資培訓和開發教學資源方面加

強合作，共享資源。

　　台灣在全球化現象，尤其是加入世界貿易組織之後的衝擊下，在教育政策的制定，也提出了相關的因應措施。教育部於 2004 年公布的《2005－2008 教育施政主軸》（杜正勝，2004，頁 4）對於台灣教育發展所面臨的國內外環境的分析中，關於國際環境的分析，除了「知識經濟時代」和「數位化時代」之外，就是有關全球化對台灣教育，尤其是高等教育，發展的意義：

> 全球化時代國際競爭激烈：面對全球化的國際競爭，人才流動沒有國界限制，取得優勢的關鍵繫於「創意」和「品質」。未來的趨勢，教育市場勢必開放，國際高等教育的競爭勢必加劇，教育政策惟有朝向更多元化與國際化，才能化危機為轉機，不但留得住本國人才，也可以吸引外國人才。

　　台灣在面對全球化的挑戰與衝擊，以及國內外環境變遷，所造成的問題、挑戰與需求，在教育政策方面，教育部所採取的因應措施，主要包括「核心教育理念」與「施政主軸」，其主要核心理念為（杜正勝，2004，頁 4-5；6-11）：迎向全球，其重點在強調「創新為國力之泉源，也是人類文明進步之動力。我國過去經濟與政治的成就，是與世界先進文明互動的結果，當前教育的推動亦然，要放在全球的架構中思考，以世界先進國家為標竿，不斷要求自我提升，使我國教育亦能邁入先進國家之林。」主要施政主軸包括（杜正勝，2004，頁 4-5；6-11，見表 12.1.6.）。

表 12.1.6. 台灣因應全球化之主要施政主軸、具體策略與具體目標

施政主軸	具體策略	具體目標
現代國民	提高語文能力 均衡人文與科技 強化多元與普世價值	• 推動師生英檢，到 97 年有 50% 大學生通過中級英檢，50% 技專校院學生通過初級英檢；初任中小英語教師者均通過中高級英檢、初任中小學一般教師者均通過中級英檢；現職國中英語教師有 70% 、現職國小英語教師有 40% 通過中高級英檢。 • 為加強國中小學生表達思想的能力，將要求其每學期至少完成 4－6 篇作文，並將挑選 300 所文化不利地區之國小推動閱讀活動，使學生一年內至少閱讀 50 本以上的優良讀物；大專校院亦將透過通識教育課程，加強學生閱讀及寫作能力。 • 中等教育係以完成現代化國家國民之基本要求為要務，此階段學生應充實人文素養，加強審美與創作能力；提升科技素養，增進對自然環境的認識與愛護，以及資訊應用之能力；並重視健康之促進與維護，啟發尊重生命之價值觀。 • 預計到 97 年將有 85%以上國中小每校至少成立一種藝能團隊，80%以上學生至少學習或喜好一種樂器或音樂項目。健康與體育教育，實施「一人一運動，一校一團隊」計畫及健康促進學校計畫，到 97 年每一位學生至少學得一種終身運動技能、每位學生每天至少累積 30-60 分鐘身體活動，且增加國中小辦理健康促進學校之校數達 500 所。 • 歷史上許多文化及價值，歷經人類社會長期驗證、自然淘汰或萃取保留，去蕪存菁，形成今日多元的文化面貌，但在多元之中，仍然有一股大家共同遵循和追求的普遍價值。今日地球村時代，人類的共通追求，如人權、自由、民主、社會正義等普世價值，將是現代國民的具體指標。 • 推動高中職社區化，促進高中職教育資源均衡化與優質化；實施多元入學方案，建立符合多元取材及適性發展之入學機制，重視學生多元智慧啟發；強化公民意識，營造一個有助於人權與多元文化發展，重視性別平等及生命價值，能相互尊重、包容與關懷之友善校園，均是強化多元與普世價值的具體作為。同時我們也認為責任教育，對自己負責，也對別人負責，是不可或缺的重要項目。

表 12.1.6. （續）

施政 主軸	具體 策略	具體目標
臺灣主體	發揚臺灣特色 尊重多元文化 引領國力升級	• 首要之務是認識臺灣，深化認同。中小學課程要納入臺灣生活時空環境素材，培育國民具備尊重多元文化精神及各族群語文特性，培養學生熱愛鄉土情懷，進而了解及尊重不同文化；並加強臺灣海洋文化與特色之課程與教學，培養學生具有包容博大、創新求變的海洋國民意識，展現海洋國家的特色。 • 將從發揚臺灣各族群文化與特點及發展新移民文化著手。前者旨在為建構「臺灣主體」之歷史精神做詮釋，將從輔導社教機構及本土展演團體展現臺灣意識之展演活動；整合臺灣族群文化資訊，運用多元國際管道傳播宣導；及加強臺灣族群文化學術研究交流活動，增加臺灣文化在國際學術之能見度努力。後者則將辦理多元文化交流與教育成果展示活動，建立國家一體之認識，促進在地國際文化交流與融合；建立外國配偶終身學習體系，促進新臺灣之子雙邊文化認同，從小培養健全文化意識與人格發展。 • 為提升國民素質，引領國力升級，在教育觀念上，不但要尊重學習主體的特性與個性，還要能發揮他們的特長。落實到具體的教育措施，將微調九年一貫課程綱要，修改普通高中暫行課程綱要，於 95 年 8 月建置中小學課程體系，俾於 98 學年度正式實施國小至高中十二年一貫之課程體系。…… • 在師資方面，提升教師專業能力；並健全教師終身學習機制，加強不適任教師處理的啟動機制。在學生素質方面，建立學生能力檢測機制，訂定各級學校提升學生素質之策略；另配合國家經濟發展需要，鼓勵大學開設符合國際化、產業需求之跨領域學程，加強培育優質足量之高科技與服務業人才，及持續培育創新研發及產學合作的人才。另外，將建構知識整合性之社區教育學習網路平台，發展 e 化網路學習教材，以強化終身學習體系。

表 12.1.6. （續）

施政主軸	具體策略	具體目標
全球視野	推動教育國際化 發揮創意展現特色 擴大雙向留學	• 鼓勵大專校院辦理全英語授課之學程，加強與外國大學學術合作和交流，…推動大專校院雙語環境之建置，辦理雙聯學制之課程，鼓勵交換教師及學生；高中職將推動「國際學生教育旅行」。為增進高等教育與經濟發展及國際趨勢結合，推動國際技職教育聯盟，加強與俄羅斯、印度與東南亞國家的合作；輔導大專校院師生參與國內外專業證照考試、技能檢定或技藝競賽等。外國語文除上述英語文提升策略，亦將發展大學外語學院，加強日、法、德、西、俄與阿拉伯等多樣性外語人才之培育。 • 鼓勵學校發揮辦學特色，預計到 97 年九成中小學均能發展出頗具規模的特色團體。學校教學以激發學生創意為首要目標，積極參加國際競賽，走進國際社會。 • 為追求世界級的研究與教學，將鼓勵大學整併及校際合作，並以競爭性經費輔導大學校院發展國際一流大學，鼓勵設置具有競爭力與特色的系所以及跨校研究中心。未來將朝五年內至少十五個重點系所或跨校研究中心排名亞洲第一名，十年內至少一所大學居全世界大學排名前 100 名內之目標努力。 • 教學方面，各大學將建置教學與實習品質管控機制，鼓勵設置教學中心，並透過通識教育，培育具有創造力的人才。大學人才培育應具有前瞻性，系統設置、課程規劃必須與社會經濟互動，配合產業發展，並且引領產業升級。 • 為吸引外籍學生來台留學，將增加臺灣獎學金名額，鼓勵大專校院設置外國學生獎助學金，確定較具優勢之學科領域，加強宣導及資訊提供，促使來台留學人數十年成長十倍。另為鼓勵國外留學，將積極推動「公費留學」、「自費留學」、「留學貸款」及遴選「外國政府及機構贈送我國獎學金」等四項鼓勵措施，預計每年出國留學生簽證人數將逐年成長 3%。本【教育】部結合其他部會推動「菁英留學」計畫，94 年到 97 年人數依序為 1,004 人、1,032 人、1,044 人、1,056 人。為培養國家亟需之法政人才，規劃法政精英留學計畫，以五年 50 名為目標。此外，為實施「規劃性留學」，將設立「臺灣海外研究中心」與一流大學合作，培育我國留學生，加強學者交流。

資料來源：杜正勝（2004），**2005－2008 教育施政主軸**，頁 4-5；6-11，
　　　　　臺北： 教育部。

　　以上表格所列，為台灣因應全球化衝擊所規劃之施政主軸。自「九七回歸」之後，鄰近的香港在政經、文教、及人口等方面，都產生明顯的轉變和必須面對相當嚴峻的挑戰，為了維持其競爭優勢，和保有「世界城市」的地位，香港特區政府也相當重視，全球化的衝擊和影響，香港教育統籌局，為了因應全球化的挑戰和衝擊，所擬定的相關教育政策如下（羅范椒芬，2004）：

（一）確保年青一代具備廣闊的國際視野，關心全球性的議題，尊重其他國家民族的文化，學會與不同文化背景的人溝通交往，並願意承擔責任，為全球的福祉和人類的進步而作出貢獻。我們都需要培養年青一代成為有理想、肯承擔和與時並進的「世界公民」。

（二）在全球化的大趨勢下，香港的學生除了在課堂上獲取知識外，更要關心國際大事，留意全球化的趨勢對國家和香港的影響。因此，我們要培養學生學會學習，以及掌握思考、分析和批判的能力。在全球化的大環境中，正面的價值觀和誠實的品格，對保障世界和平公義更形重要。

（三）香港課程改革所建議的靈活開放的課程架構，讓教師有足夠的空間，以新的方式探討全球化的議題。學生可以在科學教育中，學習人與環境的關係和太空探索等議題。在個人、社會及人文教育中，學生可以透過地理科認識到，地球資源的使用與管理，所衍生的許多議題。歷史科則提供不可缺少的背景資料，讓學生了解最新的國際局勢。

（四）最近教育統籌局與「種籽」學校合作，設計了一系列，以麥當勞餐廳為主題的研習活動，透過以多角度探討麥當勞餐廳，這一類跨國企業，了解全球化對政治、經濟、文化各方面所帶來的衝擊和爭議。例如學生會分析，全球化為各地消費者提供更多選擇的同時，亦可能為已發展國家提供，對發展中國家進行經濟掠奪的機會。這類探究式學習的經驗，讓學生發現，即使是身邊的事物，

亦與全球化有很密切的關係。類似的嘗試，正在不同學校逐漸開展，教育統籌局會與教師，同總結有關的實踐經驗，向其他學校推廣。

（五）在高中方面，爲了減輕文理分流的影響，從而讓學生有機會，建立一個廣闊的知識基礎，以及加強從不同角度分析問題的能力，教統局在去年引入，科學與科技科和綜合人文科，兩個中四至中五會考科目。國際視野和世界公民責任，都是這兩個新科目的要素。在科學與科技科中，學生會探討科學與科技，在發展中國家和已發展國家之間，所產生的矛盾、全球暖化、基因改造食物和生物複製等全球性議題。綜合人文科，則採取個人、社會、國家及世界的同心圓模式來組織四個核心單元，全球化更是有關世界單元的主題。學生在這個單元中，探討全球化下的財富分配、文化霸權和國際局勢等問題，亦會反思全球化對本港和國家，所帶來的機遇與挑戰，以及個人在當中可發揮的作用，讓學生進一步了解世界公民理念的可取之處和相關的限制。

（六）要引導學生探討國際性的議題，培養學生具備國際視野，教師必須具備這方面的識見和能力。目前，中六的通識教育科和高中的科學與科技科和綜合人文科都是選修科。新高中學制檢討報告中提出，所有高中學生將來都必須修讀新的通識教育科，全面貫徹培養學生成爲良好的「香港市民、中國國民、世界公民」的教育目標。我們鼓勵更多的中學選修科學與科技科和綜合人文科，從中汲取經驗，爲開設新高中通識教育科而及早作好準備。教統局會與師資培訓機構和關注國際性議題的社會團體合作，加強職前及在職培訓，幫助教師掌握所需的知識、能力和價值觀，以及相關的教學策略。教統局亦會與大學、有關社團和學校，共同開發教學資源，以減輕教師的負荷。

三、結語

　　全球化是一個普遍的現象，對人類社會產生了莫大的影響，不論是
經濟、政治、文化和教育等等，都受到它的滲透和影響。但是對於「全
球化」這樣一個現象和議題，卻是仍然充滿著爭議、論辯和疑懼，尤其
最近幾年來，每當八大工業國（G8）齊聚開會時，會場附近都充滿了反
全球化的抗議群眾。也有學者主張「全球化」是「美國化」，也有學者
認為全球化，是新的帝國主義，或是新的殖民主義，因此，在全球化浪
潮席捲全世界的同時，也出現了一股反全球化的浪潮─全球在地化。各
國政府也無不為此，而積極尋求應對之道─一方面尋求促進全球化之
途，一方面又提出本土化/全球在地化之道。這使得原本就很熱鬧的人類
社會，顯得更加多采多姿了。本節首先討論了全球化的概念與意義，接
著討論全球化的現象、範圍與影響，然後，討論全球化的憂慮與疑懼─
反全球化與全球在地化的崛起，最後討論全球化與教育政策的關係，其
中以香港和台灣作為例子，比較深入的討論政府在教育政策方面，對全
球化的反應與因應。到底在全球化的風潮之下，教育改革政策要怎麼走
才能夠「既能處全球化風暴而不敗，又能立本土化之基而不衰」，或許
鄭燕祥（2004，序；頁 3）在《教育領導與改革：新範式》一書中，所
提到的一些想法，可以作為參考的方向，以及作為本節的結語：

> 　　無數教育工作者正在為追求美好的教育，付出無盡心血，力求上進
> 革新，領導學校邁向新紀元，希望他們的新一代可以因教育而擁抱
> 未來。但是，不少本土及國際經驗都說明，為迎接全球化挑戰的教
> 育改革，實在需要擁有全新的思維範式，並有切合實際的推行策
> 略，否則失敗居多，難言有何成就和突破 (鄭燕祥，2004，序) 。

> 　　…就目前的教育改革而言，如何能提供符合全球化與資訊化時代，

與社會、個人需求息息相關的教育目標、內容、實踐、結果與影響，
尤為重要(鄭燕祥，2004，頁3)。

世界變了！環境也變了！全球化改變了人類世界的現象與思維，教育是維持社會穩定、傳遞新觀念與新知識的利器之一，政府苟不思精進則已，如欲在此一風起雲湧的全球化浪潮，思有所作為，則改變既定之思考模式，改造政府之相關組織，制定高效能之教育政策，應是適切之途。全球化的趨勢的確為教育界，帶來巨大的衝擊和挑戰，世界各地的教育當局都在思考這個問題，也都在尋求應對的方法。教育工作者有需要加強交流，互相觀摩，尤其在師資培訓和開發教學資源方面加強合作，共享資源。

第三節

教育政策與市場化：理論與實務的對話

市場化雖然是新右派主要的兩個派別之一，但是因為它有自己的歷史和思想脈絡，其發展又比新右派早了許多[3]，一般還是將之獨立討論，因此，對市場化與教育政策的關係此一主題，除了在第九章教育政策與新右派對此一主題有所討論之外，將在本節進行更深入的討論與分析。

一、市場化的主要概念

市場化（marketisation）是自由經濟者的概念和主張。市場化主要緣起於一九七〇年代，自由主義精神的在英美兩國的復甦，英國柴契爾政府於一九七九年全面推動「小政府、大市場」的觀念與政策主軸，一方面將政府的權限縮小，另一方面將市場機制引進公部門，以建立一個競爭的官僚體系（李基甫，1988，轉引自王瑞賢，2001，頁5）。

二、市場化的現象、範圍與影響

這裡所講的市場化，是指源自海耶克（F. A. Hayek）新自由主義經濟學說，而影響目前英、美教育政策的自由市場經濟的概念。這一派的學者支持政府，採取最低限度的干預，排除影響自由市場運作的干擾因

---

[3] 有關市場/市場化理論的發展，戴曉霞（2002，頁311-314）將之分成三個觀點，此三個觀點也代表著其發展的三個階段：（一）古典經濟學的觀點：大市場 vs.小國家（十八世紀後期—二十世紀初期）；（二）凱因斯學派的觀點：小市場 vs.大國家（一九三〇年代—一九七〇年代）；及（三）新自由主義的觀點：大市場 vs.小而能的國家（一九七〇年代後期迄今）。翁福元（2002，頁92）參考戴曉霞（ibid）的觀點，將國家與市場關係的演變重新歸納為三個階段：（一）放任階段—古典經濟學的觀點；（二）計畫干預階段—凱因斯學派的觀點；及（三）最小限度干預階段—新自由主義的觀點。

素，以維護自由市場的運作。其主要概念乃強調，自由市場的價值、個人理性的選擇、績效責任的重要性、功績制（meritocracy）、個人主義與自由，以及資本主義等（李敦義，民 89，頁 65-66）。將此新自由主義經濟學說的主要概念應用到教育之上，乃形成了「教育市場化」的趨勢。英美國家政府之教育政策，所以採用市場化的機制，主要是受到全球經濟衰退與新右派思想的影響；另外其國家的財政日見緊絀、教育品質不佳、學生學習成就不彰，以及近年來各國追求提升國際競爭力等因素的影響，更助長了教育市場化的趨勢（李敦義，民 89，頁 67-68）。

三、教育市場化的議題

教育市場化對於教育政策的制定與發展有相當的影響，無可諱言的，在教育研究中，對於教育市場化的優缺點與利弊得失，也有相當的討論，尤其是和教育公平與正義、教育機會均等的問題，討論的更多，本小節的內容主要是，關於教育市場化所涉及的層面、類型與特徵等三個層面的議題，進行討論或分析。

（一）教育市場化的層面

「目前亞洲太平洋地區的教育改革及發展的趨勢，反映了這地區在新世紀追求進一步經濟和社會發展的強烈決心。」(鄭燕祥，2004，頁3)這正是所謂「教育市場化的現象」，從教育政策的觀點來看，教育市場化主要包括兩個層面[4]：其一，爲教育機構嘗試將其學術產品，行銷至商業世界；其二，爲教育機構的重組，以便將企業原則應用於其行政之中，H. Buchbinder 和 J. Newson（1990）將前者稱爲「由內而外的市場化」（marketisation 'inside-out'），將後者稱爲「由外而內的市場化」

---

[4] 王瑞賢（2001，頁 6）在〈To be or to have－自由經濟下台灣教育重建論述〉一文，將這兩個層面分別翻譯爲「外化」（inside-out）與「內化」（outside-in），僅此提供讀者參考。

（marketisation 'outside-in'）（轉引自 Taylor, Rizvi, Lingard and Henry, 1997, p.89）。目前教育市場化所強調的重點，在將原本屬於計劃管控性質的教育，改爲由市場機制，亦即開放市場與自由競爭，來決定。根據歐用生（2000，頁 16）的看法，市場化的教育政策在教育改革上，所強調的重點爲：中央教育權威下放，教育系統向下授權，加強機構自主和學校本位的行政和管理，加強家長的選擇和社區的參與。

（二）教育市場化的類型

根據國家干預程度的不同，教育市場主要可分爲六種不同的類型（Lawton, 1992, pp. 88-102）：（1）沒有國家介入的完全自由市場：此一教育市場完全不受國家法令的約束，可以自由運作，教育完全的私有化，學校完全由慈善機構、信託機構、私人公司或其他方式經營，完全自由的教育市場，對某些人而言是不公平的，對社會而言，則在經濟方面缺乏效率，因此很少被提倡；（2）受到國家法令規範的教育市場：此類型的教育市場，也是完全私有化的學校教育制度，但是受到國家法令的規範，其問題主要也是在財務方面，家長在繳費方面會面臨問題，比起現在，特權階級與非特權階級學生之間的差距的情況，此一類型之教育市場，更有可能浪費優秀的學生；（3）由國家補助的全面私有化教育市場：此一類型的教育市場，主張學校由私人經營，以避免官僚體系的干預，而私立教育機構由國家支付或補助；（4）公立和私立學校互相競爭的教育市場：在此一類型的教育市場，國家應盡量減少對公立學校的管制和保護，讓公立學校和私立學校相互競爭，迫使辦學績效不佳的學校能夠改進，此一類型的教育市場將會制定較高的教育標準；（5）公立和私立學校合作互補的教育市場：此類型的教育市場爲國家配合經濟發展，而採取計劃性的市場模式，以公立學校爲主，私立學校則爲補充公立學校的性質，公立學校與私立學校互爲合作的而非競爭的對手；及（6）只有公立學校的教育市場：在此一類型的教育市場中，國家是完全的介入，不允許有私立學校的存在，其出發點乃基於社會公平和促進社會的

融合，主張所有國民都應當進入公立學校，強迫接受教育，家長沒有選擇權。

（三）教育市場化的特徵

在教育市場化討論得沸沸揚揚的當下，究竟它有些什麼表現或是特色，又如何據以判定，一個國家或是政府所實施的，是否為教育市場化政策，這主要是關於教育市場化規準的問題。莫家豪和羅浩俊（2001，頁 336）在〈市場化與大學治理模式變遷：香港與台灣比較研究〉一文歸納相關文獻之後，整理出教育市場化的八個特徵/表現：（1）自負盈虧原則；（2）市場的興起；（3）國家提供者角色減弱；（4）市場管理原則的採納；（5）市場主導課程；（6）校院創收；（7）內部競爭；及（8）強調效益。這幾個特徵雖然是莫家豪和羅浩俊用來判斷，高等教育市場化的表現，但是，作者認為應該也可以應用在其他教育層級的市場化表現的判斷上，尤其是台灣在加入世界貿易組織之後，教育市場的開放是其加入該組織的條件之一，台灣的教育市場必須對該組織的會員國開放，將來，台灣教育市場化的步調必然更加的快速，其趨勢也必然的會更加的明顯，故而，以這些「特徵/表現」作為一般教育市場化現象判斷的規準，是可行的。

四、市場化與教育政策

對於教育市場的開放，其利弊得失實為仁智互見（見表 12.2.1.），但事實上，至少在目前它已經是當前教育改革的主要潮流之一，對各個國家教育改革政策的擬定，也有相當程度的影響。在全球化和市場化兩股強大力量的夾擊之下，各國政府莫不積極的努力尋求因應之道，在市場化方面，一般國家或政府的因應之道，就高等教育而言，主要有三個途徑（戴曉霞，2002，頁 28-31）：解除管制、消除壟斷與私有化/民營化。莫家豪（2002，頁 51-57）在〈中、港、台高等教育市場化：源起與理解〉一文，除了對於市場化與國家高等教育政策制定的關係有相當詳細

且深入的分析討論，也對於中國、香港和台灣高等教育市場化政策的環境做了相當具體的分析，最後也剖析和比較海峽兩岸三地政府教育市場化的發展。

表 12.2.1. 教育市場化對教育發展之優缺點及改進措施分析

	優點	缺點	改進措施
資源運用	教育資源更加有效率應用	教育資源分配不均與失衡	推展學校行銷
學校效能	促使學校效能與效率提升	學校庸俗化、世俗化與功利化	以目標管理機制落實學校績效責任制度
學校管理	學校管理激發學校成員士氣	家長不當介入學校事務	制訂家長參與學校教育事務之相關法律
教育現象	教育鬆綁、教育自由化、教育民主化	教育亂象紛紛浮現層出不窮	政府之適當干預與管治
社會階級與階層的關係	功績取向、降低階級之間的隔閡	造成社會階層差距擴大	提供獎助學金與保障名額

資料來源：整理自陳啓榮（2005），當前教育市場化實施成效之檢視，**國民教育**，頁 81-85。

　　根據莫家豪（2002，頁 52-53）的分析，在中國方面高等教育市場化政策的環境主要是：一九七八年，中共的經濟體制改革，同時也推動了教育體制的改革；一九八五年，中共中央發表《關於教育體制改革的決定》；一九九二年，中共第十四次全國代表大會，提出了建立社會主義市場經濟的新目標。另外，加上二〇〇〇年，江澤民（2001，頁 29，71）的「三個代表」[5]，提倡「科教興國」，構築了中國當前教育市場化

---

[5] 江澤民（2001，頁71）於二〇〇〇年提出的「三個代表」是指：「中國共產

的一貫的體系。這樣的一個教育市場化的政策，對於中國教育政策的影響是「國家在繼續擔當教育服務主要提供者和決定教育發展方向的前提下，有意識地讓地方政府，特別是社會力量，包括個人和非國有部門參與提供教育服務，從而為民眾創造更多的學習機會。」（莫家豪，2002，頁 52）。就中國而言，「市場化」指的是：「一個過程，通過這個過程，教育成為由相互競爭的供應者提供的商品，教育服務按質論價，能否取得這種服務取決於消費者的精打細算和支付能力」（Q. Yin & G. White, 1994；轉引自莫家豪，2002，頁 58）。

在香港高等教育市場化的環境主要是：在全球經濟一體化和高昂的經濟成本之下，香港如何培養「具備創新思維、靈活應變、善於溝通和精於分析判斷的通才，以及各方面的專才，才能在競爭激烈經濟環境下，維持國際金融、經濟和貿易中心的地位，並進一步發展成為世界級的大都會。」（教育統籌委員會，2000，頁 13）。就香港而言，「市場化」是香港政府，對高等教育的一種管理手段和策略，希望達到「節源增效」，以及加強對公部門的要求績效責任的改革目標（莫家豪，2002，頁 58）。

台灣高等教育的發展在一九九〇年代，有著驚人的擴張和急速的膨脹，大專院校的數目由一九五〇年的七所，驟增至二〇〇六年的一百六十三所，台灣的高等教育人口在學率更是名列世界第十五位（教育部，2006，頁 4-6；Unesco, 1993）。這樣的現象除了因應國內教育改革團體，「廣設高中大學」的訴求和人民對高等教育的需求之外，同時也在於回應世界的政治與經濟的環境；此外，台灣政府也希望藉由，高等教育的市場化，以減輕政府的財政負擔，因而有「大學校務基金的設置」、彈性學費、「五年五百億」和「教學卓越計畫」的政策。就台灣而言，台灣近二十年來，高等教育「市場化」或「私有化」，甚至於「法人化」的改革，皆與其近年來政治、經濟、及社會環境與人民需求的改變有關。

黨始終代表中國先進生產力的發展要求，代表中國先進文化的前進方向，代表中國最廣大人民的根本利益」。

事實上，一般也認為市場化是提升效率和性能，以及規劃與實施教育最好的和最適切的方法，甚少去考慮教育能否像汽車或巧克力棒等商品一樣的被處理（Ball, 1990, p. 69）。到底「市場化」能否像一般人所認為的，成為政府解決其經濟問題，和減輕其財政負擔的萬靈藥，同時又能夠達成「去中央化」的目標；抑或只是政府不願承擔其財政責任和實施其「再中央化」（re-centralisation）或「新中央化」（neo-centralisation），以迂迴的手段和策略對地方加強控制的藉口，尚有待觀察。

第四節
教育政策與去中央化：理論與實務的對話

去中央化（decentralisation）是近十幾年來，公部門改革或是公共管理領域中，討論相當熱烈的議題之一，而且經常和全球化及市場化同時出現，似乎這三者已經成為公共政策，或是公部門相關議題中的「三胞胎」。在教育政策或是教育改革領域中，去中央化也是一個相當受矚目的一個議題。本節旨在討論和分析，去中央化和教育政策之間，理論與實務之關係。

一、去中央化的類型與主要意涵

D. Rondinelli (1999) 指出去中央化的類型主要有四：（1）政治去中央化：旨在使公民及其所選出來的代表，在公共決策有更多的權力，它通常伴隨著憲法或其他法令的修改，發展多黨政治，鼓勵有效能的利益團體參與決策的討論；（2）行政去中央化：指權威、責任與經濟資源的重分配，包括去集中化（Deconcentration）和代表制（Delegation），前者是指，在中央層級政府的各部門，在決策權和財務及管理責任的重

分配，後者則指透過中央政府的代表，中央政府把決策與公共行政的責任，轉移給辦自主的組織，它雖然不完全受到中央政府的控制，但是必須對中央政府負責；（3）財政去中央化（fiscal decentralization）：指地方政府或私人組織的財務自主；及（4）經濟或市場去中央化：包括私有化（Privatization）和鬆綁（Deregulation）。

二、去中央化的議題

隨著「去中央化」成為教育改革普遍的工具，其有關的議題/問題也一一的浮現。問題之一是去中央化似乎擴大了左派（Left）與右派（Right）、自由（Liberals）與社會民主（social democrats）、自由市場觀念（free market ideas）與多元文化潮流（multicultural streams）之間的衝突矛盾，此等問題是造成不滿足的種籽；之所以如此，存在於家長與社區、學校教職員與權威當局之間的衝突和矛盾的認定，是因為家長和社區認為去中央化，是次文化在教育歷程中，獲得公平地位與對待的解放歷程（emancipatory process），學校教職員則認為去中央化，是他們專業自主的實現，權威當局則傾向於，視去中化為對於他們與公共政策敏感性議題及績效責任間的一種阻礙（Gibton, Sabar and Goldring, 2000, p. 193）。

三、教育政策與去中央化

許多國家為了對教育，尤其是大學教育，進行控制，經常強調，教育必須要為國家或社會發展服務，縱使在二十世紀末或是二十一世紀的現代，仍有不少國家對高等教育，採取中央化的控制或管理（centralised control），澳洲就是一個明顯的例子（Karmel, 2001, p. 124）。

在教育部門進行去中央化的改革，是指中央教育主管部門將其決策權，移轉給中間層級的政府、地方政府、社區和學校。其移轉的程度因國家而不同，然而它的範圍，包括從行政的去中央化，到財務控制的移

轉等（McLean and King, 1999, p. 52）。在教育部門進行去中央化的改革時，要能成功，需要有相當程度的政治涉入與領導（McLean and King, 1999, p. 52）。目前許多國家的政府紛紛採取去中央化的政策與措施，像「學校本位管理」，就是其中顯著的例子。臺灣目前實施的「大學校務基金」、「鄉土教材」等也是去中央化政策的具體實踐。

第五節

本章小結

　　本章討論了目前教育領域相當熱門的，也是對許多國家的教育政策，都有相當影響的三個議題或思潮—全球化、市場化與去中央化。或許說「全球化、市場化與去中央化」三者，是對當前許多國家教育政策的制定，最具影響力的因素，並不為過。本章首先討論教育政策與全球化的關係，接者討論教育政策與市場化的關係，最後再討論教育政策與去中央化的關係。在每一節之中，都是先分別介紹或討論「全球化、市場化與去中央化」三者的主要概念與主張，再討論其與教育發展的關係，最後再討論，其各自對教育政策制定實務上的影響。

第 13 章

教育政策與批判教育學

Education for liberation does not merely free students from blackboards just to offer them projectors. On the contrary, it is concerned, as a social praxis, with helping to free human beings from the oppression that strangles them in their objective reality…Truly liberating education can only be put into practice outside the ordinary system, and even then with great cautiousness, by those who overcome their naiveté and commit themselves to authentic liberation.

~Paulo Freire, 1985, p. 125. ~

摘　要

　　如果就本書之一般章節的安排和題材的選擇，本章的標題應該是「教育政策與批判理論」，但是因為批判理論是批判教育學很重要的理論來源之一，加上批判教育學的許多概念和主張都來自批判理論，作者相信討論「教育政策與批判教育學的關係」比討論「教育政策與批判理論的關係」，不僅對本書在教育政策社會學理論架構的建立上會更有意義和更有幫助，而且對於教育發展與教育政策的現象之探究與所存在的不合理現象的批判，也會比較有幫助，所以作者將本章的主題置於教育政策與批判教育學之關係的探討，因此將本章標題定為「教育政策與批判教育學」。

　　批判教育學的思想脈絡相當的龐大與複雜，影響其成立的主要思想淵源有：（1）德國批判教育學；（2）歐陸之批判理論（法蘭克福學派）；（3）美國進步主義教育思想與社會重建運動（二十世紀之教育家與行動者）；（4）南美洲的 Paulo Freire 在中南美中進行的成人教育運動和解放教育運動的影響（巴西的影響）；與（5）葛蘭西和傅科。其哲學性的原則更包括有：（1）文化政治學；（2）政治經濟；（3）知識的歷史；（4）辯證理論；（5）意識型態與批判（6）霸權；（7）抗拒和反霸權；與（8）對話與意識化等八項。

　　批判教育學的中心思想為「解放」與「對話」，前者強調學習者自傳統的教育制度中解放，後者強調的是教師與學生的關係不再是「垂直式的或是線性的上對下的關係」，而是「水平的或是多元線性模式的關係」，彼此透過對話達到學習與意識，建立的目標；在這樣的對話的過程，傳統的「教師的學生（students-of-the-teacher）及學生的教師（teacher-of-the-students）等字眼不復存在，新的術語隨之出現：教師學生（teacher-student）及學生教師（student-teacher）。教師不再僅僅是授業者，在與學生的對話中，教師本身也得到教育，學生在被教的同時，反過來也在教育教師，他們合作起來共同成長。」這就是中國傳統思想

中之「教學相長」的理想的具體實現。

　　因為批判教育學強調的是解放的概念與實踐，不僅要解放學習者，也要解放教學者；不僅要解放教育制度，更要解放社會制度。這一切都需要透過社會的改革以達成，而解放教育的實施在一般的社會體系之下是無法實踐的，亦即要解放教育或是實施解放教育之前必須先解放社會，但是社會的解放必須透過教育的解放。由此觀之，批判教育學存在著一個類似「雞生蛋，蛋生雞」/「先有雞或是先有雞蛋」的先天無法克服的自我矛盾的問題。但是，這個矛盾看起來似乎不是那麼重要，因為「先有雞或是先有雞蛋」的問題迄今尚未解決，但是一般人每天還是照常吃雞蛋或是雞肉，雞蛋和雞肉還是照常生產；批判教育學中的「透過教育解放，進行社會改革」還是如常的進行，並沒有受到任何的影響和阻礙。雖然，批判教育學遭受到的批評不少，這些批評主要包括：（1）女性主義對批判教育學的批評；（2）對批判教育學之語言的批評；（3）邊界論對批判教育學的批評；（4）對後現代的曲解；（5）從階級論辯的退縮；與（6）批判教育學只指涉政治，而沒有旁及其他。但是透過批判教育學，教育政策的制定當能夠真正考慮到學生和弱勢族群的主體性和權益的問題，教育政策應該是「解放的教育政策」，而不再是「宰制的教育政策」。

楔　子

　　批判理論是近一個世紀以來，影響社會科學發展與研究的一個相當重要的社會學流派，通常又稱爲法蘭克福學派；之所以稱爲法蘭克福學派，主要是因爲此一社會學理論是以法蘭克福研究所爲其起源和根據地，其代表性的人物有：馬庫色、阿多諾、霍克海默、哈伯瑪斯等人，這其中又分爲第一代代表人物，第二代代表人物，及第三代代表人物。由於批判理論有強烈的批判色彩和以「批判」爲其主要特色，加上其主要代表人物又都受到馬克思著作，尤其是一八四四年《德意志意識型態》與一八四八年《經濟哲學手稿》很大的影響，兼馬克思主義或西方馬克思主義的創立者和健將，所以批判理論的思想有很濃厚的馬克思思想和新馬與西馬理論的色彩。這正是最近一個世紀以來，科學發展之分裂、統整與相互滲透之現象的體現。而晚近在教育領域頗爲流行的批判教育學其思想淵源雖然相當的多元與複雜、抽象與艱澀，但是其中有一大部分主要是承襲自批判理論的，亦即批判理論提供批判教育學的概念與合成式的教學方法（resultant teaching method）（Kanpol, 1999, p. 160）。雖然批判教育學是教育領域之一部份，但是因爲其理論內涵與思想淵源，其實融合了相當豐富與複雜的社會學理論或思潮，因此，本章的體例與前面幾章並不一樣，不從單一的或是幾個關係緊密的社會學思潮或理論，討論其與教育政策的關係；本章的內容將以討論批判教育學與教育政策的關係爲主，以爲教育政策社會學理論架構之一環。

第一節
批判教育學的源起、發展與主要概念

　　雖然，Pedagogy[1]這個名詞究竟應該翻譯為「教育學」或是「教學論」仍然尚未有明確的定論（朱啟華，2005，頁2；），但是近年來"Critical Pedagogy"（批判教育學）不僅受到相當的矚目，對於教育的發展也有相當的影響力。這個名詞「批判教育學」是最近幾年相當受到注意的教育學的一個新的領域，它不僅對於自己的研究主題與時俱進，以反映社會發展的脈絡和軌跡，希望透過「改造學校，以改造社會」，和改善社會，以滿足社會大眾的需求；對於教育的發展有相當程度的影響，不僅批判教育的目的，也批判教育的活動與內容，更批判教育政策的制定與執行。其思想淵源相當多元，主要是受到批判理論/法蘭克福學派、新馬克思主義的影響。此外，批判教育學也和其他理論有很好的滲透與交融，像女性主義就是其中明顯的例子之一。通常，一般人都認為批判教育學起源於或是肇始於 Paulo Freire 在南美洲巴西所從事的掃盲運動，但是考之相關文獻發現，批判教育學或是「批判教學論」這個詞的產生，

---

[1] 關於 "Pedagogy" 究竟應翻譯為「教育學」或「教學論」，雖然尚沒有很明確的一致性，但是就文獻來看，其中大部份翻譯為「教育學」。朱啟華（2005，頁2）在〈從社會演變論德國批判教育學的興起及再發展－以其對權威問題之探討為例〉一文提到其支持將 "Pedagogy" 翻譯為「教育學」的理由有二：（1）他並不清楚教學論即等同於教學理論，但是他清楚在德文的文獻中，不論是教學論或是教學理論都不會是 Pädagogik 這個字，及（2）教育學探討的範圍遠超過以教學為重點的教學論或教學理論。作者支持朱啟華的意見，所以在本書中，不論是本章或是其他章節也採用將 "Pedagogy" 翻譯為「教育學」，而不將其翻譯為「教學論」的作法。另外，有關 "critical pedagogy" 一詞的翻譯也不同，有將之譯為「批判教育學」者，也有將之譯為「批判教育論者」，另有將之譯為「批判教學論」者，本書參考多數文獻的翻譯和朱啟華的說明，採取「批判教育學」的翻譯。另外，有關 "critical pedagogy" 一辭的翻譯，張建成（2004，頁14-15）在〈從批判教育學到青少年流行文化研究〉一文有頗為深入的討論。

最早可以追溯到一九二○年代，在一九二一年，Max Frischeisen-KÖhler (1878-1922)使用「批判」一詞，主要用來描述一個與經驗的教育學和思辨的教育學做區隔的一個教育學新的研究方向；Josef Dolch (1899-1971) 於一九二九年將教育學的系統分成四個支系統：社會學的教育學（Soziologische Pädagogik）、文化及價值的社會學（Kultur-und Wert Pädagogik）、觀念論的教育學（Idealistische Pädagogik）、以及批判教育學（Kritische Pädagogik），他們的主要企圖在於（1）將教育學研究的取向區分為以描述的予以規範導向的教育學，批判教育學屬於後者；（2）偏向以描述為主導的教育學（朱啓華，2005，頁7）。在德國，批判教育學的發展，從一九二○年代開始，經過一九六○年代強調解放的左派運動，一九七○年代的教育改革與社會改造運動，之後受到德國社會發展趨於穩定與全球化的影響，面臨發展的瓶頸，而重新思考新的主題與新的發展方向（朱啓華，2005，頁 1-25）。另一方面，則有 Paulo Freire 在南美洲的巴西從成人教育識字運動的批判教育學。尤其後者更成為當前批判教育學的主流。

一、批判教育學的源起

批判教育學是最近幾十年來相當受到重視的教育理論之一，有關於它對教育批判和對教育發展影響的著作已經累積得相當豐富了，像 C. Luke J. Gore (1992)所編的 *Feminisms and Critical Pedagogy*, B. Kanpol (1999) 撰寫的 *Critical Pedagogy: An introduction*, T. S. Popkewitz & L. Fendler(1999)所編的 *Critical Theories in Education*，以及 A. Darder, M. Baltodano, and R. D. Torres (2003a) 所編的 *The Critical Pedagogy Reader* 都是批判教育學之相當重要和具影響力的出版品。如果就批判教育學對於教育發展的影響真正受到矚目的時間來看，它可以說是一門相當年輕的學科，尤其是應用在教育政策的研究分析之上，可見的文獻更是不多；但是如果就其起源或是思想淵源來看，批判教育學的發展也已經有

一段相當的時日,而且其思想脈絡可謂是相當的複雜、多元與抽象;其發展軌跡更不是屬於「線性模式」(linear model),而是「多元線性模式」(multi-linear model)。以下的這一段引文,正可以具體的描述批判教育學思想脈絡之多元與龐雜[2],以及為什麼其語言與概念會那麼抽象艱澀,難以掌握的原因。

> 批判教育學的成型絕非一蹴可幾,它深受巴西成人教育學者 Paulo Freire 的啟發;受益於歐洲法蘭克福學派、新教育社會學的批判傳統;美國社會重建主義、進步主義教育思潮的理想主義色彩;批判種族論、女性主義的實踐性格。晚近甚至轉向後現代主義、文化研究進行跨疆界的連結,才能匯合成今日的氣候。因此,若想完整回溯它的發展緣起,無異是一件龐雜與艱困的工作(林昱貞,2002,頁 4)。

雖然,批判教育學的思想源流和脈絡看起來頗為複雜和龐大,但是進一步加以思索和釐清的話,則其思想根源主要有五[3](朱啟華,2005,頁 1-25;林昱貞,2002,頁 4-8;Darder, Baltodano, and Torres, 2003b, pp.

---

[2] 張建成(2002,頁 43)對於批判教育學的思想來源之多元與複雜有著這樣的描述:「整體而言,批判教學論【即批判教育學】是一個涵蓋範圍很廣的教育理論,在來源上,雜揉了法蘭克福學派、解釋學派、文化研究、女性主義、新馬克思主義、後結構主義、後現代主義、後殖民論述等學說,在內容上,交織著課程、教學、教師、學生、社會結構、多元文化、民主正義等議題。所以想為它下個簡單明瞭的定義,並不容易」。

[3] 頗有一些中文的文獻,例如:林昱貞(2002,頁 1)、張盈堃(1999,頁 244),主張或強調批判教育學,源自於中南美洲或北美洲,尤其是 Paulo Freire 在中南美洲所提倡和推動的成人識字教育運動和解放教育運動。這樣的主張應該是可以再斟酌討論的。林昱貞(2002,頁 1)在〈批判教育學在台灣:發展與困境〉一文中就有這樣的敘述:「發展自中南美洲,並由北美 Henry Giroux、Peter McLaren 等人所倡議之『批判教育學』,自 1980 年代以來已成為西方世界裡頭左派知識份子用以批判新右派、新保守主義、新自由主義、教育市場化的主要論述利器,同時也為饒富批判、解放色彩的教育實踐開啟另一扇希望之窗」。

3-10；Popkewitz, 1999, pp. 17-44; Burbules and Berk, 1999, pp. 45-66；
Miedema and Wardekker, 1999, pp. 67-86）：其一為德國批判教育學的影
響；其二為歐陸之批判理論（法蘭克福學派）對於西方文化工業批判的
影響；其三為美國進步主義教育思想與社會重建運動之「教育的目的在
於促進民主的社會生活」、「教育的目的在於重建社會、進行社會改革」
的影響（二十世紀之教育家與行動者）；其四為南美洲的 Paulo Freire
在中南美中進行的成人教育運動和解放教育運動的影響（巴西的影
響）；最後為葛蘭西和傅科。此外，一九七〇年代開展的新教育社會學
（new sociology of education）、後現代主義、當代文化研究等，都對批
判教育學的發展有所影響甚至於「解放神學」（見表 13.1.1.）也對其發
展有某種程度的影響。考慮到篇幅的關係，所以本節僅就前面提到的五
個，對於批判教育學比較有明顯和顯著影響的因素：德國批判教育學的
發展、歐陸的法蘭克福學派、美國的進步主義教育思想和社會重建運
動、南美洲 Paulo Freire 的成人教育運動與解放運動、及葛蘭西和傅科
進行介紹。

表 13.1.1.批判教育學與解放神學主要概念對照

批判教育學的信條	解放神學的理念
可能性的語言	可能的意義
抗爭的場域	莊嚴的感覺
轉化型知識分子	先知型的老師
集體連帶	共同參與者
邊界通道	分享與反駁

資料來源：貝瑞・康柏著，彭秉權譯（2005），**批判教育學的議題與趨勢**，頁
　　　　191。

（一）德國批判教育學發展對批判教育學的影響[4]

「批判教育學」一詞在一九二〇年代[5]的德國即已出現，德國的批判教育學卻是興起於一九六〇年代，它主要是針對當時德國社會與學校中的權威問題進行反省，尤其是懼怕於極右派思想的復甦與法西斯極右派政權的可能再復興，因此，「如何藉由教育達成社會改造的興趣逐漸形成，社會與教育的關連性也就愈發受到重視」，到了六〇年代後期，左派學生吸收批判理論的思想，開始以行動挑戰社會的威權體制，形成大規模的反權威運動的高潮，連帶的也使得批判教育學蔚為風潮，當時左派學生對學校的批評，以及所提出的理想學習情境為（朱啓華，2005，頁6）：

> …學校應當教導學生不服從，學生應當對不正義及不合乎人性的事物，在自主思考之後，加以反抗。此外，學校的支配結構、紀律要求、行為規定及處罰都應當被廢除…同時他們也強調師生角色間的互換[6]，這指的是，教師可由學生的批評及質疑的狀態中，

---

[4] 這一段主要是參考朱啓華（2005，頁1-25），'從社會演變論德國批判教育學的興起及再發展－以其對權威問題之探討為例' 一文整理而成。

[5] 王慧蘭（2003，頁89-90）甚至於把批判教育學的淵源往前推到啓蒙運動：「歸納而言，批判教育學的理論根源大抵是針對西方啓蒙運動之後對於理性問題的爭議（理性是普遍的或片面的）或 Marx 的問題架構（上層或下層建築、多元決定或經濟決定、相對自主性或壓迫關係的生產），促使在不同時空、擁有不同身分位置和問題的個人運用不同概念工具進行一連串的學術對話和實踐…。」

[6] 德國古典批判教育學此一強調「師生角色間的互換」和弗萊雷著，顧建新、趙友華、何曙榮譯（2001，頁31）在對於「灌輸式教育」的批判與對「提問式教育」的強調時，所提出的：「通過對話，教師的學生（students-of-the-teacher）及學生的教師（teacher-of-the-students）等字眼不復存在，新的術語隨之出現：教師學生（teacher-student）及學生教師（student-teacher）。教師不再僅僅是授業者，在與學生的對話中，教師本身也得到教育，學生在被教的同時反過來也在教育教師，他們合作起來共同成長。在這一過程中，建立在"權威"基礎上的論點不再有效；為了起作用，權威必須支持自由，而不是反對自由。」頗能相互呼應。

了解學生的想法，並引導學生由依賴的狀態中，逐漸獨立自主。
另一方面學生應當在此趨於自主的過程中，學會如何自己求知…
此外學生還要求消除因這種學習成效而帶來的壓力，以及廢除教
師以分數評量學習成就的方式…同時教師要引發學生學習的興
趣，並以學習的樂趣原則（Lustprinzip）取代成效原則，讓學生自
動產生學習的動機與興趣…最後，學生要求有更大的參與決定學
校事務的權力。

這是所謂的古典批判教育學，其在一九七○年代左右德國政治社會
改革時期發展到最高峰。德國批判教育學關注的焦點是：如何透過教
育，促使學生擺脫權威的支配與宰制，而達成自我與社會的解放。這使
得「解放」一詞逐漸在教育界中風行起來。據此，批判教育學應具有兩
項功能：對教育實際具有批判的功能與對教育情境中所存在的意識型
態，加以揭露。總結一九六○年代到一九七○年代，德國批判教育學主
要發展的成果是：學生擺脫權威的支配與宰制，達成自我與社會的解
放，此外也帶動了德國各邦一連串的教育改革方案的提出與運動的推
行，擴增了學生參與學校事務決定的機會與權力，亦即學生已經從過去
在學校中受支配的地位解脫了（朱啓華，2005，頁 11-13）。雖然，這是
德國早期批判教育學發展的成果之一，但卻也為德國批判教育學的發展
帶來了危機，因為「學生已自禁錮他們的學校解脫」，校園內已無權威
與宰制的問題，早期批判教育學作為立論依據的議題已經消失了，同時
也不再具有合理性的地位了；為此，重新尋找議題，使批判教育學能夠
存續或是有進一步的發展是必要的，而因著全球化所產生的議題，存在
著壓迫與被壓迫者的關係，執是之故，全球化的議題，尤其是全球性支
配與被支配的不平等關係和權力宰制的現象，成為八○年代之後，德國
批判教育學研究的新的議題（朱啓華，2005，頁 13-14，21）。

（二）歐陸批判理論對批判教育學的影響

　　歐洲批判理論主要源自於德國法蘭克福研究所。二十世紀的批判理論主要是針對西方工業先進國家的工業文明所產生的，例如：工具理性、科學主義、科層體制與資本主義等問題的合理性提出批判；尤其啓蒙時代重新開展的人類的理性和主體性促進了資本主義的發展和工業革命的產生，這應該是要服務人類的，至少應該更促進人類的理性和主體性的發展，但是，由於過度強調資本主義和科技/工具理性的結果，使得人類不僅再度失去了理性，也再度失去了主體性。資本主義和工業革命的發展成爲另一種宰制人類理性和主體性的工具，教育則成爲其幫兇，就像 Bowles and Gintis(1976)在 *Schooling in Capitalist America: Educational reform and the contradictions of economic life* 一書中所指出的：在美國的經濟制度之下，傳統的理論相信，一位受過教育的工人的價值在於把他當作機器看待，根據此一觀點，在一個既定的生產環境之下，工人所擁有的特定的技能決定了他的經濟產值；在資本主義經濟制度之下，誘發的動機主要因素是利益；資本家用薪資購買工人的時間，而且他們付給工人的薪資是低於工人產品的價值。還有，學校也培植了合法性的不均等，學校透過功績體制的設計，酬賞和提升，以及分配學生在職業階層的地位區分。學校更創造和加強學生之間的社會階級、種族和性的認同。學校也訓練工人使他們服從雇主，同時給予雇主規訓（disciplining）工人的武器─聘雇和解聘工人的權力（Bowles and Gintis, 1976, pp. 10-11）。根據前面的敘述發現，在美國資本主義社會裡，教育成了服務資本家的工具，學校完全移植了資本家或是統治階級的那一套價值系統和行爲規範，縱使是教科書的內容，也幾乎都是資本家和統治階級的那一套，找不到非統治階級和弱勢族群的那一套，透過學校的「洗禮」，來自勞工階級或中下社會階級的學童相信自己，比起來自其他社會階級的學童是「不行的」，能力上也是不足的。學校不僅沒有能夠培養出有反省和批判能力的學生，反而成了培養資本家所需要的勞動力的

工廠，培養了一批馴服的工人。批判理論所要批判的問題之一正是在資本主義國家的此一現象。

（三）美國進步主義教育思想與社會重建運動對批判教育學的影響

美國的進步主義教育思想和社會重建運動，之所以對批判教育學有所影響，在於他們所主張的和認爲的「教育功能、教育目的和教師角色」和批判教育學在這方面的主張有異曲同工之妙（見表 13.1.2.），前者主要的主張在於，打破過去以教師爲主的教學活動的進行與課程的設計，主張學習者─兒童─應該是教育的主體，所有的一切教育活動都應該圍繞著兒童才對，教育所要培養的兒童是能夠自醒和批判的學生，不是對於所有的教師所提供的材料和資訊，毫不考慮和不經批判就全盤接受的學生，這些正是批判教育學的核心概念及重要主張。因此美國的進步主義教育思想和社會重建運動乃成爲批判教育學的理論基礎之一。讓我們看看杜威（J. Dewey）在《學校與社會 • 兒童與課程》中曾指出：「教師的任務是在引起學生真正的個人經驗」（林寶山、康春枝合譯，1990，頁 119），另外他也指出的（林寶山、康春枝合譯，1990，頁 111）：

> 在教育上，人格、性格比學科重要。知識並不是目標，只有個人的自我實現才是目標。即使擴增了知識但卻喪失了自我，都是教育上的失敗。不過，教材是永遠不能由兒童心中無中生有。學習是主動的，他與兒童心靈的拓展有關，它也涉及兒童在內心的同化作用。嚴格地說，教育要以【與】兒童站在同一立場並且以之爲終點。因此，是「兒童」在決定學習的質與量，而不是「學科」在決定。

杜威對於舊式的知識論在教育上的影響有著這樣的批評（袁剛、孫家祥、任丙強編，2004，頁 668-669）：（1）教材－把知識看作現成的傳授品，全不問它們在社會上有何需要，在兒童行爲上有何影響；（2）

方法－完全注重記憶、注重背誦和注重考試；（3）養成知識的貴族－知識不是應用的，是裝飾品，為少數人所壟斷；（4）養成服從古人的根性－養成守舊的風氣，用古人的教訓作為討論的依據，全不問古今時勢的需要不同；及（5）科學的分離孤立－把知識看作是獨立存在的現成物品，可以各自傳授，使得各學科各自獨立，不相統屬，缺乏合作與照應。而他在〈平民主義的教育〉（袁剛、孫家祥、任丙強編，2004，頁355）一文中提到，平民主義的教育必須具備兩個很重要的條件：發展個性的知能和養成共業的習慣（working together）。關於發展個性的知能，杜威進一步分析指出（袁剛、孫家祥、任丙強編，2004，頁355）：

> 從前的教育著重記憶力，不重思想，所以教授的方法全要用灌注的手段。好比老鳥哺雛一樣，做雛鳥的，只要寄居巢中，張開了嘴，將食嚥下去就是。這種教育是埋沒個性的。講到個性主義（individuality）就是要把個人所有的特性各個發展出來。所以注重個性的教育所養成的人才，是自動的，是獨立的，是發展思想的，是活潑的，是有創造力的，是有判斷力的，不是被動的，不是依賴的，不是拘束的，不是因循的，不是有惰性的。書上的話，教員的話，不必一定是對的，須得使學生時時自動的去評判它。

表 13.1.2. 進步主義教育、社會重建運動與批判教育學對教育目的、教師角色與課程安排的主張

	教育目的	教師角色	課程安排
進步主義教育	• 促進民主的社會生活	• 問題解決的引導者和科學的探究者。	• 必須基於學生的興趣。 • 包含人類問題及事物的應用。 • 重視跨學科的主題教學。
社會重建運動	• 重建社會 • 進行社會改革	• 改革的能動者 • 方案的引導者 • 研究的領導者	• 焦點放在社會科學與社會研究方法，對於社會經濟、政治問題的檢視。
批判教育學	• 解放教師與學生 • 改造社會/解放社會培養民眾的批判性意識 • 幫助人民解放他自己，而不是馴化他們	• 轉化型知識分子	• 理想的課程都應該依據人民生活的條件及內容所建構

資料來源：朱啓華（2005），從社會演變論德國批判教育學的興起及再發展－以其對權威問題之探討為例，**國民教育研究學報**；宋明順（1998），頁 25-30，**傅雷勒（Paulo Freire）的批判教育思想**；林昱貞（2002），頁 10-12，**批判教育學在台灣：發展與困境**。

　　根據上表可以發現進步主義教育、社會重建運動與批判教育學三者對教育目的、教師角色與課程安排的主張不僅有若合符節之處，更有異曲同工之妙，這也就是為什麼可以肯定前二者是後者之思想淵源的原因。

（四）南美洲 Paulo Freire 成人教育運動與解放教育運動對批判教育學 的影響

　　巴西的 Paulo Freire 在中南美洲所從事的成人識字運動與解放教育運動（或稱解放教育神學），不但對第三世界國家的成人識字教育運動產生了相當大的影響還帶動其追隨者，如 Farabundo Marti, Cesar Augusto Sadino, Rosa Luxemburg, Che Guevara 等人投入拉丁美洲的解放運動。Paulo Freire 認爲個人有發展批判意識的能力，他同時也相信透過批判式的識字教育（critical literacy），個人不僅能夠認知到自身的真實處境和產生對抗霸權的意識，進而採取行動改革這個世界（Weiler, 1988, pp. 17-18；轉引自林昱貞，2002，頁 5）。Freire 認爲教育只有兩種功能，而這兩種功能又是相對立的，亦即「教育若不是用來馴化（domestication）人民，便是用來解放人民（liberation）」，他也主張世界上並沒有所謂的，中立的或中性的教育存在，因爲他深信「教育的本質在於政治」（宋明順，1998，頁 24）。Paulo Freire 對教育之性質的界定主要有（宋明順，1998，頁 24-26）：（1）「教」與「學」均是具深遠社會影響力的人類經驗；（2）教育絕不是一種機械性的教學方法，學習也不僅指學生所要記憶的知識的數量，更不是教學所要傳遞給學生的整套技能而已；（3）教育乃是「個人與社會被建構的地方」，它是一種社會行動，這種行動可能增進學生改變社會的力量，也可能使學生進一步被馴化、萎縮其改變社會的能力；（4）教育的整體活動，在本質上是政治的；及（5）教育最重要的工作在於幫助人民解放他們自己，而不是在馴化他們。

（五）葛蘭西與傅科的影響

　　對於批判教育學的發展有影響的古典理論學者相當多，但是 Darder, Baltodano, and Torres (2003b, pp. 6-10)認爲只有葛蘭西（A. Gramsci）和傅科（M. Foucault）對教育的批判性裡解，才值得討論他們的思想或理

論對批判教育學發展的影響。葛蘭西和傅科拓展了當前對權力和權力對知識建構之衝擊的理解，他們的著作也充實了對文化、意識、歷史、宰制與抗拒等之批判性之解讀的理論基礎。

1、葛蘭西對批判教育學的影響

葛蘭西所關心的是「宰制」在西方工業先進國家的移轉和變動的方式，他嘗試用霸權理論來說明「宰制」在西方工業先進國家的轉移和改變，越來越少經由野蠻的或不人道的物理（物質）的手段，而是越來越多透過社會道德領導者（包括教師），他們參與和增強了將一般認定的所謂社會真理轉化為普遍性的知識的歷程；葛蘭西的霸權理論主要是從歷史角度，理解市民社會（civil society）中的文化與權力的問題—文化霸權，而不是在於研究作為階級專政之工具的政治性社會（political society）；亦即，前者符應了霸權的功能，於其中，統治階級的統治是全面的，後者則符應著在國家或司法政府中之直接控制或命令的功能（Darder, Baltodano, and Torres, 2003b, p. 7; Lawner, 1973, pp. 43, 185-186）。在文化霸權的施行，葛蘭西認為教育和法律有絕對的重要性，在二十世紀初期的西歐社會，文化霸權的建立只要是靠著教育和治安的維護（波寇克著 田心喻譯，1991，頁 37）。對於在市民國家行使文化霸權，葛蘭西（1971, p. 258）在《獄中日記》寫道：

> 所有的國家都是具有倫理性的，其最重要的功能就是近期可能的把最大多數的人民提高到特定的文化和道德的層級，此一層級（或類型）符應發展所需之生產性力量的需求，從而符合統治階級的利益。具積極教育意義的學校和具壓迫和消極教育意義的法庭，就上述國家的功能而言，都是最重要的國家活動；可是，事實上，許多所謂的私人的倡議或活動也都有助於此一目的的達成—倡議和活動，形成統治階級政治與文化霸權的機器。

事實上，葛蘭西對於「霸權」的意義至少有兩個新的見解（Hoffman, 1984, p.55）：其一，葛蘭西將霸權的概念從無產階級（proletariat）延伸到小資產階級（bourgeoisie），使霸權成為階級統治的一般特徵；其二，葛蘭西將文化、道德和智識注入霸權的概念之中。就後來的應用觀之，似乎第二種霸權的概念較第一種為普遍。這種統治者對被統治者，尤其是教師對學生，在文化、道德和智識的灌輸、宰制、或控制，正是批判教育學對當代社會主要的批判。

2、傅科對批判教育學的影響

先前，在教育領域，傅科甚少受到注意，後來教育學者對於傅科之所以注意，主要是對他所討論的社會控制與權力行使的問題感到興趣，許多教育學者利用傅科的「考古學途徑」（archaeological approach）研究十九世紀大眾教育和教育學實務發現，學校教育不能化約成社會控制和社會化的概念，應該視為現代權力擴張或管治閾的一種形式，其中所不同的是：這些教育學者是利用傅科的方法去研究過往的事件，然而傅科堅持要以當下為研究對象（Marshall, 1990, pp. 12-13）。傅科深深的質疑他所稱的「真理的王國」（regimes of truth），所謂「真理的王國」只不過是在社會裡，不同權力關係之情境脈絡下，透過特定知識的支持和傳播的現象而已；對傅科來講，權力並不是靜態的實體（entity），而是固定在吾人之身體、關係、性，以及吾人在這個世界上建構知識和意義上起著作用的主動的歷程，對傅科而，權力不只是在宰制的情境脈絡中展現，也在抗拒之創造性行動的情境脈絡中展現，此處所謂的創造性行動是指透過人際關係之動態學，以及宰制和自主的現象，所形成之人與人之間的互動（Darder, Baltodano, and Torres, 2003b, p. 7）。傅科有關知識與權力的著作—《規訓與懲罰》（**Discipline and Punish: The Birth of the Prison**）—照亮了教室裡學生抗拒行為的批判性理解，同時也開啓了教學實務中之情境脈絡之權力關係的理解（Darder, Baltodano, and Torres, 2003b, p. 7）。

二、批判教育學的發展

批判教育學自一九六〇年代萌芽，歷經七〇年代的蘊釀，到一九八
〇年代的成形而超越抗拒理論，以迄九〇年代的轉向後現代與文化政
治，其發展之快速，以及研究重點之轉向，著實迥異於其他的社會學思
潮。就相關文獻（林昱貞，2002，頁 6-10）的整理，自一九七〇年代
開始，迄九〇年代，批判教育學發展的梗概與軌跡之大要如次：（1）一
九七〇年代的蘊釀：新教育社會學的影響－從再製論到抗拒論；（2）一
九八〇年代的成形：抗拒論的超越；與（3）一九九〇年代的轉向：後
現代與文化政治的趨近。

三、批判教育學的概念/理念

批判教育學是用以減少壓迫的社會關係和終止疏離與隸屬現象的
手段與方法，是一種教育運動；此外它希望能夠融合觀念和獲得社會大
眾的接受（Kanpol, 1999, pp. 159-160）。Darder, Baltodano, and Torres
（2003b, pp. 11-16）在 *Critical Pedagogy: An Introduction* 一文中指出批
判教育學的哲學原則（Philosohpical Principles of Critical Pedagogy）主
要有：

（一）文化政治學

批判教育學主要的關照處是，那支持將學生在文化上邊緣化和在經
濟上剝奪其權利的學校教育文化，為此，批判教育學尋找幫助轉換那些
班級結構和永遠不民主的生活。其目的在於將教室建設為真正人文化的
社會（文化）機構。為了解放學校教育的文化，批判教育學要求教師確
認學校如何掌握理論和實務，將知識與權力統一起來，在教育是中立的
與非政治的論點之指引下，維持不對等的權力關係；這樣的論點和由權

力、政治、歷史、文化與經濟所形成的意識型態緊密的聯結在一起。

（二）政治經濟

和傳統論點相反，批判教育學相信學校所做的一切，都是在剝奪那些絕大多數在政治上和經濟上處於弱勢的學生的階級利益。在形成公立學校之知識生產與結構關係之市場裡的競爭性經濟利益的角色和政策，是剝奪學生之各項權利，尤其是教育權的主要因素。

（三）知識的歷史

批判教育學亦支持知識是在一歷史脈絡下產生的，而且也就是此一歷史脈絡給予人類經驗生命和意義；在此歷史情境脈絡之下，學校需要了解的，不只是社會經驗之內的範域，還有範域之內豐富教育實務的歷史事件。據此，學生與學生帶進教室之內的知識，必須當做歷史加以理解。因此，批判教育學急切的希望，教師能夠讓學生知道「如果沒有歷史事實，就沒有人類」。此一知識之歷史的觀點挑戰著傳統強調歷史連續性與歷史發展的觀點，而強調其斷裂、不連續、衝突、差異與緊張的性質。

（四）辯證理論

就反對傳統教育理論加強明確性、順從性與知識及權力控制科技之性質的立場，批判教育學提出作為透明化客觀知識，與一般社會之文化規範、價值與標準的知識之辯證的觀點。就辯證的觀點而言，所有的分析始於人類的經驗，以及對立與分裂。據此而論，人類社會的所有問題，並不是隨機或是孤立的事件，是個人與社會互動之情境脈絡所產生的片刻。因此，學生被鼓勵全面的參與這個世界，以期能夠超越現狀，進而展現建構思想與行動的可能性。植根於辯證論的知識觀點，批判教育學試圖尋找動態的互動元素，而不是僅止於思想和行動之二元的與極端化之形成的參與。尤其重要的是，知識的辯證論觀點，重新賦予人類行動

與人類知識的權力一新的意義—不論就宰制或解放的利益而言,二者都是形成世界的產品與力量。

(五)意識型態與批判

意識型態是用以建構吾人生活於其中的,社會與政治世界之秩序和意義的思想架構,它不僅存在於個人人格的深處,而且深入個人的人格結構,還有,它也涉及人之主體性的問題;對於意識型態之批判性的概念,不僅可以作爲批判教育上之課程、教科書與實務的手段,也可以作爲感受(inform)其產品的根本的倫理。作爲教育學的工具,意識型態可以用來作爲訊問(interrogate)和解開,存在於學校主流文化和學生用以調整學校生活之,既有的經驗及知識之間的矛盾。從批判的角度觀之,在批判教育學中,意識型態的原則作爲教師批判性的評鑑其教學實務,以及更清楚的辨識出優勢階級的文化如何嵌入潛在課程裡。

(六)霸權

霸權是優勢的社會文化階級的道德與智識上的領導者,對弱勢族群進行社會控制的歷程,批判教育學採用此一霸權的概念,主要是要釐清,維持統治階級利益之不對等的權力關係,和種種社會方面的設計。霸權所指涉的是存在於政治、經濟、文化與教育學之間,強而有力的連結,霸權並不是一個靜態的或是絕對的狀態,它會爲了保有其現有之特權而奮戰不懈。所以,理解霸權如何運作,不僅提供批判教育者清楚,宰制的種籽是如何產生的,也提供他們如何透過反抗、批判和社會行動去挑戰和克服霸權的基礎。在此一情境脈絡之下,教師要能夠明辨自己,在批判和轉移,與霸權歷程連結在一起的班級狀況之所負的責任。

(七)抗拒和反霸權

批判理論借用抗拒理論的概念說明,爲什麼許多來自從屬族群的(subordinate group)學生,在教育系統中總是失敗的原因。抗拒理論

假設，所有的人類都有能力（capacity and ability）生產知識和抗拒宰制，人們在選擇抗拒時，主要是受到其所被迫生存的社會及物質條件的影響，而意識型態就在此一歷程中，內化到個人的人格裡。就學生的反抗行為而言，抗拒理論在於發現，學生反抗行為和他們需要抗爭的非人性化（dehumanisation）的要素的程度有多高，或只是學生個人那長存之鬱悶的發抒。解放興趣的概念－批判教育學的另一個層面－是做為支持反霸權目的，之反抗行為的一個重要的參照點。在批判理論，反霸權是用來關照權力關係重構的智識的與社會的空間。當反霸權的情境脈絡從抗拒的當下產生之時，權力的重構就達成了。

（八）實踐－理論和實務的結合

實踐是關乎於人類自我創造與自我創生的自由行動，所有人類的行動，都是經過不斷的反省、對話，以及行動的互動而產生的，所有人類的行動也需要，理論加以說明和提供對世界更佳的理解。在批判教育學裡，所有的理論和真理的宣稱，都是要接受批判的，它是一個在民主的權力關係之內，經由人際互動，加以修正與調整的分析與提問的歷程。執是之故，批判教育學特別強調，教育歷程中提問的關係。Freire 的論點是：真正的實踐（praxis）不可能在把個人和其研究對象（客體）剝離的缺乏辯證的真空中發生。理論和實踐的關係是相輔相成的：缺乏實踐的理論會變得，過於抽象或只是「咬文嚼字/無意義的套詞」（verbalism），和理論分離的實踐會成為，無根的行動或「盲目的行動主義」（blind activism）。

（九）對話與意識化

就 Freire 的定義，對話原則是批判教育學最有意義的層面之一；對話指向解放教育的歷程，亦即透過挑戰宰制的教育論述與解說，讓學生成為他們自己世界的主體之權力和自由，獻身於學生增權賦能（empowerment）的努力。對話的主要目的是要發展，批判的社會意識，

或是如 Freire 所稱的 *conscientização*（conscientization）。在批判教育學
中，對話和分析是反省和行動的根本；作爲一種教育策略，對話支持教
師與學生之間的關係，是彼此皆有所付出，也有所得的對話關係，也就
是學生向教師學習，教師向學生學習，或是提問式的教育途徑，此正是，
我國傳統所謂的教學相長，以及「聞道有先後，術業有專攻」的境界。
意識化是學生對社會事實，獲得深度覺知的歷程，藉此形成他們自己的
生活，和發現他們所擁有的能力，而再塑自己。

第二節
批判教育學的理論內涵、目的與教育主張

　　不論就德國批判教育學、歐陸批判理論、美國進步主義教育與社會
重建運動和南美洲 Paulo Freire 成人教育運動與解放教育運動來看，批
判教育學的性質是一種解放的教育—解放被壓迫民眾的教育、也是一種
改革的教育—社會改革教育，它所要解決的問題主要是「壓迫的問題」；
因爲教育與文化的關係密切，所以批判教育學基本上也是一種文化解放
運動。就上面所述批判教育學的主要哲學原理和相關的著作（黃柏叡，
2006，頁 83-107；Giroux, 2003, pp. 27-56; McLaren, 2003, pp. 69-96；
Greene, 2003, pp. 97-112）加以歸納，批判教育學的主要理論內含主要
涉及了：辯證理論、知識性質、霸權與意識型態的概念、及學校教育之
潛在課程的作用。

一、批判教育學的理論內涵

　　這一部分要討論的是，批判教育學對教育的主要主張，尤其是批判
教育學對教育性質的看法。就上一節關於批判教育學之思想背景的討論
與分析而言，可以發現，批判教育學應該也是把教育視爲國家機器之一

種，統治者藉著它來控制或宰制一般平民，教師則藉著它以控制學生，因此，批判教育學的首要任務，乃在於打破教育的宰制現象；可是同時，它又視教育為一種政治干預的形式，Giroux（2004, p. 34）指出：「批判教育學認定教育是人類社會之政治干預的一種形式，此一干預足以創造社會轉換之可能」。他接著進一步指出（2004，p. 34）：

> 激進的教育學並不視教學為一種技藝的實務，從最廣泛的角度來看，激進教育學是一種建立在，這樣的假設下的道德與政治的實踐；此一假設為─學習不是知識獲得的歷程，而是一種擴大了的個人權力與社會正義之努力爭取的一部份之轉換。此一命題的意涵是：所有教育學和抗拒理論的概念，皆應用以說明知識、價值、欲求和社會關係，總是和權力分不開的，此外，也應用來說明為何此一理解，在教育學上和政治上，可以讓學生擴充和深化經濟的和政治的民主之必要。

（一）「提問式教育」─對「灌輸式教育」的批判

相對於傳統之「灌輸式教育」[7]（banking education），Paulo Freire 提出「提問式教育」（見表 13.2.1.）。前者主要是指傳統社會中少數的權力擁有者，為了鞏固現狀與持續宰制，透過對教育的掌控，使被壓迫者視現狀為理所當然，對被壓迫者形成服從和忠誠的順民態度，並且表現出沉默、宿命與自貶的特色。傳統教育中的師生關係，便是具有相當明顯與濃厚的壓迫與宰制的本質：傳統式的教育有如銀行裡的儲蓄行為：教師像存戶，學生像帳號；教師儘管將他認為有價值的知識技能，儲存到一個學生的帳號裡，學生只能被動的接受、歸檔與儲存；Paulo Freire

---

[7] 有關 "banking education" 與 "problem-posing education" 的翻譯目前在台灣並不一致，前者有翻譯為「儲存教育」（楊巧玲，2001，頁 45）、「囤積式教育」（宋明順，1998，頁 26）者，後者的翻譯有「問題陳顯教育」（楊巧玲，2001，頁 45）、「提問式教育」（宋明順，1998，頁 26）。

指責這種視教育爲儲存行爲的體系，經常假傳遞知識與文化之名，行宰制與壓迫之實（楊巧玲，2001，頁45）。灌輸式教育透過下列的態度與作法，激化了教師與學生之間的矛盾，反映了壓迫社會的面貌（弗萊雷著，顧建新、趙友華、何曙榮譯，2001，頁25-26；Freire, 2003, pp.58-59）：

1.教師教，學生被教；
2.教師無所不知，學生一無所知；
3.教師思考，學生被考慮；
4.教師講，學生聽—溫馴地聽；
5.教師制定紀律，學生遵守紀律；
6.教師作出選擇並將選擇強加於學生，學生唯命是從；
7.教師作出行動學生則幻想通過教師的行動而行動；
8.教師選擇學習內容，學生（沒人徵求其意見）適應學習內容；
9.教師把自己作爲學生自由的對立面，而建立起來的專業權威　與知識權威混爲一談；
10.教師是學習過程的主體，而學生只純粹是客體。

表 13.2.1.「提問式教育」與「灌輸式教育」的對照

	灌輸式教育	提問式教育
教育模式	縱向的	橫向的
教育目標	信息儲存	論述人類與世界的關係
對人的看法	人是可以適應現狀、可以控制的存在	人是自主的存在
師生關係	師生關係區格嚴明、「上對下」的權威關係	同時互為師生、「我－汝」互為主體
教師的角色	指導者、控制者、教書匠：意識型態的灌輸者	授業者、受益者
學生的角色	被動的接收者、視學生為協助的事實	主動、好奇的探索者、視學生為批判的思考者
對待人性的方式	去人性；否認人可以成為更完全的人之本有的與歷史的條件	伸張人性、啓蒙學生之批判意識；當人們從事質疑及對創造性的轉化時，人才能發揮人類原本固有的稟賦
存有觀	物化	未完成的存有
反應的社會現實狀態	迷思化的現實：靜態的事實	解除迷思：動態的辯證
人與世界的關係	存在世界裡	與世界共存
意識的意向性	神奇意識或樸素意識、宿命觀	批判意識、保持覺察
課程內容	壓抑壓迫事實，工具與技術理性導向	指向壓迫事實之揭發，解放興趣
教學方式	單向的灌輸	協助探索與批判
教室	宰制的意識型態與文化霸權的領土	文化與政治的公共領域
對事實的態度	使事實神秘化－隱藏人存在世界中之方式的一些事實	使事實非神秘化
對對話的態度	反對對話	對話是揭露事實的認知行動中之必要手段
對創造的態度	抑制創造，藉著與世界的分離意識，訓練意識的意向性	基於創造，鼓勵新的省思，實踐事實
對變遷的態度	強調永久性，反對進步或改革	不接受美好的現在及既定的未來，植基於動態的現在

資料來源：李奉儒、鴻孟華（2002），解放性的教室，**研習資訊**，19 卷，4 期，頁 4；楊巧玲（2001），從批判教育重新探索師生關係，**教育研究月刊**，第 86 期，頁 44-56；'師生對立的關係'，http://myweb.ncku.edu.tw/~alextang/education/10.doc。

（二）重新理解教育裡的文化政治意涵：學校教育—文化政治的形式或場域

國家或政府的許多控制，有時候是文化政治的機制，就國家機器而言，這方面的控制應該是屬於「意識型態國家機器」的控制。作爲文化政治場域的教育，所使用的語言，不只有日常生活的語言，它有超越日常生活的語言，這種語言不只是一種符號，其中內蘊著文化與政治的意涵與權力的主宰。這裡文化政治所指的意涵，不同於傳統的概念，在批判教育學中，它主要的意涵，正如李奉儒（2006，頁 111）所說的：「所謂文化政治學是指符號資源和知識已經取代傳統的技術，而成爲主要的生產力，而且指文化現在扮演主要的教學力量，以確保統治階級的權威和利益的角色」。Darder, Baltodano, and Torress (2003, pp. 11-12)也指出：在學校的日常生活中，文化和階級的關係，不僅是錯縱複雜，而且是無法分開的；階級在這裡所指的是管治社會秩序之，特定部門的經濟的、社會的、倫理的與政治的關係。批判教育學利用各種方法，讓學生與教師從其所生活的物質條件裡，了解他們是誰，和他們在學校和社會中，又是如何被覺察的。更具體的說，教育活動在本質上，就是政治的，不論教師或學生有無察覺，政治都存在於教育活動中；政治不僅存在於教育活動中，也存在於師生關係、教室內的對話方式之中（宋明順，1998，頁 27），就此而言，教育不可能是中立的（Freire, 1987, p. 102）。

（三）解放教育：個人的自我解放與社會改革

關於什麼是「解放教育」，Freire（顧建新、趙友華、何曙榮譯，2001，頁 31）在《被壓迫者教育學》中提到：「解放教育表現在認知行爲中，而不在信息的轉遞中，它是一種學習情景，可認知的客體（遠遠談不上是認知行爲的目的）成爲認知主體——一邊是教師，另一邊是學生—的中介媒介」。另外，Freire（1985, p. 125）在 *The Politics of Education* 一書中提到：

所謂解放的教育（education for liberation）並不是僅僅為學生提供
投影機，讓他們不必再緊緊的盯著黑板，相反的，做為社會實踐
（social praxis）的解放教育，是要幫助那些被宰制者，從在他們
的客觀事實裡，扼殺他們的壓迫中解放出來。因此，只有當社會
經過激烈的轉換之後，此一形式之教育才有可能系統性的實
現…。事實上，縱使在一般制度內，能夠引起很大的好奇心，而
一般人也能夠克服他們的一般的性格（naiveté），而投身於真實的
解放，解放教育也只能夠在一般的制度之外實現。

　　根據上面的引文發現，批判教育學所欲達成的解放，是一種社會改
革式的解放，也就是，要達成學習者之自我解放，首先要做到的是社會
的改革，如此才能達到所謂解放教育學的理想，也才是解放教育學的實
踐。在此一概念之下，教師必須是一個解放型的教師，要成為一個解放
型的教師，最重要的「莫過於對人要有信心，【也】需要愛心，並堅定
地相信，教育的最重要工作在於幫忙人民解放他們自己，而不是在馴化
他們。【教師】必須相信，當人們對他們所受支配、統治的情況開始從
事省思活動時，也就是他們走出了改變他們與他們世界關係的第一步」
（Freire, 1971, p. 62；轉引自宋明順，1998，頁 25），在這種情況下，「師
生應在互為主體的形式下，從尋找生命的自我意義著手，進而逐步為僵
化的教育帶來解放的希望。」（王俊斌，1999，頁 65）

二、批判教育學的目的

　　批判教育學者經常「要求教師與學生經常對現有的知識、特別是具
權威性之知識加以質疑其真實性…【和】鼓勵學生對他們生活在其中的
社會制度的正當性加以質疑，鼓勵學生對課本中或他人所給予的知識之
真實性加以質疑。也鼓勵學生討論他們的理想社會型態，以及重新建構

他們的學校及社會的有效途徑。」（宋明順，1998，頁 26-27）就相關的文獻分析可知，批判教育學是一種批判的、解放的與對話的教育學，其主要是在挑戰當下的種種控制與不合理的現象，但是其目的究竟為何呢?具體言之，批判教育學的主要目的有（王俊斌，1999，頁 62；朱啓華，2005，頁 15；宋明順，1998，頁 29-30；張盈堃，1999，頁 245；彭秉權譯，2005，頁 210-212；Freire, 1987, p. 102）：

（一）意識化

是對於沉默文化（the culture of silence）的克服，被壓迫者藉由教師的協助，並且透過對話，省思其所受之壓迫的環境，並且經由行動，以改變自己週遭的環境，此即所謂「意識化」，這是 Freire 批判教育學的主要目標和最重要的概念；意識化的功能在於，培養民眾的批判性意識，其內涵主要有四－權力的醒覺、批判性識字能力、去社會化[8]、自我組織及自我教育。

（二）自我形成與轉化能力的養成

在教學過程，學生是主體，教師或是知識分子只是從旁協助他們；協助的方法就是，使教育學成為一種轉化的機制，以自身的主體性控制教育機器，使自己成為轉化的媒介，以改變學生，養成學生自我形成與轉化社會壓迫機制的能力。

（三）解放

透過教育的歷程，達成學生自我解放與解放社會的目標。教育，作為解放的特質，是一種教育者邀請學習者，批判性地確認與掀開事實的歷程。

---

[8] 這裡所指的「去社會化」，主要是指，對過去在傳統文化中，所學到的各種神話及價值觀加以批判；將已內化到我們意識中的各種價值、態度，予以批判性檢驗（宋明順，1998，頁 20）。

（四）社會改造

脫離霸權的宰制，解除種族、性別、階級等壓迫，進行人類關係與社會秩序的重新改造；社會改造與個人信念，必須放在一起處理，在差異與相似中結合，讓彼此受益。

歸結以上的討論，批判教育學的最終目的在於：培養受壓迫者之自覺與自醒的意識和能力，進而達到自我解放的境界，以建構一個眾生平等的世界。

三、教育主張：獲至社會改革與解放的教育途徑

批判教育學主要是希望，從學校的日常生活經驗中，教育學生成為批判的行動者，以達到自我改造的目標，之後，進一步達到社會改造的理想。欲達到社會改造的理想，仍有賴於教育。如何透過教育，以達成社會改造的理想，可以從三方面進行分析，即教育的本質、教育內容與教育方法。H. A. Giroux (1997) 在 *Pedagogy and the Politics of Hope: Theory, culture, and schooling* 一書對於教育的性質有相當精要的論述。

如果要藉由教育－批判教育學－入手，達到社會改造的理想，對於教育本質的確切掌握，是有必要的，歷來對於教育的本質為何，多有討論，但是，Giroux 是從後現代、女性主義與後殖民的角度，來界定批判教育學之本質的。在該書，Giroux(1997，pp. 218-226)認為教育具有如次的九個特質：（1）教育必須被理解為不僅是知識的，而且也是政治學科的生產；（2）批判教育學最關心的議題是倫理；（3）批判教育學的焦點在於，各種各樣的倫理上的挑戰與政治上之轉化的方法；（4）批判教育學需要一種允許挑戰連帶與政治語彙，這種語彙並不會減少對權力、正義、爭鬥與不均等的議題的關心，但是這種關心是迥異於過去的；（5）批判教育學需要一種打破學科邊界的新的形式的知識，而且也需

要創造一個能夠生產新知識的空間，就此而論，批判教育學必須宣稱，它是文化政治學和反記憶的，其中所涉及的除了知識論的議題外，還包括權力的、倫理的與政治的議題；（6）在批判教育學中，理性的啓蒙主義的概念必須重新架構，首先，教育人員需要以懷疑的態度去關心，是否所有理性的概念，都是經由拒絕其本身之歷史的建構與意識型態的原則，以達至真理的顯現爲目的，其次，光是拒絕精粹主義（essentialist）與普遍主義（universalist），對理性的防護是不夠的，理性的有限性必須加以掙脱，提供其他方法，使人民能夠參與特定學科命題的學習或辯護，如此，則教育人員需要充分的了解，人們如何透過具體的社會關係、方法、習慣與直覺的建構、以及欲求與情感的產生與投資而學習；（7）批判教育學需要藉由，連結批判性與可能性的語言，重新回到一種通權達變的感覺，爲此，首先，教育人員需要建構一種，連接自由與社會責任論辯之限制的相關議題的語言，其次，批判教育學需要探索可能性語言之實用性名詞，進而思考危險的思潮、參與希望的方案和指向"未必然[9]"（not yet）的視野；（8）批判教育學需要發展一「教師是居於特定政治與社會地位之轉化知識分子」的理論，而不是透過狹隘的專業主義的用語範定教師的工作，批判教育學需要確定能夠更加謹慎的辨認，教師是參與意識型態與社會實踐生產之文化工作者的角色；及（9）批判教育學的中心概念是，連接後現代之差異的觀念與女性主義之強調政治重要性的「眾聲喧譁」的政治學。

王嘉陵（2003，頁14-16）認爲批判教育學主要的教育內容，包括三個面向：（1）以流行文化爲教材文本－是後現代社會中，人人都迴避不了的現象，也是現今影響青少年至深且鉅的一股力量，而青少年正是我們教育的主體，以流行文化爲教材內容的作法，是邊界教育學中「對抗文本」思想的延伸，藉此以養成學生批判的能力；（2）教學過程中導入學生生活經驗－教師在教學過程中，應導入學生的生活經驗，然後才

---

[9] 這裡所說的 "未必然[9]"（not yet）的視野，是指社會的未來發展，雖然以其現狀爲基礎，但是還需加上未來的想像，所以是不可預料的。

有可能提供學生，肯定或批判的分析自我經驗的語言；（3）意識課程文本中的潛在課程－在課程所呈現的支配形式中，經常運用潛在課程的方式，邊緣化或壓抑被宰制團體的聲音，但是，我們不能被動的默許課程文本當中，所隱含的不平等的意識，文本本身是教育學和政治鬥爭的場域，教師和學生應努力運用自己的知識，主動去批判文本中不平等的權力關係，庶幾讓學生的聲音和主體地位的建構更為清楚。王嘉陵（2003，頁14-16）同時也指出，就批判教育學的立場而言，在教育方法方面也應該包括三個面向：（1）重新解讀歷史－對於歷史進行批判式的閱讀，了解過去如何影響現在，現在如何解讀過去；（2）培養批判識讀能力－批判識讀能力的養成，不僅可以應用在文化識讀教育方面，也可以應用在媒體識讀方面，以了解社會中或是識讀的材料中，存在的種種偏差的觀念與意識型態，以及各種壓迫與宰制的事實；及（3）善用師生間的對話－教育應是對話，不應是灌輸的，教師的角色從知識的傳遞者，演變為對話中的協調者，師生間的對話不可以是附屬和不平等的關係，它需要語言的可能性，結合對抗策略，以重建社會秩序，及重現歷史傳統和議題，以及社群所構成的社會關係，在對話的過程中，教師必須擺脫過去上對下的教學關係，以平等的立場與學生相互分享、交流，唯有接受學生的經驗、背景，以及認清它們所具有的教學的意義，才能和學生展開對話。

第三節

對批判教育學的批評

　　批判教育學的發展是最近不到半個世紀的事，可是已然在教育領域引起喧然大波和捲起千堆雪。批判教育學的發展不僅引起學者的注意，對教育的發展與教育政策的制定，也有相當程度的影響；其發展之快與影響之大，有令人目不暇給之慨，但「令譽從之，謗亦隨之」，一般學界對於批判教育學的批評主要包括：一般性批評和女性主義的批評。

一、對批判教育學的一般性批評

　　對於批判教育學的批評，一般主要集中在其用語的艱澀與強勢的意識型態兩方面的問題；此外，就是批判教育學者，大多沒有在政府機構居重要或高階位置，以及其理論結構的複雜性。

（一）用詞與觀念艱澀難懂，居權威地位，初學者難以確切掌握

　　批判教育之理論者（critical educational theorists）在應用批判教育學（critical pedagogy）時，最為人詬病之處就是，他們用了太多艱澀難懂的語言和觀念，尤其在談到和學校有關的議題時更是如此，這使得它似乎擁有一種權威的地位；如此對初學者而言，激進/基進的教育觀念（radical educational ideas）幾乎是不可能掌握的，另外，要挑戰宰制的觀念，其使用的語言，怎麼可能也是宰制的和難以掌握的，如此將有礙於批判教育學對，當前社會宰制與控制現象的控訴（彭秉權譯，2005，頁 5；Kanpol, 1999, p. 159）。

（二）空有理論，卻無法應用

批判教育學和其他教育運動一樣，都希望能獲得社會大眾的支持與接受，可是從事批判教育運動的學者，很少在國家的教育部門任職，也很少在政府中居高位者，只有少數的批判教育者對流行文化有所影響。可是，對於學校教育、卓越、賦權、教育標準、批判性思考與多元文化教育等成為教育上重要的議題時，當大家在為他們描述意義，以影響社會大眾，批判教育學家在這方面卻沒有具體的表現（Kanpol, 1999, p. 160）。

（三）其他的一般性批評

對於批判教育學的一般批評，除了上述兩項之外，還有其他的批評，例如：對後現代的曲解、從階級論辯的退縮、以及只指涉政治，而沒有旁及其他的議題，這些在 Darder, Baltodano, and Torres (2003)所撰 *Critical Pedagogy: An Introduction* 一文中有較為詳細的討論與論辯。

二、女性主義對批判教育學的批評

女性主義對於批判教育學的批評，來自於其對批判教育學的質疑，女性主義者質疑，批判教育學是「父權主義者的領域」和「意識型態的灌輸」。女性主義對批判教育學的批評，主要包括下列七個方面（王慧蘭，2003，頁 97；莊明貞，2004，頁 122-123；Ellsworth, 1992, pp. 101-106）：（1）批判教育學是一種優勢的支配論述，在教室裏，教師和學生所擁有的權力有所差異，二者的地位不是對等的，批判教育學並沒有察覺[10]，及正視此一問題；（2）批判教育學是對意識型態態的批判，

---

[10] 作者認為批判教育學並不是沒有察覺在教室裡，教師與學生之不對等的地位與權力關係，批判教育學很明確的察覺到，此一教師對學生「宰制」與「壓迫」的現象或事實，所以從德國之批判教育學到 Paulo Ferire 的「被壓迫者教

但是讓學生閱讀或接受批判教育學的世界觀，是否也是一種意識型態或強迫的學習[11]；（3）批判教育學所強調的啓蒙和理性顯得十分生硬，使用的語言過於抽象和理想化，要落實到教育生活的實踐，有其困難；（4）成長於後現代情境、資訊社會和資本主義商業體系中的大學生，無法體會到教育學的歷史語境和抗爭意義，他們對於所謂權力和資本主義的議題，要不就無動於衷，要不就不感興趣，致使教學效果不彰；（5）中小學教師的女性特質和中等收入，使他們對於教師應教導學生，打倒資本主義的宏大企圖覺得非常遙遠而無力；（6）教育研究者在撰寫批判教育學的著作時，並沒有去檢驗性別化、種族化與階級化的教師和學生，對批判教育學理論的啓示，另外批判教育學強調真實的教師與真實的人，以及要爲被壓迫者發聲，同時對所有的人一視同仁，可是，事實上並未如此；（7）批判教育學是一種白人男性的學術，從事批判教育學的男性學者都是性別盲。對於女性主義對批判教育學的批評之反應，H. A. Giroux （莊明貞，2004，頁 123）語重心長的道出：「我想，與其是好戰的將批判教育學學者視爲惡魔，不如邀請彼此進入對話脈絡尋求理解，則可避免女性主義與批判教育學形成二元對立的論述。」

育學」或「解放教育學」，才一貫性和一致性的強調，學生的自我解放與自我意識化。還有就像 H. A. Giroux （莊明貞，2004，頁 122）爲批判教育學辯護時所指出的「部分的女性主義學者…以女性主義的立場對批判教育學提出批評，指稱批判教育學是一種優勢的支配論述，從事批判教育學的『男性』學者都是性別盲、解放的教師預設了師生不平等的權力關係、烏托邦的理想只是少數人的獨白。」

[11] 作者在第八章「教育政策與意識型態」中就提到人類是不可能不受到意識型態的影響的，或許可以武斷的說「人類世界的所有教育政策都是意識型態的昂揚，人類社會所有的教育活動都是意識型態的灌輸」。可是，我們要批判的是偏差的、宰制的、缺乏反省的、以及不容批判的意識型態，但是從批判教育學的概念、哲學原則、立論依據，以及其所主張的目的觀之，批判教育學所主張的世界觀的確也是一種意識型態，但是它是一種允許懷疑、挑戰和批判的意識型態，雖然，它也希望學生能接受其主張的世界觀。

第四節

教育政策與批判教育學：理論與實務的對話

　　批判教育學提供一個檢視社會不正義的方法，而且指出這樣的社會不正義，對那些處在貧窮落後之環境的青少年，所造成的問題。爲此，批判教育學所提供給教育的途徑是，透過對話與反省，如此則權力的作用將獲得審視，而學生的需求也將獲得滿足（Wishart & Lashua, 2006, pp. 246-247）。批判教育學在教育政策方面的制定與省思上，有其相當程度的影響力，在教育改革政策的實務應用，也有其相當的範圍。張媛甯（2004，頁 99-100）在〈批判理論及其對教育的啓示〉一文提到「批判理論對教育政策的啓示」有三項：（1）重視教育政策的整體性與脈絡性；（2）教育政策應結合教育理論與實踐；與（3）主事者勇於對政策後果負責。這些是一般教育政策所應該注意和做到的，也就是說，批判教育學對於教育政策，應該也會有這些啓示，但是，除了這些之外，批判教育學在教育政策上的啓示或應用至少還包括：

一、教育政策的性質與目的：解放的、批判的、省思的

　　根據 Paulo Freire（1996），解放的實踐必須傾聽和關注那些，被壓迫者或被剝奪者的經驗和聲音，事實上，就批判教育學的理論概念與目的主張而言，教育政策也應該或必須是「解放的教育政策」，而不是「禁錮的教育政策」，再就教育政策的制定過程和其所影響的對象觀之，它是不是有需要傾聽受其影響者，尤其是那些弱勢族群的聲音和經驗，至少也要聽聽教師和學生的聲音，以及汲取他們的經驗呢！可是就實際的情形來看，這些期待似乎是一種奢求和遙不可及的企盼。另外，教育政策的目的應該是在，協助學習者養成負責的態度，不是在培養馴服的奴性，可是，事實又是如何呢！教育政策除了對學生的「要求」和「禁錮」

之外，又給了學生多少省思、批判和主動學習的空間。

二、課程政策：課程的設計與規畫

　　課程的設計與規劃更不應該完全。以優勢之主流文化或是統治者之意識型態為主，應該注意到弱勢族群的文化與需求；也不應該完全以成人的生活世界或視野來設計與規劃課程，應該同時考慮到學習者或是青少年的經驗與需求，這或許是另一種的「視野交融」吧。如此則過去實用主義論者的「教育是生活的預備」之說，恐怕就不適合，而需要加以調整了。甚至透過以下三個途徑，打破僵化的課程政策，重新建構合理的、民主的與理性的課程政策（莊明貞，2001，頁 151-152）：（1）打破和重新劃定知識和權力配置的領域，跨越邊界、解構威權，不僅尊重市場機制，開放教科書市場，更要留給學習者反省、思考與批判的空間；（2）從性別、族群、政治、經濟與意識型態的批判，將學科課程加以重組為學習領域課程，以使學生和教師的經驗與聲音，能在課程實踐中呈現；及（3）對抗教科書的內容/對抗文本，教科書的內容有其歷史和空間性，不是永恆的也不是絕對的，應該是暫時的，而不是放諸四海而皆準的圭臬，更不是永恆不變的真理，因此除了讓學生了解教科書內容，所包含的文化與規範之外，更有必要讓學生發展自己的看法，此外還要從各種不同的看法和角度，解釋課程的內容，最後讓學生「用自己閱讀文本的力量來突破原來文本的文化規範，找出其缺失之處，並從發現基本假設的對立中獲得自由」，亦即課程應該要能夠產生「生產性知識」，而不是使課程知識成為膜拜的教條；課程也要能夠打破，權力合法化為知識的迷思，以及真理的窄化。

三、師資培育政策：反省與改進

在師資培育政策的制定時，更要考慮到教師的角色與定位：究竟是要將教師培育成，如新馬克思主義者所詬病的「執行意識型態國家機器的幫手」和「社會階級再製的幫兇」，抑或是如批判教育學所倡導的「轉化型知識份子」。如果是前者，政府的師資培育政策當然可以一如往昔，將未來的教師「馴化」成政府所期待的「執行與灌輸國家意識型態的打手」、「社會階級再製的幫手」、「統治階級/優勢族群宰制與控制被統治階級/弱勢族群的幫兇」，進而把學校塑造成「傳遞意識型態」、「再製社會階級」與「執行文化暴力」的工廠。如果是後者，則師資培育政策勢必需要有所調整，尤其是在師資培育的課程與教學方面，更是首先需要調整的。就批判教育學的觀點而言，師資培育（莊明貞，2004，頁121）「是一種關於領導的教育，不僅僅是要學生學會調適、執行或工作訓練，而是讓他們能生活在尊嚴裡的教育方式，生活在一個沒有不公平的世界之中，這同時也是烏托邦的契機。」

I. Shor (1987) 曾根據 Freire 批判教育學的理念，提出改進師資培育的課程與教學的七大主題（轉引自楊巧玲，2001，頁54-55；宋明順，1998，頁29），茲臚列如下：

（1）對話式教學

可以避免或減少學生退縮，而教師唱獨角戲的現象發生，而且透過師生之間的批判式對話，可以將學生的經驗予以「問題化」，如此學生的經驗，便成為所從事思考並準備付諸行動的課題。

（2）批判的讀寫能力

師資培育課程，應以培養將來的教師具有批判意識，或是以激發其批判意識為目的，因此培養其讀、寫、想、說、聽的能力與習慣是很重要的。

（3）情境化的教學

教學的主題是學生，不是教師，因此不論是課程內容的選擇，或是教學情境的設計，都要以學生的生活條件及內容為依據，亦即把學習置於學生的文化情境裡，才能激發其學習動機，促進其參與教學和主動學習。

（4）民族誌與跨文化溝通

對話或談話在教學上是相當重要的，透過「提問式的對話」，學生才不會再過著毫無省思的生活，他們會對自己所生活的環境加以質疑和省思，並發現其生活的意義與價值，如此，自我省思將會成為他們生活經驗的一部分，因此教師不僅要了解學生，還要了解學生的文化，認識並尊重學生不同的社會文化背景和社經地位，所以民族誌與文化人類學，應該包括在師資培育課程裡。

（5）改變的自主性

教師必須研究社區生態與變遷，瞭解學校組織的內涵、特色與變遷，以及教育的合理性環境，此外還要認識並應用改變現狀之社會運動的動員策略，苟能如此，則教師將有可能成為社會改革的代理人。

（6）學校與社會中的不平等

學校與社會中到處充滿著自然的與制度性的不平等，教師不思實踐教育機會均等之理想則已，苟欲實踐教育機會均等之理想，則當要能夠掌握學校與社會中的不平等，師資培育課程中藉由社會學、經濟學、歷史與心理學等課程，協助教師探究此一現象，進一步了解學校和社會中所存在的性別、階級和種族的不平等，如何影響學校教育。

（7）表演的技巧

教學宜避免「教師唱獨角戲、學生低頭沉思或發呆」的現象，教師的教學要能夠吸引學生的注意力、刺激學生思考和引起學生討論與對話的動機，因此教師應該是自己為藝術家、溝通者和表演者，欲達成此一目標，有助於增進教師表達、提問與領導討論能力的聲音與舞台劇的訓練是必要的。

第五節

本章小結

　　批判教育學是對於教育的本質與相關的概念進行「顛覆式」的反省與重構。本章從批判教育學的理論淵源入手，首先討論了批判教育學主要理論背景，包括：德國批判教育學、歐陸之批判理論（法蘭克福學派）、美國進步主義教育思想與社會重建運動、南美洲的 Paulo Freire 的成人教育運動和解放教育運動與葛蘭西和傅科的主要概念和其對批判教育學的影響，及批判教育學的主要概念、哲學原則和主張。第二節的內容則主要在於介紹批判教育學的理論、內涵、目的和教育主張。第三節的內容則在於討論批判教育學的發展、議題與其所遭受的批評與挑戰，第四節的焦點則在於討論批判教育學對教育政策制定與發展的影響，以及在相關教育政策上的應用，例如教育政策性質與目的的反思、課程政策之課程設計與規劃、以及師資培育政策之反省與改進。

第四篇　結論篇

　　前面三篇分別介紹與討論教育政策社會學的學科基礎與淵源，研究途徑，學科範疇與架構，以及其與當代社會學思潮的關係；其中兼及當前教育政策社會學探討的主要議題與研究主題，同時也對於教育政策社會學的實務與實例—當代社會思潮對教育政策的影響，進行批判性的對話分析。教育政策是社會系統之一環，其發展與執行自是不能置身於社會結構脈絡之外，其制定歷程除了考慮本身之立場、教育目的和理想之外，同時也要考慮到社會結構因素的影響；換言之，社會之變遷與發展或是社會問題，必然會對教育政策的制定、發展、執行、分析、評鑑與研究有相當程度的影響。因此如果能就教育政策與社會結構之情境脈絡二者之間的關係，進行分析與討論，以明社會結構因素在教育政策制定與發展歷程中的意義與角色功能，當更為理想。S. J. Ball （1990, p. 8）指出：意識型態、經濟和政治三者，不僅是導致教育政策改變的參數，也是教育政策論辯與形成的動力（dynamics）。故而，對於教育政策與社會結構因素之關係的討論，是本書可以繼續發展的方向之一。本篇旨討論教育政策社會學將來發展的可能方向與情形，主要分成三個部份：教育政策社會學研究的範疇與主要議題、教育政策社會學研究的問題、教育政策社會學的評價與教育政策社會學的展望。

第 14 章

教育政策社會學的未來展望

…【E】ducation policy sociology, as it is presently constituted, is limited and limiting in its theoretical, disciplinary and strategic concerns. This is because it continues to turn a blind eye to issues arising from cognate theoretical and disciplinary sources which have the potential to illuminate the policy process. In particular, it tends to ignore conceptualizations and empirical research which feature in feminist and antiracist discourses, especially those influenced by the idiom of critical social research. I want to suggest that a closer dialogue should be established with these discourses in an attempt to establish a more critical social scientific grip on our understanding of the policy precess in education.

~B. Troyna, 1994, p. 70.~

摘　要

隨著人類社會與全球經濟的快速變遷，人類社會的變遷愈來愈複雜，國際社會的競爭愈來愈激烈，各國政府所要處理的問題與面對的挑戰益發的複雜與嚴峻，教育政策是一國政府做爲處理這些問題與挑戰的主要工具與手段之一。由於人類社會的複雜化，國際競爭的激烈化，做爲社會制度之一的教育政策，所要處理的問題也更加的複雜和棘手，這也促使各國政府比過去，更加注意教育政策與社會的關係，同時也引起相關的專家學者願意或有興趣運用社會學思潮、原理和理論，探索或批判教育政策的種種，或作爲教育政策研究之理論的建構與充實，或作爲政府決策的參考。作爲本書之結論，本章主要在歸納與總結前面各章之主要概念，對於教育政策社會學的發展，回顧過去與前瞻未來，庶幾爲教育政策社會學之發展盡一棉薄之力，獻野叟之一言，俾有益於教育政策社會學之研究與發展。本章第一節，主要在討論歸納教育政策社會學，當前之發展狀況與主要研究議題；第二節，則在於從教育政策研究所遭遇的問題，以及整理相關的文獻資料，以歸納出教育政策社會學研究發展時，可能發生的問題；第三節的主要任務，則在於評析教育政策社會學的價值性與未來發展的可能情形，庶幾或可供有志於教育政策社會學研究者之參考。

楔　子

　　隨著相關思潮與理論的發展和轉變，教育已不再被單純的視爲教育，教育政策也不再被單純的視爲教育政策。教育和教育政策兩者在新的世紀和新的時代，不僅教育領域的專家學者對其所扮演的角色和功能，有新的思考和體認，在教育領域之外，二者也皆被賦予新的角色和地位。事實上，教育政策和其他政策的界線也愈來愈加的模糊不清了，Taylor, Rizvi, Lingard 和 Henry（1997, p.97）在 *Educational Policy and the Politics of Change* 一書中對於教育政策和其他政策的關係有著如此的描述：「教育政策已經成爲廣義的經濟政策的要素之一；經濟政策也被教育視爲一種新的人力資本」。本章主要在歸納本書前此各章節的內容，並且從最近的相關著作與研究，討論教育政策社會學的發展與研究之趨勢與潮流，除了提供讀者關於教育政策社會學此一發展已有一甲子之久，看似熱鬧，卻未十分成熟的領域，一個比較清晰的輪廓之外，同時以之作爲本書的結論。本章主要分成四節：第一節教育政策社會學研究的現況；第二節教育政策社會學研究與發展面臨的問題；第三節教育政策社會學研究的評價與展望；最後一節，則爲本章之結論。

第一節
教育政策社會學研究的現況

　　本節主要在就教育政策與行政之專屬的相關期刊，以及非教育政策與行政專屬的相關期刊，所收錄的教育政策社會學相關論文，還有當前教育政策社會學探討的主要議題，說明當前教育政策社會學發展的現況。

一、教育政策與行政專屬相關期刊收錄的相關論文

　　教育政策社會學的發展脫離不了教育社會學與教育政策研究的影響，同樣的也擺脫不了社會學與公共政策的影子。由於上述四個學科領域發展的成熟及範疇的擴增，使得教育政策社會學的研究與發展有益趨成熟和完備的趨勢；不論就國外或是國內的現象來看，有愈來愈多的專家學者投入此一領域的議題探究和知識的建構，也有愈來愈多的教育政策相關的專業學術期刊刊行和著作出版，以及探索教育政策社會學的相關議題（吳明錡、吳汶瑾，2006，頁 I-3-3；Ball, 2000, vii-ix; Taylor, Rizvi, Lingard and Henry, 1997）。陳玉娟、馮丰儀、何金針（2005，頁 116）曾就 SSCI[1]收錄的六本有關教育政策與教育行政的英文期刊，整理這六本期刊自二〇〇一年至二〇〇四年所收錄文章的類別（見表 14.1.1.），從表 14.1.1.可以看出有關教育政策的文章占了相當大的比例。

---

[1] 在這裡 SSCI 是 Social Sciences Citation Index 的縮寫，中文或可翻譯為「社會科學引用索引」。

表 14.1.1. SSCI 收錄的六本教育政策與行政相關期刊收錄文章分類 2001-2004

期刊名	Educatio -nal Policy	Journal of Education Policy	School Effective -ness and School Improv- ement	Educati- onal Evaluation & Policy Analysis	Educatio -nal Adminis -tration Quarterly	Educatio -nal Leadership	總數
時間	2001.5 - 2004.9	2001.9 - 2004.7	2001.fall - 2004. summer	2001.fall - 2004. summer	2001.2 - 2004.8	2001.8 - 2004.8	數
領導（管理）	14	8	7	9	32	48	118
政策	68	44	1	13	0	42	168
理論與方法	1	21	0	4	13	24	63
改革（含學校）革新、效能	9	20	24	7	23	29	112
課程、教學 及學習	5	9	17	19	13	162	225
其他	7	19	14	5	1	34	80
總數	104	121	63	57	82	339	766

資料來源：陳玉娟、馮丰儀、何金針(2005)，SSCI 教育政策與行政期刊之探究，**教育資料與研究**，63 期，頁 116。

二、非教育政策與行政專屬期刊收錄的相關論文

另外，在非專屬於教育政策與行政的 SSCI 英文期刊中，也有不少收錄關於教育政策或是教育政策社會學的文章，像 *British Journal of Sociology of Education, British Educational Research Journal, British Journal of Educational Studies, International Studies in Sociology of Education, Oxford Review of Education* ，這些期刊都或多或少會收錄一些有關教育政策社會學的論文，其中尤以 *British Journal of Sociology of Education* 為然。就台灣目前有關教育政策社會學的研究發展而言，也有日漸蓬勃的趨勢，尤其是台灣教育社會學學會的成立與《台灣教育社會學研究》的刊行，都帶給台灣地區教育政策社會學研究相當程度的鼓舞，還有，尤其受到國際趨勢與潮流的影響，也有愈來愈多的專家學者撰寫和教育政策社會學有關的主題，例如：全球化與教育政策、市場化與教育政策、後福特主義與教育政策、新右派與教育政策、批判教育學與教育政策、後現代與教育政策、後殖民與教育政策等。就上面的介紹來看，可以知道，不論是國內或是國外，從事教育政策社會學研究的學術人口與相關的出版品及期刊，有快速增加的現象和趨勢。

三、當前教育政策社會學探討的主要議題

就目前的情況分析，教育政策社會學所探討的主題是相當繁複與複雜的，本書第五章曾就相關的文獻資料整理，當前教育政策社會學探討的主要議題。吳明錡、吳汶瑾（2006，頁 I-3-3）就指出：

> 就本文目前初步所獲致之結果而言，政策社會學之主要探究議題係圍繞在全球化、市場化、知識性質、資訊科技、意識型態、歷史脈絡、經濟結構、市民社會、權力結構、權力運作、權力分配、新公共管理、知識分子、利益團體、權力生態、身分認同、家長

參與、文化再製、文化生產、績效表現（performativity）、政策論
述、政策文本與課程教材等題材上，除了將焦點圍繞在長久以來
社會學所關注的結構力量與主體行動外，更將其間之社會網絡與
權力運作之動態關係加以解釋…充分顯示政策社會學的廣大視
角。

　　吳明鋗、吳汶瑾（2006，頁 I-3-5）進一步將上面的那些議題整理如
表 14.1.2.。姑且不論此一分類的適切性或是精確性如何，但是表 14.1.2.
的確讓我們可以清楚的看出來，當前教育政策社會學探討的主要議題為
何。就這個表來看，教育政策社會學所探討的主題或議題，可以說是「包
羅萬象」，和相當廣泛，或許 Taylor, Rizvi, Lingard and Henry (1997)在
Educational Policy and the Politics of Change 一書中所提到的五個問題：
（1）What is policy?（2）What, if anything, is distinctive about educational
policy?（3）How do educational policies affect us as parents, teachers,
students, administrators and citizens?（4）How is policy made and by whom?
（5）How are policies implemented?How should policies be analysed and
evaluated?就可以將上面所提到的那些議題包括在內。這樣的現象雖然展
現教育政策社會學多元與廣闊的一面，但是卻也隱含著一個相當重要的
問題—教育政策社會學的領域範疇不是很明確或是很嚴謹，就 B.
Bernstein 對學科知識的分類而言，這並不是一個好現象，這表示目前教
育政策社會學的知識架構仍然不是相當嚴謹，還處於一個不是十分明朗
的狀態。這和 M. Arnot & L. Barton 於一九九二年主編出版 Voicing
Concerns: Sociological perspectives on contemporary education reforms 一
書出版之後，被 C. Shilling (1992, pp. 105-112) 批評為將教育社會學的發
展導向滅亡之境一般。

表 14.1.2. 教育政策社會學主要探究議題之分類

層次	面向	類別	主要探究議題
鉅觀	結構關係	外圍系統	全球化、市場化、知識性質、資訊科技
		脈絡系統	國家、意識型態、歷史脈絡、經濟結構、市民社會
中觀	權力作用	權力技術	權力結構、權力運作、權力分配、新公共管理
		社會網絡	知識分子、利益團體、權力生態
微觀	行動策略	社會行動	身分認同、家長參與、文化再製、文化生產、績效表現
		文本符號	政策文本、政策論述、課程教材

資料來源：吳明鋯和吳汶瑾（2006），教育政策分析的新取徑：政策社會學之生
成、聯繫與發展，見**教育改革微觀分析國際學術研討會大會手冊**，
頁 I-3-5。

第二節
教育政策社會學研究與發展面臨的問題

　　如果從 K. Mannheim 在一九四〇年代後期提倡教育政策社會學算
起，迄今其發展也已經將近有一甲子之久，這期間，教育政策社會學的
研究與發展，到底存在著那些問題，有必要進行了解，因為這些問題可
能會影響到它的發展。

一、教育政策研究存在的問題

　　在討論教育政策社會學發展或研究存在的問題之前，先進行教育政
策研究所存在的問題的討論是必要的，因為教育政策的研究影響著教育

政策社會學的發展。教育政策的研究看似已經有相當的發展，但是其中
仍然有一些問題存在，徐欽福(2001)指出當前教育政策的研究存在著四
個主要的問題：（1）無法滿足客觀實際的需求，研究主體缺乏前瞻性與
戰略性；（2）理論基礎單薄，致使研究的視角、目的狹窄，研究的多樣
性、立體性受限；（3）研究的手段、方法和形式相對保守、封閉，忽視
與缺乏在社會大背景、跨系統、跨科目的研究；與（4）研究的力量單
薄，沒能形成整體的合力。

二、教育政策社會學研究與發展存在的問題

　　根據以上關於教育政策研究存在的問題的介紹，再加上相關文獻的
參酌與整理，似乎也可以發現當前教育政策社會學的研究與發展，大致
上，面臨著下列可能的問題：

（一）人才不足，教學、研究與專業仍需進一部加強

　　Dror (1971) 指出政策科學的發展，至少需要具備教學、研究與專業
三個要素。不容否認的，教育政策社會學的建構與發展，至少也需要具
備這三個要素；教學可以培養一個學科領域的人才和相關概念及理論的
澄清，研究除了人才的培養之外，更有助於相關理論的建構，專業則不
僅可以推廣與傳播一個學科領域的理念與影響，更是建立其學術地位所
必須。但是揆諸事實，教育政策社會學在這三個要素的條件，仍然還不
是很充足。尤其是人才的培育還不是很足夠，這是關於教學與研究的問
題，而這就影響了其專業的發展，當然也就影響了教育政策社會學進一
步的發展。

（二）理論建構的不足

　　劉富興（2003，頁9-10）指出目前中國在教育政策研究存在著許多
問題：（1）教育政策分析的中介價值沒有得到全面的、普及性的認識；

（2）教育政策分析或研究中，缺乏對教育政策學理的、體現時代精神的系統的價值分析和研究；（3）許多教育政策分析或研究僅僅是對公共政策分析理論的簡單借用，對於教育政策的特殊性研究反映不夠；及（4）對教育政策側重於現象型態的靜態描述，缺乏對教育政策本體型態探討和對政策過程的動態研究。教育政策社會學，雖然有不少的社會學思潮或理論可以借用；但是，根本之途，仍然要發展與建構自身的理論。

（三）研究途徑、研究方法與研究方法論的討論可再進一步充實

就目前有關討論教育政策社會學研究的文章或著作來看，例如： 單應(2005)，Ball 1994), Halpin and Troyna (1994), Taylor, Rizvi, Lingard and Henry (1997), 其中還是借用的比較多，或許研究途徑與研究方法，屬於比較是技術性的，在社會科學各領域間相互採借應該是可行的。可是，在方法論上，可能就需要建立與發展，專屬於教育政策社會學的研究方法論，但是不論就討論教育政策研究方法論來看，或是就上面提到的幾本著作，其中有關教育政策研究方法論的討論，還是借用的比較多，專屬於教育政策社會學的比較少。欲期教育政策社會學的發展能夠更趨成熟與獨立，加強研究途徑、研究方法與研究方法論的進一步討論與充實是必要的。

（四）價值中立（社會學）與價值承載（教育政策）如何尋得均衡點

一般來說，教育政策的對象相當廣泛，從人事的聘用到學校的建築，從學生的錄取到學校的發展，從制度的改革到國際的交流，都可以是教育政策的範圍，其中尤其是與人有關的事務，更是教育政策業務的大宗。不論是和人有關的、或是和學校有關的、或是和經費有關的，事實上都和價值有關，也就是說，教育政策是充滿著價值承載的，一個政策的決定，事實上，就是幾個價值競爭的結果。社會學卻是強調客觀與價值中立的，經常在社會學的研究裡，所強調的是事實的發現與問題的發掘，而不是價值的判斷。教育政策社會學卻是這兩個在價值取向上不

是很一致的學科的結合，就像教育社會學一樣，如何在價值中立與價值承載上找到一個均衡點，對於教育政策社會學的發展是相當重要的。

（五）社會學者、教育社會學者、教育學者、教育決策者、教育政策研究者彼此的溝通協調及功能發揮，須待加強

　　教育政策社會學的「母學科」、「基礎學科」或是「背景學科」是相當多而且繁複的，就前面第二章和第三章的討論與介紹，可以知道至少包括了政治科學、政策科學（公共政策）、教育政策研究或教育政策學、社會學、社會政策、教育社會學，如果就研究途徑、研究方法與方法論來看，還包括教育研究，如何能夠將這些學科領域的知識系統與理論內涵加以融合，是一個相當有挑戰性的議題與問題，如何能夠使這些學科的專家學者結合在一起，或是退而求其次，使他們能夠有更多的機會相互溝通協調，交換經驗與心得，或是提出對教育政策社會學發展的看法，以發揮其專長，是一個更待加強與處理的問題。

（六）民主開放與參與的程度須待加強

　　教育政策的制定需要民主開放的社會，擴大參與的程度，W. Taylor (1996)指出（轉引自 Whitty，1997b，p. 159）：「當政治人物、學者、行政人員、及專業人員能夠有機會，在一個不要求一致的結論和清楚的決策之情境之下，離開他們的桌子，參與政策的辯論時，此即所謂民主的好處…這些非正式團體影響政策的能力，端賴於他們如何吸引決策人員成為其團體之一員。」就此一指標來看，Whitty（1997b，p. 159）認為目前的民主和參與的程度還不夠，當前社會需要更為激進的民主和更加開放的討論。教育政策社會學的研究和發展有賴於更加民主、開放與討論的社會氛圍，此乃由於政策歷程中，價值的承載是相當沉重的，意識型態的影響力更是不容忽視。所以更為民主開放與參與的社會，是教育政策社會學發展所需要的溫床之一。

（七）缺乏科際整合

　　教育政策社會學的研究，所涉及的學科領域至少包括政策科學、教育政策學、社會學與教育社會學，嚴格來講的話，甚至於專長研究方法與方法論的學者，也都要成為教育政策社會學研究團隊的成員，但是這幾個學科領域的學者甚少一起合作，這使得教育政策社會學的發展至今雖然已見蓬勃，卻未見成熟。這就像 Whitty (1997b, 157)在 *Social Theory and Education Policy: The Legacy of Karl Mannheim* 一文中所感慨的：「優秀的政策學者，除了應該包含更多政策科學的積極和正面的特徵之外，還要超越之…，可是事實上，並不是如此，就像倫敦大學教育學院一樣，該學院有極為知名的學校效能與教育社會學的研究，可是這兩個領域的學者卻很少合作」。人類科學的研究，尤其是社會科學的發展，朝向高度分化與深度整合的發展，最近以來，許多新興的學科領域都是科際整合式的學科，需要的是研究團隊，不是單打獨鬥式的個人英雄主義風格，教育政策社會學的發展，　雖然有更多的人投入，但是，尚缺乏團隊的合作與努力。

　　以上所討論的是從當前教育政策研究遭遇的問題，以及教育政策社會學相關的著作中，整理出來的此一學科領域可能面對的問題。雖然，教育政策社會學當前的發展，會面對相當大的挑戰與不少的問題，這些問題並非不能解決或處理，就目前而言，此一領域的發展來看，其發展應該是樂觀的。以下接著討論有關教育政策社會學研究的評價。

第三節
教育政策社會學研究的評價與展望

　　教育政策是社會制度的一環，教育政策的制定必須在社會環境之下進行才有意義，也才能發揮其功能。教育政策的制定除了要解決教育問題之外，也在於應用教育研究的結果與發現，更在於協助處理社會問題。教育政策社會學從社會學的立場與理論，探討教育政策的制定歷程、功能、執行與評鑑，以及其和社會結構的關係，不僅補足了教育政策與教育研究之間的鴻溝，也補足了教育政策學與教育社會學的缺角，因此，自有其學術上與應用上的價值。這也就是爲什麼，近幾十年來，教育政策社會學的研究能夠在國內外，以及海峽兩岸三地蓬勃發展的主要因素。

　　有關教育政策社會學的研究，從 K. Mannheim 起，討論的文章與相關的著作事實上已經相當的多了，像 Ahier and Flude (1983), Ball (1990), Bowe and Ball(1992), Whitty (1997a, 1997b, 2002), Yang (2004)，國內有關教育政策社會學的著作也累積了相當多的分量了。國外在這方面的研究比較偏重在探索性的研究、研究途徑與方法論，以及理論的建構；國內在這一方面，比較偏重在當代社會學理論或思潮的應用。有關教育政策社會學研究的評價，閆引堂（2006）有著這樣的敘述：「本文從範式轉型的角度，對西方一些國家 20 世紀 80 年代後期興起的教育政策社會學進行了述評，指出教育政策社會學儘管在一定程度上彌補了"社會政策研究"模式的局限，在研究範圍、研究主題上有新的突破，但其研究視角仍然不夠明晰，理論建構還顯薄弱，並沒有構成教育政策研究的範式轉型」。這是當前教育政策社會學研究中比較薄弱的一環。

　　但是，就目前，教育政策社會學的研究人口與出版品的數量，以及相關著作的品質來看，教育政策社會學的發展是可期待的，也是樂觀的。尤其是，一九八三年，Ahier and Flude 編輯出版 *Contemporary*

Education Policy，一九八七年 Ozga 所撰 'Studying Education Policy through the Lives of the Policy-maker: An attempt to Close the Macro-micro gap' 一文，一九八九年，Dale 出版 *The State and Education Policy*,一九九六年，美國《教育社會學》出版增刊，特別討論社會學與教育政策的關係（*Sociology of Education*, Vo. 69, Extra Issue: Special Issue on Sociology and Educational Policy），一九九七年，Halsey, Lauder, Brown, and Well 所編 *Education: Culture, economy, and society* 一書，本書分為六個部分：（1）教育、文化與社會；（2）教育、全球經濟與勞動市場；（3）國家與教師工作教育之重建；（4）政治、市場與學校效能；（5）知識、課程與文化政治學；及（6）功績與社會排除，就其內容來看，整本書可以說是鉅觀、中觀與微觀教育政策社會學之學理基礎、理論與實務的彙整；二○○○年，Ball 所編的 *Sociology of Education: Major themes* 的第四冊主題就是「政治學與政策」（Politics and Policies）；二○○四年，Olssen, O'Neil, Codd 三人合著 *Education Policy: Globalization, citizenship and democracy* 一書，從國際的觀點論述教育政策，以及討論在全球化經濟之下，教育的主要功能；二○○五年，S. J. Ball 的論文集 *Education Policy and Social Class: The selected works of Stephen J. Ball* 的出版，此書共收錄二十篇 Ball 二十年來，有關教育政策社會學的著作，其主要分成三大部分：（1）政策研究的展望；（2）政策技藝與政策分析；及（3）社會階級與教育政策；此書所關心的議題包括：什麼是政策，政策如何受影響，既定的與非既定的政策其作用有何不同，以及政策倫理與社會正義。這些著作與出版品都在在標誌著教育政策社會學發展的榮景。

中國大陸也有愈來愈多的學者從事教育政策社會學的撰述像袁振國、劉復興、劉世清、勞凱生、張人傑與閆引堂等都是，尤其是閆引堂於二○○六年發表於中國《比較教育研究》的論文〈教育政策社會學：一種新範式?〉更揭示著中國教育政策社會學研究發展的一個新的里程碑。香港方面則有李曉康、莫家豪與曾榮光等人在此一領域多年的努力與投入，而且著有績效。臺灣方面，教育政策社會學在方德隆、王瑞賢、

王慧蘭、王麗雲、卯靜儒、沈姍姍、李錦旭、吳毓真、周佩儀、周淑卿、姜添輝、莊明貞、陳伯璋、張明輝、張建成、黃純敏、歐用生、戴曉霞、譚光鼎與本書作者等人多年的經營與耕耘之下，也已茁壯。以上所舉只是其中投入教育政策社會學學科領域開拓與研究中之犖犖大者，作者並沒有能夠一一臚列其中之所有者。然而，這些都對教育政策社會學的發展，有所貢獻與助益。

第四節

本章小結

　　本章主要在對於教育政策社會學的發展進行回顧與前瞻，前者主要在分析討論教育政策社會學的研究與發展，可能面對的挑戰與存在的問題，前瞻則主要就最近三十年來，有關的主要著作的介紹，以前瞻其發展。本章第一節首先整理了教育政策社會學研究與探討的主要範疇與議題，第二節則歸納整理教育政策社會學發展時，可能面對的問題與挑戰；第三節的主要內容，則在於評析教育政策社會學的價值與可能的發展。其實，教育政策社會學的建立與發展應該有其任務與步驟的。建立教育政策社會學所必須的任務或步驟，誠如 Y. Dror（1971；張世賢、陳恆鈞，1998，頁 118）指出：「適當的研究、教學和專業化是建立政策科學所必須的；當政策科學發展到較高程度時，將可預期其更具社會意涵」。因此，如果期待教育政策社會學有更好的發展，則需要有更多人投入教育政策社會學的研究，但是這些研究人才從何而來呢？這時候就有賴於各高等教育學府成立相關系所，或是在現有的相關系所開設及講授教育政策社會學的相關科目。如果各高等教育學府能成立相關系所或是在現有的系所講授相關學科，則研究人才和教學的條件都滿足了，同時專業化的條件也就滿足了，因為專業化所需的教學、研究和人才都齊備了，進一步教育政策社會學也順理成章的成立了。

參考文獻

一、 中文部分—繁體字

方永泉（2002），**當代思潮與比較教育研究**，台北：師大書苑。

中華民國比較教育學會、中國教育學會主編（1998），**社會變遷中的教育機會均等**，台北：揚智。

王俊斌（1999），'批判教育學作爲希望轉化的可能性—傅柯式存在美學的對照'，**教育研究雙月刊**，第 66 期，頁 61-75。

王婉容（2004），'邁向少數劇場—後殖民主義中少數論述的劇場實踐：以台灣「歡喜扮戲團」與英國「歲月流轉中心」的老人劇場展演主題內容爲例'，**中外文學**，第 33 卷，第 5 期，頁 70-104。

王瑞賢（2001），'To be or to have–自由經濟下台灣教育重建論述'，**教育研究資訊**，第 9 卷，第 5 期，頁 1-16。

王嘉陵（2003a），'批判教育學的教學實踐：以社會科台灣開發史爲例'，**國教輔導**，第 42 卷，第 4 期，頁 28-33。

王嘉陵（2003b），'Giroux 思想中的教育可能性'，**教育研究**（國立高雄師範大學教育學系・教育研究學會），第 11 期，頁 11-19。

王嘉陵（2003c），'從 Giroux 的批判教育學觀點反省課程改革中的教師角色'，**教育研究資訊**，11 卷， 3 期，頁 3-21。

王慧蘭（1999），'教育政策社會學初探'，**教育研究資訊雙月刊**，第 7 卷，第 3 期， 頁 87-108。

王慧蘭（2003），'批判教育學：權力抗爭、文本政治和教育實踐'，**台灣教育社會學研究**， 第 5 卷，第 2 期，頁 85-112。

王麗雲（1999），'教育研究與教育政策'，第四屆教育行政論壇論文集，頁 139-154，國立台灣師範大學主辦，1999 年 3 月 13 日至 14 日。

王麗雲（2006），**教育研究應用：教育研究、政策與實務的銜接**，台北：心理。

丘昌泰（1995），**公共政策—當代政策科學理論之研究**，台北：巨流。

朱啓華（2005），'從社會演變論德國批判教育學的興起及再發展–以其對權威問題之探討爲例'，**國民教育研究學報** 第 14 期，頁 1-25。

江日新（1998），'知識型式、意識形態與意識形態批判：知識社會學的一個再檢視'，見黃瑞祺主編（1998），**馬學新論：從西方馬克思主義到後馬克思主義**，頁 167-211，台北：中央研究院歐美研究所。

余致力、郭昱瑩、陳敦源主編（2001），**公共政策分析的理論與實務**，台北：韋伯文化。

吳明鍇和吳汶瑾（2006），'教育政策分析的新取徑：政策社會學之生成、聯繫與發展'，見 **教育改革微觀分析國際學術研討會大會手冊** 頁 I-3-1－I-3-15，26-27/05/2006，淡江大學教育學院、國立台灣師範大學教育學系、台灣教育社會學學會主辦。

吳雅玲（2000），'女性主義教育學及其對教育之啓示'，**教育研究（國立高雄師範大學教育系）**，八期，頁 227-238。

吳毓真（2002），**台灣與加拿大原住民教育政策之比較研究—後殖民的觀點**，未出版之碩士論文，南投：國立暨南國際大學比較教育研究所。

吳毓真、翁福元（2003），'台灣九年一貫課程之檢討：教育政策社會學的觀點'，見第九屆教育社會學論壇國際學術研討會，**九年一貫課程中的教學變革：社會學的觀點**，頁 69-84，國立台中師範學院（自二〇〇五年起改制爲國立台中教育大學）、台灣教育社會學學會主辦。

宋明順（1998），'傅雷勒（Paulo Freire）的批判教育思想'，**社教雙月刊**，第 87 期，頁 24-31。

宋國誠（2003），**後殖民論述—從法農到薩伊德**，台北：擎松。

巫有鎰（2003），'新右教改潮流對教育機會均等的衝擊'，**屏東師院學報**，18 期，頁 437-458。

李奉儒、洪孟華（2002），'解放性的教室'，**研習資訊雙月刊**，19 卷，4 期，頁 6-14。

李清慧譯（1999），'女權的辯護'（Mary Wollstonecraft 1759-1797 著），顧燕翎、鄭至慧主編（1999），**女性主義經典**，頁 3-8，台北：女書文化。

李敦義（2000），'市場化理論分析及對台灣中小學教育改革的啓示'，**教育研究資訊**，第 8 卷，第 6 期，頁 62-88。

李超宗（1989），**新馬克思主義思潮—評介「西方馬克思主義」**，台北：桂冠。

李碧涵（2000），'市場、國家與制度安排：福利國家社會管制方式變遷'，**「全球化下的社會學想像：國家、經濟與社會」學術研討會**，台灣大學社會學系˙台灣社會學會主辦，2000 年 1 月 15 日至 16 日，地點：台灣大學應用力學所國際會議廳、社會系館 401 會議室及 101 會議室。

李錦旭、王慧蘭主編（2006），**批判教育學：台灣的探索**，台北：心理。

杜威（J. Dewey）著（1915），林寶山、康春枝合譯（1990），**學校與社會˙兒童與課程（合訂本）**，台北：五南。

沈宗瑞、高少凡、許湘濤、陳淑鈴譯（2001），**全球大轉變：全球化對政治、經濟與文化的衝擊**，台北：韋伯文化。（Held, D. & McGrew, A., Goldblatt, D. & J., Perraton, 1999，**Global Transgformations**,

Oxford: Polity）

貝瑞•康柏（Barry Kampol）著，彭秉權 譯 (2005)，**批判教育學的議題與趨勢（Issues and Trends in Critical Pedagogy）**，高雄：麗文文化事業。

林水波、張世賢（1991），**公共政策**，台北：五南。

林佳和（2001），'勞動政治與工會運動'，「**勞動政治、工會運動與社會安全制度－台灣與日本的對話」國際研討會**，2001.03.09。

林佳和（2006），'全球化趨勢中勞動者之人權保障'，**政府再造與憲政改革系列研討會—全球化之下的人權保障與人才共享**，主辦單位：台灣法愛公德會 、國立臺北大學公共行政暨政策學系，2006/02/21，臺北大學（台北市民生東路三段 67 號）資訊大樓國際會議廳。

林昱貞（2002），'批判教育學在台灣：發展與困境'，**教育研究集刊**，第 48 輯，第 4 期，頁 1-25。

林清江（1972），**教育社會學**，台北：國立編譯館。

林清江（1981），**教育社會學** 第五版，台北：國立編譯館。

林鍾沂編著（1991），**公共政策與批判理論**，台北：遠流。

波寇克（R. Bocock）著，田心喻譯（1991），**文化霸權**，台北：遠流。 Bocock, R. (1986), **Hegemony**, London: Tavistock.

柯三吉（1998），**公共政策：理論、方法與臺灣經驗**，台北：時英。

洪如玉（2003），'後資本主義社會知識經濟領航下的教育反思—批判教育學取向'，**台灣教育社會學研究**，第 3 卷，第 1 期，頁 115-148。

洪福財（2000），**台灣地區幼兒教育歷史發展及未來義務化政策之探討**，國立台灣世範大學教育學系博士論文，未出版，台北：國立台灣師範大學教育學系。

孫同文（2005），'全球化與治理：政府角色與功能的轉變'，**國家菁英季刊**，第 1 卷，第 4 期，頁 1-15。

孫志麟（2004），**教育政策與評鑑研究—追求卓越**，台北：學富文化。

容萬城（2002），**香港高等教育：政策與理念**，香港：三聯書店。

徐明珠（2003），'全球化時代，台灣高等教育之改革與創新'，**國政研究報告**，2003 年 5 月。

秦夢群、黃貞裕（2001），**教育行政研究方法論**，台北：五南。

翁祖健（2001），**英國國會大選主要政黨教育政見之研究：1945 至 2001年**，國立暨南國際大學教育政策與行政研究所碩士論文，未出版，南投：國立暨南國際大學。

翁福元（1998），'準後福特主義社會中教育機會均等理想之實現—解嚴後台灣教育改革的反省'，見中華民國比較教育學會、中國教育學會主編（1998），**社會變遷中的教育機會均等**，頁 73-107，台北：揚智。

翁福元（2002），'國家、市場與高等教育：台灣的挑戰'，見戴曉霞、莫家豪、謝安邦主編（2002），**高等教育市場化：台、港、中趨勢之比較**，頁 89-118，台北：高等教育出版社。

翁福元（2006），'英國當前主要高等教育改革的取向、特色及對我國的啓示'，**教育研究月刊**，148 期，頁 17-25。

翁福元、吳毓真（2002），'後殖民主義與教育研究'，**教育研究月刊**，103期，頁 88-100。

翁福元、吳毓真（2003），'台灣九年一貫課程之檢討：教育政策社會學的觀點'，「國立台中師範學院主辦，九年一貫課程中的教育變革：社會學觀點」。2003/5/29-5/30，**第九屆台灣教育社會學論壇大會手冊**，頁 70-89。

翁興利（1996），公共政策：知識應用與政策制訂，二版，台北：商鼎。

高銛、文貫中、魏章玲譯（1990），Perry Anderson 著（1974），西方馬克思主義探討，台北：九大桂冠。

陳玉娟、馮丰儀、何金針(2005)，'SSCI 教育政策與行政期刊之探究'，教育資料與研究，63 期，頁 110-122

張世賢、陳恆鈞譯（1998），政策科學的設計，台北：國立編譯館。【Dror, Y. (1971），**Design for Policy Sciences**, New York: Elsevier.】

張宏輝（1995），'大轉換時期的教育改革'見教育改革的另類思考，「民間教育改革建議書」研討會，頁 1-1—1-37，國家政策研究中心主辦，1995.12.17-18。

張明貴譯（1983），F. M. Watkins 與 I. Kramnick 合著（1979），意識形態的時代：從 1750 年到現在的政治思想，台北：聯經。

張芳全（1998），最新教育政策評析，台北：商鼎。

張芳全（1999），教育政策，台北：師大書苑。

張芳全（2004），教育政策分析，台北：心理。

張建成（2002），批判的教育社會學研究，台北：學富。

張建成（2006），'教育政策'，見陳奎憙主編（2006b），現代教育社會學，頁 83-118，台北：師大書苑。

張盈堃（1999），'「青少年偏差行為」的問題陳顯–從批判教育學的角度探討'，社區發展季刊，第 88 期，頁 240-253。

張鈿富（1996），教育政策分析—理論與實務，台北：五南。

張鈿富（1999），教育政策與行政—指標發展與應用，台北：師大書苑。

張鍠焜（2006），'M. Foucault 從規訓到自我的技藝'，見陳奎憙、張建成審定　譚光鼎、王麗雲主編（2006），**教育社會學：人物與思想**，頁 289-316，台北：高等教育。

教育統籌委員會（2000），**教育制度檢討：改革方案**，香港：政府印務局。

教育部（2004），**2005－2008 教育施政主軸**，臺北：作者。

教育部（2006），**中華民國教育統計摘要（95 年版）**，台北：教育部統計處。

曹俊漢（1986），**近十年來台灣地區公共政策發展特質之研究**，行政院國家科學委員會專案，NSC74—0301—H002—23，未出版。

淡江大學教育學院、國立台灣師範大學教育學系、台灣教育社會學學會（2006），**台灣教育社會學論壇：教育改革微觀分析大會手冊**，台北：淡江大學。

莫家豪（2002），'中、港、台高等教育市場化：源起與理解'見戴曉霞、莫家豪、謝安邦主編（2002），**高等教育市場化：台、港、中趨勢之比較**，頁 42-69，台北：高等教育出版社。

莫家豪、羅浩俊（2001），'市場化與大學治理模式變遷：香港與台灣比較研究'，**教育研究集刊**，第 47 期，頁 329-361。

莊明貞（2001），'當前台灣課程重建的可能性：一個批判教育學的觀點'，**國立台北師範學院學報**，第 14 期，頁 141-162。

莊明貞（2004），'基進民主與社會正義的導航者—專訪美國賓州州立大學課程與教學系 Henry A. Giroux 教授'，**教育研究月刊**，第 121 期，頁 120-126。

陳文團（1999），**意識形態教育的貧困**，台北：師大書苑。

陳伯璋（1988），**意識形態與教育**，台北：師大書苑。

陳奎憙（2001），**教育社會學導論**，台北：師大書苑。

陳奎憙、張建成審定　譚光鼎、王麗雲主編（2006），**教育社會學：人物與思想**，頁289-316，台北：高等教育。

陳奎憙（2006a），‘教育社會學的發展與主要理論’，見陳奎憙主編（2006b），**現代教育社會學**，頁15-40，台北：師大書苑。

陳奎憙主編（2006b），**現代教育社會學**，台北：師大書苑。

陳啓榮（2005），‘當前教育市場化實施成效之檢視’，**國民教育**，第46卷，第2期，頁81-85。

陳瑞樺譯（2005）、弗朗茲‧法農（Frantz Fanon）著(1971)，**黑皮膚，白面具（Peau Noire, Masques Blancs）**，Paris: Editions Du Seuil, 台北：心靈工坊文化。

陶東風（2000），**後殖民主義**，台北：揚智。

曾榮光（1998），**香港教育政策分析：社會學的視域**，香港：三聯書店。

黃乃熒主編（2006），**教育政策科學與實務**，台北：心理。

黃昆輝（1988），**教育行政學**，台北：東華。

黃崇梅企劃翻譯（2001），大衛‧霍克斯（David C. Hawkes）主編(1991)，**原住民與政府責任：探討聯邦政府與省政府的角色（Aboriginal Peoples and Government Responsibility: Exploring federal and provincial roles）**，Ottawa: Carleton University Press, 台北：行政院原住民委員會。

黃瑞祺主編（1998），**馬學新論：從西方馬克思主義到後馬克思主義**，台北：中央研究院歐美研究所。

楊巧玲（2001），‘從批判教育重新探索師生關係’，**教育研究月刊**，第 86 期，頁 44-56。

楊雪冬（2003），**全球化**，台北：揚智。

詹中原主編（1994），**權力遊戲規則─國會與公共政策**，台北：五南。（D. C. Kozak/J. D. Macartney 原著，1987，**Congress and Public Policy： a source book of documents and readings**，The Dorsey Press.）

廖志恒（2003），**薩依德（Edward W. Said）思想及其對台灣多元文化 教育之啓思**，國立彰化師範大學教育研究所碩士論文，未出版，彰 化：國立彰化師範大學教育研究所。

廖炳惠（2006），‘後殖民主義導引’，**國立編譯館館刊**，2006，第 34 卷， 第 3 期，頁 105-109。

劉渼梃（2002），**薩依德後殖民論述及其對教育之啓示**，國立屏東師學 院國民教育研究所碩士論文，未出版，屏東：國立屏東師學院國民 教育研究所。

歐用生（2000），**課程改革**，台北：師大書苑。

潘慧玲（2003），**教育研究的取徑**，台北：高等教育。

鄭世仁（2000），**教育社會學導論**，台北：五南。

鄭燕祥（2004），**教育領導與改革新範式**，台北：高等教育。

霍立鶴（1992），**教育行政**，台北：茂昌。

戴曉霞（2002），‘全球化及國家/市場關係之轉變：高等教育市場化之脈 絡分析’，見戴曉霞、莫家豪、謝安邦主編（2002），**高等教育市場 化：台、港、中趨勢之比較**，頁 1-39，台北：高等教育出版社。

戴曉霞（2006），**世界一流大學之卓越與創新**，台北：高等教育。

戴曉霞、莫家豪、謝安邦主編（2002），**高等教育市場化：台、港、中趨勢之比較**，頁 1-39，台北：高等教育出版社。

謝維和（2002），**教育社會學**，台北：五南。

謝廣錚（2001），**英國 1988 年以降官方教育政策之研究—以新右派市場機制理論分析**，國立台灣師範大學教育學系碩士論文，未出版，台北：國立台灣師範大學。

顏素霞（2002）'批判教育學應用與挑戰—以職前教師反省思考歸因分析為例'，**屏東師院學報**，16 期，頁 1-28。

顏國樑（1997），**教育政策執行理論與應用**，台北：師大書苑。

魏陌、陳敦源、郭昱瑩（2001），'政策分析在民主政體中的機會與挑戰'，見余致力、郭昱瑩、陳敦源主編（2001），**公共政策分析的理論與實務**，頁 3-30，台北：韋伯文化。

譚光鼎（1998），**原住民教育研究**，台北：五南。

蘇峰山（2004），'批判思考與批判教育學'**教育社會學通訊**， 55 期，頁 3-11。

顧燕翎、鄭至慧主編（1999），**女性主義經典**，台北：女書文化。

二、中文部分—簡體字

《中國社會科學》雜誌社/聯合國教科文組織（1987），**國際社會科學雜誌（中文版）第四卷第二期「政策研究」專刊**，北京：《中國社會科學》雜誌社/聯合國教科文組織。

王甯、薛曉源主編（1998），**全球化與後殖民批評**，北京：中央編譯出版社。

史明潔、許競、尚超、王黎雲譯（2003），**教育政策基礎**，D. E. Inbar, W. D. Hadad, T. Demsky, A. Magnen, & J. P. Keeves（1996），**Planning for Innovation in Education**, 北京：教育科學出版社。

石人譯（1991），Lewis A. Coser 著，**社會學思想名家（Masters of Sociological　Thoughts）**，北京：中國社會科學出版社。

成有信等（1993），**教育政治學**，南京：江蘇教育出版社。

江澤民（2001），**論"三個代表"**，北京：中央文獻出版社。

肖剛、黃巧榮（2000），'影響教育政策制定的因素分析'，袁振國主編（2000），**中國教育政評論**，頁 80-104。

依俊卿、丁立群、李小娟、王曉東（2001），**20 世紀的新馬克思主義**，北京：中央編譯出版社。

俞可平（1998a），'總序'，見王甯、薛曉源主編(1998)，**全球化與後殖民批評**，北　京：中央編譯出版社。

俞可平（1998b），**全球化時代的"社會主義"**，北京：中央編譯出版社。

段忠橋主編（2001），**當代國外社會思潮**，北京：中國人民大學出版社。

孫光（1998），**現代政策科學**，浙江：浙江教育出版社。

徐國慶（2004），'新福特主義與後福特主義職業教育發展模式比較研究'，**教育發展研究**，2004：12，頁 65-68。

柴方國譯（2001）赫爾穆特‧施密特著（1998），**全球化與道德重建**，北京：社會科學文獻出版社。

袁剛、孫家祥、任丙強編（2004），**民主主義與現代社會：杜威在華演講集**，北京：北京大學出版社。

袁振國主編（2000a），**教育政策學**，南京：江蘇教育出版社。

袁振國主編（2000b），**中國教育政策評論**，北京：教育科學出版社。

袁振國（2002a），**教育新理念**，北京：教育科學出版社。

袁振國主編（2002b），**中國教育政策評論**，北京：教育科學出版社。

袁振國主編（2005），**中國教育政策評論 2005**，北京：教育科學出版社。

馬庫‧基維聶米（1987）'政策及其目標：論政策實施的分類'，**國際社會科學雜誌（中文版）**第四卷第二期「政策研究」專刊，頁 99-114，北京：《中國社會科學》雜誌社/聯合國教科文組織。

高鴻源（1993），'教育政策'，見成有信等（1993），**教育政治學**，頁 199-239，南京：江蘇教育出版社。

張人傑（2001），'中國大陸教育社會學的二十年建設（1979—2000）'，**華東師範大學學報（教育科學版）**，第]20 卷，第 2 期，頁 1-9。

張法（1999），'論後殖民理論'，**教學與研究**，1999.01，頁 12-18。

張樂天（2002a），'緒論'，見張樂天主編（2002），**教育政策法規的理論與實踐**，頁 1-30，上海：華東師範大學出版社。

張樂天主編（2002b），**教育政策法規的理論與實踐**，上海：華東師範大

學出版社。

陳太勝譯（1998），'後殖民主義和全球化'，見王甯、薛曉源主編（1998），**全球化與後殖民批評**，頁 137-162，北京：中央編譯出版社。

陶東風（1998），'全球化、後殖民批評與文化認同'，見王甯、薛曉源主編（1998），**全球化與後殖民批評**，頁 189-204，北京：中央編譯出版社。

程光泉主編（2002），**全球化理論譜系**，長沙：湖南人民出版社。

馮少舟（2001），'遠端教育 的福特主義、新福特主義、後福特主義理論學說'，**現代遠距離教育**，2001 年 3 月號，頁 20-24。

楊乃橋（1998），'後殖民主義話語的悖論'，見王甯、薛曉源主編(1998)，**全球化與後殖民批評**，頁 163-188，北京：中央編譯出版社。

楊金梅（1997），'後殖民主義概述'，**馬克思主義與實現**，第 1 期，頁 1-3。

楊雪冬（2002），**全球化：西方理論前沿**，北京：社會科學文獻出版社。

劉佩弦、郭繼嚴主編（1994），**20 世紀馬克思主義史—從十月革命到中共十四大**，北京：人民出版社。

劉復興（2003），**教育政策的價值分析**，北京：教育科學出版社。

劉復興（2005），'政府選擇、市場選擇與公民社會選擇的博弈—當代我國教育制度變革的價值選擇'，袁振國主編（2005），**中國教育政策評論 2005**，頁 52-66 北京：教育科學出版社。

歐陽康、張明倫（2001），**社會科學研究方法**，北京：高等教育出版社。

魯潔主編、吳康寧副主編（1990），**教育社會學**，北京：人民教育出版社。

謝維和（2000），**教育活動的社會學分析——一種教育社會學的基礎**，北京：教育科學出版社。

顧明遠、武修敬、袁小眉等（1994），**中國教育大系：現代教育理論叢編（上、下）**，武漢：湖北教育出版社。

顧建新、趙友華、何曙榮譯（2001），保羅 • 弗萊雷著（1970, 1993），**被壓迫者教育學**，**Pedagogy of the Oppressed**, 30th Anniversary Edition, Introduction by Donaldo Macedo (2001), 上海：華東師範大學。

閆引堂（2006），'教育政策社會學：一種新範式？'，**比較教育研究**，27卷，1期，頁39－43。

三、英文部分

Abercrombie, N., Hill, S. and Turner, B. S. (eds.) (1984), **The Penguin Dictionary of Sociology**, Middlesex: The Penguin.

Adams, I. (1993), **Political Ideology Today**, Manchester: Manchester University Press.

Ahier, J. (1983), 'History and sociology of educational policy',in J. Ahier and M. Flude (eds.) (1983), **Contemporary Education Policy**, pp. 3-21, London: Croom Helm.

Ahier, J. and Flude, M. (eds.) (1983), **Contemporary Education Policy**, London: Croom Helm.

Ahier, J., Cosin, B. and Hales, M. (eds.) (1996), **Diversity and Change: Education, policy and selection**, London: Routledge in association with the Open University.

Allen, J. (1992), 'Post-industralism and post-Fordism', in S. Hall, D. Held and T. McGrew (eds.), **Modernity and Its Future**, pp. 170-220, Cambrideg and Oxford: Polity, Blackwell, and Open University.

Allen, J., Braham, P. and Lewis, P. (eds.)(1992), **Political and Economic Forms of Modernity**, Cambridge: Polity Press in Association with the Open University.

Althusser, L. (1971a), **Essays on Ideology**, London: Verso.

Althusser, L. (1971b), **Lenin and Philosophy and Other Essays**, translated from the French by Ben Brewster, London: NLB.

Amin, A. (1994a) (ed.), **Post-Fordism: A Reader**, Oxford: Blackwell.

Amin, A. (1994b), 'Post-Fordism: Modelss, fantasies and phantoms of transition', in A. Amin (ed.), **Post-Fordism: A Reader**, pp. 1-39, Oxford: Blackwell.

Anderson, D. S. and Biddle, B. J. (eds.)(1991), **Knowledge for Policy: Improving education through research**, London: Falmer.

Apple, M. W. (1997), 'Justifying the conservative restoration: morals, genes, and educational policy', **Educational Policy**, Vol. 11, No. 2, pp. 167-182.

Apple, M. W. (2000), 'Between neoliberalism and neoconservatism: education and conservatism in a global context', in Burbules, N. C. and Torres, C. A. (eds.) (2000), **Golbalization and Education: critical perspectives**, pp. 57-78, London: Routledge.

Ashcroft, B.; Griffiths, G.; and Tiffin, H. (eds.) (1995), **The Post-colonial Studies Reader**, London: Routledge.

Ashcroft, B.; Griffiths, G.; and Tiffin, H. (eds.) (1998), **key Concepts in Post-colonial Studies**, London: Routledge.

Ashcroft, B.; Griffiths, G.; and Tiffin, H. (eds.) (2002), **The Empire Writes Back: Theory and practice in post-colonial literatures**, 2nd ed., London: Routledge.

Asher, N. (2005), 'At the interstices: engaging postcolonial and feminist perspectives for a multicultural education pedagogy in the South', **Teachers College Record**, Vol. 107, No. 5, pp. 1079-1106.

Ashford, N. (1993), 'The ideas of the New Right', in G. Gordan & N. Ashford (eds.) (1993), **Public Policy and the Impact of the New Right**, pp. 19-46, London: Pinter Publisher.

Ayers, W., Michie, G. & Rome, A. (2004), 'Ember of Hope: In search of a meaningful critical pedagogy', **Teacher Education Quarterly**, Vol. 31, No. 1, pp. 123-130.

Baker, B. D., Keller-Wolff, C. and Wolf-Wendel, L. (2000), 'Two steps forward, one step back: race/ethnicity and student achievement in education policy research', **Educational Policy**, Vol. 14, No. 4, pp. 511-529.

Ball, S. J. (1990a), **Politics and Policy Making in Education: Explorations in policy sociology**, London: Routledge.

Ball, S. J. (ed.) (1990b), **Foucault and Education: Disciplines and knowledge**, London: Routledge.

Ball, S. J. (1994), **Education Reform: a critical and post-structural approach**, Buckingham: Open University Press.

Ball, S. J. (ed.) (2004), **The Routledge Falmer Reader in Sociology of Education**, London: RoutledgeFalmer.

Ball, S. J. (2005), **Education Policy and Social Class: the selected works of Stephen J. Ball**, London: Routledge Falmer.

Ballantine, J. H. (1993), **The Sociology of Education: A systematic analysis**, 3rd ed., Cliffs, NJ: Prentice Hall.

Ballantine, J. H. (1997), **The Sociology of Education: A systematic analysis**, 4th ed., Cliffs, NJ: Prentice Hall

Balzano, W. (1996), 'Irishness-feminist and post-colonial', in I. Chambers and L. Curtis (eds.) (1996), **The Post-colonial Question: Common skies, divided horizons**, pp. 92-97, London: Routledge.

Baron, G. (1998), 'Research in education administration in Britain', in M. Strain ,B. Dennison, J. Ouston and V. Hall (eds.) (1998), **Policy, Leadership and Professional Knowledge in Education**, pp. 81-86, London: Paul Chapman.

Bartolomé, L. I. (2004), 'Critical pedagogy and teacher education: Radicalizing prospective teachers', **Teacher Education Quarterly**, Vol. 31, No. 1, pp. 97-122.

Batini, N., Callen, T., and Mckibbin, W. (2006), **The Global Impact of Demographic Change**, IMF Working Paper WP/06/9 Paris: International Monetary Fund.

Bauman, Z. (1998), **Globalization: the Human Consequences**, Cambridge: Polity.

Benjamin, B. and Opfer, V. D. (2000), 'Ideology and educational policy: an analysis of the religious right', **Educational Policy**, Vol. 14, No. 5, pp. 582-599.

Berkhout, S. J. (1999), 'Toward understanding education policy: an integrative approach', **Educationa Policy**, Vol. 13, Iss. 3, pp. 402-421.

Berkhout, S. J. and Wielemans, W. (1999), 'Toward understanding education policy: an integrative approach', **Educational Policy**, Vol. 13, No. 3, pp. 402-420.

Berliner, D. C. (2006), 'Our impoverished view of educational research', **Teachers College Record**, Vol. 108, No. 6, pp. 945-995.

Besser, S. M. (ed.) (1977), **Dewey and His Critics**, New York: The Journal of Philosophy.

Bhadra, B. K. (2006), 'Policy making and policy deficit: role of the sociologists', **Bangladesh e-Journal of Sociology**, Vol. 3, No. 1, pp. 1-34.

Bhatnagar, R., Chatterjee, L., and Rajan, R. S. (1990), 'The post-colonial critic', in S. Harasym (ed.)(1990), **The Post-Colonial Critic: Interviews, strategies, dialogues,** pp. 67-74, London: Routledge.

Biddle, B. J. and Anderson, D. S. (1991), 'Social research and educational change', in D. S. Anderson and B. J. Biddle (eds.)(1991), **Knowledge for Policy: Improving education through research**, pp. 1-20, London: Falmer.

Birkland, T. A. (2001), **An Introduction to the Policy Process: Theories, concepts, and methods of public policy making**, London: M. E. Sharpe.

Bocock, R. and Thompson, K. (eds.)(1985), **Religion and Ideology**, Manchester: Manchester University Press in association with the Open

University.

Bocock, R. and Thompson, K. (eds.)(1992), **Social and Cultural Forms of Modernity**, Cambridge: Polity Press in Association with the Open University.

Bonefeld, W. and Holloway, J. (1991b), 'Introduction: Post-Fordism and social form', in W. Bonefeld and J. Holloway (eds.) (1991a), **Post-Fordism and Social Form: A Marxist debate on the post-Fordist state**, pp. 1-7.

Bonefeld, W. and Holloway, J. (eds.) (1991a), **Post-Fordism and Social Form: A Marxist debate on the post-Fordist state**, London: MaCmillan..

Bonefeld, W. and Holloway, J. (1991b), 'Introduction: Post-Fordism and social form', in W. Bonefeld and J. Holloway (eds.) (1991a), **Post-Fordism and Social Form: A Marxist Debate on the Post-Fordist State**, pp. 1-7.

Bottery, M. (2000), **Education, Policy and Ethics**, London: Continuum.

Bowe, R. and Ball, S. J. with Gold, A. (1992), **Reforming Education & Changing Schools: Case studies in policy sociology**, London: Routledge.

Bowles, S. and Gintis, H. (1976), **Schooling in Capitalist America: Educational reform and the contradictions of economic life**, London: Routledge & Kegan Paul.

Boyd, W. L. (1999), 'Paradoxes of educational policy and productivity', **Educational Policy**, Vol. 13, No. 2, pp. 227-250.

Bradley, H. (1992), 'Changing social structures: Class and gender', in S. Hall and B. Gieben (eds.) (1992), **Formations of Modernity**, pp. 177-228, Cambridge and Oxford: Polity Press in association with the Open University.

Bridges, D. (1997), 'Philosophy and educational research: a reconsideration of epistemological boundaries', **Cambridge Journal of Education**, Vol. 27, No. 2, pp. 177-189.

Brown, M. (2005), '"That heavy machine": reprising the colonial apparatus in 21st-century social control', **Social Justice**, Vol. 32, No. 1, pp. 41-52.

Brown, P. and Lauder, H. (1996), 'Education, globalization and economic development', **Journal of Education Policy**, 11(1), pp. 1-25, S. J. Ball (ed.) (2004), **The Routledge Falmer Reader in Sociology of Education**, pp. 47-71, London: RoutledgeFalmer.

Burbules, N. C. and Berk, R. (1999), 'Critical thinking and critical pegdagogy: Relations, differences, and limits', in T. S. Popkewitz and L. Fendler (eds.)(1999), **Critical Theories in Education: Changing terrains of knowledge and politics**, pp. 45-66, London: Routledge.

Burbules, N. C. and Torres, C. A. (eds.) (2000a), **Globalization and Education: Critical perspectives**, London: Routledge.

Burbules, N. C. and Torres, C. A. (2000b), 'Globalization and education: An introduction', in N. C. Burbles and C. A. Torres (eds.)(2000a), **Globalization and Education: Critical perspectives**, pp. 1-26, London: Routledge.

Burrows, R. & Loader, B. (eds.) (1994), **Towards a Post-Fordist Welfare State?**, London: Routledge.

Carnoy, M. (2000), 'Globalization and educational reform', in N. P. Stromquist and K. Monkman (eds.) (2000), **Globalization and Education: Integration and contestation across cultures**, pp.43-62, Oxford: Rowman & Littlefield.

Carter, J. (1997), 'Post-Fordism and the theorization of educational change: what's in a name', **British Journal of Sociology of Education**, Vol. 18, No. 1, pp. 45-61.

Castellacci, F. (2003), **A Neo-Schumpeterian Approach to why Growth**

Rates Differ, Working Paper 04/03, Centre for Technology, Innovation and Culture, University of Oslo.

Chambers, I. and Curti, L. (1996), **The Post-colonial Question: Common skies, divioded horizons**, London: Routledge.

Cizek, G. (ed) (1999), **Handbook of Educational Policy**, London: Academic Press.

Cohen, D. K. and Garet, M. S. (1991), 'Reforming educational policy with applied social research', in D. S. Anderson and B. J. Biddle (eds.)(1991), **Knowledge for Policy: Improving education through research**, pp. 123-140, London: Falmer.

Colebath, K. H. (1998), **Policy**, Buckingham: Open University.

Coleman, J. S. (1991), 'Social policy research and societal decision making', in D. S. Anderson and B. J. Biddle (eds.)(1991), **Knowledge for Policy: Improving education through research**, pp. 113-122, London: Falmer.

Collins, R. (ed.) (1994), **Four Sociological Traditions: Selected readings**, Oxford: Oxford University Press.

Cormack, M. (1992), **Ideology**, London: Batsford.

Dale, R. (1989), **The State and Education Policy**, Milton Keynes: Open University Press.

Dale, R. (1992), 'Wither the state and education policy? Recent work in Australia and New Zealand', **British Journal of Sociology of Education**, Vol. 13, Iss. 3, pp. 387-396.

Dale, R. and Ozga, J. (1993), 'Two hemispheres—Both New Right?: 1990s education reform in New Zealand and Wales', in B. Lingard, J. Knight and P. Porter (eds.)(1993), **Schooling Reform in Hard Times**, pp. 63-88, Londer: Falmer.

Daniel, L. G. (1997), 'Kerlinger's research myths: An overview with implications for educational researchers', **The Journal of Experimental Education**, Vol. 65, No. 2, pp. 101-118.

Darder, A., Baltodano, M., and Torres, R. D. (eds.) (2003a), **The Critical Pedagogy Reader**, London: Routledge Falmer.

Darder, A., Baltodano, M., and Torres, R. D. (2003b), 'Critical pedagogy: an introduction'in A. Darder, M. Baltodano, and R. D. Torres(eds.) (2003a), **The Critical Pedagogy Reader**, pp. 1-21, London: Routledge Falmer.

De Sousa, I. C. F. (2002), 'Teaching the ethnographic vision as a way into policy? A Brazilian perspective on ethnography as a social control practice', in B. A. U. Levinson, S. L. Cade, A. Padawer and A. P. Elvir (eds.) (2002), **Ethnography and Education Policy Across the Americas**, pp. 181-188, London: Praeger.

DeLeon, P. and Kaufmanis, K. (2000-01), 'Public policy Theory: will it play in Peoria?', **Policy Currents**, Vol. 10, No. 4, pp. 9-12.

Dror, Y. (1983), 'Basic concepts in policy studies', in S. S. Nagel (ed.) (1983), **Encyclopedia of Policy Studies**, pp. 1-10, New York: Marcel Dekker.

Dubriwny, T. N. (2005), 'First Ladies and Feminism: Laura Bush as advocate for women's and children's rights', **Womens' Studies in Communication**, Vol. 28, No. 1, pp. 84-114.

Durkheim, E. (1958), **Education and Sociology**, Translated, and with an introduction by S. D. Fox, N.Y.: The Free Press, London: Collier-Macmillan Limited.

Dye, T. R. (2002), **Understanding Public Policy** 10th ed., New Jersey: Pearson Education.

Eagleton, T. (1991), **Ideology: An introduction**, London: Verso.

Economic Development Institute of The World Bank (1994), **The Dynamics**

of Education Policymaking: Case studies of Burkina Faso, Jordan, Peru, and Thailand, Washington, D. C.: The World Bank.

Education and Social Policy Department-The World Bank (1994), **The Costs of Secondary Education Expansion, Washington**, D. C.: World Bank.

Ellsworth, E. (1992), 'Why doesn't this feel empowering — Working through the repressive myths of critical pedagogy', in C. Luke and J. Gore (eds.)(1992), **Feminisms and Critical Pedagogy**, pp. 90-119, London: Routledge.

Erickson, F. (2002), 'Ethnography and education policy: a commentary', in B. A. U. Levinson, S. L. Cade, A. Padawer and A. P. Elvir (eds.) (2002), **Ethnography and Education Policy Across the Americas**, pp. 191-195, London: Praeger.

Ericson, F. (2005), 'Arts, humanities, and sciences in educational research and social engineering in federal education policy', **Teachers College Record**, Vol. 107,No. 1, pp. 4-9.

Fletcher, J. (1988), 'Research, education policy and the management of change', **Oxford Review of Education**, Vol. 20, Iss. 1, pp. 57-81.

Fletcher, S. (2000), **Education and Emancipation: Theory and practice in a new constellation**, London: Teachers   College Press.

Flores, E. S. (2002), 'The role of ethnographic research in education policy: a trail to Blaze', in B. A. U. Levinson, S. L. Cade, A. Padawer and A. P. Elvir (eds.) (2002), **Ethnography and Education Policy Across the Americas**, pp. 123-135, London: Praeger.

Foucault, M. (1977), **Discipline and Punish: The birth of the prison**, London: Penguin.

Fowler, F. C. (2000), **Policy Studies for Educational Leaders: An introduction**, Columbus, Ohio: Merrill.

Freeden, M. (1996), **Ideologies and Political Theory: A conceptual approach**, Oxford: Oxford University Press.

Freire, P. (1985), **The Politics of Education: Culture power and liberation**, translated by Donaldo Macedo, Mass.: Bergin & Garvey.

Freire, P. (1996), **Pedagogy of the Oppressed**, New York: Continuum.

Freire, P. (1998), **Politics and Education**, Translated by Pia Lindquist Wong, L.A.: UCLA Latin American Center Publications, University of California.

Freire, P. (2003), 'From pedagogy of the oppressed', in A. arder, M. Baltodano and R. D. Torres (eds.)(2003), **The Critical Pedagogy Reader**, pp. 57-68, London: RoutledgeFalmer.

Gardner, H. (2004), 'How education changes: Consideration of history, science, and values' in M. M. Suárez-Orozco and D. B. Qin-Hilliard (eds.) (2004), **Globalization: Culture and education in the new millennium**, pp. 235-258, London: University of California Press.

Gewirtz, S. (2004), **Taking a Stand: Education policy, sociology and social values**, An Inaugural Lecture, King's College, London.

Giddens, A. (1989), **Sociology**, Cambridge: Polity.

Gipps, C. V. (1992), **The Profession of Educational Research**, this article is the text of the Presidential Address to the British Educational Research Association given at the University of Stirling.

Giroux, H. A. (1992), **Border Crossings: Cultural workers and the politics of education**, London: Routledge.

Giroux, H. A. (1997), **Pedagogy and the Politics of Hope: Theory, culture, and schooling**, Boulder, Colorado: Westview.

Giroux, H. A. (2003), 'Critical theory and educational practice', in A. Darder, Baltodano M. and R. D. Torres (eds.)(2003), **The Critical Pedagogy Reader**, pp. 27-56，London; RoutledgeFalmer.

Giroux, H. A. (2004), 'Critical pedagogy and the postmodern/modern divide: Towards a pedagogy of democratization', **Teacher Education Quarterly**, Vol. 31, No. 1, pp. 31-47.

Giroux, H., Lankshear, C., McLaren, P. and Peters, M. (1996), **Counternarratives: Cultural studies and critical pedagogies in postmpdern spaces**, London: Routledge.

Grace, G. (1991), 'The New Right and the challenge to educational research', **Cambridge Journal of Education**, Vol. 21, Iss. 3, pp. 265-276.

Gramsci, A. (1971), **Selections from Prison Notebooks of Antonio Gramsci**, translated by Q. Hoare and G. N. Smith, London: Lawrence and Wishart.

Gray, J. (1993), **Beyond the New Right: Markets, government and the common environment**, London: Routledge.

Grosz, E. (1990),'Criticism, feminism, and the institution', in S. Harasym (ed.)(1990), **The Post-Colonial Critic: Interviews, strategies, dialogues,** pp. 1-16, London: Routledge.

Gunew, S. (1990), 'Questions of multi-culturalism', in S. Harasym (ed.)(1990), **The Post-Colonial Critic: Interviews, strategies, dialogues,** pp. 59-66, London: Routledge.

Hall, S. (1996), 'When was "the post-colonial"? Thinking at the limit'in I. Chambers and L. Curtis (eds.) (1996), **The Post-colonial Question: Common skies, divided horizons**, pp. 242-260, London: Routledge.

Hall, S. and Gieben, B. (eds.) (1992), **Formations of Modernity**, Cambridge and Oxford: Polity Press in association with the Open University.

Hall, S., Held, D. and McGrew, T. (eds.) (1992), **Modernity and Its Future**, Cambridge and Oxford: Polity Press in Association with the Open University.

Hallinan, M. T. (1996), 'Bridging the gap between research and practice', **Sociology of Education**, Vol. 69, Extra Issue: Special Issue on Sociology and Educational Policy: Bridging Scholarship and Practice Together, pp. 131-134.

Hallinan, M. T. (ed.)(2000), **Handbook of the Sociology of Education**, London: Kluwer Academic/Plenum Publishers.

Hampson, I. and Morgan, D. E. (1999), 'Post-Fordism, union strategy, and rhetoric of restructuring: the case of Australia, 1980-1996', **Theory and Society**, Vol. 28, No. 5, pp. 747-796.

Hanusch, H. and Pyka, A. (2005), **Principles of Neo-Schumpeterian Economics, Economics Department**, University of Augsburg.

Harasym, S. (ed.)(1990), **The Post-Colonial Critic: Interviews, strategies, dialogues,** London: Routledge.

Hawthorn, G., Aronson, R., and Dunn, J. (1990), 'The post-modern condition: the end of politics?', in S. Harasym (ed.)(1990), **The Post-Colonial Critic: Interviews, strategies, dialogues,** pp. 17-34, London: Routledge.

Hega, G. M. and Hokenmaier, K. G. (2002), 'The welfare state and education: A comparison of social and educational policy in advanced industrial societies', **Politikfeldanalyse/German Policy Studies**, Vol. 2, No. 1, pp. 1-29.

Held, D. & McGrew, A., Goldblatt, D. & Perraton, J. (1999), **Global Transferations: Politics, economics and culture**, Oxford: Polity.

Hoffman, D. M. (1997), 'Diversity in practice: perspectives on concept, context, and policy', **Educational Policy**, Vol. 11, No. 3, pp. 375-392.

Hoffman, J. (1984), **The Gramscian Challenge: Coercion and consent in Marxisit political theory**, Oxford: Basil Blackwell.

Jennings, M. E. & Lynn, M. (2005), 'The house that race built: Critical pedagogy, African-American education, and the re-conceptualization of a critical race pedagogy', **Educational Foundations**, Vol. 19, No. 3/4, pp. 15-32.

Johnson, H. and Thomas, A. (2004), 'Professional capacity and organizational change as measures of educational effectiveness: assessing the impact of postgraduate education in Development Policy and Management', **Compare**, Vol. 34, No. 3, pp. 301-314.

Johnson, R. B. and Onwuegbuzie, A. J. (2004), 'Mixed methods research: A research paradigm whose time has come', **Educational Researcher**, Vol. 33, No. 7, pp. 14-26.

Jones, K. and Hatcher, R. (1994), 'Educational progress and economic change: notes on some recent proposals', **British Journal of Educational Studies**, Vol. 42, No. 3, pp. 245-260.

Jones, L. and Moore, R. (1996), 'Equal opportunities: the curriculum and the subject', in J. Ahier, B. Cosin and M. Hales (eds.) (1996), **Diversity and Change: Education, policy and selection**, pp. 312-322, London: Routledge in association with the Open University.

Jordan, C. (1993), 'The New Right and public policy: a preliminary overview', in Jordan, G. & Ashford, N. (eds.) (1993), **Public Policy and the Impact of the New Right**, pp. 1-18, London: Pinter Publisher.

Jordan, G. & Ashford, N. (eds.) (1993), **Public Policy and the Impact of the New Right**, London: Pinter Publisher.

Kanpol, B. (1999), **Critical Pedagogy: An introduction**, 2nd ed, London: Bergin & Garvey.

Karmel, P. (2001), Public Policy and Higher Education, **Australian Journal of Management**, Vol. 26 Special Issue, pp. 123-143.

Kay, B. W. (1987), 'The DES and educational research', **Research Intelligence**, Vol. 4, No. 1, pp. 6-12.

Keeves, J. P. (ed.) (1988), **Educational Research, Methodology and**

Measurement: An international handbook, Oxford: Fergamon.

Kelly, A. (2004), 'The intellectual capital of schools: analyzing government policy statements on school improvement in light of a new theorization', **Journal of Education Policy**, Vol. 19, No. 5, pp. 609-629.

Kennedy, V. (2000), **Edward Said: A critical introduction**, Cambridge: Polity.

Kim, Yung Chun (2005), 'Post-colonialism and the reconceptualization of Korean curriculum studies', **Journal of Curriculum Theorizing**, Vol. 21, No. 1, pp. 57-75.

Kogan, M. (1975), **Educational Policy-making: A study of interest groups and Parliament**, London: George Allen & Unwin.

Krishna, S. (1999), **Postcolonial Insecurities: India, Sri Lanka and the question of nationhood**, Minneapolis, USA: University of Minnesota Press.

Ladwig, J. G. 91994), 'For whom this reform?: outlining educational policy as a social field', **British Journal of Sociology of Education**, Vol. 15, Iss. 3, pp. 341-364.

Larsen, N. (2000), 'Imperialism, Colonialism, Postcolonialism', in H. Schwarz & S. Ray (eds.) (2000), **A Companion to Postcolonial Studies,** pp. 23-52。

Lawner, L. (1973), **Letters from Prison Antonio Gramsci**, New York: The Noonday Press.

Lawton, D. (1992), **Education and Politics in the 1990s: Conflict or consensus?**, London: Falmer.

Leard, D. W. & Lashua, B. (2006), 'Popular media, critical pedagogy, and inner city youth', **Canadian Journal of Education**, Vol. 29, No. 1, pp. 244-264.

Leistyna, P., Lavandez, M. & Nelson, T. (2004), 'Introduction—Critical pedagogy: Revitalizing and democratizing teacher education', **Teacher Education Quarterly**, Vol. 31, No. 1, pp. 3-15.

Leonardo, Z. (2003), 'Discourse and critique: outlines of a post-structural theory of ideology', **Journal of Education Policy**, Vol. 18, No. 2, pp. 203-214.

Leonardo, Z. (2004), 'Critical social theory and transformative knowledge: The functions of criticism in quality education', **Educational Researcher**, Vol. 33, No. 6, pp. 11-18.

Levinson, B. A. U. and Sutton, M. (2001), 'Introduction: Policy as/in practice—S sociological approach to the study of educational policy', in M. Sutton and B. A. U. Levinson (eds.) (2001), **Policy as Practice: Toward a Comparative Sociocultural Analysis of Educational Policy**, pp. 1-22, London: Ablex.

Levinson, B. A. U., Cade, S. L., Padawer, A., and Elvir, A. P. (eds.) (2002), **Ethnography and Education Policy Across the Americas**, London: Praeger.

Lingard, B., Kinight, J. and Porter, P. (eds.)(1993), **Schooling Reform in Hard Times**, London: Falmer.

Litvack, J. and Seddon, J. (eds.)(1999), **Decentralization Briefing Note**s, Washington, D. C. : The World Bank.

Loomba, A. (1998), **Colonialism/Postcolonialism**, London: Routledge.

Luke, C. and Gore, J. (eds.) (1992), **Feminisms and Critical Pedagogy**, London: Routledge.

Maiello, A. (1996), 'Ethnic conflict in post-colonial India', in I. Chambers and L. Curtis (eds.) (1996), **The Post-colonial Question: Common skies, divided horizons**, pp. 99-114, London: Routledge.

Mannheim, K. (1936), **Ideology & Utopia**, London: Routledge & Kegan

Paul.

Mannheim, K. and Stewart, W. A. C. (1962), **An Introduction to the Sociology of Education**, London: Routledge & Kegan Paul.

Marsden, P. V. (2005), 'The sociology of James S. Coleman', **Annual Review of Sociology**, No. 31, pp. 1-24.

Marshall, G. (ed.) (1994), **The Concise Oxford Dictionary of Sociology**, Oxford: Oxford University Press.

Marshall, J. D. (1990), 'Foucault and educational research', in S. J. Ball (ed.) (1990b), **Foucault and Education: Disciplines and Knowledge**, pp. 11-28, London: Routledge.

Marx, K. and Engels, F. (1998), **The Communist Manifesto: A modern edition**, London: Verso.

Masson, P. (2001), **Globalization: Facts and Figures**, IMF Policy Discussion, Paper PDP/01/04. Paris: Imternational Monetary Fund.

Massy, A. (ed.) (1997), **Globalization and Marketization of Government Services: Comparing contemporary public-sector development**, London: MaCmillan.

Maxwell, J. A. (2004), 'Causal explanation, qualitative research, and scientific inquiry in education', **Educational Researcher**, Vol. 33, No. 2, pp. 3-11.

Mazzei(2004), 'Silent listening: Deconstructive practices in discourse-based research', **Educational Researcher**, Vol. 33, No. 2, pp. 26-34.

McDaniel, J. E. and Miskel, C. G. (2002), 'Stakeholder salience: business and educational policy', **Teachers College Record**, Vol. 104, No. 2, pp. 325-356.

McLaren, P. (1995), **Critical Pedagogy and Predatory Culture: Oppositional politics in a postmodern era**, London: Routledge.

McLaren, P. and Houston, D. (2004), 'Revolutionary ecologies: Ecosocialism and critical pedagogy', **Educational Studies** (ASEN), Vol. 36, No. 1, pp. 27-45.

McLaren, P., Martin, G., Farahmandpur, R., & Jaramillo, N. (2004), 'Teaching in and against the Empire: Critical pedagogy as revolutionary praxis', **Teacher Education Quarterly**, Vol. 31, No. 1, pp. 131-153.

McLean, K. and King, E. (1999), 'Decentralization of the education sector', in Litvack, J. and Seddon, J. (eds.)(1999), **Decentralization Briefing Note**s, pp. 52-56.

McNay, I. & Ozga, J. (eds.) (1985), **Policy-making in Education: the breakdown of** **consensus**, Oxford: Pergamon.

McNess, E. (2004), 'Culture, context and the quality of education: evidence from a small-scale extended case study in England and Demark', **Compare**, Vol. 34, No. 3, pp. 315-327.

Meighan, R., Barton, L. and Walker, W. (1981), **A Sociology of Educating**, London: Holt, Rinehart and Winston.

Miedema, S. and Wardekker, W. L. (1999), 'Emergent identity versus consistent identity: Possibilities for a postmodern repoliticization' in T. S. Popkewitz and L. Fendler (eds.)(1999), **Critical Theories in Education: Changing terrains of knowledge and politics**, pp. 67-86, London: Routledge.

Miller, R. & Shinn, M. (2005), 'Learning from communities: overcoming difficulties in dissemination of prevention and promotion efforts', **American Journal of Community Psychology**, Vol. 35, No. 3/4, pp. 169-183.

Mok, Ka-Ho and Tan, J. (eds.) (2004), **Globalization and Marketization in Education: A comparative analysis of Hong Kong and Singapore**, Cheltenham: Edward Elgar.

Moore, R. (2004), **Education and Society: Issues and Explanations in the**

Sociology of Education, Cambridge: Polity.

Morrow, R. A. and Torres, C. A. (1995), **Social Theory and Education: A critique of theories of social and cultural reproduction**, N.Y.: State University of New York Press.

Mosteller, F., Nave, B., and Miech, E. J. (2004), 'Why we need a structured abstract in education research', **Educational Researcher**, Vo. 33, No.1, pp. 31-34.

Nagel, S. S. (ed.) (1983a), **Encyclopedia of Policy Studies**, New York: Marcel Dekker.

Nagel, S. S. (ed.) (1983b), **'Introduction', S. S. Nagel (ed.) (1983), Encyclopedia of Policy Studies**, pp. xv-xxii, New York: Marcel Dekker.

New Left Review (1977), **Western Marxism: A critical reader**, London: NLB.

Nisbet, J. D. (1988), 'Policy-oriented research', in Keeves, J. P. (ed.) (1988), **Educational Research, Methodology and Measurement: An international handbook**, pp. 139-150, Oxford: Fergamon.

Odden, A. R. (ed.) (1991), **Education Policy Implementation**, Albany, N.Y.: State University of New York Press.

OECD (2006), **OECD Work on Education and the Public**, Paris: OECD.

Olssen, M., O'Nell, Anne-Marie, Codd, J. A. (2004), **Education Policy: Globalization, citizenship and democracy**, London: Sage.

Ozga, J. (1987), 'Studying education policy through the lives of the policy-makers: an attempt to close the maco-micro gap' , in S. Walker & L. Barton (eds.)(1987), **Changing Policies, Changing Teachers: New directions for schooling?**, pp. 138-150, Milton Keynes: Open University Press.

Ozga, J. (1990), 'Policy research and policy research: a comment on Fitz and

Halpin.' **Journal of Education Policy**, 5(4), pp. 359-362.

Ozga, J. (2005), **In the Public Interest? Research, Knowledge Transfer and Education Policy**, Inaugural Lecture, delivered by Jenny Ozga, 25th Janurary 2005, The Centre for Educational Sociology, Edinburg.

Ozga, J. and McNay, I. (1985), 'Introduction: perspectives on policy', in I. McNay & J. Ozga (eds.) (1985), **Policy-making in Education: the breakdown of consensus**, pp. 1-10, Oxford: Pergamon.

Pal, L. A. (1997), **Beyond Policy Analysis: Public issues management in turbulent times**, Scarboroughg, Canada: International Thomson Publishing.

Perlstadt, H. (1998), 'Bringing sociological theory and practice together: a pragmatic solution', **Sociological Perspectives**, Vol. 41, No. 2, pp. 268-271.

Peters, M. (1996), **Poststructuralism, Politics and Education**, London: Bergin & Garvey.

Phillips, R. and Harper-Jones, G. (2003), 'Whatever next? Education policy and new Labour: the first four years, 1997-2001', **British Educational Research Journal**, Vol. 29, No. 1, pp. 125-132.

Pollard, A. (2005), 'Taking the initiative? TLRP and educational research', **Educational Review Guest Lecture**, pp. 1-23.

Popkewitz, T. S. & Fendler, L. (eds.)(1999), **Critical Theories in Education: Changing terrains of knowledge and politics**, London: Routledge.

Popkewitz, T. S. (1999), 'A social epistemology of educational research', in T. S. Popkewitz and L. Fendler (eds.)(1999), **Critical Theories in Education: Changing terrains of knowledge and politics**, pp. 17-44, London: Routledge.

Postlethwaite, T. N. (1991), 'Research and policy making in education: Some possible lionks', in D. S. Anderson and B. J. Biddle (eds.)(1991),

Knowledge for Policy: Improving education through research, pp. 203-213, London: Falmer.

Psacharopoulos, G. (1990), **Why Educational Policies Can Fail: An overview of selected African experiences**, World Bank Discussion Papers Africa Technical Department Series, Washington, D. C.: The World Bank.

Quist, H. O. (2001), 'Cultural issues in secondary education development in West Africa: away from colonial survivals, towards neocolonial influences?', **Comparative Education**, Vol. 37, No. 3, pp. 297-314.

Raab, C. D. (1993), 'Education and the impact of the New Right', in G. Jordan & N. Ashford(eds.) (1993), **Public Policy and the Impact of the New Right**, pp. 230-250, London: Pinter Publisher.

Rassool, N. (1993), 'Post-Fordism? Technology and new forms of control: the case of technology in the curriculum', **British Journal of Sociology of Education**, Vol. 14, No. 3, pp. 227-244.

Reynolds, D. (1998), 'Schooling for literacy: a review of research on teacher effectiveness and school effectiveness and its implications for contemporary educational policies', **Educational Review**, Vol. 50, No. 2, pp. 147-162.

Roberts, N. C. and King P. J. (1996), **Transforming Public Policy: Dynamics of Policy Entrepreneurship and Innovation**, San Francisco: Jossey-Bass.

Roland, R. (1992), **Globalization: Social Theory and Global Culture**, London: Sage.

Rondinelli, D. (1999), 'What is decentralization? ', in J. Litvack and J. Seddon (eds.)(1999), **Decentralization Briefing Note**s, pp. 2-5.

Rustin, M. (1994), 'Flexibility in higher education', in R. Burrows & B. Loader (eds.) (1994), **Towards a Post-Fordist Welfare State?**, pp. 177-202, London: Routledge.

Sabel, C. F. (1994), 'Flexible specialization and the re-emergence of regional economics', in A. Amin (ed.) (1994a), **Post-Fordism: a reader**, pp. 101-156, Oxford: Blackwell.

Said, E. W. (1995), **Orientalism**, London: Penguin.

Said, E. W. (1999), **Out of Place: a memoir**, N.Y.: Vintage Books.

Schutz, A. (2004), 'Rethinking domination and resistance: Challenging postmodernism', **Educational Researcher**, Vo. 33, No. 1, pp. 15-23.

Schwarz, H. & Ray, S. (eds.), **A Companion to Postcolonial Studies**, Oxford: Blackwell.

Shoup, B. (2000-01), 'Public policy position: what are departmeny seeking?', **Policy Currents**, Vol. 10, No. 4, pp. 20-21.

Silver, H. (1990), **Education, Change and the Policy Process**, London: Falmer.

Slavin, R. (2004), 'Education research can and must address" What Works" questions', **Educational Researcher**, Vol. 33, No. 1, pp. 27-28.

Slavin, R. E. (1990), 'On makinga difference', **Educational Researcher**, April, 1990, pp. 30-34.

Snick, A. & Munter, A. De (1999), **Women in Educational Policy-Making**, Leuven, Belgium: Leuven University Press.

Stanley, L. and Wise, S. (1993), **Breaking out Again: Feminist Ontology and Epistemology**, London: Routledge.

Stemback, A. and David, M. (2005), 'Feminist theory and educational policy: How gender has been "involved" in family school choice debates, **Journal of Women in Culture and Society**, Vol. 30, No. 2., pp. 1633-58.

Stevenson, D. L. (2000), 'The Fit and Misfit of Sociological Research and

Educational Policy', in M. T. Hallinan (ed.), **Handbook of the Sociology of Education**, pp.547-563, London: Kluwer Academic/Plenum Publishes.

Strain, M., Dennison, B., Ouston, J. and Hall, V. (eds.) (1998), **Policy, Leadership & Professional Knowledge in Education**, London: Paul Chapman Publishing.

Stromquist, N. P. (2000), **Education in a Globalized World: The connectivity of economic power, technology, and knowledge**, Oxford: Rowman & Littlefield.

Stromquist, N. P. and Monkman, K. (eds.) (2000), **Globalization and Education: Integration and contestation across cultures**, Oxford: Rowman & Littlefield.

Suárez-Orozco, M. M. and Qin-Hilliard, D. B. (eds.) (2004), **Globalization: culture and education in the new millennium**, London: University of California Press.

Sumner, C. (1979), **Reading Ideologies: An investigation into the Marxist theory of ideology and law,** London: Academic Press.

Sutton, M. and Levinson, B. A. U. (eds.) (2001), **Policy as Practice: Toward a Comparative Sociocultural Analysis of Educational Policy**, London: Ablex.

Swann, D. (1993), 'Privatisation, deregulation and the New Right', in in G. Jordan & N. Ashford (eds.) (1993), **Public Policy and the Impact of the New Right**, pp. 120-143, London: Pinter Publisher.

Taylor, S.; Rizvi, F.; Lingard, B. and Henry, M. (1997), **Educational Policy and the Politics of Change**, London: Routledge.

Thomas, S. (2004), 'Reconfiguring the public sphere: implications for analysis of educational policy', **British Journal of Educational Studies**, Vol. 52, No. 3, pp. 228-248.

Thompson, J. B. (1984), **Studies in the Theory of Ideology**, Cambridge:

Polity.

Thompson, J. B. (1990), **Ideology and Modern Culture：Critical social theory in the era of mass communication**, Stanford, California: Stanford University Press.

Tikly, (2001), 'Globalisation and education in the postcolonial world: towards a conceptual framework', **Comparative Education**, Vol. 37, No. 2, pp. 151-171.

Torres, C. A. and Mitchell, T. R. (eds.) (1998), **Sociology of Education: Emerging Perspectives**, NY: State University of New York Press.

Torres, C. znd Mitchell, T. R. (1998), 'Introduction', in C. A. Torres and T. R. Mitchell(eds.) (1998), **Sociology of Education: Emerging Perspectives**, pp. 1-18, NY: State University of New York Press.

Torress, C. A. and Antikainen (eds.)(2003b), 'Introduction to a sociology of education: old dilemmas in a new century?', in C. A. Torress and Antikainen, A. (eds.)(2003a), **The International Handbook on the Sociology of Education： An international assessment of new research and theory**, pp. 1-20, Oxford: Rowman & Littlefield.

Torress, C. A. and Antikainen, A. (eds.)(2003a), **The International Handbook on the Sociology of Education： An international assessment of new research and theory**, Oxford: Rowman & Littlefield.

Tritter, J. (1995), 'The context of educational policy research: changed constraints, new methodologies and ethical complexities', **British of Journal of Sociology of Education**, Vol. 16, Iss. 3, pp. 419-431.

Trowler, P. (2004), 'Policy and change: academic development units and the Bologna Declaration', **International Journal for Academic Development**, pp. 195-200.

UNESCO (n. d.), **Unesco and Education: Institutes and Centres**, Paris: Unesco.

Usher, R. & Edwards, R. (1994), **Postmodernism and Education**, London: Routledge.

Vallas, S. P. (1999), 'Rethinking post-Fordism; the meaning of workplace flexibility', **Sociological Theory**, Vol. 17, No. 1, pp. 68-101.

Viswanathan, G. (ed.)(2001), **Power, Politics, and Culture: Interviews with Edward W. Said**, N.Y.: Vintage Books.

Vulliamy, G. (2004), 'The impact of globalization on qualitative research in comparative and international education', **Compare**, Vol. 34, No. 3, pp. 261-284.

Walker, S. & Barton, L.(eds.)(1987), **Changing Policies, Changing Teachers: new directions for schooling?**, Milton Keynes: Open University Press.

Welsh, D. (1993), 'The New Right as ideology', in in Jordan, G. & Ashford, N. (eds.) (1993), **Public Policy and the Impact of the New Right**, pp. 46-58, London: Pinter Publisher.

Weng, Fwu-Yuan (1996), **The Reform of Secondary Education Policy in Taiwan 1945-1995**, Doctoral Thesis, Department of Sociological Studies, University of Sheffield (Unpublished).

White, M. J. (1983), 'Policy analysis and Management science', in S. S. Nagel (ed.) (1983), **Encyclopedia of Policy Studies**, pp. 11-41, New York: Marcel Dekker.

Whitty, G. (1997b),'Social theory and education policy: the legacy of Karl Mannheim', **British Journal of Sociology of Education**, Vol. 18, No. 2, pp. 149-163.

Whitty, G.(1997a),'Education policy and the sociology of education', **International Studies in Sociology of Education,** Vol.7, No. 2, pp. 121-135.

Whitty, G. (2002), **Making Sense of Education Policy: Studies in the sociology and politics of education**, London: Paul Chapman

Publishing.

Wiersma, W. (1995), **Research Methods in Education: An introduction**, 6th ed., London: Allyn and Bacon.

Wishart, D. & Lashua, B. (2006), 'Popular media, critical pedagogy, and inner city youth', **Canadian Journal of Education**, Vol. 29, No. 1, pp. 244-264.

Wolfe, P. (1997), 'Review: history and imperialism: a century of theory, from Marx to postcolonialism', **The American Historical Review**, Vol. 102, No. 2, pp. 388-420.

World Bank (1990), **PRE Working Papers Catalog of Numbers 1 to 400, Abstracts**, Washington, D. C. : The World Bank.

World Bank (1991a), **PRE Working Paper Series Numbers 667 to 722, Abstracts**, Washington, D. C. : The World Bank.

World Bank (1991b), **PRE Working Paper Series Number 723 to 761, Abstracts,** Washington, D. C. : The World Bank.

World Bank (1995), **Priorities and Strategies for Education: A World Bank Review**, Washington, D. C.: World Bank.

World Bank (2001), **Policy Research Working Paper Series Numbers 2680- 2753, Abstracts,** Washington, D. C. : The World Bank.

World Bank (2002), **Policy Research Working Paper Series Number 2883-2933, Abstracts,** Washington, D. C. : The World Bank.

World Bank (2004), **Policy Research Working Paper Series Number 3399-3468, Abstracts,** Washington, D. C. : The World Bank.

World Bank (2005), **Policy Research Working Paper Series Number 3469-3539, Abstracts,** Washington, D. C. : The World Bank.

Young, M. F. D. (2004), 'An old problem in a new context: rethinking the relationship between sociology and educational policy', **International Studies in Sociology of Education** , Vol. 14, No. 1, pp.3-20.

Young, R. J. C. (2003), **Postcolonialism: A very short introduction**, Oxford: Oxford University Press.

Ziegler, S. (1998), 'Research in focus: sharing the woe: problems in doing and using educational research', **Education Canada** (Toronto), Vol. 38, No. 3, pp. 34-38.

Žižek, S. (ed.)(1994), **Mapping Ideology**, London: Verso.

Shilling, C. (1993), 'The demise of sociology of education in Britain', **British Journal of Sociology of Education**, Vol. 14, No. 1, pp. 1058-112.

四、網路資料

吳建華（2005/05/12），教育研究與教育決策關係之初探，擷取自：
　　http://student.ed.ntnu.edu.tw/~manboy/1010.doc

姜飛、馮憲光（2004/06/10），馬克思主義與後殖民主義批評，擷取自：
　　http://www.culstudies.com/rendanews/displaynews.asp?id=3127.

師生對立的關係，擷取自：
　　http://myweb.ncku.edu.tw/~alextang/education/10.doc

陶東風（2005/02/25），後殖民主義與女權主義，擷取自：
　　http://www.cnxuexi.com/xiezuo/biyelunwen/3536.html#top.

羅范椒芬(2004)，「全球化與世界公民教育：理念與實踐研討會」開幕典
　　禮致辭全文（二零零四年二月七日，星期六），擷取自：
　　http://www.emb.gov.hk/index.aspx?nodeID=134&langno=2&UID=101
　　044.

Post-Fordism，擷取自：http://www.answers.com/topic/post-fordism

附　錄

附錄一　國內外主要之政策研究機構和智庫名錄[1]

※ 國內部份 ※

工業技術研究院

財團法人工業技術研究院，簡稱工研院。是政府立法設置的工業技術應用研究機構，成立於 1973 年。工研院是一個具有多重產業技術領域的應用研究機構，致力於研究發展、產業服務等工作，並配合政府推動產業科技政策，以培養我國產業科技實力促進產業發展。
TEL：(03)5918135
FAX：(03)5820200
Mail：761182@itri.org.tw
Address ：〔310〕新竹縣竹東鎮中興路 4 段 195 號

資訊工業策進會

民國 68 年在經濟部推動下，由政府及企業共同捐資，成立財團法人資訊工業策進會。希望藉 此一非營利組織，發揮民營企業之彈性及靈活性，吸引海內外人才，協助政府發展資訊產業，促進資訊應用，提昇各行各業之競爭力。
TEL：27377111
FAX：27377113
Mail：master@iii.org.tw
Address ：〔106〕台北市和平東路 2 段 106 號 11 樓

中國生產力中心

民國 40 年初，由各公民營工商企業 50 單位共同捐助，於民國 44 年 11 月 11 日成立「財團法人中國生產力中心」，英文名稱爲 China Productivity Center，簡稱 CPC，其主要使命在協助企業提高生產力。是隸屬於經濟部的財團法人組織，也是華人最早成立、最具專業能力與規模最大的經

---

[1] 此分名錄是根據行政院研考會網站之資料整理而成。

營管理顧問機構。
TEL：26982989
FAX：26982976
Mail：customer@cpc.org.tw
Address ：〔221〕台北縣汐止市新台五路1段79號C棟2樓

財團法人中華工商研究院

財團法人中華工商研究院《英文名稱:China Industrial & Commercial
Research Institute (Consortium Juridical Person Corporation)》簡稱
"CICR"。70年10月依據「學術研究機構設立辦法」，取得最高教育主機
關教育部之同意，於同年12月4日由教育部許可設立，係國內經教育
主管核准設立之「學術研究機構」。
目前與國內、外學術研究機構進行固定之各種研究及技術交流，致力於
21世紀智識經濟最重之智慧財產權研究暨企業相關之經營管理、市場行
銷、稅務會計、工商鑑定及檢測等研究，藉以輔導企業營運規劃以及協
助企業內部之人材培訓，而成為國內企業暨政府行政機構、司法機構不
可缺之e時代知識經濟智庫。
TEL：23891838
FAX：23890283
Mail：cicripc@ms54.hinet.net
Address：〔104〕台北市南京東路1段16號4樓

中華經濟研究院

由政府撥款及工商界捐助，以財團法人方式，成立獨立之研究機構；網
羅國內外學者專家，研究國內外經濟情勢，備供政府諮詢參考。案經決
定後，乃由行政院指示經濟建設委員會輔導策劃。並將此一構想中之經
濟研究機構，定名為「中華經濟研究院」。
TEL：27356006
FAX：27356035
Address：〔106〕台北市大安區長興街75號

台灣智庫

成立於2001年12月30日，台灣智庫的研究重點如下： (一)推動政府
改造與國會改革，讓政府更民主、更有績效、更獲人民信任；(二) 提出
切合實際需要的財經與科技政策，提昇台灣的國際競爭力；(三) 完善台
灣的社會安全體系與勞動體制，尤其是對日愈嚴重的就業與退休問題提

出有效辦法；(四)因應加入 WTO 之後的國際政經形勢，研擬確保台灣長期利益的各種方案；(五)針對中共十六大前後的人事變化與政策走向進行深入考察，並提出因應對策；及(六)檢討台灣與美、日等亞太國家的交往現況，撰寫加強美、日、台戰略關係的政策白皮書 。TEL：23706987
FAX：23706994
Mail：info@taiwanthinktank.org
Address：〔100〕台北市愛國西路 9 號 8 樓

台灣經濟研究院

台灣經濟研究院之前身為財團法人台灣經濟研究基金會下設立之台灣經濟研究所，成立之宗旨在積極從事國內、外經濟及產業經濟之研究，並將研究成果提供政府、企業及學術界參考，以促進我國經濟發展。
TEL：25865000
FAX：25868855
Mail：service@tier.org.tw
Address：〔104〕台北市德惠街 16-8 號 7 樓

台灣經濟發展研究院

本院為非營利之全國性公益財團法人，成立宗旨為響應國家發展政策，以推行研究經濟問題，培養經濟發展研究人才為目的。協助政府、公私立企業、社會各界改進相關之經濟技術、並接受委託服務相關事項。
TEL：27633843
FAX：27613410
Mail：tedr@ms23.hinet.net
Address：〔105〕台北市南京東路 5 段 296 號 12 樓

台灣營建研究院

台灣營建研究院以推動有關營建技術與管理方面之研究為宗旨，並致力於聚合產業界、政府與學術界之力量，從事改善國內營建環境及提昇國內營建技術水準之研究發展，開創營建業新的局面，俾進一步加強對世界營建市場之競爭能力。
TEL：29121323
FAX：29113541
Mail：tcrims1@tcri.org.tw
Address：〔231〕台北縣新店市中興路 2 段 190 號 11 樓

台灣綜合研究院

台綜院成立於 1994 年，研究經費主要來自於國內外公民營單位及政府機構。主要提供政治、財經、企業管理、社會、文化、科技及戰略安全等綜合性議題研究。

TEL：88095688

FAX：88095321

Mail：admin@tri.org.tw

Address：〔251〕台北縣淡水鎮中正東路 2 段 27 號 29 樓

國策研究院

是國內第一個完全由民間出資成立的公共政策研究機構。作為一個超黨派的民間智庫，「國策中心」在成立之初，即揭櫫促進民主憲政、提倡自由均富經濟體制、重整社會倫理道德，與努力提升國際地位等四大宗旨。

TEL：25115009

FAX：25605536

Mail：inprpd@ms8.hinet.net

Address：〔104〕台北市松江路 238 號 5 樓

群策會

李前總統登輝先生為了持續推動他過去所致力的民主化、本土化的改革，於 2001 年 12 月間號召台灣社會有志之士成立「群策會」，盼藉此凝聚並發揮民間力量，深化台灣民主、提昇台灣主體意識。群策會成立宗旨為維護國家主體，引領民主自由，落實台灣優先，促進政治穩定，振興經濟發展　。

TEL：28084777

FAX：28087779

Address：〔251〕台北縣淡水鎮中正東路 2 段 27 號 30 號

台灣發展研究院

財團法人台灣發展研究院（Taiwan Development Institute），簡稱「台研院」（TDI），成立於民國 81 年，透過研究規畫、顧問諮詢、教育訓練等方式，為中部各機關社團服務，以激發並提昇中部的學術研究風氣和文化水準。以民間「財團法人」身份，本諸「非牟利」立場，從事研發、諮詢與訓練工作。現有 16 個研究所、4 個研究中心、附設職業訓練中心及技能檢定術科合格場地。

TEL：04-23594499
FAX：04-23594599
Mail：tdi.kwm@msa.hinet.net
Address：〔407〕台中市工業區一路 2 巷 3 號 11 樓

台灣金融研訓院

89 年 3 月 14 日設立，由金融人員研訓中心與金融財務研訓中心改組而成。主要目的為推廣金融教育及研究，提升專業素質，以促成金融業務現代化。
TEL：33435252
FAX：23936924
Address：[100]台北市中正區濟南路 2 段 39 號 4 樓

台灣新世紀文教基金會

由各委員會的學者專家，分由不同領域，從政府執行各項政治、民主、社會、經濟、外交、國防等各項公共政策的過程中，藉由理論與實務的探討，發揮民間智庫應有的監督功能，一方面並從事文化教育活動，研究推動公共政策，以促進台灣的建設發展。
TEL：2570-8311
FAX：2578-9673
Mail：taiwan.ncf@msa.hinet.net
Address：〔104〕台北市南京東路 4 段 186 號 12 樓之 3

亞太綜合研究院

財團法人亞太綜合研究院設立之目的在促進臺灣地區之人文、社會、財經、法律、醫療以及科技之綜合發展，結合產官學之智慧，從事研究，以期建立公平及有秩序之經濟法制，並配合臺灣南向政策及加強海峽兩岸關係，推動鄰近地區之認知，以臺灣經濟發展之經驗及資力，加速協助亞太地區之發展及交流。
TEL：23683688
FAX：23643624
Mail：aprf9207@ms5.hinet.net
Address：〔806〕高雄市民權二路 8 號 25 樓
　　　　　臺北辦事處：〔106〕臺北市和平東路 1 段 216 號 10 樓

環球經濟社

創設於 1974 年，以公共政策爲基石，進行經濟、管理、法制、投資、環境及產業等科技整合的專業財經研究法人。目前擁有專職專業研究人員 25 人、博士 7 人、碩士 9 人，長期提供專業研究、分析、規劃、評估、諮詢建議及顧問等服務。

TEL：87738878

FAX：87734855

Mail：webmaster@wes-ngo.org

Address：〔105〕台北市敦化北路 50 巷 23 號

政大選舉研究中心

自民國 70 年始，雷飛龍、荊知仁等多位政治學界教授逐奔走於學校與教育部之間，爭取選舉研究中心的設立 。目的在推動我國及國際間有關選舉的研究，並提供具體建議。

TEL：29384574

FAX：29384094

Mail：esc@nccu.edu.tw

Address：〔116〕台北市文山區指南路 2 段 64 號

中央研究院

設立於 1928 年，爲中華民國學術研究最高機關，其任務有三，一爲人文及科學研究；二爲指導、聯絡及獎勵學術研究；三爲培養高級學術研究人才。

TEL：27822120 ～ 27822129

Mail：service@gate.sinica.edu.tw

Address：〔115〕台北市南港區研究院路 2 段 128 號

台灣政治學會

爲依法設立、非以營利爲目的之社會團體，以推動台灣政治學專業研究爲宗旨。本會超黨派、族群、宗教、性別。本會積極維護會員政治學專業研究的學術自由與意見表達自由。

TEL：29393091-51664

FAX：86615595

Mail：neds5103@nccu.edu.tw

Address：〔804〕高雄市鼓山區蓮海路 70 號 國立中山大學政治學研究所

亞太公共事務論壇

亞太公共事務論壇(Asia-Pacific Public Affairs Forum)簡稱 APPAF，是結合亞太各國學術界、具影響力之退休政治人物及民間組織的非官方(NGOs)、非營利機構；針對亞太相關公共事務提供開放性、多元性、非官方性的對話場合。

TEL：07-2274736
FAX：07-2272559
Mail：appaf@mail.nsysu.edu.tw
Address：〔800〕高雄市新興區中正三路 55 號 18 樓之 2

※ 國外部份 ※

Adam Smith Institute Adam Smith Institute: International Division
Alexis de Tocqueville Institution
Allegheny Institute
Annenberg Public Policy Center
Anser Institute for Homeland Security
Applied Research Center
Australia Institute
Belcher Foundation
Berne Declaration
Brookings Institution
Computer Ethics Institut
C.D. Howe Institute
Canadian Policy Research Networks（CPRN）
Carnegie Endowment for International Peace
Cato Institute
Center for an Urban Future
Center for Freedom and Prosperity
Center for Impact Research
Center for International Policy
Center for Strategic and International Studies (CSIS)
Center for the New West
Center for the Study of Compassionate Conservatism
Center for the Study of the Presidency
Center of the American Experiment
Center on Budget and Policy Priorities
Centre for Democracy and Development
Centre for European Policy Studies (CEPS)
Centre for Policy Studies
Centre for Population, Poverty and Public Policy Studies
Commonweal Institute
Competitive Enterprise Institute
The Development Group for Alternative Policies (The Development GAP)
Economic Policy Institute
European Policy Centre
Federal Trust
Fraser Institute
Global Public Policy Networks

Heritage Foundatio
Hoover Institution
Hudson Institute
Independence Institute
Independent Institute
Institute for Advanced Strategic and Political Studies
Institute for International Policy Studies (IIPS)
Institute for Media,Policy and Civil Society (IMPACS)
Institute for Policy Innovation
Institute for Policy Studies
Foreign Policy In Focus
Institute for Public Accuracy
Institute for Public Policy and Social Research
Institute for Public Policy Research (IPPR)
Institute for Socioeconomic Studies
Institute of Policy Studies
Institute on Religion and Public Policy
Institution for Social and Policy Studies at Yale University
James A. Baker III Institute for Public Policy
James Madison Institute
Japanese National Institute for Research Advancement(綜合研究開發機構)
John Stuart Mill Institute
Johns Hopkins University Institute for Policy Studies
Joint Center for Political and Economic Studies
Lexington Institute
Manhattan Institute for Policy Research
Matsushita Institute of Government and Management(松下政經塾)
National Center for Policy Analysis (NCPA)
New America Foundation
Pacific Research Institute for Public Policy
Palestinian Center for Policy and Survey Research (PSR)
Phoenix Center
Political Economy Research Center
RAND RAND Science and Technology Policy Institute
Reason Public Policy Institute (RPPI)
Regulatory Policy Institute (RPI)
Social and Economic Policy Institute(社會經濟政策研究)
Thailand Development Research Institute
Tomas Rivera Policy Institute

附錄二　UNESCO Fifty Years for Education: Milestones
MILESTONES

- **1912** Creation of the 'Institut Jean-Jacques Rousseau'
- **1925** (18 Dec.) IBE created as a private Swiss association
- **1926** First issue of Educational Documentation and Information published
- **1929** IBE becomes an intergovernmental organization
- **1930** First meeting of the IBE Council
- **1933** Publication of the International Yearbook on Education
- **1934** First session of the International Conference on Public Education
- **1945** Signature in London of the Constitution of UNESCO, the 'Final Act' and the Instrument establishing the Preparatory Commission
- **1946** Resolution on the revision of textbooks, UNESCO General Conference, Paris
- **1946** France, Norway, Poland, the United Kingdom and the United States create National Commissions for UNESCO
- **1946** First Session of the General Conference of UNESCO, Paris, November/December
- **1946** Julian Huxley (United Kingdom), first Director-General of UNESCO
- **1946** Creation of the Fundamental Education Committee whose report, Fundamental Education: Common Ground for All Peoples, was published the following year
- **1946** A Commission on the Status of Women set up by the United Nations
- **1947** The International Conference on Public Education is convened jointly by IBE and UNESCO
- **1947** Mission on fundamental education, China
- **1947** Second session of the General Conference, Mexico City. The Eighth session would be held in Montevideo in 1954

- **1947** Creation of the Temporary International Council for Educational Reconstruction (TICER)
- **1947** Publication of The Book of Needs
- **1947** Publication of Universities in Need
- **1947** Seminar on international understanding at school in Sèvres, France
- **1947** Co-operation with the allied authorities to promote UNESCO's ideals in Germany
- **1947** Regional conferences on fundamental education at Nankin (China) and Mexico City (just before the Second Session of the General Conference of UNESCO)
- **1947** Meeting in Paris of the Committee on Educational Statistics, the creation of which was recommended by the UNESCO Preparatory Commission
- **1948** Universal Declaration of Human Rights, United Nations General Assembly, Paris
- **1948** Xth volume of the International Yearbook of Education published jointly by UNESCO and IBE
- **1948** Preparatory Conference of Representatives of Universities, Utrecht, The Netherlands
- **1948** Formulation of an action programme for fundamental education
- **1948** The first educational radio programmes produced with UNESCO's participation: Colombia (1948), Iran and Pakistan (1953)
- **1948** Agreement for facilitating the international circulation of visual and auditory materials of an educational, scientific and cultural character, UNESCO, Beirut
- **1948** Assistance to science teachers
- **1948** Publication of Suggestions for Science Teachers in Devastated Countries

- **1948** UNESCO supports the creation of the International Union for the Protection of Nature (IUPN)
- **1948** Recommendation No. 24 'The Development of International Understanding among Young People and Teaching about International Organizations', International Conference on Public Education, IBE, Geneva
- **1949** Framework for the improvement of history and geography textbooks
- **1949** Pilot Project for Fundamental Education in the Marbial Valley, Haiti
- **1949** International Conference on Adult Education, Elsinore, Denmark
- **1949** An Advisory Committee on the Unification of Braille set up by UNESCO
- **1949** Pilot projects launched in the field of literacy
- **1949** Regional seminars on literacy education and adult education in Brazil and in India, at Mysore
- **1949** First Conference of Women's Non-Governmental Organizations, Paris
- **1949** Norman McLaren produces filmstrips drawn directly on film for health education in China
- **1949** International technical conference for the protection of nature, organized in co-operation with the International Union for the Protection of Nature (IUPN)
- **1950** First series of seminars on the mutual revision of textbooks
- **1950** The UNESCO/UNRWA Programme to provide education to Palestinian refugees begins
- **1950** First Conference of NGOs approved for consultative status with UNESCO, Florence, Italy
- **1950** Inter-American Seminar on Primary Education, UNESCO/OAS, Montevideo

- **1950** Training course on adult education, Mondsee, Austria
- **1950** International Conference on the Unification of Braille, Paris
- **1950** International Association of Universities (IAU) created, Paris
- **1950** Establishment of a service of statistics in UNESCO and constitution of an expert committee for the standardization of school statistics
- **1950** Etablishment of the Kalinga Prize for the Popularization of Science
- **1950-1957** Participation in the activities of UNKRA
- **1950-1965** UNESCO Youth Institute, Gauting, Germany
- **1951** Creation of the UNESCO Institute for Education (UIE) in Hamburg, Germany
- **1951** Creation of the Basic Education Centre, Klay, Liberia
- **1951** Creation of CREFAL, Latin American Fundamental Education Centre, Patzcuaro, Mexico
- **1951** The 14th International Conference on Public Education, IBE, Geneva, recommends the drawing up of plans for the universal provision of compulsory education
- **1951** UNESCO Regional Conferences on the Unification of Braille (Beirut, Montevideo)
- **1951** Launching the Programme on Arid Zones
- **1952** Broadening the scope of the co-operative agreement between UNESCO and IBE
- **1952** Institutionalization of relations between UNESCO and IBE
- **1952** Setting up a Joint Commission UNESCO/IBE
- **1952** Regional Conference on Free and Compulsory Education in South Asia and the Pacific, Bombay
- **1952** ASFEC – Arab States Fundamental Education Centre created at Sirs-el-Layyan (Egypt) (Brochure, page 100, 122)

- **1952** Recommendation on Access of Women to Education, International Conference on Public Education, IBE, Geneva
- **1952** The World Braille Council created under the auspices of UNESCO
- **1952** A pilot training centre for rural education teachers in Ubol (Thailand), and a pilot teacher-training college in Lafond (Haiti) created
- **1952-1953** International Workers' Education Centre, La Brévière, France
- **1952-1956** Regional conferences on compulsory and free education, Bombay, Cairo, Lima
- **1952-1962** Annual publication of Basic Facts and Figures
- **1953** International Expert Meeting and creation of the Associated Schools Project
- **1953** International Conference on the Place and the Role of Music in the Education of Young People and Adults, Brussels
- **1953** International Conference on Public Education, 16th session on the theme 'Primary Teacher-Training', IBE, Geneva
- **1953** Messina training course on the production of educational films and filmstrips
- **1954** Conference on Free and Compulsory Education in the Arab Countries of the Middle East, Cairo
- **1954** An International Convention on the Political Rights of Women comes into force, initially ratified by twenty countries
- **1954** International Conference on Public Education, 17th session on the theme 'Secondary Teacher-Training', IBE, Geneva
- **1954** International Conference of Educational Television Programme Producers in conjunction with the BBC, London
- **1954** The memorandum on collaboration between ILO and UNESCO gives UNESCO responsibility for technical and vocational education and ILO responsibility for technical and vocational training

- **1955** International Review of Education launched
- **1955** Creation of an International Institute of Child Psychology in Bangkok
- **1955-1960** Curriculum Consultative Committee
- **1955-1966** Summer universities for young teachers from countries in Europe
- **1955-1972** Publication of the five volumes of the World Survey of Education
- **1956** Simultaneous sessions of the UNESCO Regional Conference on Free and Compulsory Education in Latin America (MINEDLAC I) and the Second Inter-American Meeting of Ministers of Education of OAS, Lima
- **1956** Programme of aid to Hungarian refugees
- **1956** Regional seminars on curriculum development, Geneva, Lima, Karachi
- **1956** International Conference on Educational Research, Atlantic City, United States
- **1956** First European Regional Seminar for the representatives of the Associated Schools Project, UIE, Hamburg, Germany
- **1956-1965** First Major Project on the Extension and Improvement of Primary Education in Latin America
- **1957** South Africa withdraws from UNESCO (returns in 1994),
- **1957** Establishment of a Co-ordination Unit for the Major Project at the Havana Office
- **1957** Conference on Technical and Vocational training in the Arab Countries of the Middle East, ILO/UNESCO/the Arab League, Cairo
- **1957** The launching of Sputnik I resulted in Western countries in a dramatic increase in funding for science programmes, and a concentration on education in the basic sciences

- **1957** Major Project on Scientific Research on Arid Lands
- **1958** Inter-American Training Seminar on Overall Planning for Education, UNESCO/OAS, Washington
- **1958** First Regional Conference of National Commissions of the Arab States, Fez, Morocco
- **1958** The General Conference of UNESCO adopts the Recommendation concerning the International Standardization of Educational Statistics
- **1959** International Symposium on Educational Planning in Relation to Economic and Social Development, IEDES-UNESCO, Paris
- **1959-1961** International project on the evaluation of educational achievement
- **1960** UNESCO and IBE cooperate within the framework of the first Major Project for education in Latin America
- **1960** Meeting of Ministers and Directors of Education of Tropical African Countries, Addis Ababa
- **1960** Meeting on Women's Access to Education in Tropical African Countries, Cotonou
- **1960** Emergency Programme in the Congo-Léopoldville begins
- **1960** Adoption of the Karachi Plan for the Development of Free and Compulsory Primary Education in Asia
- **1960** First Regional Conference of Ministers of Education of Arab States (MINEDARAB I), Beirut
- **1960** Second World Conference on Adult Education (Montreal, Canada) proposes to launch a massive campaign for the eradication of illiteracy
- **1960** Convention and Recommendation Against Discrimination in Education, UNESCO General Conference, Paris

- **1960** Resolution of the Eleventh Session of UNESCO's General Conference, encouraging the development and use of new educational methods and techniques
- **1960-1961** Regional conferences on compulsory education, Karachi, Beirut, Addis Ababa
- **1961** Addis Ababa, First Conference of Ministers of Education in African Member States (MINEDAF I) and Addis Ababa Plan
- **1961** Accra: Establishment of the Regional Centre for Educational Documentation and Research
- **1961** Yaoundé: Establishment of the Textbook and Teaching Materials Production Centre
- **1961** Establishment of four regional centres in Asia and the Pacific: Bangkok: Regional Office for Primary Education, which became the Regional Office for Education (ROEAP) in 1978 and the Principal Regional Office (PROAP) in 1986; Quezon City (Philippines): Asian Institute for the Training of Teacher-Educators; New Delhi: Asian Institute for Educational Planning and Management; Bandung (Indonesia): Regional Centre for Research on School Buildings, transferred to Colombo in 1966
- **1961** Establishment of the Arab States Centre for Advanced Teaching of Educational Personnel (ASCATEP) later to become the Regional Centre for Educational Planning and Management
- **1961-1963** Establishment of regional educational planning centres in Beirut, New Delhi, Santiago and Dakar
- **1961-1964** First secondary teacher-training institutes created with the assistance of UNESCO and the United Nations Special Fund

- **1961-1965** Establishment of a network of training colleges for secondary-school teachers (in 1965: 18 institutions, 3,300 students, 145 experts) in sub-Saharan Africa
- **1962** Khartoum: Establishment of the Khartoum Centre for School Building
- **1962** Kampala: Establishment of regional training centres for primary education personnel
- **1962** Conference on the Development of Higher Education in Africa, Tananarive
- **1962** Meeting of Ministers of Education of African countries participating in the implementation of the Addis Ababa Plan, UNESCO, Paris
- **1962** First Regional Conference of Ministers of Education in Asia and the Pacific (MINEDAP I), Tokyo
- **1962** The Conference of Ministers of Education and those Responsible for Economic Planning in Latin America and the Caribbean, UNESCO/ OAS/CEPAL (MINEDLAC II), Santiago
- **1962** World Congress on the Fight against Illiteracy, Rome
- **1962** International Conference on Youth, Grenoble, France
- **1962** Adoption by the General Conference of UNESCO of the principle of a universal literacy campaign
- **1962** Recommendation concerning Technical and Vocational Education (adopted by the General Conference of UNESCO in 1962, and revised in 1974)
- **1962** Launching the bulletin International Understanding at School
- **1963** Creation of the International Institute for Educational Planning (IIEP), Paris
- **1963** Creation of OREALC, UNESCO Regional Office for Education in Latin America and the Caribbean, Santiago

- **1963** Creation of CONESCAL, School Building Centre for Latin America and the Caribbean, Mexico City
- **1963** Creation of an International Committee of Experts on Literacy (1963-1966) and then the International Consultative Committee for Illiteracy (1966-1974)
- **1963** First project for the education of African women, financed by Sweden, begins
- **1963** Publication of the UNESCO Statistical Yearbook
- **1963** Latin America, regional pilot project for basic sciences (physics) at secondary level
- **1963** International Meeting on the occasion of the Tenth Anniversary of the Associated Schools Project, Sèvres, France
- **1964** Abidjan, Second Conference of Ministers of Education in African Member States (MINEDAF II)
- **1964** Regional Conference of African Ministers Responsible for the Application of Science and Technology to Development, CASTAFRICA I, Lagos
- **1964** The General Conference of UNESCO adopts a Declaration on the Eradication of Illiteracy during the United Nations Development Decade (1962-1971)
- **1964** UNESCO-World Bank co-operation programme begins
- **1964** ILO creates an International Centre for Technical and Vocational Education in Turin, Italy, with which UNESCO co-operates since
- **1964-1975** Regular exchange of experiences between National Directors and Chief Technical Advisers about educational personnel training projects
- **1965** First IIEP annual training programme
- **1965** Revision of the UIE statutes

- **1965** Creation of the Regional Office for Science and Technology for Africa (ROSTA), Nairobi
- **1965** Creation of regional literacy centres: Ibadan (Nigeria), African Institute of Adult Education; Nairobi, East African Literacy Centre
- **1965** Second Regional Conference of Ministers of Education in Asia and the Pacific (MINEDAP II), Bangkok
- **1965** The World Conference of Ministers of Education on the Eradication of Illiteracy defines the concept of 'functional literacy', Tehran
- **1965** International Conference on Public Education addresses a recommendation (No. 58) to Ministers of Education on literacy and adult education, IBE, Geneva
- **1965** Beginnings of UNESCO's special education programme
- **1965** Meeting on the use of space communication for educational purposes, UNESCO, Paris
- **1965** Asia, regional pilot project for basic sciences (chemistry) at secondary level
- **1966** Dakar: Educational Planning Section. Becoming the Regional Office for Education in Africa (BREDA) in 1970
- **1966** Conference of Ministers of Education and those Responsible for Economic Planning in the Countries of Latin America and the Caribbean (MINEDLAC III), UNESCO/CEPAL, Buenos Aires
- **1966** Second Regional Conference of Ministers of Education of Arab States (MINEDARAB II), Tripoli
- **1966** Establishment of an inter-agency co-ordination mechanism, within the United Nations System, concerning the rehabilitation of the disabled
- **1966** A Special Intergovernmental Conference adopts the Joint UNESCO-ILO Recommendation on the Status of Teachers
- **1966** Meeting on Higher Education and Development, San José

- **1967** International Conference on the World Crisis in Education, Federal Government-IIEP, Williamsburg, Virginia, United States
- **1967** 'Fundamentals of Educational Planning' series launched by IIEP
- **1967** Biology teaching pilot project, Cape Coast, Ghana
- **1967** UNESCO-NIER educational research programme in Asia, Tokyo
- **1967** Conference of Ministers of Education of European Member States of UNESCO on Access to Higher Education (MINEDEUROPE I), Vienna
- **1967** First four EWLP projects launched
- **1967** 8 September, first International Literacy Day, literacy prizes awarded
- **1967** First rural teacher-training college in Yaoundé (Cameroon) launched; others followed, notably in Ethiopia, Liberia, Niger, Peru and Sierra Leone
- **1967** Africa, regional pilot project for basic sciences (biology) at secondary level
- **1967** Elaboration of a ten-year plan to introduce population questions into school curricula, Executive Board of UNESCO, Paris
- **1967-1973** Experimental World Literacy Programme (EWLP)
- **1968** Recommendation on Education for International Understanding as an integral part of the curriculum and life of the school, IBE, Geneva
- **1968** Agreement integrating IBE into UNESCO
- **1968** Nairobi, Third Conference of Ministers of Education in African Member States (MINEDAF III)
- **1968** Agreement with the European Centre for Leisure and Education, Prague
- **1968** Establishment of a Fund made up from voluntary contributions for the first special education programme for handicapped children and youth
- **1968** Conference of Ministers of Education and those Responsible for the Promotion of Science and Technology in relation to Development in Africa, Nairobi

- **1968** International Conference on Educational Planning, UNESCO, Paris
- **1968** Introduction by UNESCO of the Integrated Science Teaching Programme
- **1968** First UNESCO population education programmes: India, Dominican Republic
- **1968** The 'MAB' (Man and Biosphere) programme launched
- **1968** Resolution 1.241 adopted by the Fifteenth Session of the General Conference of UNESCO inviting the Director-General to set up an intersectoral programme on population
- **1968-1969** Training courses for specialists in special education, Elsinore, Denmark
- **1968-1972** SOLEP Seminars for young educational researchers
- **1968-1978** Support to the International Institute for Adult Literacy Methods, Tehran
- **1968-1981** Programme for Educational Television (PETV), Côte d'Ivoire
- **1969** IBE becomes an integral part of UNESCO
- **1969** Publication of Qualitative Aspects of Educational Planning
- **1969** Regional training course on rural primary education, Beirut
- **1969** Founding of the Open University in the United Kingdom, the first university solely for distance education
- **1969** Arab States, regional pilot project for basic sciences (mathematics) at secondary level
- **1969** United Nations Fund for Population Activities (UNFPA) set up
- **1970** The International Conference on Public Education becomes the International Conference on Education and is held every two years
- **1970** Creation of the Regional Office for Education in Africa (BREDA), Dakar

- **1970** Third Regional Conference of Ministers of Education of Arab States (MINEDARAB III), Marrakech
- **1970** The Arab League creates ALECSO
- **1970** Conference of Ministers of European Member States responsible for Science Policy (MINESPOL I), UNESCO, Paris
- **1970** Publication of Education for Handicapped Children?, UNESCO
- **1970** Launching of major educational radio and television projects (Senegal, Côte d'Ivoire, Thailand, India, Haiti)
- **1970** World Congress on Computers in Education, organized by UNESCO and IFIP, Amsterdam
- **1970** Adoption of a programme of education to fight drug abuse, Sixteenth Session of the General Conference of UNESCO, Paris
- **1971** UNESCO-IBE Education Thesaurus published
- **1971** First publication in the IBEDATA collection
- **1971** Third Regional Conference of Ministers of Education in Asia and the Pacific (MINEDAP III), Singapore
- **1971** Creation of ACCU, a centre working in the field of literacy, Tokyo
- **1971** Conference of Ministers of Education and Those Responsible for the Promotion of Science and Technology in Relation to Development in Latin America and the Caribbean, UNESCO/OAS/CEPAL (MINEDLAC IV), Carabellada, Venezuela
- **1971** Computerization of the UNESCO Statistical Data Bank
- **1971** Introduction of Technology as a Component of General Education
- **1972** Lifelong education becomes the main theme of the UNESCO Institute for Education
- **1972** Launching of APEID, Asia and Pacific Programme of Educational Innovation for Development

- **1972** Creation of the European Centre for Higher Education (CEPES), Bucharest
- **1972** Third International Conference on Adult Education, Tokyo
- **1972** Publication by UNESCO of the report Learning to Be
- **1972** Declaration on the use of satellite broadcasting for the free flow of information, the spread of education and greater cultural exchange, adopted by the General Conference of UNESCO
- **1972** United Nations Conference on Human Environment, Stockholm
- **1972** United Nations Environment Programme (UNEP) set up
- **1973** IIEP moves to its new permanent Headquarters
- **1973** Second Conference of Ministers of Education of European Member States of UNESCO, MINEDEUROPE II, Bucharest
- **1973** Creation of the International Council for Adult Education, Toronto, Canada
- **1973** International Meeting of Experts to appraise the Project on the occasion of the twentieth Anniversary of the Associated Schools Project, Lewis, Canada
- **1974** Recommendation concerning Education for International Understanding, Co-operation and Peace and Education relating to Human Rights and Fundamental Freedoms, Paris (updated in 1995)
- **1974** International Education Reporting Service on educational innovations begins work, UNESCO/IBE, Geneva
- **1974** International Conference to adopt the Regional Convention on the Recognition of Studies, Diplomas and Degrees in Higher Education in Latin America and the Caribbean, Mexico City
- **1974** UNESCO-UNICEF Seminar on basic education in East Africa, Nairobi
- **1974** Publication of Education in rural areas

- **1974** Establishment of the United Nations University (UNU), Tokyo
- **1974** World Conference on Population and World Plan of Action, Bucharest
- **1975** International Symposium for Literacy adopts the Declaration of Persepolis (Iran)
- **1975** First United Nations World Conference on Women, Mexico City
- **1975** International Women's Year
- **1975** International Conference on Education, 35th session on the theme 'The Changing Role of the Teacher and its Influence on Preparation for the Profession and on In-service Training', adoption of Recommendation No. 69
- **1975** International Standard Classification of Education (ISCED) adopted by the International Conference on Education (Geneva)
- **1975** International Environmental Education Programme (IEEP) launched
- **1975** International Meeting on Programmes and New Approaches in the Associated Schools Project, UNESCO, Paris
- **1976** First international Conference of Ministers responsible for Physical Education and Sport, Paris
- **1976** Lagos, Fourth Conference of Ministers of Education in African Member States (MINEDAF IV)
- **1976** Conference of Ministers of Arab States responsible for the Application of Science and Technology for Development, CASTARAB I, Rabat
- **1976** International Conference to adopt the International Convention on the Recognition of Studies, Diplomas and Degrees in Higher Education in the Arab and European States bordering on the Mediterranean, Nice (France)

- **1976** Adoption of the Recommendation on the development of adult education, General Conference of UNESCO, Nairobi
- **1976** UNESCO begins to publish Connect, an environmental education newsletter
- **1976-1985** United Nations Decade for Women
- **1976-1988** Pan-European Conferences on Educational Research (in co-operation with the Council of Europe)
- **1977** Fourth Regional Conference of Ministers of Education of Arab States (MINEDARAB IV), Abu Dhabi
- **1977** Intergovernmental Conference on Environmental Education, Tbilisi, Georgia
- **1977** Publication of Terminology: special education, IBE/UNESCO, revised in 1983
- **1977** International Consultation to examine the extension of the Associated Schools Project to the university level, UNESCO, Paris
- **1978** International Charter of Physical Education and Sport
- **1978** Declaration on Race and Racial Prejudice Adopted by the General Conference of UNESCO
- **1978** Establishment of the Network of Educational Innovation for Development in Africa (NEIDA)
- **1978** Fourth Regional Conference of Ministers of Education in Asia and the Pacific (MINEDAP IV), Colombo
- **1978** Creation of CRESALC, Regional Centre for Higher Education in Latin America and the Caribbean, Caracas
- **1978** International Conference to adopt the Convention on the Recognition of Studies, Diplomas and Degrees in Higher Education in the Arab States, Paris

- **1978** CODIESEE (Co-operation in Research and Development for Educational Innovation in South-East Europe) network launched
- **1978** Revised Recommendation concerning the International standardization of educational statistics, UNESCO, Paris
- **1979** MINEDLAC V adopts the Mexico Declaration related to the Major Project, Mexico City
- **1979** CARNEID, the network for Educational Innovation and Development, established in Paramaribo
- **1979** Creation of a network of Educational Innovation for Development in the Arab States – EIPDAS – based in Kuwait from 1984 to 1993
- **1979** International Conference to adopt the Convention on the Recognition of Studies, Diplomas and Degrees concerning Higher Education in the States belonging to the Europe Region, Paris
- **1979** Publication of the Terminology of Adult Education
- **1979** Convention on the Elimination of All Forms of Discrimination against Women, United Nations General Assembly
- **1979** Publication of Learning and Working, UNESCO
- **1980** The Twenty-first session of UNESCO's General Conference approves the (second) Major Project in Latin America and the Caribbean, Belgrade
- **1980** Third Regional Conference of Ministers of Education of Europe, MINEDEUROPE III (Sofia)
- **1980** There are thirty-seven Member States in the Europe region within UNESCO, including Canada, the United States and Israel
- **1980** Second United Nations World Conference on Women, Copenhagen
- **1980** In-depth evaluation of the Associated Schools Project
- **1981** IIEP Newsletter first published

- **1981** International Conference to adopt the Regional Convention on the Recognition of Studies, Certificates, Diplomas, Degrees and other Academic Qualifications in Higher Education in the African States, Arusha
- **1981** Regional meeting defining the modalities of action of the Second Major Project in Latin America and the Caribbean, Quito, and Major Project launched
- **1981** Regional Conference of Ministers responsible for Higher Education in the Arab States, Algiers
- **1981** International Year of Disabled Persons
- **1981** World Conference on Actions and Strategies for Education, Prevention and Integration, Torremolinos, Spain
- **1981** Sundberg Declaration adopted at the Torremolinos World Conference, Spain
- **1981** The International Conference on Education adopts a recommendation concerning the interaction between education and productive work
- **1981** International Congress on Science and Technology Education and National Development, UNESCO, Paris
- **1981-1986** Regional seminars on post-literacy research
- **1981-1988** UNESCO National Commissions' joint study programme in Europe
- **1981-1989** Launching regional projects for the generalization and extension of primary education and the eradication of illiteracy by the year 2000
- **1982** Creation of the International Working Group on Education (IWGE) for which IIEP provides the secretariat
- **1982** Harare, Fifth Conference of Ministers of Education in African Member States (MINEDAF V)

- **1982** RIHED, Regional Co-operation Network for Higher Education and Development in Singapore, transferred to ROEAP in 1985
- **1982** Grünwald Declaration on Media Education
- **1982-1989** Regional project on special education for thirteen East and Southern African countries
- **1983** Intergovernmental Conference on the Implementation of the 1974 Recommendation concerning Education for International Understanding, Co-operation and Peace and Education relating to Human Rights and Fundamental Freedoms, Paris
- **1983** International Conference to adopt the Regional Convention on the Recognition of Studies, Diplomas and Degrees in Higher Education in Asia and the Pacific, Bangkok
- **1983** International Congress, Thirtieth Anniversary of the Associated Schools Project, Sofia
- **1983-1992** United Nations Decade of Disabled Persons
- **1984** IBE leaves the Palais Wilson for new quarters
- **1984** COFORPA Project on Regional Technical Co-operation in Educational Planning and Administration in sub-Saharan Africa
- **1984** Launching of the Regional Programme for the Eradication of Illiteracy in sub-Saharan Africa
- **1984** The International Conference on Education adopts a recommendation on the extension and renewal of primary education, UNESCO/IBE, Geneva
- **1984** In India, inauguration of a project financed by UNDP for adult education using a satellite
- **1984** International Conference on Population, Mexico
- **1985** Fifth Regional Conference of Ministers of Education in Asia and the Pacific (MINEDAP V), Bangkok

- **1985** Fourth International Conference on Adult Education adopts a Declaration on the Recognition of the Right to Learn, Paris
- **1985** Forward-looking strategies for the advancement of women for the period up to the year 2000
- **1985** Third World United Nations Conference on Women, Nairobi
- **1985** Seminar on Women in Higher Education, Uppsala, Sweden, organized by CEPES
- **1985** INISTE (International Network for Information in Science and Technology Education) established
- **1986** Functional literacy, post-literacy, non-formal basic education, priority action
- **1986** Fourth Pan-European Conference of Directors of Educational Research Institutions on New Challenges for Teachers and Teacher Education, Eger, Hungary, organized by UIE
- **1986** Recommendation of the International Conference on Education in respect of Education for the Prevention of AIDS, UNESCO/IBE, Geneva
- **1986-1987** Case studies on the most appropriate educational approaches in special education
- **1986-1987** UNESCO launches an international survey on legislative, financial and administrative measures for disabled persons
- **1987** Launching the Linguapax Project
- **1987** Launching the Literacy Exchange Network in industrialized countries
- **1987** APPEAL, Asia-Pacific Programme of Education for All
- **1987** Sixth Regional Conference of Ministers of Education and Those Responsible for Economic Planning in Latin America and the Caribbean organized in co-operation with CEPAL (MINEDLAC VI), Bogota
- **1987** Creation of the Association of Amazonian Universities (UNAMAZ)

- **1987** OECD, Conference on Educational Indicators, Washington
- **1987** International Congress on the Development and Improvement of Technical and Vocational Education, Berlin
- **1987** UNESCO/UNEP International Congress on Environmental Education and Training, Moscow
- **1987** Publication of Our Common Future, Report of the World Commission on Environment, chaired by Gro Harlem Brundtland
- **1987** International Conference on Drug Abuse and Illicit Trafficking, United Nations, and adoption of a Comprehensive Multidisciplinary Outline of Future Activities in Drug Abuse Control, Vienna
- **1988** IIEP Twenty-fifth Anniversary Workshop
- **1988** Fourth Regional Conference of Ministers of Education of Europe, MINEDEUROPE IV (Paris)
- **1988** UNESCO Permanent Collective Consultation of NGOs on Higher Education, established, Paris. Topic: 'Problems and challenges for what future?'
- **1989** International Congress and Declaration on peace in the minds of men, Yamoussoukro, Côte d'Ivoire
- **1989** ARABUPEAL launched
- **1989** International Conference on Education (41st session) on 'Diversification of Post-secondary Education in Relation to Employment', UNESCO/IBE, Geneva
- **1989** First International Congress 'Education and Informatics', UNESCO, Paris
- **1989** Adoption of the Convention on Technical and Vocational Education, UNESCO, Paris
- **1989-1990** The first 'UNESCO-Chairs' in the educational sciences established

- **1990** 'Priority: Africa' programme
- **1990** The UNESCO 'Children of Chernobyl' Project launched
- **1990** International Literacy Year
- **1990** World Conference on Education for All, Jomtien, Thailand
- **1990** World Declaration on Education for All and Framework for Action to Meet Basic Learning Needs, Jomtien, Thailand
- **1990** Sixth European conference of directors of educational research institutes on the theme of 'literacy and basic education in Europe on the threshold of the twenty-first century', Bled (Yugoslavia)
- **1990** International Congress on 'Planning and Management of Educational Development', Mexico City
- **1991** International Seminar on adult literacy in industrialized countries, UIE, Hamburg, Germany
- **1991** Adult education for the twenty-first century becomes the new priority theme of the UNESCO Institute for Education
- **1991** Dakar, Sixth Conference of Ministers of Education of African Member States (MINEDAF VI)
- **1991** Assistance in reconstructing educational facilities in Kuwait and Lebanon
- **1991** Regional Consultation Meeting on Co-operation for Reinforcing and Developing Education in Europe, Paris
- **1991** CORDEE launched
- **1991** Seminar 'Succeeding at School', Lisbon/Estoril, Portugal
- **1991** Launching of the UNESCO Plan of Action for Reinforcing Inter-university Co-operation and Mobility through twinning arrangements (UNITWIN Programme and UNESCO-Chairs)

- **1991** Second UNESCO-NGO Collective Consultation on Higher Education on the topic 'The Role of Higher Education in Society: Quality and Pertinence', UNESCO, Paris
- **1991** First publication of the biennial World Education Report
- **1991** The Venice Appeal launched by the Director-General of UNESCO to collect funds to help strengthen national programmes to combat AIDS
- **1992** Establishment of a UNESCO International Network of Textbook Research Institutes
- **1992** The Secretariat of DAE, which became ADEA in 1996, moves to IIEP Headquarters
- **1992** Regional Meeting on Educational Policies in the Arab Region, Cairo
- **1992** Implementing the Programme for Central and Eastern European Development (PROCEED)
- **1992** International Conference on Academic Freedoms and University Autonomy, organized by CEPES in Sinaia, Romania
- **1992** UNESCO-UNICEF project on continuous follow-up of educational achievements launched
- **1992** International Congress on the Recognition of Studies and Academic Mobility, UNESCO, Paris
- **1992** Third UNESCO-NGO Collective Consultation on Higher Education on the topic 'The Management of International Co-operation in Higher Education', UNESCO, Paris
- **1992** Seminar on the Assessment of Foreign Credentials for Senior Officials in the field of Equivalence and Academic and Professional Recognition, organized by UNESCO and Nuffic (Netherlands Organization for International Co-operation in Higher Education), Paris
- **1992** International Conference on Long-term Planning for Large-scale Collection of International Educational Statistics, UNESCO, Paris

- **1992** XVIth World Conference on Distance Education organized by the European Community, Bangkok
- **1992** UNEVOC launched
- **1992** Project 2000+ Scientific and Technological Literacy for All
- **1992** United Nations Conference on Environment and Development (UNCED), Rio de Janeiro
- **1992** Adoption of 'Agenda 21', Rio Declaration on Environment and Development
- **1992** Creation by UNESCO of a 'Committee to follow up UNCED' entrusted with supervising improvement of UNESCO's multidisciplinary activities in conformity with the 'Agenda 21' programme
- **1993** International Congress and World Plan of Action on Education for Human Rights and Democracy, Montreal
- **1993** World Conference on Human Rights, Declaration and Programme of Action, Vienna
- **1993** Publication of Prospects is transferred to IBE
- **1993** Network of IIEP depository libraries and documentation centres established
- **1993** Pan-African UNESCO-UNICEF Conference on the Education of Girls, Declaration and Framework of Action, Ouagadougou
- **1993** Sixth Regional Conference of Ministers of Education in Asia and the Pacific (MINEDAP VI), Kuala Lumpur
- **1993** Education for All Summit of Nine High-population Countries, New Delhi
- **1993** Aid and rehabilitation programmes in former Yugoslavia
- **1993** Standard Rules on the Equalization of Opportunities for Persons with Disabilities, Resolution adopted by the United Nations General Assembly

- **1993** Education International (EI) is created by merging WCOTP and IFFTU
- **1993** Adoption by UNESCO's General Conference (Twenty-seventh Session) of a Recommendation on the Recognition of Studies and Qualifications in Higher Education
- **1993** The General Conference of UNESCO requests the revision of ISCED, Paris
- **1993** UNESCO launches the 'Learning without Frontiers' initiative
- **1993** 'Culture, Education and Work' selected as the year's theme for the World Decade for Cultural Development
- **1993** Publication of the first issue of UNESCO's World Science Report (A second issue was published in 1996)
- **1993** International Congress and Declaration on Population Education and Development, UNESCO-UNFPA, Istanbul
- **1993** International Foundation on AIDS Research and Prevention created by UNESCO and the Institut Pasteur, Paris
- **1993** International Symposium, Fortieth Anniversary of the Associated Schools Project, Soest (Germany)
- **1993-1994** Preparation and dissemination of the World Directory of teacher-training institutions in co-operation with ICET
- **1994** Launching the Project 'Towards a Culture of Peace'
- **1994** First Consultative Meeting on the Culture of Peace Programme, Paris
- **1994** Organization of the International Conference on Education is revised
- **1994** International research projects launched by IBE
- **1994** Adoption by the International Conference on Education of the Declaration and Integrated Framework of Action on Education for Peace, Human Rights and Democracy
- **1994** First time distance education techniques used for an IIEP seminar

- **1994** Inauguration of the International Research and Training Centre for Rural Development in Boading, Hebei Province, China
- **1994** Pilot project 'Temple Learning Centre', Cambodia, financed by the UNESCO Associations and Clubs in Japan
- **1994** Fifth Regional Conference of Ministers of Education of Arab States (MINEDARAB V), Cairo
- **1994** Establishment of a UNESCO Chair on Human Rights and Democracy at Al-Bayt University, Jordan
- **1994** 'Save the Baltic' project launched
- **1994** Establishment, under the aegis of UNESCO, of the International Literacy Institute, University of Pennsylvania, Philadelphia, United States
- **1994** International Women's Day on the theme 'They want peace, they make peace'
- **1994** World Conference on Special Needs Education, Salamanca, Spain
- **1994** The Salamanca Statement
- **1994** Salamanca Framework for Action
- **1994** 5 October, anniversary of the adoption of the UNESCO-ILO Recommendation on the Status of Teachers becomes World Teachers' Day
- **1994** Fourth UNESCO-NGO Collective Consultation organized in liaison with the United Nations University on the topic 'Higher Education Capacity Building for the Twenty-first Century', UNESCO, Paris
- **1994** Production by IIEP of training modules for educational planners and managers
- **1994** Regional Meeting on Technical and Vocational Education Curriculum Development and Adaptation, Central Institute of Vocational Education, Bhopal, India
- **1994** Regional Seminar and preparation of Guides/Modules for Prototype Curriculum Development in Technical and Vocational Education, Amman

- **1994** International Conference on Population and Development, United Nations, Cairo
- **1994** Environmental and Population Education and Information for Human Development Project (EPD) launched, UNESCO, Paris
- **1994** Management of Social Transformations (MOST), intergovernmental programme launched by UNESCO
- **1994-1995** Declaration and Integrated Framework of Action on Education for Peace, Human Rights and Democracy, International Conference on Education, Geneva
- **1995** European Conference on Curriculum Development: 'Civic Education in Central and Eastern Europe', Vienna
- **1995** IBE Statutes revised
- **1995** Role of the IBE Council strengthened
- **1995** Consortia and sub-regional networks organized by IIEP
- **1995** Audience Africa, UNESCO, Paris
- **1995** Southern African Regional Forum on Literacy, Capetown, South Africa
- **1995** International Conference on 'Partnership in Teacher Development for a New Asia', Bangkok
- **1995** Regional symposium of policy-makers in technical and vocational education in the Arab States, Tunis
- **1995** Collective Consultation of NGOs proposes to create, in collaboration with UNESCO, a non-governmental World Literacy Observatory, Tokyo
- **1995** Fourth United Nations World Conference on Women, Beijing
- **1995** Special education programme for street and working children launched
- **1995** World Social Development Summit, Declaration and Action Plan, Copenhagen

- **1995** The University and Sustainable Urban Development, UNESCO-PRELUDE Round Table, Paris
- **1995** Production and dissemination by UNESCO of the first multimedia CD-ROMs on education, development of an Internet Education Web in co-operation with IBM and the University of Nebraska
- **1995** Establishment of a Co-operation Agreement between UNESCO and IBM to promote the use of new information and communication technologies in education
- **1995** International UNEVOC Expert Meeting on the Promotion of Equal Access of Girls and Women to Technical and Vocational Education, Korean Manpower Agency, KOMA, Seoul
- **1995** Adoption of the Integrated Framework for Action on Education for Peace, Human Rights and Democracy, General Conference of UNESCO, Paris
- **1995-2005** United Nations Decade for Human Rights Education
- **1996** Publication by UNESCO of the Delors Commission Report Learning: the Treasure Within
- **1996** 45th session of the International Conference on Education on the theme 'Enhancing the Role of Teachers in a Changing World', UNESCO/IBE, Geneva
- **1996** Flexible periodicity of the International Conference on Education (between four and six years)
- **1996** The start of IIEP's Sixth Medium-Term Plan (1996-2001)
- **1996** Launching of the United Nations System-Wide Special Initiative on Africa
- **1996** Second international UNESCO/ACEID Conference, 'Re-engineering Education for Change: Educational Innovation for Development', Bangkok
- **1996** MINEDLAC VII, Kingston

- **1996** Ibero-American Summit on the theme 'Education, Democratic Management and Management of Education Systems', Santiago
- **1996** Mid-Decade meeting of the International Consultative Forum of Education for All, Amman
- **1996** Conference on Literacy, International Literacy Institute, University of Pennsylvania, Philadelphia, United States
- **1996** Regional Conference on the theme 'Policies and Strategies for the Transformation of Higher Education' (preparation for the World Conference on Higher Education to be held in 1998), Havana
- **1996** Subregional Training Workshop on Education Statistics and Indicators for Women Statisticians, Accra, Ghana
- **1996** Second International Congress 'Education and Informatics', organized by UNESCO, Moscow
- **1996** Publication of Caring for the Future, Report of the Independent Commission on Population and Quality of Life, chaired by Ms Maria de Lourdes Pintasilgo
- **1996** UNESCO joins UNAIDS
- **1996-1997** Preparation and dissemination of a resource package, 'Special Needs in the Classroom'
- **1997** Establishment of a branch of the International Institute for Educational Planning for Latin America and the Caribbean in Buenos Aires
- **1997** Latin American Teachers' Congress 'Pedagogía' 97, Havana
- **1997** There are fifty Member States in the Europe region within UNESCO
- **1997** Fifth UNESCO-NGO Collective Consultation on 'Higher Education: the Consequences of Change for Graduate Employment', UNESCO, Paris

- **1997** Regional conferences on higher education (preparations for the World Conference) in Africa (Dakar, March/April), the Arab States (Beirut, April), Asia (Tokyo, UNU, July) and Europe (Palermo, Italy, September)
- **1997** Fifth International Conference on Adult Education, UIE, Hamburg, Germany
- **1997** Meeting of Experts on Education Indicators and the International Classification of Education, ISCED, Paris
- **1997** Distance Education Seminar on 'The Role and Possibilities of Distance Education in Meeting the Needs of Lifelong Education for All', Moscow
- **1997-1998** Preparation and dissemination of the first CD-ROM co-produced by UNESCO and Education International
- **1998** Seventh Conference of Ministers of Education of African Member States (MINEDAF VII)
- **1998** Publication of the fourth World Education Report on the theme 'Teachers and Teaching in a Changing World'
- **1998** World Conference on Higher Education: Higher Education in the Twenty-first century
- **2001-2010** International Basic Education Decade (planned)

Source: UNESCO (1997), **Fifty Years for Education**, Paris: Unesco.

附錄三　第五康得拉提夫波（Fifth Condratiev）相關圖舉隅

Kondratieff Wave

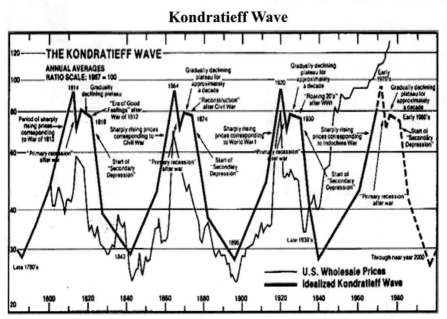

資料來源：http://www.angelfire.com/or/truthfinder/index22.html.

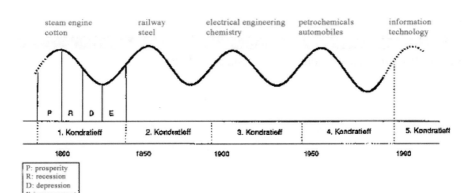

資料來源：http://en.wikipedia.org/wiki/Kondratiev_wave.

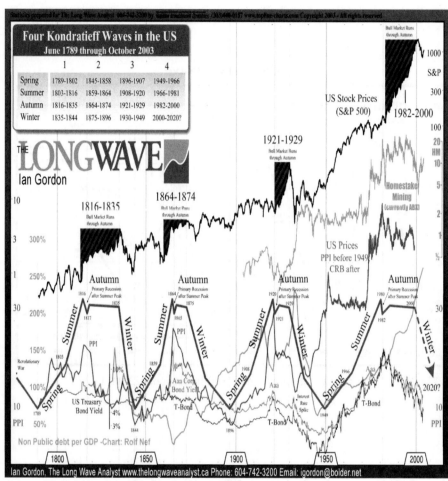

資料來源：http://www.thelongwaveanalyst.ca/cycle.html.

附錄四　教育政策社會學之主要探究議題分類整理表

教育政策社會學之主要議題：1990-2000

學者	主要探究議題											
	全球化	市場化	知識性質	資訊科技	民族國家	意識型態	歷史脈絡	社會潮流	市民社會	權力結構	權力分配	新公共管理
Ball (1990)		v	v		v	v	v	v	v	v	v	v
Ball (1994)		v	v		v	v			v	v	v	
Kivinen & Rinne (2000)					v	v	v	v	v			
Brown & Lauder (2000)						v	v	v				
Popkewitz (1996)					v	v	v	v	v	v	v	
Yates (1993)						v	v	v				
Ball (1993)						v						

教育政策社會學之主要議題：1990-2000（續）

學者	主要探究議題											
	全球化	市場化	知識性質	資訊科技	民族國家	意識型態	歷史脈絡	社會潮流	市民社會	權力結構	權力分配	新公共管理
Aronowitz & Giroux (1991)			v		v	v	v	v	v			
S. Taylor (1997)					v	v			v	v	v	
Apple & Oliver (1996)					v	v	v	v	v			
Peters, Green &Fitzsimon (1997)	v		v		v	v	v	v				
Bernstein (1996)	v		v		v	v	v	v	v	v		
Luke (1997)	v	v	v		v	v	v	v	v	v	v	v
Kenway et al., (1994)		v		v	v	v	v	v			v	v
Dehli (1996)					v		v	v	v	v	v	v
Seddon (1997)			v		v	v	v					

教育政策社會學之主要議題：1990-2000（續）

學者	主要探究議題											
	全球化	市場化	知識性質	資訊科技	民族國家	意識型態	歷史脈絡	社會潮流	市民社會	權力結構	權力分配	新公共管理
Vincent &Tomlinson (1997)		v			v			v	v	v		
Whitty (1997)			v		v	v	v		v			
Zanten(1997)					v	v	v	v				
Lingard & Rizvi (1998)	v	v	v	v						v	v	v
Simola (1998)					v	v	v	v				
Fischman (1998)						v	v	v	v	v	v	
Welton (1993)				v	v	v	v	v	v			
Aront & Dillabough (1999)				v	v	v	v	v	v			
Broadfoot (1998)	v	v	v	v	v	v						

教育政策社會學之主要議題：1990-2000（續）

學者	主要探究議題										
	全球化	市場化	知識性質	資訊科技	民族國家	意識型態	歷史脈絡	社會潮流	市民社會	權力結構	權力分配	新公共管理
Torres (1989)			v	v	v	v	v	v				

資料來源：吳明鍆、吳汶瑾（2006），**教育政策分析的新取徑：**
政策社會學之生成、聯繫與發展，頁 I-3-14-15。

教育政策社會學之主要議題：1990-2000（續）

學者	主要探究議題										
	知識份子	利益團體	權力生態	家長參與	身分認同	文化再製	文化生產	績效表現	政策文本	政策論述	課程教材
Ball (1990)	v	v	v	v	v	v	v		v	v	v
Ball (1994)		v	v		v	v	v	v	v	v	v
Kivinen & Rinne (2000)											
Brown & Lauder (2000)											
Popkewitz (1996)		v	v								
Yates (1993)	v	v									
Ball (1993)					v	v	v	v	v	v	
Aronowitz & Giroux (1991)											
S. Taylor (1997)	v	v									

學者	主要探究議題										
	知識份子	利益團體	權力生態	家長參與	身分認同	文化再製	文化生產	績效表現	政策文本	政策論述	課程教材
Apple & Oliver (1996)											
Peters, Green &Fitzsimon (1997)											
Bernstein (1996)		v				v	v				v
Luke (1997)						v	v	v	v		
Kenway et al., (1994)											
Dehli (1996)								v	v		
Seddon (1997)	v	v						v	v		
Vincent &Tomlinson (1997)				v				v	v		
Whitty (1997)											

學者	主要探究議題										
	知識份子	利益團體	權力生態	家長參與	身分認同	文化再製	文化生產	績效表現	政策文本	政策論述	課程教材
Zanten(1997)						v	v				
Lingard & Rizvi (1998)											
Simola (1998)									v	v	
Fischman (1998)									v	v	
Welton (1993)											
Aront & Dillabough (1999)									v	v	
Broadfoot (1998)								v	v	v	
Torres (1989)								v	v	v	

資料來源：吳明錡、吳汶瑾（2006），**教育政策分析的新取徑：政策社會學之生成、聯繫與發展**，頁 I-3-14-15。

附錄五　西方馬克思主義理論家的年代及所屬地區

西方馬克思主義理論家	年代	所屬地區
盧卡奇 （Georg Lukács）	1885-1971	布達佩斯
柯爾什 （Karl Korsch）	1886-1961	托德斯塔 （德國的西薩克森）
葛蘭西 （Antonio Gramsci）	1891-1937	阿列什 （義大利的撒丁）
本雅明（Walter Benjamin）	1892-1973	柏林
霍克海默爾[1] （Max Horkheimer）	1895-1973	斯圖加特 （德國的斯瓦比亞）
德拉•沃爾佩 （Galvano Della Volpe）	1897-1968	伊莫拉 （義大利的羅馬尼阿）
馬爾庫色[2]（Herbert Marcuse）	1898	柏林
勒菲弗赫 （Henri Lefebvre）	1901	哈格特毛 （法國的加斯科涅灣）
阿爾多諾[3]（Theodor Adorno）	1903-1969	法蘭克福
沙特（Jean-Paul Sartre）	1905	巴黎
戈德曼（Lucien Goldman）	1913-1970	布加勒斯特
阿爾都塞[4]（Louis Althusser）	1918	比爾曼德里埃斯 （阿爾及利亞）
科萊蒂（Lucio Colletti）	1924	羅馬

1. Max Horkheimer 亦有人譯為霍克海默；

2. Herbert Marcuse 亦有人譯為馬庫色；

3. Theodor Adorno 亦有人譯為阿多諾；

4. Louis Althusser 亦有人譯為阿圖塞。

資料來源：高銛、文貫中、魏章玲譯（1990），**西方馬克思主義探討**，頁 32-33，
　　　　　台北：久大桂冠。

國家圖書館出版品預行編目資料

教育政策社會學：教育政策與當代社會
思潮之對話／翁福元著.
--初版.臺北市：五南, 2007 [民96]
面； 公分
ISBN 978-957-11-4657-7 （平裝）
1. 教育－政策　　2. 社會變遷
526.19　　　　　　　　　96001501

1ISD

教育政策社會學
─教育政策與當代社會思潮之對話

作　　者 — 翁福元(183.2)

發 行 人 — 楊榮川

總 編 輯 — 王翠華

主　　編 — 陳念祖

責任編輯 — 李敏華

封面設計 — 童安安

出 版 者 — 五南圖書出版股份有限公司

地　　址：106台北市大安區和平東路二段339號4樓

電　　話：(02)2705-5066　　傳　　真：(02)2706-6100

網　　址：http://www.wunan.com.tw

電子郵件：wunan@wunan.com.tw

劃撥帳號：01068953

戶　　名：五南圖書出版股份有限公司

法律顧問　林勝安律師事務所　林勝安律師

出版日期　2007年2月初版一刷
　　　　　2015年9月初版三刷

定　　價　新臺幣650元